青苗法学论丛

QINGMIAOFAXUE LUNCONG

（第10卷）

许浩明 / 主编

中国政法大学出版社

2023·北京

声　　明　　1. 版权所有，侵权必究。

2. 如有缺页、倒装问题，由出版社负责退换。

图书在版编目（ＣＩＰ）数据

青苗法学论丛. 第 10 卷/许浩明主编. —北京：中国政法大学出版社，2023.10
ISBN 978-7-5764-1204-8

Ⅰ.①青…Ⅱ.①许…Ⅲ.①法学－文集 Ⅳ.①D90-53

中国国家版本馆 CIP 数据核字(2023)第 224880 号

出 版 者	中国政法大学出版社
地　　址	北京市海淀区西土城路 25 号
邮寄地址	北京 100088 信箱 8034 分箱　邮编 100088
网　　址	http://www.cuplpress.com（网络实名：中国政法大学出版社）
电　　话	010-58908586(编辑部) 58908334(邮购部)
编辑邮箱	zhengfadch@126.com
承　　印	固安华明印业有限公司
开　　本	720mm×960mm　　1/16
印　　张	24.5
字　　数	420 千字
版　　次	2023 年 10 月第 1 版
印　　次	2023 年 10 月第 1 次印刷
定　　价	109.00 元

前 言

《青苗法学论丛》的重要使命是"评选出优秀的习作"汇集出版。那么，对于此次评选落选的习作，我们是否可以以偏概全地将之定义为"非优秀的习作"呢？肯定不能。但有一点是可以确定的，那就是：评选落选的论文，除了本期论丛篇幅限制，其本身也存在着某个方面可以进一步改进或完善的空间，因此，很愿意以自己学生时代的亲身经历，与同学们交流一下如何撰写一篇成功的学术论文。

记得在大学二年级下学期，我与另一同学合作，在同年级学生中率先在作为核心期刊的校报上发表了一篇社会科学领域的学术论文；该论文发表后，不仅被《人大复印资料》全文转载，而且还被评选为该研究领域"建国以来重要文章"之一。回想起来，整个论文写作过程，就像一个初次怀孕待产的母亲一样，痛并快乐着。

论文撰写的过程，是一个痛苦的过程，因为首次撰写社科学术论文，没有经验，所以，在没有对该研究领域已有文献资料进行充分阅读的情况下，就贸然提出了自己所谓的"新观点"，并花了大量的篇幅对其进行了论证。随着阅读量的增加，最终惊悚且泄气地发现：论文中提出的"新观点"，早已有学者提出并进行了论证，根本不是什么"新观点"了，所以，既走了弯路，又浪费了时间。"亡羊补牢"、痛定思痛，最终在广泛阅读文献资料并九易其稿的情况下，确定了论文的创新观点。

"新观点"是确立了，在论文逐级送审的过程中，又进一步发现：由于是初次撰写社科类学术论文，不知道在文字方面，必须"精炼"与"推敲"，从而拖泥带水地把一篇论说文类型的学术论文，硬生生地写成了臃肿冗长的"散文"，从而不得不被审阅的老师们"大刀阔斧"地进行删减与修改；一篇近两万字的"散文",硬是活生生地被删减成了一篇七千余字的"学术论文"才最终得以发表。尽管论文发表后被同班同学评价为"找不到一句废话",但本人眼睁睁地看着利用整个暑假一个字一个字用手写所辛辛苦苦地填满的稿纸上的"田字格",被编审老师毫不留情地整页整页地删除了,真的是"心痛不已"呀,比割肉还疼!真的。

"千呼万唤始出来"。论文终于发表了,听着专家们将其评选为该研究领域"建国以来重要文章"的赞誉声,看着那超过二级工一个月工资的沉甸甸的40多元稿费,用一个词来描述心情,那就是快乐!那就是"爽"!一个健康合格的"科研宝宝",终于成功地诞生了。

对撰写一篇成功的学术论文的几个步骤进行总结,可以知道:

首先,要广泛地阅读文献资料。这里的文献资料,既指国内外与你拟撰写的学术论文相关的法学专业的文献资料(比如说,国内外经济法学的文献资料),又指与该法学专业相关的其他专业的文献资料(比如说,与经济法学中的税法相关的税的知识、与经济法学中的专利法相关的科学发明、实用新型与外观设计的知识等);而在广泛地阅读专业内与专业外法学文献资料之前或同时,一定要完整与认真地阅读该领域较好的教科书,以便对于该法学领域由基本概念及各组成部分所构成的整体有精确与系统的掌握。

其次,要勉励地提出创新观点。创新观点是一篇学术论文的灵魂与生命之源。在广泛阅读的基础之上,论文作者将不仅精确与系统地掌握所要研究问题的整体,而且,在了解了该领域的研究现状与不同观点之后,将会逐步地形成并确立自己的创新观点。这里的"创新",既可以理解为完全独立地提出一个新的论点并对其加以科学的论证,亦可以理解为发现了一条新史料并对其进行科学诠释、对旧的或已有的论点从新的角度重新进行更加科学或逻辑的论证,以及对某项科研论题从比较法学的角度进行国内外研究状况的系统论述。

最后,要精准地进行文字"推敲"。作为启蒙老师,法国文学家福楼拜曾经对其弟子莫泊桑说过:"你所要说的事物,都只有一个词来表达,只有一个动词来表示它的行动,只有一个形容词来形容它。因此就应该去寻找,直到发现这个词,这个动词和这个形容词,而决不应该满足于'差不多'。"而作为大官的韩愈帮助无本小和尚对诗句进行"推敲"的"敲"定,更是被传为文坛佳话。所以,在我们已经很好地掌握并做到了前两个步骤之后,必须对业已成型的论文"草稿",进行"深思熟虑"的推敲,甚至于"壮士断腕"般的删减,以便达到"找不到一句废话"的境界,并保证拟发表的学术论文无论是在其内容上,还是在表达内容的形式上,都做到最好。

  回顾上述亲历的故事,是想告诉研究生同学们:一次论文的落选,并不意味着天塌下来了,更不意味着我们已经彻底地输在了终点线或人生的竞技场。只要我们善于总结经验教训,发扬"书山有路勤为径,学海无涯苦作舟"的精神,精业笃行、勤耕不辍,就一定能够写出声震遐迩的锦绣文章来!

中国政法大学欧盟法研究中心主任、　　许浩明博士
　德国弗莱堡大学、明斯特大学　　　　（德国明斯特）
　　法学院特聘/客座教授
2023年3月5日于北京西城

目录 CONTENTS

有争议的权利行使和敲诈勒索的界限 / 曾秀漫 ………………………… 001

论刑民交叉案件的判断标准 / 陈伟明 ………………………………… 006

大数据时代个人信息的法律保护 / 格桑卓嘎 ………………………… 010

互殴与正当防卫的界分 / 何　玎 ……………………………………… 015

刑罚的目的研究 / 衡东明 ……………………………………………… 019

未成年人网络直播打赏行为法律问题研究 / 李　宸 ………………… 023

法定犯时代违法性认识的体系定位 / 刘文轩 ………………………… 028

个人信息告知同意困境与对策 / 宁海燕 ……………………………… 032

论寻衅滋事罪的存废 / 王皓卿 ………………………………………… 036

我国买卖人口犯罪的立法审视 / 于　杨 ……………………………… 041

论网络谣言的法律规制 / 张芸芸 ……………………………………… 046

收费停车场合同性质的认定 / 赵一夫 ………………………………… 051

论法律如何保护网络隐私权 / 周波同 ………………………………… 056

律师在企业刑事合规中的机遇挑战及风险防范 / 朱恩平 …………… 061

从"禁言令"到"侮辱罪"和"诽谤罪"的理性反思 / 王　丽 …… 065

我国刑罚的重刑化及其优化 / 何　萍 ………………………………… 069

刑事合规制度中国构建初探 / 刘　祺 ………………………………… 074

自首中如实供述的范围初探 / 纪超南 ………………………………… 079

污染环境罪的罪过形式 / 韦文镇 ……………………………………… 083

高速公路跟车过杆逃费行为的刑法定性 / 王诗琪 ………………………… 088
论自动驾驶汽车致损对刑事责任主体的影响 / 罗琪珊 …………………… 093
论特殊防卫的成立条件 / 李谷娣 …………………………………………… 097
新形势下受贿罪数额的司法认定 / 鲍　晗 ………………………………… 102
诈骗犯罪中非法占有目的的构造与认定 / 蔡　桐 ………………………… 107
职务犯罪案件认罪认罚从宽制度适用问题初探 / 陈　爽 ………………… 111
"冲卡逃费"的罪名分析 / 郭　佳 ………………………………………… 116
论自动驾驶交通事故中制造商的刑事责任 / 韩克强 ……………………… 121
防卫和互殴的区分 / 何　媛 ………………………………………………… 126
论侦查阶段精神病鉴定程序启动的现状及法律规制 / 黄　戈 …………… 131
正当防卫的司法认定 / 惠琳娟 ……………………………………………… 136
民事欺诈与刑事诈骗的区分 / 李　颖 ……………………………………… 141
刑罚执行机关减刑工作问题刍议 / 刘　峰 ………………………………… 146
大数据与人工智能时代刑罚执行问题思考 / 刘利利 ……………………… 150
校园欺凌的特征与应对策略 / 王晓瑞 ……………………………………… 155
受贿罪量刑标准数额、情节初探 / 王彦博 ………………………………… 159
论黑社会性质组织犯罪中"软暴力"行为的认定 / 吴　頔 ……………… 163
试论虚假诉讼罪的构造 / 王世存 …………………………………………… 168
高速公路闯卡逃费行为的刑法定性研究 / 李朝阳 ………………………… 172
隐名股东排除强制执行问题研究 / 常嗣婧 ………………………………… 177
浅析"大数据杀熟"现象中的消费者权益保护 / 刁俊杰 ………………… 181
出资瑕疵股东之民事法律责任 / 淦　珍 …………………………………… 186
浅议个人破产制度下的管理人制度构建 / 褚玲娜 ………………………… 191
论我国证券市场内幕交易民事责任之完善 / 管妮娜 ……………………… 195
浅议《公司法（修订草案）》中的股东失权制度 / 吴　鹏 ……………… 200
股权代持协议有效性与风险性分析 / 田　艳 ……………………………… 206
网络服务平台封号行为的法律规制 / 王思邑 ……………………………… 211
现有法律框架下大数据发展的困难与对策分析 / 侯钎译 ………………… 215

目 录

论出资瑕疵股东民事责任之承担 / 余　慧 …………………………………… 219

国有企业投融资法律风险及防范研究 / 赵东辉 ……………………………… 224

浅析国企转让房地产项目的管理规定及程序 / 陈　煊 ……………………… 229

股权代持的效力与风险 / 李翔宇 ……………………………………………… 235

袭警罪的构造与司法适用 / 白　璐 …………………………………………… 240

论比例原则在民法中的适用 / 曹馨予 ………………………………………… 244

大数据时代知情同意原则的适用困境与调试之道 / 高　峰 ………………… 248

意定监护的实施困境与解决路径 / 顾　磊 …………………………………… 252

短视频著作权保护和合理使用 / 郭　宾 ……………………………………… 256

论"大数据杀熟"行为的法律规制 / 蓝静玉 ………………………………… 260

《民法典》对婚姻家庭制度的继承与发展 / 檀文明 ………………………… 264

《民法典》第184条见义勇为民事责任豁免适用及完善 / 田德珍 ………… 268

后隐私盾协议时代的欧美数据跨境传输 / 王　静 …………………………… 273

借名申请宅基地建房的合同效力及房屋拆迁利益的归属 / 邬会敏 ………… 278

直播带货中网络平台的责任确定 / 许仲达 …………………………………… 282

刑事诉讼"认罪认罚制度"下的罪与罚 / 于大海 …………………………… 285

浅析行政处罚权下放的必要性 / 张文斌 ……………………………………… 289

短视频独创性的认定 / 赵　迪 ………………………………………………… 293

提升防止资本无序扩张效度：依托反垄断法进行针对性规制 / 赵浩宇 …… 298

企业数据转让过程中个人信息匿名化研究 / 邓　雪 ………………………… 303

浅议职务发明的认定和职务发明奖酬的支付 / 杜　丹 ……………………… 308

浅析专利间接侵权问题 / 侯淑红 ……………………………………………… 312

论NFT数字藏品的法律属性 / 刘志杰 ………………………………………… 316

论胎儿民事利益的法律保护 / 孙金波 ………………………………………… 321

试论知识产权标准化体系与创新活动标准化管理 / 王　旭 ………………… 325

算法推荐技术下著作权间接侵权的惩罚性赔偿责任研究 / 吴江峰 ………… 330

论羁押期间完成发明专利能否认定为重大立功 / 尹洪波 …………………… 335

个人信息告知同意困境及出路 / 白佳佳 ……………………………………… 340

高空抛物罪"情节严重"之界定 / 马江成 …………………………………… 344

论我国刑事初查活动的法治化 / 李首乾 …………………………………… 349

个人破产立法的制度障碍与改进 / 马佳钰 ………………………………… 353

对赌协议的法律效力认定 / 黄铭铭 ………………………………………… 359

浅论过失犯罪 / 马怡沁 ……………………………………………………… 363

论刑事诉讼中事故调查报告的使用 / 么　钥 ……………………………… 367

我国影子银行的风险分析与法律规制路径 / 任培俭 ……………………… 372

我国地理标志的保护模式探究 / 常丹丹 …………………………………… 377

有争议的权利行使和敲诈勒索的界限

曾秀漫*

（中国政法大学 北京 100088）

摘 要：近年来频发的权利行使涉嫌敲诈勒索罪的问题，引发理论与实务界的持续热议。权利行使和敲诈勒索并非泾渭分明、非此即彼的关系。对以恐吓、要挟的方式行使权利的行为是否认定敲诈勒索罪，可以从恐吓、要挟行为是否符合权利行使的正当性原则、相当性原则、关联性原则的角度加以区分、辨别。

关键词：敲诈勒索　正当性原则　相当性原则　关联性原则

伴随我国社会主义法治进程的不断深入，公民的权利意识不断提升，通过多种手段解决矛盾纠纷、维护权利的意识也越来越强。由于私力救济与公力救济相比，有着直接性、及时性、灵活性的特点。故在司法实务中，公民在权利受到侵害时，往往更青睐于通过私力救济的方式维护自己的合法权益。一方面，私力救济是从公民既有权利中派生出来的维权方式；另一方面，私力救济不当，也可能触犯刑法。因此，厘清权利行使和敲诈勒索的关系、明晰权利行使和敲诈勒索的界限，具有十分重要的现实意义。

一、有争议和无争议的权利行使行为之区分

在司法实务中，公民权利的行使主要有两种形态，一种是无争议的权利行使，也即权利的基础明确，对权利的内容没有争议；另一种是有争议的权

---

* 作者简介：曾秀漫（1989 年~），女，汉族，广东河源人，中国政法大学同等学力研修班 2022 级学员，研究方向为刑法学。

利行使，也即权利基础明确，但对权利的内容有一定争议。[1] 权利的内容是否存在争议，影响对行使手段的性质判断。故应当对这两种不同权利行使形态存在的多发情形进行具体问题具体分析，在处理时区别对待。

由于我国现行刑法对敲诈勒索罪采用了简单罪状的立法方式，故究竟何为敲诈勒索，并没有明晰的答案，但在刑法理论及司法实务中的通说认为成立本罪的一个必要条件——以非法占有为目的。若采用恐吓、要挟的手段行使的是无争议的权利（如所有权、债权），因其一般不具有非法占有的目的，通常也排除敲诈勒索罪、抢劫罪等财产刑犯罪的适用，如行使权利的手段触犯其他罪名的，可以其他罪行论处。若采用恐吓、要挟的手段行使的是有争议的权利，情况较为复杂，笔者在下文着重阐述。

二、有争议的权利行使和敲诈勒索罪的界限

所谓有争议的权利行使，主要是指权利基础明确，但权利的内容存在争议。权利基础涉及两个层面：一是有无行权的事实基础，二是有无行权的法律依据。[2] 厘清有争议的权利行使和敲诈勒索罪的界限，可以从权利行使是否符合正当性原则、相当性原则、关联性原则加以分析。

（一）权利行使是否符合正当性原则

权利行使是否符合正当性原则，主要是指权利基础是否正当。付某和陈某明知某医院销售假药，欲学王某知假打假。2001年，二人在该医院买了几瓶普通的妇科药。几天后来到医院声称他们买到的药没有批号、没有治疗效果，是假药，要求医院赔偿2万元，如拒绝他们的要求，他们就到药监局及报社举报医院的售假行为。医院担心被举报，被迫答应。此后的半年内，二人在其他医院多次行动，共得款4万余元。后二人以敲诈勒索罪被提起公诉并被判决。[3] 知假买假，是否有权要求赔偿，有观点认为，职业打假或者知假买假行为不同于故意虚构、制造虚假事实陷害、勒索被害人的违法行为，只要商品或服务本身确实存在假冒或缺陷，行为人本身没有过错，也没有实施捏造和陷害他人的行为，行为人知假买假向商家索赔，就具有合法的事实

---

[1] 柏浪涛、谷翔："敲诈勒索与行使权利的界限"，载《法律适用》2010年第10期。

[2] 柏浪涛、谷翔："敲诈勒索与行使权利的界限"，载《法律适用》2010年第10期。

[3] 马也原："学人打假却不依法，哈市公诉两敲诈医院被告人"，载《法制日报》2003年1月13日。

基础。[1]也有观点认为,无论是行使无争议的权利,还是行使有争议的权利,行为人只要是行使权利,本质上属于救济权利行为,就具有正当性。在此种情况下采用恐吓手段进行救济,因目的的正当性会抵消部分手段的违法性,故都可以不以敲诈勒索罪论处。笔者认为,"职业打假人"并非一般意义上的消费者,如果行为人在正常的消费过程中偶然购买到假药,其采取恐吓手段进行救济,要求高额赔偿,是无可厚非的,轻易不应该对正常的消费者因提出高额的赔偿而否认其行使权利的正当性,否则,会不断地涌现诸如"结石宝宝案""勒索华硕案"等冤假错案。相反,案例中的付某和陈某明知是假药而购买,其购买药本身不是为了消费,不是为了获得药的药用价值,而是为了获得赔偿,其行使索赔权利的正当性就大打折扣了,同时又采用恐吓的方法要求医院赔偿远远高于医药价格的2万元,非法占有的故意显而易见,故二人的有罪判决是经得起推敲的。

(二) 权利行使是否符合相当性原则

权利行使是否符合相当性原则,主要是指行权方式是否合理。2006年,黄某购入一台华硕笔记本电脑,使用一次后出现严重故障,经两次返厂维修,仍然不能正常使用。后黄某得知该笔记本电脑安装的是测试版CPU。于是和朋友周某多次与华硕公司谈判,提出500万美金的赔偿要求,并表示如果华硕公司拒绝该要求,其将向法院起诉,并向媒体曝光。后华硕公司报警,黄某因涉嫌敲诈勒索罪被刑事拘留、批准逮捕。2007年,法院作出不起诉决定。[2]《消费者权益保护法》[3]规定,国家支持一切组织和个人对损害消费者合法权益的行为进行社会监督。同时也规定,消费者和经营者发生消费者权益争议的,可以通过与经营者协商和解、向人民法院提起诉讼等多种途径解决。有的学者认为,舆论监督权是一项涉及社会公共利益的权利或者权力。行为人以向媒体曝光相要挟强迫对方给付财物,如经营者满足不了行为人的要求,则行为人就不向社会公众公开经营者产品服务质量存在的问题,这实

---

[1] 张明楷:"妥善对待维权行为,避免助长违法犯罪",载《中国刑事法杂志》2020年第5期。

[2] 白明辉:"因索赔500万美金被关押10个月'勒索华硕案'女生将获国家赔偿",载《北京晨报》2008年10月27日。

[3] 《消费者权益保护法》,即《中华人民共和国消费者权益保护法》。为表述方便,本书中涉及我国法律文件直接使用简称,省去"中华人民共和国"字样,全书统一,后不赘述。

际上是对社会公共利益的出卖，不符合法律为消费者设定舆论监督权的立法目的和制度价值。[1]笔者认为，这种观点强人所难，消费者的合法权益在受到损害时通过向媒体曝光这种私力救济的方式维权，通常可以"无心插柳"地保障其他消费者知情权，但保障其他消费者的知情权并不是消费者的法定义务。面对经济实力强大的经营者、生产者，消费者往往处于劣势地位，与其说消费者向媒体曝光是"要挟"经营者、生产者，不如说是处于劣势地位的消费者为了迫使对方接受自己正当的赔偿要求所采取的一种索赔策略。在已经曝光的"赔付后又报案"的案件中，常常可以看到消费者和经营者最终会达成一个双方都接受的数额合意，而非消费者提出多少就是多少。消费者试图通过放弃向媒体曝光的权利，从而获得更多的赔偿，这种"利己不利人"的行为可以被定性为不道德，但远未达到需要动用《刑法》规制的程度。消费者向新闻媒体投诉、曝光的行为本身是合法的、正当的，除非行为人诉诸新闻媒体的内容具有虚假性，否则不存在违法之处。[2]

（三）权利行使是否符合关联性原则

权利行使是否符合关联性原则，主要是指行权行为和权利内容是否相关联。2020年8月，郭某因其妻刘某被公司辞退且经济补偿金额低而心生不满，与刘某合意后以举报公司的其他违法行为相要挟，向该公司勒索人民币900万元，后经多番协商成功获得30万元。因二人具有自首情节，且刘某系从犯，一审法院判处郭某有期徒刑6年，并处罚金人民币6万元，判处刘某有期徒刑3年，缓刑3年，并处罚金人民币3万元。该案经二审终审，均认定二人构成敲诈勒索罪。郭某不服上诉，二审法院依法裁定驳回上诉，维持原判。[3]刘某被原单位辞退后，其对辞退理由和辞退经济补偿金额不服，可以通过劳动法规定的协商、申请调解、申请仲裁、提起诉讼等多种方式进行索赔，甚至可以通过向媒体曝光与其本人有关的解雇事实等方式维权。如刘某夫妇"要挟"公司的"把柄"是与其本人有关的被解雇事实，即使要求赔偿的数额偏高甚至是畸高，都可以说是情有可原、无可厚非的。但是，刘某夫妇

---

[1] 高翼飞：《索赔还是勒索：民刑分界的模糊地带——如何区别消费纠纷中的'维权过度'与敲诈勒索》，载《犯罪研究》2011年第6期。

[2] 肖本山：《消费纠纷领域敲诈勒索罪的认定》，载《法学》2009年第5期。

[3] 叶婉：《男子因妻子被辞退心生不满，勒索公司900万元获刑6年》，载https://finance.sina.com.cn/jjxw/2021-09-24/doc-iktzqtyt7898072.shtml，最后访问日期：2023年7月5日。

"要挟"公司的"把柄"是与其本人无关的事实,而是公司的其他违法事实,其行权行为和权利内容显然没有关联。有观点认为,这种"围魏救赵"式的手段,在本质上已经超出了权利行使的范畴。故也不难理解,一二审法院均对刘某夫妇作出有罪判决。

三、结论

权利行使和敲诈勒索并非泾渭分明、非此即彼的关系。二者之间存在民刑分界的模糊、过渡地带,准确地运用"三原则"对使用恐吓、要挟的方式行使权利的行为加以分析、辨别,才能避免出现更多在维权领域中"同案异判"的矛盾判决。

论刑民交叉案件的判断标准

陈伟明[*]

（中国政法大学 北京 100088）

摘　要：以何种标准判断刑民交叉案件在理论研究和司法实践中一直存在争议，司法实践既有以同一法律事实为判断标准的情况，也有以同一法律关系为判断标准的情况，但由于对上述判断标准界定的模糊不清，导致理解和选择适用并不一致。结合《全国法院民商事审判工作会议纪要》（以下简称《九民纪要》）进行分析可以发现，最高人民法院是支持"同一事实"这一认定标准的，虽未明确以"同一事实"作为刑民交叉案件的统一标准，但也对当前刑民交叉案件中不应被认定为"同一事实"的情况予以列明，对司法实践具有非常重要的指引参考价值。

关键词：刑民交叉　法律关系　同一事实

一、刑民交叉案件的判断标准不清晰

刑民交叉案件是司法实践中讨论的热点问题，也是难点问题，随着人们物质生活的丰富，社会经济的不断发展，近年来不论是刑事案件还是民事案件在事实认定、法律适用问题上越发复杂，使得办理刑民交叉案件的难度不断提高。其中以何种方式判断适用"先刑后民"或者"刑民并行"原则是处理刑民交叉案件的重要问题。

最高人民法院《关于在审理经济纠纷案件中涉及经济犯罪嫌疑若干问题的规定》（以下简称《规定》）以是否为同一法律事实或法律关系作为对刑

---

[*] 作者简介：陈伟明（1988年～），男，汉族，福建泉州人，中国政法大学同等学力研修班2022级学员，研究方向为民商法学。

民交叉案件处理方式的判断标准。"两高一部"《关于办理非法集资刑事案件适用法律若干问题的意见》（2020年修正）和最高人民法院《关于审理民间借贷案件适用法律若干问题的规定》（2020年修正）都采用了"同一事实"的表述。由此可见，现行法关于刑民交叉案件的判断标准并未统一，虽然在2019年最高人民法院发布的《九民纪要》已对刑民交叉案件中"不同事实"的情形进行了解读，列举了不得认定为"同一事实"的若干情形，但没有明确一个统一的认定标准。由于法律、司法解释等均未明确适用标准，大众理解也都有所不同，导致当前司法实践中，既有以同一事实为判断标准的情况，也有以同一法律事实和同一法律关系为判断标准的情况。

二、学界争议

以"法律事实"角度为判断标准的观点认为，"法律事实是法律关系变化的条件所在，只有出现了一定的法律事实，法律关系才可能产生、变更和消灭"。[1]即在刑民交叉案件中，刑民交叉产生的前提，是因刑事法律事实和民事法律事实出现交叉竞合或者牵连。法律事实包括法律事件和需要法律规范进行评价的法律行为两层内涵。有观点认为判断不是为同一法律事实应从行为要素上加以区分，特别是行为内容本身，如果是行为内容不同或者是行为需要不同法律规范来评价，则可判断为不同法律事实，反之同理。如甲欠乙钱不还，乙因此将甲打成重伤。欠钱不还需要民事法律规范评价，而打成重伤则需要刑事法律规范评价，虽然主体之间存在重合，且两行为也存在因果关系，但这两个行为分属民法和刑法所调整即适用"刑民并行"原则。如甲欺诈乙骗取10万元钱款后赌博挥霍。这里甲仅实施一个行为，但基于同一法律事实，同时涉及刑事法律关系和民事法律关系，即适用"先刑后民"原则。司法实践中，虽然许多案件因同一法律事实产生刑民交叉的问题，但由于现实生活中遇到的问题都比较复杂，刑民交叉案件中常常涉及多个行为之间相互关联的情形，以法律事实是否同一的角度判断就比较困难。

以"法律关系"角度为判断标准的观点认为，法律事实是产生法律关系的前提和基础，但法律事实并不能自动产生法律关系，法律也不能调整和改变法律事实。法律调整的是一定的社会关系，一定的法律只是为了规范和调

---

[1] 孙笑侠、夏立安主编：《法理学导论》，高等教育出版社2004年版，第129页。

整一定的法律关系才有制定的必要性。[1]法理学认为，法律关系是以法律规范为基础形成的、以法律权利与法律义务为内容的社会关系。[2]而《规定》第10条就是从法律关系的角度作为"刑民并行"的判断依据，可以看出司法解释试图以法律关系的区分作为判断的应对方案。司法实践中，根据法律的规定对法律关系进行调整，就是在程序上体现法的意志，所以以法律关系的角度对刑民交叉案件进行分类是一个有效的切入点。根据不同法律关系的特点与性质，可以将刑民交叉的案件分为三种类型逐一应对：一是只有单一的民事法律关系，该法律关系仅受民商法所调整，无需刑法评价。二是由民事侵权同时引发了民事法律关系和刑事法律关系，且刑事法律关系将民事法律关系包容其中，该类型一般遵循"先刑后民"原则。三是同一个犯罪过程中存在着两个同位并列状态的民事、刑事法律关系，此时不能以追究刑事责任来免除或对抗民事责任，也不能简单以承担民事赔偿的方式排除刑事责任的存在，该类型一般遵循"刑民并行"原则。但如上所说的两个同位并列状态的民事刑事法律关系所引发的刑民交叉案件，从某种意义上说，其实也可划分为两个法律事实来判断是否同一，简单地以法律关系作为判断标准难免会产生歧义。

以"同一事实"为判断标准的观点认为，法律事实和法律关系都是由法律规范所调整，如果法律规范本身不同，那法律关系和法律事实自然也就不一样。也就是说，因为刑事民事法律规范的性质不相同，所以在刑民交叉案件中不会存在同一法律事实和同一法律关系的情况，而如果以"同一事实"为判断标准，就能解决部分的争议。2019年7月，最高人民法院刘贵祥委员在全国法院民商事审判工作会议上的讲话中提到，刑事案件与民事案件涉及"同一事实"的，原则上应通过刑事诉讼方式解决。[3]可以看出，最高人民法院是支持"同一事实"标准的，同时提出三个方面来认定"同一事实"：一是行为主体，二是法律关系，三是要件事实。即不同行为主体实施的行为，不属于同一事实；刑事法律关系和民事法律关系的相对人重合的，属于同一事实；既是民事案件的要件事实，也满足刑事犯罪的要件事实的，属于同一

---

[1] 杨兴培："刑民交叉案件的类型分析和破解方法"，载《东方法学》2014年第4期。
[2] 张文显主编：《法理学》，高等教育出版社、北京大学出版社2011年版，第111页。
[3] 参见"最高人民法院审判委员会刘贵祥在全国法院民商事审判工作会议上的讲话"。

事实。上述三个方面只要有一个不满足就无法构成"同一事实"。

三、应以"同一事实"为判断标准

从2020年修正的《规定》仍然以是否为同一法律事实和法律关系作为刑民交叉案件审理和处理的依据这一情况可以看出，该司法解释对刑民交叉案件类型判断到底是以"法律事实"还是以"法律关系"为标准，一直持模糊态度。然而从《九民纪要》出台后的司法审判中可以看出，目前较多适用"同一事实"标准，但也仍有以是否为同一法律事实或法律关系为判断标准。

笔者认为，采用"同一事实"作为刑民交叉的判断标准较为合适，主要原因是"法律事实"和"法律关系"在一定程度上包含于"同一事实"的判断标准，均是"同一事实"标准中的一个具体认定方式，且最高人民法院在总结以往审判实践的基础上，在《九民纪要》中针对一些以往易混的情况列举了不得认定为"同一事实"的几种情形，如在担保合同纠纷中，主债务人涉刑，债权人请求担保人承担民事责任的情形。如在保险合同纠纷中，侵权人涉刑，被保险人、受益人请求保险公司支付保险金的情形；再如在表见代理行为中，行为人以法人、非法人组织或他人名义订立合同的行为涉刑，合同的相对人请求该法人、非法人组织或他人承担民事责任的情形等，这对我们应对刑民交叉案件以"同一事实"作为判断标准具有重要指导意义，目前的司法审判对"同一事实"判断标准的理解都比较清晰，也较易操作。本文对于刑民交叉案件的探讨在刑民交叉问题中仅是冰山一角，由于刑民交叉案件的复杂性，司法实践中我们仍会碰到各种疑难问题，但无论以何种方式作为判断标准，我们都要以维护当事人合法权益为核心。如最高人民法院于同志法官所讲的，即便是"同一事实"，在发生刑民交叉的情况下，也不宜搞"一刀切"。与其在"同一事实"的判断上纠缠不清，进而在决定是否适用"先刑后民"机制上举棋不定，不如立足于更佳保护当事人利益的立场，按照实事求是的原则来处理刑民交叉案件。[1]

---

[1] 于同志："重构刑民交叉案件的办理机制"，载《法律适用》2019年第16期。

大数据时代个人信息的法律保护

格桑卓嘎*

(中国政法大学 北京 100088)

摘 要：个人信息保护制度在现实中的理论逻辑亟待明晰，立法、监管等诸多领域面临挑战。对此，应当重构其制度的底层逻辑、明晰个人信息保护的法律定位以及完善个人信息处理多元规制路径。应当以基于数据的高效流通与个人信息保护的平衡为价值理念，寻求个人信息保护与数据价值之间的平衡点，明确个人信息保护的法律属性，加强个人信息处理的规制力度。

关键词：大数据时代 个人信息保护

大数据时代下各类信息数据呈爆发式增长，个人隐私的侵犯与泄露问题频发。现实生活当中非法采集、过度使用、非法买卖个人信息等违法犯罪行为，已经严重侵扰了人民群众的权益，造成了对公民生命健康和财产安全的侵犯，甚至影响了我国经济和社会生活发展的正常秩序。同时，这一现象的发展也加剧和凸显了我国有关个人信息法律保护的理论与实践研究不足。因此，对于大数据时代个人信息保护制度的构建问题，俨然已成为理论界与实务界所共同关注的焦点问题，亟需学界化解理论争议，推动构建符合大数据时代要求的个人信息法律保护制度。

---

* 作者简介：格桑卓嘎（1995 年~），女，藏族，西藏拉萨人，中国政法大学同等学力研修班 2022 级学员，研究方向为刑法学。

一、大数据时代个人信息保护的现实困境

（一）理论困境：个人信息保护理论逻辑亟待明晰

1. 传统个人信息保护框架捉襟见肘

大数据具有数据规模大、数据种类多、处理速度快、价值密度低的特点。[1]因此，相较于互联网时代抑或称之为前信息时代的个人信息精准收集而言，大数据时代基于海量大数据样本数据挖掘所产生的个人关联信息更容易受到侵犯。而基于互联网时代抑或前信息时代基础之上构建起的传统个人信息保护制度，即以控制为核心的权利保护、以围绕"知情同意"等为原则的传统个人信息保护架构日益捉襟见肘，难以适应时代发展的需要。[2]这已成为个人信息保护制度难以有效开展工作的最重要原因。

2. 个人信息规范定位模糊

《民法典》对于个人信息保护的规定，不仅奠定了个人信息保护的正当性基础，也为个人信息保护立法提供了基本的法律依据。[3]当前《民法典》对个人信息权益或权利的定位相对模糊，存在逻辑难以自洽的问题。[4]《民法典》人格权编规定了姓名权、名称权、肖像权、隐私权，以及个人信息保护，而姓名、肖像等都属于典型的具体个人信息内容，将他们与作为上位概念的个人信息并列，存在逻辑从属关系的混乱问题。同时，《民法典》一方面将个人信息定位为权益而非权利，另一方面又规定了个人信息的同意权、知情权、更正权与删除权等权利内容，并且贯穿个人信息处理的事前、事中与事后全过程，[5]法理依据难以立足。

（二）实践困境：立法、监管等诸多领域面临挑战

在大数据时代背景之下个人信息保护在实践中面临严重的挑战，其在实践中所要面对的困境范围包括但不限于立法、监管、个人意识等诸多领域。首先，《民法典》《电子商务法》《网络安全法》等法律规范虽对于保护个人信息安全和公民个人合法权益有重要的意义，但总体而言，这些法律规定较

---

[1] 史卫民："大数据时代个人信息保护的现实困境与路径选择"，载《情报杂志》2013年第12期。

[2] 王秀哲："大数据时代个人信息法律保护制度之重构"，载《法学论坛》2018年第6期。

[3] 程啸："民法典编纂视野下的个人信息保护"，载《中国法学》2019年第4期。

[4] 周汉华："个人信息保护的法律定位"，载《法商研究》2020年第3期。

[5] 周汉华："个人信息保护的法律定位"，载《法商研究》2020年第3期。

为宽泛，具有零散性和原则性特征，[1]存在立法尚不完善的情形。其次，从行政监督层面而言，《个人信息保护法》虽是我国第一部有关个人信息保护的专门性法律，但其将大量决策通过立法方式授权给监管部门，然而"多数授权条款本身没有特别明确的授权目的、事项、范围、期限以及被授权机关实施授权决定应当遵循的原则"。[2]最后，有关细化规定的各项规则尚未出台，易引发监管措施不到位等问题，导致民众个人信息被盗取的情况较为普遍。

二、大数据时代个人信息保护的学理展望

（一）重构个人信息保护制度的底层逻辑

基于对人格尊严的保护与对个人自由的尊重，欧美等国在基于个人信息与隐私理论的基础上形成了个人信息保护的个人控制论，这一理论对我国立法也产生了重要的借鉴意义。但当前学界研究认为个人信息保护权并不是一项全面的、绝对的支配权，原因在于个人信息不仅关系个人利益，也关涉他人与社会的利益，具有公共性和社会性特征，[3]将个人信息私有化有失法律正当性，也有悖于社会发展的基础，因此，主张个人信息保护应当从个人控制走向社会控制，并且以此作为后续有关个人信息保护立法的指导逻辑。同时，也有研究认为应当学习借鉴其他国家立法风向，将隐私风险作为衡量个人信息"合理使用"的标准，根据具体场景中的风险不同采取差异化的保障措施，[4]这一逻辑意在提升个人信息保护有效性的同时减轻企业的风险负担，以实现个人信息保护与社会发展的共赢局面。

（二）明晰个人信息保护的法律定位

正确把握《民法典》与《个人信息保护法》的关系，认为应当将个人信息权作为一项新型公法权利，研究认为对于个人信息保护的权利与权益之争，根源在于将人格权（隐私权）与个人信息保护两项根本不同的制度强行并列，并试图以传统民事权利话语体系界定个人信息保护，忽视了个人信息保护与

---

[1] 蒋红珍："《个人信息保护法》中的行政监管"，载《中国法律评论》2021年第5期。
[2] 徐梦瑶："大数据中的隐私流动与个人信息保护研究"，载《东南大学学报（哲学社会科学版）》2022年第S1期。
[3] 高富平："个人信息保护：从个人控制到社会控制"，载《法学研究》2018年第3期。
[4] 范为："大数据时代个人信息保护的路径重构"，载《环球法律评论》2016年第5期。

人格权两项权利的本质差别。[1]因此,基于个人信息保护客体的特殊性、义务主体的特殊性、权利性质的特殊性,认为人格信息保护已经成为一项独立的法律制度,具有独立法律渊源、程序设计、制度配置、执法机制等内容。[2]当然,也有学者认为《民法典》与《个人信息保护法》中的私法规范构成普通法与特别法的关系,主张继续将个人信息作为民事权益进行保护,在后者有明确规定的时候应优先适用,而在其没有规定的时候应适用《民法典》的规则,[3]以便维护法律体系的和谐和法律适用的统一。

(三) 完善个人信息处理多元规制路径

当前《个人信息保护法》全面规定了个人在信息处理中的权利,强化了对个人信息处理者的保护义务,构建了敏感个人信息的严格保护规则,规范了国家机关的个人信息处理行为,完善了个人信息的法律救济途径。[4]但是,鉴于行政法在个人信息保护中具有无法替代的价值,认为未来个人信息保护的行政规制路径需要进一步明确规制体制,充分运用行政处罚、自我规制、内部管理型规制、第三方规制等多元化规制机制。

三、大数据时代个人信息保护观点的评述

首先,对于大数据时代个人信息保护与社会信息处理之间的矛盾,应当注重协调多方利益,更不能放任信息处理者对于个人信息权利的大肆侵害。当前,《个人信息保护法》虽采纳了识别说的观点,但在其概念界定上进一步借鉴了欧盟《一般数据保护条例》的规定,在识别说的基础之上,增加了"关联说"的标准,扩张了个人信息保护的范围,[5]未来,在完善现有相关规定时应当注重审视借鉴国内外现有的法律制度,顺应大数据时代发展的需要,借鉴国际主流观点,合理划分个人信息权益与社会信息处理,以及个人信息保护范围等问题,平衡个人权益与社会利益。

---

[1] 周汉华:"个人信息保护的法律定位",载《法商研究》2020年第3期。
[2] 周汉华:"个人信息保护的法律定位",载《法商研究》2020年第3期。
[3] 石佳友:"个人信息保护的私法维度——兼论《民法典》与《个人信息保护法》的关系",载《比较法研究》2021年第5期。
[4] 王利明、丁晓东:"论《个人信息保护法》的亮点、特色与适用",载《法学家》2021年第6期。
[5] 王利明、丁晓东:"论《个人信息保护法》的亮点、特色与适用",载《法学家》2021年第6期。

其次，由于《民法典》与《个人信息保护法》存在调整范围与调整方法上的差异，故此，笔者认为不能简单地界定为一般法与特别法的关系或者是并存的基本法，而应进行类型化分析。[1]在《民法典》与《个人信息保护法》对于调整范围与方式等差异的客观基础上，结合个人信息保护制度存在的特殊性，笔者主张认可个人信息权具有公法权利属性，应当作为一项独立的公法权利，实现公法规制和私法赋权双管齐下的治理模式，更好更全面有效地保护公民个人信息权。

最后，对于个人信息处理的规制问题，当前《民法典》规定了自然人的个人信息作为民事权利受法律保护，《个人信息保护法》又全面规定了个人在信息处理中的权利，强化了对个人信息处理者的保护义务，构建了敏感个人信息的严格保护规则，规范了国家机关的个人信息处理行为，完善了个人信息的法律救济途径，对于大数据时代下有效保护公民的个人数据安全起到了重要的作用。但同时，我们也需要关注到行政法、刑法等法律规范的完善与大数据技术、公民个人维权意识的提升等内容对于个人信息保护制度的重要意义，以期能够构建符合中国实际，能平衡数据高效流通与个人信息保护发展的法律制度。

---

[1] 程啸："论《民法典》与《个人信息保护法》的关系"，载《法律科学（西北政法大学学报）》2022年第3期。

互殴与正当防卫的界分

何 玎*

（中国政法大学 北京 100088）

摘 要：在互殴案件中，如何准确地认定正当防卫一直以来是个不可回避的问题。在一般的互殴中，虽然双方的行为都有保护自己身体免受侵害的防卫性质，但更主要的是主动攻击对方导致对方受到伤害的积极行为，此种防卫行为不具有正当防卫中的防卫意识。互殴中，一方手段明显升级至威胁对方生命，或对方在尽力避免暴力的时候继续伤害对方的，为阻止对方继续实施暴力而采取的行动是可以认定为正当防卫的。

关键词：互殴 正当防卫 防卫认识

一、互殴中正当防卫的认定

正当防卫应同时包含防卫认识和防卫意志。防卫认识是防卫人在自己放弃互殴或逃跑时对方实施不法侵害，其主观上认识到不法侵害仍在进行；防卫意志是防卫人出于保护本人的人身、财产和其他权利免受对方正在进行的不法侵害的目的。[1]

在我国传统的观念中，赋予了正当防卫太多的伦理色彩，将正当防卫想象成一种反抗暴力，反抗恃强凌弱，反抗残害良民的正义形象。然而，法律会允许正当防卫，并不是在道德方面有令人动容的怜悯，而是在这种情况下，侵害者已经无法享有法律的完整保护了，而正当防卫通过正确的实施捍卫了

---

* 作者简介：何玎（1985年~），男，汉族，北京人，中国政法大学同等学力研修班2022级学员，研究方向为刑法学。

[1] 刘洋："互殴中正当防卫的认定"，载《人民司法》2006年第1期。

法律秩序。[1]

互殴案件中的正当防卫情况不能全盘否定，在一定情况下，也具有正当防卫的情形出现。以下从两方面来论述互殴中可能出现正当防卫的情形：

第一，我国《刑法》第20条并没有规定正当防卫的主体，也就是说只要符合正当防卫的条件，都可以构成正当防卫，而不可以因为是互殴案件就排除构成正当防卫的情形。

第二，从行为来看，互殴和正当防卫有一定的重合，均为针对不法侵害的防卫行为。这种行为与互殴中的拳打脚踢，用棍棒击打等从行为上面来看是相同的。但主观上正当防卫包含了制止不法侵害的意图，在互殴案件中也很难排除这一意图。所以互殴案件中也包含了正当防卫的情形。

二、互殴案件中对正当防卫的常见误解

一是事先准备了伤害工具就认为是互殴的故意。在互殴案件中，面对不法侵害采取的防卫行为，不可能是互殴，只有在互殴成立的情况下正当防卫才不成立。比如事先知道A纠集了多人要殴打B，而B为了防卫随身带着家中装修用的钢管，这种情况不能推定B有互殴的故意，可以认定为防卫。行为人在生命受到威胁后准备防卫工具的行为不能准确被推定为互殴抑或防卫，只能根据具体的案情和相关的证据来判断。

二是正当防卫必须在走投无路的情况下。首先我国的《刑法》中没有规定正当防卫必须发生在没有其他选择的情况下。其次，只有在无法逃脱的情况下才能实施正当防卫的说法也明显与《刑法》中关于正当防卫的规定不一致。该说法不利于一般人合理地进行自我的保护，也不符合一般人处在危险情况时对自我保护的判断。[2]

三、互殴案件中正当防卫的具体适用

在基层的司法实践活动中，互殴是一种常见的刑事案件，是一种由各类社会矛盾引起的暴力犯罪案件。在互殴案件中，从主观动机到客观行为上都具有一定的复杂性。在普遍认识中，认为互殴双方都具有主观上的主动性，

---

[1] 陈璇："克服正当防卫判断中的'道德洁癖'"，载《清华法学》2016年第2期。
[2] 陈兴良："互殴与防卫的界限"，载《法学》2015年第6期。

都存在主观故意，所以不存在正当防卫的问题。最高人民法院、最高人民检察院、公安部《关于依法适用正当防卫制度的指导意见》提出了关于正当防卫具体的适用解释：准确把握正当防卫的起因条件；准确把握正当防卫的时间条件；准确把握正当防卫的对象条件；准确把握正当防卫的意图条件；准确界分防卫行为与相互斗殴；防止将滥用防卫权的行为认定为防卫行为。

比如 A 和 B 因琐事发生纠纷，后开始互相殴打，这时候就是互殴。值得一提的是，如果这个时候 A 突然拿出一把管制刀具，针对这种情况 B 的反击就属于正当防卫了，因为 A 升级了攻击方式，对于 B 的生命权造成了威胁，B 制止 A 继续实施攻击就构成了正当防卫。这是法律对于生命权的重视，在任何紧急情况下，人都会因保护自己的生命不受到危险而不承担刑事责任。这时候要考虑 B 的判断是否出于一般人的判断。而对于一般人而言，不能苛求对当时情形进行专业和冷静客观的分析。

因此打架未必就一定是互殴，还击行为完全可能是正当防卫，有伤害意图并不能完全否定正当防卫，事先有准备工作的行为也不能否定正当防卫。防卫无须现行躲避，具体要结合案件和证据进行分析。[1]

四、互殴与正当防卫的界分

（一）紧迫性

紧迫性即不法侵害正在发生，如果已经结束，正当防卫是不成立的。不法侵害行为的结束通常表现为几个形式：不法侵害已达到了侵害的目的；侵害人失去继续侵害的能力；侵害人自动终止不法侵害；侵害人向正当防卫人求饶；侵害人已被抓获。

不法侵害已经结束，正当防卫也不应继续实施。在这些情形中，应该从一般人的立场出发，不应只从法条文字出发，应考虑到一般人认识水平和当时一般人的心理状态情况，应该换位思考，从大众的角度去看待案件、从被侵害人的角度去看待当时的情形。

比如于某正当防卫案，[2] 2018 年 8 月 27 日晚，在江苏省昆山市震川路

---

[1] 李勇：“互殴与防卫关系之检讨——以类型化的实体与程序规则构建为中心”，载《中国刑事法杂志》2019 年第 4 期。

[2] 参见 2018 年第十二批指导性案例（检例第 47 号）。

上，刘某醉酒驾驶轿车强行闯入非机动车道，与正常骑车的于某差点发生事故。刘某愤怒之下从轿车中取出一把刀，不断砍向于某颈部、腰部、腿部。在打击中刀不慎掉落，于某上前抢到了刀，刘过来抢夺，在抢夺中于某刺伤刘某的腹部、臀部，砍伤其右胸、左肩、左肘。夺刀无果后刘某向轿车跑去，于某追击砍了两刀都没有砍中。后刘某死亡。

本案在当时引发了整个社会关于正当防卫的讨论，焦点在于刘某的侵害行为是否在受伤后跑向轿车时结束，之后于某的行为是否属于防卫过当。对此学界普遍认为，判断侵害行为是否结束，应该从一般人角度看当时是否有实质性脱离现场或者放弃继续伤害的可能。换言之，刀掉落后刘某继续对刀进行抢夺，抢夺无果后刘某返回藏刀的汽车，于某继续追击的行为也符合当时一般人防卫的需要。法条之外也应当考虑一般人的行为，人不是绝对理性的，在出于人身危险当中时，都有避免伤害的天性。冰冷的法条之外，也应包含一般人朴素的感情和行为，这样的司法实践才有人性的温度。

（二）适度性

任何暴力都必须适度，正当防卫也一样，在一定的防卫范围中考虑。《刑法》第20条第2款规定："正当防卫明显超过必要限度造成重大损害的，应当负刑事责任，但是应当减轻或者免除处罚。"也就是说正当防卫是以必要的适度性为基础。衡量一个行为是否属于必要的，要看该行为是不是制止不法侵害所必需的。只有遭遇了严重危及人身安全的暴力侵犯，反击造成侵害人伤亡，不负刑事责任。值得一提的是，当侵害人的不法侵害行为停止时，继续对其进行伤害的行为不属于正当防卫，但在侵害人停止行为前制止对方的伤害行为是属于正当防卫的。

正当防卫是私立救济途径，是对公立救济的重要补充。正当防卫的本质是"正对不正"，因此对防卫者本人的要求不应该过于严格，应该从一般人角度出发。

五、结语

互殴是有防卫认识的，但是没有防卫意志。在司法实践中殴打是有可能出现正当防卫的情况，比如在互殴中一方扭头逃避，已经跑开了，另一方还继续追逐并施加伤害；又比如在互殴中，双方赤手空拳，一方突然掏出一把刀具，这种主动升级伤害的行为，逃避方是可以出于防卫意图进行正当防卫的。

刑罚的目的研究

衡东明*

（中国政法大学 北京 100088）

摘　要：刑罚目的是刑法理论中一个特别重要的命题，要实现刑罚目的，必须借助于刑罚功能的发挥。报应论和预防论各自的优点非常明显，而各自的缺点和不足也显而易见。我国的刑罚目的理论众说纷纭，从总体看来，并合主义是我国刑罚目的理论的主流。

关键词：刑罚目的　刑罚报应　刑罚预防

刑罚是指刑法所规定的，由司法机关依法适用来剥夺或限制犯罪人某种权益的制裁方式。如今所说的刑罚目的，是指国家通过制定刑罚、研究决定刑罚的量，并严格执行刑罚希望其能产生的某种结果，刑罚目的实现是一种主观的要求，它以主观的形式在刑罚运行前已经形成，是国家对自身需要和与犯罪作斗争的客观可能结果之间关系的一种反映。刑罚目的是刑法中的一个特别重要的理论，各国刑法典关于犯罪构成及法定刑的规定，以及刑法理论中有关犯罪与刑罚的理论，都与刑罚目的有关。

一、刑罚目的的发展

一些国家的报应刑论、预防刑论和并合主义理论发展为后期的刑罚目的理论。对于报应刑论，刑罚界有不同的理解，主要有鬼神报应、道德报应、被害人复仇、社会报应、法律报应等。鬼神报应、道德报应、被害人复仇和社会报应，已经逐渐被现代刑罚制度所抛弃，报应刑论本身也越来越受到刑

---

* 作者简介：衡东明（1992年~），男，汉族，甘肃天水人，中国政法大学同等学力研修班2022级学员，研究方向为刑法学。

法学者的低估，其弊端比较明显，较为值得赞同的是法律报应刑论。近年来，刑法正当性研究领域中最引人注目的现象要数积极的一般预防理论。积极的一般预防理论的称谓是为了与传统的一般预防概念作出区分。积极的一般预防理论也有很多版本。不过总体上讲，积极的一般预防理论可以被分为两大类：一是广义的积极的一般预防理论。它主要强调通过刑罚使人们养成遵守规范的意识，即承认刑罚的教育效果，这种效果可以直接或间接地对人们性格的形成产生影响。二是狭义的积极的一般预防理论。它主要强调刑罚对人们的思想和道德的形成产生影响，也可以说是唤起人们的洞察力。克劳斯·罗克辛、耶塞克、山口厚三人都认为，以事前预防为主的综合性理论充分体现了预防刑在刑罚目的中不可替代的作用。西方的刑罚目的理论表明，以事前预防为主的综合性理论是当前的主导理论，实质的、公正的报应、积极的一般预防理论和积极的特殊预防理论是未来刑罚目的发展的主要方向[1]。

二、刑罚报应目的及其理论

（一）刑罚报应目的历史来源

报应论在刑罚目的史中最为久远，报应理论被称为绝对理论和正义理论是由于报应刑论主要体现刑罚报应的绝对性。报应理论表明，不管什么人都必须对自己行为产生的后果负责。国家层面通过对犯罪人执行刑罚，使犯罪人因自己给被害人带来痛苦及给社会秩序带来的危害受到相应的惩罚，对受害人的损害进行补偿，报应刑理论是刑罚公正性的必然要求。

报应论追求的是公平、正义，以及犯罪与刑罚间的平衡关系，它崇尚的是罪刑法定，所以与正义论有必然关联。在人类刑罚史上，报应论占有重要地位。报应论主要源自人们心中的"同态复仇"理念。人们认为用以牙还牙的方式让犯罪者受到惩罚是必要的[2]。报应观念法律规范在初民社会与人类早期法律规范中最为普遍。在初民社会中，"同态复仇"现象大量存在。比如，霍贝尔说过的因纽特人之间的同态复仇，同态复仇往往由被害者的亲属来实施；在霍贝尔的研究中可以得出同态复仇观的基本价值，一方面是通过复仇的方式来平复在世亲属的情绪，另一方面是通过这种方式来维护人类群

---

[1] 陈元："刑罚目的动态品格研究"，西南政法大学2018年博士学位论文。
[2] 刘一泽："刑罚的目的之辨"，载《天津法学》2018年第2期。

体中的社会秩序。

（二）报应刑与目的刑的关系

目的刑与报应刑在刑罚的发展史上也经历了很长的争论。在国家刑罚权比例性限制的设置上，报应刑起到了积极的作用，但是在具体的落实过程中没有特别具有说服力的方案。报应刑论的极端主张认为，公正的刑罚主要取决于犯罪行为的性质和适当的刑罚程度，如宫刑与强奸相当的理论。但这种机械地对应也存在一定的弊端。同时，报应刑一般只关注过去的犯罪，比如，往往较为关注犯罪人受罚而对其施加惩罚，而耗费大量人力、物力的国家刑罚制度的社会效用较少。

（三）刑罚的目的不仅是实现个体报复，更重要的是为了维护公众的利益

我们在了解一个案件判决时，通常会快速地浏览结论——谁输了，谁赢了。可是输和赢只是一个广义的概念，我们较少系统地考虑输和赢的目的到底是什么。刑罚最终的目的只能是社会公众的利益，并非私人、个体、某个公民的"个人利益"。报复的快感，现在不再被法律所认同。法律不仅不允许一个人"以暴制暴"，私下报复，在广义上也不是帮一个人去报复。刑罚的目的是满足社会公众的利益。

三、刑罚预防目的及其理论

预防论又称目的刑论、预防刑论、功利主义或相对主义，主要是通过剥夺犯罪人再次犯罪的可能性来对其进行惩罚，并向社会公布实施此犯罪行为需要承担的严重后果，以此警示公众实施犯罪行为需承担的责任。通过此方式不断减少和预防社会犯罪的发生，其主要强调的还是一种社会的功利效果[1]。随着公众对民主与人权理论的进一步认识，"同态复仇"理论已逐渐被大家认为是一种不人道、不文明的方式。"同态复仇"逐渐被公众所摒弃的原因主要有三个：一是从人道主义的角度考虑，"同态复仇"以侵犯当事人的生命权和健康权的形式来对当事人进行人身惩罚，这种方式不可取；二是从现实的角度考虑利益问题；使迫害方遭受与受害人同样的损害，对被害人本身也并没有什么实质价值，相反，通过金钱赔偿的方式可以一定程度上弥补被害人因损害而造成的损失；三是主观方面复仇心态的满足，同态复仇的主要意图在

---

[1] 毕祺祺："刑罚的目的"，载《法制博览》2021年第32期。

于让迫害方遭受同等损害，一定程度上实现被害人的复仇心理。但是正如威廉在《最后提及的复仇者主观情绪》中提到的，即便是被害人复仇成功，其心灵和身体创伤也不一定能够得到弥补，相反，有可能会出现茫然的复杂心理。

20世纪刑罚因为在社会秩序的维持方面的功利价值受到了各国刑法理论和实践的追捧。目的刑论包括一般预防论和特殊预防论。一般预防论的主要对象是社会上的一般人，一般预防论主要认为刑罚的目的在于预防社会中的一般人犯罪，通过对犯罪人执行刑罚，以此来警诫社会上的不法分子，从而达到预防犯罪的目的。特殊预防论主要认为，刑罚的目的在于通过对犯罪人处以刑罚，使其不敢再实施犯罪行为，也就是通过对犯罪人适用法定的刑罚，发挥剥夺、教育、矫正等刑罚功能，迫使犯罪人将来不敢重新犯罪。刑罚的重点内容不是预防社会上的一般人实施犯罪，而是预防前科人员再次犯罪。

四、总结

刑罚的主要目的在于预防犯罪，包括一般预防和特殊预防。司法机关定罪量刑的目的也是实现一般预防与特殊预防犯罪。换言之，如果某种行为没有对其实施一般预防与特殊预防的必要，就表明这种行为不成立犯罪。司法机关在定罪量刑时一定要有助于一般预防与特殊预防目的的实现。如果定罪量刑活动不以一般预防和特殊预防为目的，那么这种司法行为不仅没有意义，而且后患无穷。但我们也要清楚地认识到，不能仅仅因为报应论和目的论存在缺陷就完全否定其存在，我们要认识到这两种刑罚目的理论在犯罪斗争论中不可磨灭的成绩。在研究的过程中，背离历史发展阶段的基本情况，用现代的眼光去评价数十年前乃至数百年前的刑罚目的理论，是永远不可能得出正确结论的。我们应用辩证的眼光来看待已有的刑罚目的理论，在充分肯定其积极一面的同时，发现现有理论的缺点和不足，在现有刑罚目的理论的基础上不断提出完善新理论的具体方案。

未成年人网络直播打赏行为法律问题研究

李 宸[*]

(中国政法大学 北京 100088)

摘　要：未成年人是法律特殊保护的弱势群体，随着网络直播产业和市场快速发展，未成年人网络直播打赏行为导致了诸多法律纠纷和社会矛盾。为解决这一问题，笔者综合分析这一法律关系并提出规制和完善建议。

关键词：未成年人　网络直播　打赏行为

一、未成年人网络直播打赏行为的概述

(一) 未成年人网络直播打赏行为的发展现状

2016年是我国网络直播的开始，从此，网络直播经济持续高速发展。抖音、斗鱼直播等上百家直播平台先后成立，"网红""主播"等名词越来越为人所熟知，直播背后带来的经济利润屡破新高，许多未成年人也成为网络直播的观看者乃至消费者。截至2021年12月，我国网络直播用户规模达7.03亿人，较2020年12月增长8652万人，占网民整体的68.2%。[1]

直到2020年爆发的新冠肺炎疫情，网络直播与"互联网+教育"等产业深度融合，网络直播产业也影响着未成年人，未成年人用户成为网络直播平台用户中较活跃的主体。最高人民法院于2020年5月15日印发的《关于依法妥善审理涉新冠肺炎疫情民事案件若干问题的指导意见（二）》中关于合

---

[*] 作者简介：李宸（1999年~），男，汉族，河北张家口人，中国政法大学同等学力研修班2022级学员，研究方向为民商法学。

[1] 参见"第49次《中国互联网络发展状况统计报告》"，载 http://www.cnnic.net.cn/n4/2022/0401/c88-1131.html，最后访问日期：2022年12月11日。

同案件的审理第9条就是法律关于对限制民事行为能力人网络付费、打赏的规定和保护。[1]

2021年3月8日在最高人民法院工作报告中表明，要加强未成年人司法保护，列举了2020年审理未成年人直播打赏无效案，直播平台全额返还158万元打赏金的具体工作。[2]2021年6月1日实施的新《未成年人保护法》(2020修订)中增加了关于"网络保护"的专门章节，体现了对未成年人的特殊保护和优先保护。

(二)未成年人网络直播打赏行为的概念

1. 下载、注册、登录行为

未成年人直接使用其监护人为其购买的移动终端或者间接使用其监护人的移动终端下载并安装各类网络直播应用程序，通过手机号注册网络直播应用程序账户成为网络直播平台用户。

2. 观看、消费行为

观众进入网络直播平台的直播间观看网络主播直播的活动称为观看行为。所谓消费行为是指观众登录网络直播应用程序，购买虚拟货币（人民币和虚拟货币之间存在一定兑换数量关系，一般为1∶10）后在直播间购买虚拟打赏商品（虚拟货币和虚拟打赏商品之间存在一定兑换数量关系，一般按照虚拟打赏商品价格从低到高不等）。

3. 打赏行为

打赏行为是指观众（消费者）在网络直播平台直播间对网络主播实施打赏虚拟商品的活动，也叫做"刷礼物"。

二、未成年人网络直播打赏行为的法律分析

(一)从赠与合同视角分析

赠与合同属于典型的有名合同，具有单务性、无偿性，实施赠与行为要求双方主体同时存在：一方实施赠与，另一方接受赠与。[3]《民法典》指出

---

〔1〕参见最高人民法院《关于依法妥善审理涉新冠肺炎疫情民事案件若干问题的指导意见（二）》第9条。

〔2〕参见"最高人民法院工作报告（摘要）"，载 http://www.npc.gov.cn/npc/kgfb/202103/9febc902cf264ecfa4f7f19958e6ba2b.shtml，最后访问日期：2022年12月11日。

〔3〕参见《民法典》第657条。

赠与合同属于双方民事法律行为，要求赠与人和受赠人就赠与财产、受赠财产达成相对应的一致意思表示。

网络主播进行直播活动相当于发起订立赠与合同的邀约邀请，观众实施打赏虚拟商品（礼物）的行为视为订立赠与合同的邀约并同时履行了交付赠与财产的义务，网络主播接受这一财产即承诺，合同成立。[1]将这一行为界定为赠与合同得到了司法实务界的支持。在互联网技术和经济高速发展的今天，网络直播行业越来越融入观众和网络主播的实时交互活动，如果观众请求网络主播进行特定表演并和网络主播就直播内容或者形式达成一致意见，再对网络主播的表现进行打赏，这便与赠与合同的性质产生了分歧，动摇了将这一行为定性为赠与合同的基础。

（二）从服务合同视角分析

《民法典》没有规定服务合同，但学界将这一行为定性为服务合同。[2]打赏行为发生在互联网领域，又叫做网络服务合同。[3]网络主播在直播间进行各种类型的表演，提供劳务服务，享有对观众打赏"礼物"的债权；观众观看并打赏网络主播，接受相应的服务，履行支付观看其表演的对价义务。顾名思义，服务合同属于非典型性合同，具有双务性，遵循公平原则，在合同双方主体之间形成债权债务关系，双方受权利义务一致性原则约束。

对于未成年人网络直播打赏行为：其一，网络直播平台并未对未成年人实施打赏行为可能带来的问题进行全面考虑，监护人在同意了服务条款后，未成年人打赏行为便难以预测；其二，网络直播平台应根据实际情况列明相应服务条款以应对这一状况，以监护人名义打赏与打赏后监护人要求返还的情况均有一定的出现可能，因此，从法律意义上看，网络直播平台也存在一定的证据留存需求。服务合同在这一纠纷中应占据相当高的地位，合同中应该列明用户者账号被其他人使用的责任分配以及避免举措。

（三）从区分综合视角分析

未成年人网络直播打赏行为是由未成年人、网络主播、网络直播平台三

---

[1] 程啸、樊竟合："网络直播中未成年人充值打赏行为的法律分析"，载《经贸法律评论》2019年第3期。

[2] 刘娟："网络直播打赏的法律问题研究"，石河子大学2020年硕士学位论文。

[3] 李某花、聂某远诉广州虎牙信息科技有限公司网络服务合同纠纷案，湖北省随县人民法院[2020]鄂1321民初1783号裁定书。

方主体参与形成的三个不同的法律关系。未成年人通过各种支付方式充值、购买网络直播平台的虚拟货币并且网络直播平台向其交付了相应的虚拟货币，在双方之间构成网络买卖合同关系[1]；未成年人向网络主播打赏虚拟商品（礼物）并且网络主播为未成年人进行直播表演服务（该直播表演分为双方约定直播表演内容、形式和打赏金额以及双方未进行约定两种网络直播类型），在双方之间分别构成网络服务合同关系和赠与合同关系；未成年人打赏的"礼物"实际上转移至网络直播平台，网络直播平台按照协议向网络主播支付价款（报酬），在双方之间构成劳动或者劳务合同关系。

三、未成年人网络直播打赏行为问题的规制和完善建议

（一）加强未成年人及其家长的网络法律意识教育

未成年人可以通过线上、线下方式关注相关报道和了解学习《民法典》。不沉迷于网络直播、网络游戏、网络视频，在监护人的帮助下，通过充分利用网络加强对互联网的基本认知。

另外，监护人在未成年人健康成长的过程中承担着重大职责。客观、全面判断未成年人对手机等智能移动终端的需求，如果仅是日常联络，可以选择普通手机或者儿童手表。监护人在自己手机中设置儿童模式，针对特定网络直播应用程序设置停用时间及使用限制；监护人也可以在该应用程序设置中开启"青少年模式"，监管未成年人使用时长。笔者认为，监护人要加强履行监护职责的实效，加强对未成年子女在正确、合理使用网络方面的引导和教育，让互联网成为未成年子女成长过程中的助推器。

（二）明确网络直播平台的监管意识和职责

网络直播平台应从根本上树立正确的互联网平台监督意识。网络直播平台首先要树立正确的法治观念，了解未成年人网络直播打赏行为的不合理性与违法性，从法律意识上杜绝这一情况的产生。

明确网络直播平台相关事项的监管主体职责，要求在明确文化和旅游部作为网络直播平台监管的统一领导监管主体后，对相关协助监管主体进行明确有效地权责划分。

完善网络消费认证制度，平台有义务建立完善的网络消费认证制度。可

---

[1] 参见《中华人民共和国民法典》第三编第二分编第九章买卖合同。

以考虑以"密码+人脸识别"混合支付的方式进行,[1]此时可以保证未成年人在得知密码后必须通过监护人主动进行人脸识别才能完成打赏过程。

(三) 加强行业协会的内部监管

一是建设全国网播平台行业协会,应从培育地方行业协会入手,扩大会员规模,整合协会机构,确保网络直播平台的自律监管。二是制定行业协会的统一标准,并要求权威行业协会根据网络直播平台行业的国家政策和网络直播平台的特点,对网络直播平台进行深入研究,制定能够规范本地区乃至全国的行业标准。三是保护经营者和消费者的权益,要求行业协会在相关法律法规的指导和行政监管部门的监督下,对行业协会会员进行培训和教育,促进公平竞争,保护网络直播平台运营商的权益。四是完善行业信用体系建设,完善行业直播信息共享机制,最终了解网络直播平台建设和违法情况,引导网络直播平台向更高标准迈进。[2]

(四) 加强对网络直播平台的行政监管

在众多监管主体中应当确定文化和旅游部为网络直播平台的行政监管部门,来统一领导网络直播平台的监管工作,而公安部、教育部、网信办以及工信部等其他相关监管部门进行辅助协助的工作。文化和旅游部出台的部门规章最多,因此从法律法规位阶来说,文化和旅游部来颁布相关法规最为合适。

四、结语

未成年人网络直播打赏行为问题,应从《民法典》以及《未成年人保护法》入手进行研究和分析,在确定了监护人职责以及被监护人年龄后,结合纠纷实际情况以及证据对案件加以判断。关键在于明确未成年打赏人、网络主播和网络直播平台三方之间的法律关系。笔者期望推动构建全面、有效、综合的未成年人网络直播打赏行为的法规体系,推动形成多方面、多部门、多系统参与未成年人网络直播打赏行为的治理格局。在互联网经济时代,共同维护未成年人合法权益、促进未成年人健康成长。

---

[1] 詹新惠:"未成年人网络打赏背后缺失的是什么",载《青年记者》2020 第 18 期。
[2] 牛舒原:"网络直播平台行政监管立法研究",内蒙古大学 2020 年硕士学位论文。

法定犯时代违法性认识的体系定位

刘文轩[*]

（中国政法大学 北京 100088）

摘 要： 不同于自然犯时代的"不知法不免责"，违法性认识问题在法定犯时代变得难以判断。通过明确违法性认识在刑法体系中的位置，采取"违法性认识必要说"，同时将违法性认识作为故意要素进行考量，有利于司法实践对不知法抗辩问题地解决，以及对刑事不法是否成立作出正确判断。

关键词： 法定犯 不知法不免责 违法性认识

我国刑法已逐步进入法定犯时代，对违法性认识的问题日益凸显。相比于自然犯，法定犯并没有很强烈的伦理、道德属性；相比于保护个人法益的自然犯，它对法益的保护更加注重延展至集体法益。因而它与自然犯不同，不再是只要行为人具有社会危害性的认识，一般也能推定其具备违法性认识，[1]而是通过规范来连接其行为与结果，更具有社会属性。这为普通大众对行为违法性的辨识提出了更高的要求，它要求民众能够更加精准、清晰地认识行为违法性。

一、问题的提出

违法性认识错误，又叫法律认识错误，或者禁止错误，即行为人尽管实施了刑法明令禁止的行为，但对自己的行为违反刑法的认识不足。

近年来，"内蒙古王某军倒卖玉米涉嫌非法经营案""天津赵某华摆设气

---

[*] 作者简介：刘文轩（1997年~），女，汉族，山东潍坊人，中国政法大学同等学力研修班2022级学员，研究方向为刑法学。

[1] 参见刘艳红：《实质出罪论》，中国人民大学出版社2020年版，第326页。

枪摊涉嫌非法持有枪支案""河南农民采摘兰草获刑案"等都已经成为社会性话题,引起了公众的广泛讨论。原因是司法机关作出有罪结论的"违法性认识"与大众的"违法性认识"存在偏差,更有甚者对司法公正提出质疑。这是因为法定犯时代下对违法性的认识具有复杂性,使得它不能仅依靠最基本的伦理道德判断和对社会危害性的认识就能分辨,或者说仅依靠伦理或道德判断,所得结论有悖于实际结果。因而"不知法不免责"这一根植于自然犯时代的观念已经不适应现世刑法理论以及实践的发展要求。又因"在司法实践中,违法性认识错误的主体,往往是那些信息获取匮乏或者怠于获取信息的群体"[1],而作为之前在专业性强的经济法、行政法中规定的法定犯,公众对其违法性认识的获取本身就存在困难。即便能够获取,对公众来说也晦涩难懂。这就提高了发生错误认识违法性的可能或者说"正确"的可能性降低。

违法性认识在法定犯时代所能发挥的作用不仅是消极的出罪功能,违法性认识的有无和程度可以作为刑事不法是否成立的积极判断。[2]因而立足我国,探讨法定犯时代违法性认识的体系定位更容易得出得以解决司法实践的解决方案。

二、理论争议

成立犯罪是否一定需要具备违法性认识,还是只要依据刑法判定即可?对此,国内一般存在两种观点,即违法性认识不要说和违法性认识必要说。

(一)违法性认识不要说

"违法性认识不要说"意思是"犯罪的故意只要求行为人对自己行为的社会危害性有认识,并不要求认识自己行为的违法性。因此,在一般情况下,无论行为人是否认识到自己的行为违反法律,都不影响故意犯罪的成立"。[3]即对于犯罪行为的认定,不必要行为人一定对其行为违法性有认识,而行为人的刑事责任只需要依照《刑法》来进行判断。在1979年第一部《刑法》中,由于罪名体系主要还是以自然犯为主,因此"不知法不免责"的观点仍然占据主导地位。这符合当时社会发展和治理的需要,可以有效地处理当时

---

[1] 参见江苏省苏州市吴江区人民法院刑事判决书[2015]吴江刑二初字第480号。

[2] 参见朱叶雯:"法定犯时代违法性认识的体系定位及司法适用",载《广州广播电视大学学报》2022年第5期。

[3] 参见何秉松:《犯罪构成系统论》,中国法制出版社1995年版。

中国社会治理尤其是刑法的治理乱象。可以说，当时的刑法结合了当地最低的伦理道德标准，让公众可以通过朴素的对社会危害性的认识推定违法性。

（二）违法性认识必要说

从字面上理解，"违法性认识必要说"就是将对违法性的认识作为行为人成立犯罪的必要条件。"违法性认识必要说"的兴起，伴随着中国法治的健全、人权保障意识的增强以及社会发展的需要。《刑法》的历次修改，出现了大量的法定犯，比如行政犯的数量大大增加。这对刑事司法提出了更高的要求，按照之前"违法性认识不要说"的审理方式，已经无法维持与公众认知相匹配的公平正义。如何在原有刑法的框架下，更好地实现公平正义成为当下刑事司法必须要解决的问题。法律只有经过司法才真正拥有生命。因而，违法性认识错误这一问题出现不可避免。而将"不知法"的责任完全归咎于个人显然有失公允。像"鹦鹉案"中，法院在判决说理时就证明了该案被告人知道或者应当知道其饲养、买卖的鹦鹉是国家重点保护的野生动物品种，而此时"不知法"就不能再成为其免责事由。判决从侧面佐证了，该案的审理并非仅仅依靠"不知法不免责"的立场，而是对被告人基于其"不知法"而要求免责的辩护理由进行了充分而全面的回应。

目前，对于"违法性认识"，我国现行《刑法》中并没有明文规定，这也是为什么理论研究中不断深入而在司法实践中这些研究并没有"深入人心"。而随着社会的不断发展，从"违法性认识不要说"转向"违法性认识必要说"是司法实践必经之路。

三、违法性认识的体系定位

只有坚持采取"违法性认识必要说"，同时将违法性认识作为故意要素进行考量，才能与当下中国本土理论自洽。基于"违法性认识必要说"，关于其体系定位又形成了故意说、自然犯与法定犯区分说和责任说等不同理论主张。其不同是是否将违法性认识这一要素作为故意的一个颗粒加以判断。在责任说下，违法性认识是与故意要素相对的责任要素。因此，违法性认识与故意的成立无关，但当出现认识错误情况时可以作为责任阻却事由。责任说根植于德日大陆法系国家犯罪阶层理论即三阶层犯罪构成理论，与责任要素相对应的即为其理论中的责任阶层。其将违法性认识作为责任阶段的出罪事由规定适用，因而在违法性认识影响罪责轻重的部分自然地形成逻辑自洽，也无需进行内部证成。

在我国现行刑法以及刑事司法实践中，对于罪与非罪、此罪与彼罪的标准为四要件理论，即犯罪主体、犯罪客体、主观要件以及客观要件。如若照搬大陆法系关于违法性认识的责任说，似乎"水土不服"。因为在任何一个要件中，都无法融合违法性认识以影响刑事责任的判断。同时，我国《刑法》第14条第1款规定，明知自己的行为会发生危害社会的结果，并且希望或者放任这种结果发生，因而构成犯罪的，是故意犯罪。这里的故意显然与三阶层犯罪构成理论中的故意要素的内涵不完全一致。而考虑四要件之间的关系，在具体适用时，客观与主观、形式与实质、违法与责任被同时进行评价和判断，导致作为主观要件的犯罪故意必然包含了心理评价、法规范适用、责任承担等诸多内容。[1]

同时，将违法性认识这一要素作为故意的要素进行考量，还能提高对公众行为的指导性并提升公众对行为的预测可能性，促进刑法规制机能的发挥。

四、结论

刑法的理论研究和制定只有在与我国本土的理论传统和背景相契合时才会获得良好地发展，同时推动司法实践的不断进步。关于违法性认识理论的研究，在经过与大陆法系中责任说理论的碰撞后，只有坚持"必要说"立场，并将违法性认识融于我国现行刑法及理论中作为"故意"要素进行判断，才能在实践中遇到"违法性认识"问题的案件时，不回避问题、不僵化处理，更好地维护公平正义。

---

[1] 参见陈家林、姚畅："违法性认识理论的本土化构建"，载《湖北社会科学》2021年第12期。

个人信息告知同意困境与对策

宁海燕*

(中国政法大学 北京 100088)

摘　要：随着科技的发展，信息空间作为第五空间成为各国、各企业的重要阵地。个人信息保护成为时代热点。虽然我国已经初步建立有关个人信息保护的相关法律制度，但是个人告知同意规则却存在挑战，而加强隐私保护设计、使用分层和动态同意策略以及提升全民个人信息保护意识等相关对策，从而使个人告知同意更好地适应当今社会的发展。

关键词：个人信息　个人信息保护　告知同意

随着人工智能与大数据技术的发展，企业通过获取个人信息及数据分析等手段可以为个人提供精准服务，但也存在引导个人消费者进行消费的行为，更有甚者会利用大数据杀熟进行差异化定价，而个人为了获得部分服务有时不得不直接同意平台个人信息告知。如何在享受便利的同时化解个人信息告知同意中的困境、找到更优的解决方案成为当下的热点。

一、个人信息告知同意的立法发展

1970年世界第一部个人信息保护法《黑森州信息保护法案》将"同意"作为信息处理的合法性依据。1972年美国提出"公平的信息实践准则"，其第（3）项规定了信息主体获得告知和同意的权利。[1] 1980年经济发展与合

---

* 作者简介：宁海燕（1982年~），女，汉族，湖南邵阳人，中国政法大学同等学力研修班2022级学员，研究方向为经济法学。

〔1〕何晓斌："个人信息保护中告知同意的开放结构及其公法实现"，载《行政法学研究》2023年第1期。

作组织在《有关隐私权保护及个人数据跨国流通的准则》中明确指出个人数据应当通过合法、公平的方式收集，并有条件地取得数据主体知情或同意。1995年欧盟颁布的《个人数据保护指令》中明确规定个人数据经本人明确同意方可加以处理。[1] 2018年欧盟《通用数据保护条例》（GDPR）第4条明确了同意的定义，同时第4条对同意提出了4个要件，欧盟数据保护委员会（EDPB）对4个要件的具体内容进行了进一步解释，分别为自由作出的、具体的、知情的、清晰无误的意愿。[2] GDPR第6条a条款明确了将数据主体同意作为合法性基础之一。GDPR第7条明确提出了如果处理是建立在同意的基础上那么数据控制者应能证明获得了同意，并明确了同意的呈现形式如易理解等，另外还明确了同意可撤回等。

我国《网络安全法》第41条规定了网络运营者需要经被收集者同意。《民法典》第1035条第1款明确规定征得自然人或监护人同意作为其合法性基础之一。2021年《个人信息保护法》第13条明确将取得个人同意作为其七项合法性基础之一，并且还规定当且仅当其他合法性基础无法满足适用时，同意才能作为合法依据；第14条明确同意应该在充分知情的前提下，自愿明确作出意思表示。另外在处理目的、方式、种类等发生变更时应重新获得同意；第16条明确可以撤回同意。

二、个人信息告知同意的困境

尽管中央网信办、工业和信息化部、公安部、市场监管总局频繁开展专项治理行动，现已形成常态化监管态势。同时其通报的违规事项中主要有未经用户同意收集使用信息或未经同意向他人提供个人信息、App在征得用户同意前即开始收集个人信息、App以默认选择同意隐私政策等非明示的方式征求用户同意、处理敏感个人信息未取得个人的单独同意等。单纯的加大执法无法根本解决个人告知同意制度中存在的问题。因此，下面将从个人告知同意制度本身、大数据时代以及个人理性的角度阐述个人告知同意的一些困境。

---

[1] 宋建宝：《隐私保护与个人数据跨境流动准则》精要"，载《人民法院报》2019年6月21日。
[2] 王亭入："个人信息处理中的同意——中欧比较分析"，载 http://www.mdlaw.cn/news_view.aspx?TypeId=5&Id=450&Fid=t2；5；2，最后访问日期：2023年7月5日。

(一) 个人告知同意制度本身存在悖论

隐私政策、个人信息保护政策在"充分告知"和"简单易懂"之间存在一个根本性的悖论。[1] 根据 GDPR 及《个人信息保护法》的要求，个人告知同意需要具体明确，这将导致内容冗长，同时 GDPR 及《个人信息保护法》又要求简单易懂清晰无误，简单易懂的个人告知同意便于个人阅读，但往往难以准确无误地传递复杂的内容。内在悖论的存在，也意味着这一困境无法得到彻底解决，只能试图通过不同的方法加以缓解。

(二) 大数据对个人告知同意制度带来的挑战

首先，《个人信息保护法》第 4 条明确指出个人信息是以电子或者其他方式记录的与已识别或者可识别的自然人有关的各种信息，不包括匿名化处理后的信息。但在当前大数据时代，一个人在不同时间分别提供的单条个人信息可能并不敏感，自认为不存在风险或威胁从而同意了个人告知，但在数据追踪聚合及人工智能算法等各种技术融合下，不敏感的个人信息互相叠加，互为线索，可能分析得出敏感的信息。这种处于未知领域的风险，个人实在难以预测和把握。

其次，在没有其他合法性基础的前提下，如果没有获得同意，那么信息处理就是违法的。但是由于大数据的处理具有高频次、自动化、专业化、场景复杂性、处理者繁多、对象模糊等特征，如果要求每一个信息处理者及子处理者对每一次信息处理都事先获得同意或将极大地损害效率，在实践中往往是很难做到的，在某些情况下甚至是不可能的。[2]

(三) 个人告知同意制度忽视了个人的理性程度

一个法律规则的假定前提至关重要，因为其事关这一规则得以存在的理论支撑。而个人告知同意规则中存在自然人是一个理性人的假定前提，自然人会积极认真负责地阅读并理解所有的隐私政策声明内容，并在仔细阅读过程中权衡利益得失，最终做出一个非常理性的同意或不同意的选择。然而，这一假定前提在很大程度上与现实并不相符。2018 年，中国消费者协会和北京市消费者协会分别进行了针对手机 App 个人信息保护的调研。中国消费者

---

[1] 吕炳斌："个人信息保护的'同意'困境及其出路"，载《法商研究》2021 年第 2 期。

[2] 田野："大数据时代知情同意原则的困境与出路——以生物资料库的个人信息保护为例"，载《法制与社会发展》2018 年第 6 期。

协会的调研显示认真阅读 App 获取权限和用户协议或个人隐私政策的受访者仅占 26.7%。而北京市消费者协会的调查报告则得出更低的比例，仅有 6.2% 的人在安装或使用 App 之前会经常阅读授权须知。由此可见，个人并非具有完全的理性。[1]

三、个人告知同意困境可采取的对策

（一）加强个人信息保护设计

为了指导各领域在开展数据合规治理的过程中，遵循法律法规要求，有效地利用隐私保护设计（Privacy by Design，PbD）理念和原则控制风险，将风险管控措施运用到产品和服务中，各企业可以遵循相关法律法规、监管要求和行业标准规范，制定相关的企业《隐私保护设计规范》，并面向公司全员发布。将个人信息保护嵌入产品设计之中，成为产品的一部分，从而将冗长的隐私通知等分别设计在不同的产品功能点中，以缓解"充分告知"和"简单易懂"之间的悖论。

（二）采取分层同意和动态同意策略

GDPR 一般将个人信息分为普通个人信息、敏感个人信息和特殊个人信息，这三类个人信息的风险等级不同，其对个人告知同意的处理方式要求也不同，同时我们可以考虑数据处理者是否有通过 ISO27701 等认证，综合评估各个环节相关风险后采取分成同意策略能大大减少大数据风险。同时，当处理目的、方式、种类等发生变更时应重新获得同意，而此时可以采取与之前隐私政策相差异的动态同意策略，从而保障个人对其信息处理的主导权。

（三）提升全民个人信息保护意识

人的理性可以随着其知识的完善而提升，我国开展全面依法治国的工作需要提升全民的法律意识，包括全民个人信息保护意识，当全民意识到个人信息告知同意的立法目的与意义，其自然会更加关注自身的利益。从而使个人告知同意有效性增加。

---

[1] 吕炳斌："个人信息保护的'同意'困境及其出路"，载《法商研究》2021 年第 2 期。

论寻衅滋事罪的存废

王皓卿[*]

（中国政法大学 北京 100088）

摘 要：寻衅滋事罪系由流氓罪析分而来，近年来关于寻衅滋事罪存废的争议愈演愈烈。其一在于该罪名的滥用；其二在于该罪名的构成要件多与其他罪名重合，缺乏独立存在的必要性。

关键词：寻衅滋事罪 流氓罪

一、寻衅滋事罪的由来

寻衅滋事罪由 1997 年《刑法》公布制定。其中，寻衅滋事罪的构成要件是：

（1）随意殴打他人，情节恶劣的。随意殴打他人，是指出于耍威风、寻欢作乐等不良动机，对相识或不相识的人进行无故、无理的殴打。这里所说的"情节恶劣"，是指随意殴打他人，手段残忍；对他人进行多次随意殴打；造成被打者自杀等严重后果者，以此类推。

（2）追逐、拦截、辱骂他人，情节恶劣的。追逐、拦截、辱骂他人，是指出于追求等不健康动机，无故对他人进行无缘由的追逐、阻拦、侮辱、谩骂。其中，多为对女性进行追逐、拦截、谩骂等无理取闹的行为。上述"情节恶劣"，是指多次实施上述不法行为；造成影响恶劣或引起公众不满；引发其它后果，等等。

（3）强拿硬要或者任意损毁、占用公私财物，情节严重的。强拿硬要或

---

[*] 作者简介：王皓卿（1996 年~），男，汉族，河北衡水人，中国政法大学同等学力研修班 2022 级学员，研究方向为刑法学。

任意损毁、占有公私财物，是指使用非法的手段，强行索取他人财物，或任意毁损、侵占公私财物。这里所说的情节严重，是指强拿硬要或任意毁坏数额较大的公私财物；造成较坏影响的；多次强行索取或者任意毁损、侵占公私财物的行为；造成公私财物的严重损失等。

（4）在公共场所起哄闹事，造成公共场所秩序严重混乱的。在公共场所起哄闹事，是指在公共场所无事生非，如出于寻欢作乐、寻求精神刺激等不健康动机，破坏公共场所正常秩序的行为。

对于寻衅滋事罪，学界将其定性为"口袋罪"。它是以1979年《刑法》规定的流氓罪名中析分出的罪名。1979年《刑法》第160条中规定了流氓罪。流氓罪包括：寻衅滋事、侮辱妇女、与其他流氓活动的寻衅滋事等。流氓罪本身对于罪与非罪的界定就模糊不清，同样的行为，在《刑法》上往往会出现不同的结果。其本身作为"口袋罪"又将罪与非罪进行了模糊化处理。

正是基于上述情况，最高人民法院、最高人民检察院于1984年颁布了《关于当前办理流氓案件中具体应用法律的若干问题的解答》。其在很大程度上将流氓罪与其他罪名的界限进行了明晰，对有罪与无罪进行了划分。

二、关于寻衅滋事罪存废的学界观点

第一种观点认为寻衅滋事罪应当被保留。在保留罪名的前提下对其入罪标准要严格控制。将其所限制的违法犯罪行为进行明确的区分，以防止该罪名被滥用，[1]如出现与其他罪名相重合的情况，则依想象竞合对其具体适用的罪名与罪刑进行判断。

第二种观点认为寻衅滋事罪应当被取消。因寻衅滋事罪可以分解为多个罪名，其中"随意殴打他人，情节较重"与故意伤害罪的条款相似度极高；"追截谩骂他人，情节严重的"可适用于侮辱罪；"强拿硬要或者任意毁损、使用公私财物，情节严重的"也与抢劫罪、故意毁坏财物罪的规定相重合。"在公共场所起哄闹事，引发严重的公共场所秩序混乱的"可以《刑法》之中的聚众扰乱公共场所秩序罪判处刑罚。而上述未涉及"情节严重"的，可以采用《治安管理处罚法》进行处罚，以达到约束的目的。因此，寻衅滋事罪可以分解成多罪名进行规定，其本身也就不具备存在的必要性。

---

[1] 王良顺："寻衅滋事罪废止论"，载《法商研究》2005年第4期。

第三种观点认为寻衅滋事罪应当在保留的同时将重合部分进行分解。该观点认为寻衅滋事罪与其他罪名规定重合的部分进行分解剔除，将寻衅滋事罪剩余的侵害客体与保护法益进行归纳总结，仍然使其存在于《刑法》中。

三、存在问题

寻衅滋事罪本身所规定的侵犯客体不明确；同时其本身的行为要件又与《刑法》中规定的多罪名相重合，其与现有《刑法》体系的完善与合理性相冲突。

首先，寻衅滋事罪规定的侵害对象不明，极易与罪刑法定原则相背离。

寻衅滋事罪来源于流氓罪，从后者诸多行为要件中析分出来。其接过流氓罪的"接力棒"本就带有流氓罪中饱受诟病的部分。《刑法》本身旨在保护法益，而寻衅滋事罪所保护的法益，其本身也是模糊的。其中"随意打人，情节严重"怎么界定其中的随意性呢？情节严重又如何辨析？若没有定量标准，也就导致寻衅滋事罪本身没有明确的侵犯客体，无法准确界定其保护的法益。

最能反映上述观点的方某子案发生于2010年，因将肖某学术造假的情况公之于众，肖某欲对方某子进行报复，随后其指使两人携带器械殴打方某子，后鉴定机构对方某子伤情进行鉴定，两男子对方某子造成轻微伤，最终，肖某三人被判寻衅滋事罪成立。从上述案件可以看出，肖某通过教唆他人对方某子实施故意伤害的行为。这本身就符合构成故意伤害罪的要件。但是，却不能满足故意伤害罪入罪门槛达到"轻伤以上"的情形。因网络舆论的关系，社会大众对本案保持热切关注，这才导致司法机关在面对舆论压力的基础之上将视野转移至寻衅滋事罪，最终将其定义为刑事犯罪。这其中的问题在于，立法之初寻衅滋事罪所要保护的法律利益就是社会公共秩序。但本案中所涉及的系侵害人身权，只不过因社会舆论将之扩大才导致其引起了社会关注，造成了侵犯社会秩序的表层假象，如无社会舆论的发酵，这起案件可能只会按照《治安管理处罚法》进行处罚。

因此，寻衅滋事罪所规定的侵犯客体不明确，极易导致其作为"口袋罪"被滥用，一些不应当由刑法来进行惩戒的行为多由司法机关使用寻衅滋事罪进行规制。刑法本身是具备谦抑性的，不是任何行为都需要刑法来进行约束。滥用寻衅滋事罪实质上与罪刑法定原则不相符。

其次，寻衅滋事罪的存在使得刑罚体系不均衡。

寻衅滋事罪中所规定的四种构成要件与《刑法》中规定的其他多罪名的构成要件相重合，而寻衅滋事罪本身的刑罚标准又与其他罪名的刑罚不一致，极易出现罪刑不相符的情况。

2018 年广东肇庆的丁某在街头楼房的外墙、电表箱、天然气箱、宣传栏等地点进行涂鸦。在实施行为的当晚丁某即被公安机关抓获，丁某父亲得知原委后向被涂鸦者赔礼道歉请求原谅，丁某最终也获得了受害单位及个人的谅解，但最终丁某仍旧被当地检察院以"寻衅滋事罪"移送审查起诉。上述案件真正需要关注的地方，并非网络舆论所争议的涂鸦行为是否能够被冠以"寻衅滋事罪"，而是在于街头涂鸦是否构成犯罪触犯刑法。从上述案件中可以看出，司法机关应当对在建筑物与公共设施表面进行涂鸦是否构成寻衅滋事严格地进行审查，其涂鸦行为是否对现代建筑物产生了破坏进行辨析，是否扰乱了公共秩序进行分析，才能确定其是否使用刑罚进行惩治。

刑法对故意毁坏财物罪入刑标准的规定是：致使公私财务损失 5000 元以上的；三次以上毁坏公私财务的；三人以上公然破坏公私财物的行为；其他情节恶劣的情形。对于寻衅滋事罪中"强拿硬要或者任意损毁、占用公私财物，情节严重的"，入刑标准为 2000 元人民币。那么在此情况之下上述广东肇庆丁某案中司法机关在损毁财物价值不大的情况之下只能以寻衅滋事罪进行定罪处罚，那么寻衅滋事罪的入刑标准又再次将故意毁坏财物罪的处罚标准进行了下调，这也就导致了刑法体系的不平衡。

四、结语

寻衅滋事罪本身就是一个补充罪名。其存在的意义即为对违法行为进行补充惩戒。寻衅滋事罪是由流氓罪演变而来。流氓罪的制订是带有时代背景的，作为流氓罪的"继承者"寻衅滋事罪也不可避免地承接了流氓罪中的部分立法初衷。

罪名"口袋化"，将部分行为以《刑法》来进行规制，以追求"定罪"来彰显谴责的意愿，这本身就是不对的。刑法具备谦抑性，其仅仅对严重低于道德标准线的行为进行规制，但现今寻衅滋事罪在《刑法》体系中的地位饱受诟病。

因寻衅滋事罪有罪无罪界限不清、此罪彼罪辨别不明的特性，更加容易导致司法机关任意对其进行解释，这本就不符合罪刑法定的原则。

《刑法》系一具备完整体系的社会规则，其对社会中严重低于社会大众道德底线的行为进行规制，其中各项制度能够相互衔接、互为补充，是一个有机的整体，但仅寻衅滋事罪一罪就可分解出多种罪名，寻衅滋事罪的存在就导致了刑法体系本身的不平衡。刑罚相当原则就对其不再适用。因此，寻衅滋事罪应当被废止。

我国买卖人口犯罪的立法审视

于 杨[*]

(中国政法大学 北京 100088)

摘　要：再度审视买卖人口犯罪，关于是否要提高"收买被拐卖的妇女、儿童罪"的法定刑已经成为一个社会公共话题，在法学界存在"提高派"和"维持派"两种修法之争。一方认为收买被拐卖的妇女、儿童罪法定刑太低，主张适当提高法定刑，而另一方则认为当前刑法关于此罪的法定刑设置比较合理，无需修改立法。任何对立立场都可能存在合理的成分，多维度地争论可以让人们更深入地认识这个问题，亦可为立法者提供学术上的全面参考。

关键词：买卖人口犯罪　收买被拐卖的妇女、儿童罪　法定刑

一、问题的引出

2022 年初"丰县铁链女"事件在社会上引起了广泛关注，随后一系列骇人听闻的拐卖妇女类案件被集中翻出来，一时间成为公众热议的焦点。当大家得知买鹦鹉可以判 5 年，而买妇女却只能判 3 年时，义愤填膺的网民疯狂指责《刑法》中对妇女的保护竟然不如对鹦鹉的保护，于是纷纷要求加大对收买被拐妇女的刑罚。

我国《刑法》第 240 条和第 241 条分别规定了拐卖妇女、儿童罪（下文简称"拐卖罪"）和收买被拐卖的妇女、儿童罪（下文简称"收买罪"），前者的法定刑为处 5 年以上 10 年以下有期徒刑，最高可至死刑，而后者的最高则为 3 年有期徒刑。收买罪从立法上确实明显轻于拐卖罪，而我国当前司

---

[*] 作者简介：于杨（1983 年~），女，汉族，辽宁沈阳人，中国政法大学同等学力研修班 2022 级学员，研究方向为刑事诉讼法学。

法实践中更是宽于对收买方进行处罚，经常出现对收买方施以缓刑的情况，刑期较短、处罚较弱，难以起到约束作用。

对于买卖人口犯罪中卖重买轻的刑罚设置，学者们对其合理性进行深入的探讨分析，同时展开了一场关于是否要提高收买罪法定刑的修法之争，学者们在经过不同角度的推理论证过后产生了"提高派"和"维持派"两种观点，双方从保护法益、对向犯、预备犯、继续犯、追诉时效等多角度进行了针锋相对的讨论。

二、是否应该提高收买罪法定刑的修法之争

罗翔教授主张提高收买罪的刑罚，整合收买罪与拐卖罪，实行对买卖人口的同罪同罚[1]。他首先回顾了买卖人口犯罪的刑事立法变迁，指出刑法在仓促立法之下存在的一些体系性漏洞，主要表现在"绑架条款顾此失彼""渎职条款缺乏协调""拐卖人口罪废除不当"几个方面。他又从"人不如物"的角度将买妇女与买动物、买植物、甚至是买赃物进行对比，不难发现买妇女的行为对应的刑罚竟是其中最轻的，这让公众对收买罪刑罚是否合理产生强烈的怀疑。他还从"对向犯"角度加以论证，指出买卖人口犯罪的刑罚已经严重失衡，并罗列了我国现行《刑法》中所有对向犯的双方罪刑配置比较，可以看出，只有拐卖罪与收买罪的刑罚差异悬殊。再横向对比世界其他国家的刑法条款，无论是大陆法系、英美法系、还是国际公约，在买卖人口犯罪中买方与卖方的刑罚幅度也都基本相当。

车浩教授主张不应当提高收买被拐卖妇女罪的法定刑，他认为收买罪可以看作是强奸罪、非法拘禁罪、故意伤害罪等重罪的预备。因为在买卖人口的犯罪行为中，买方收买妇女的目的基本是为了"买媳妇"，这就意味着收买后必然追求与其发生性关系，这必然会触发强奸罪，同时，被收买的妇女也面临着被剥夺自由、被殴打侮辱的命运，因此买方也必然会触发非法拘禁罪、故意伤害罪、侮辱罪等，而《刑法》第241条第2款至第5款恰恰规定了上述罪行，并强调了数罪并罚。因此，应将收买被拐卖的妇女的行为用《刑法》第241条的全部条款来综合评价。考虑到目前无论是在立法还是司法实践中对于预备犯几乎是不处罚的，如果收买罪中的买方只是单纯地"买"而并没

---

[1] 罗翔："论买卖人口犯罪的立法修正"，载《政法论坛》2022年第3期。

有实施任何后续重罪，对其处以 3 年以下有期徒刑，也是罪责相当的。

针对上述观点，罗翔教授从收买儿童的角度进行了反驳与论证〔1〕，因为收买被拐卖儿童，很有可能不会伴随非法拘禁、虐待、强奸等重罪，收买者很有可能会悉心照顾被拐儿童，但这样单纯的收买行为依然不可宽恕，因为对被害人家庭来说都是摧毁性的打击。单纯的购买儿童最高只能判处 3 年有期徒刑，而且只有 5 年的追诉时效，这样的刑罚确实太轻。

金泽刚教授则提出了一种折中方案，他建议激活收买罪中的数罪并罚制度，也就是将《刑法》第 241 条第 2 款至第 5 款中所规定的重罪直接合并为一款，即收买被拐卖的妇女后，再实施其他犯罪的，依照数罪并罚的规定处罚，同时考虑删除第 6 款的减免责条款。这样的修改方案既对接了"维持派"主张的收买必然导致其他重罪的理性思考，也兼顾了"提高派"严惩收买妇女犯罪行为的情感诉求〔2〕。

三、买卖人口犯罪的立法审视

（一）是否应该提高收买罪的法定刑

笔者认为应该提高收买罪的法定刑，理由有三：

首先，公众对收买罪的违法性认识不足。虽然在 1997 年《刑法》修订买卖人口犯罪相关罪名时，已经将收买人口的行为规定为犯罪，但收买行为在法律约束上仍比较轻，在基层司法中往往被宽大处理，以至于有相当一部分人并不重视这种犯罪，尤其在一些相对落后封闭的偏远山区，买媳妇、买儿子的行为更是司空见惯，人们并不认为这是犯罪。通过修订立法提高收买罪的法定刑，可以起到明示作用，把收买罪提升为很重的罪名，有助于纠正社会观念，提高整个社会对这个犯罪行为的认知，强调收买人口犯罪行为的严重性，使收买方承担更高的法律代价，以发挥刑法的震慑力，从而达到预防犯罪的目的。

其次，司法难度大，难以追究买方的全部真实罪责。在一些极端恶劣的买卖人口事件中，纵然买方行为罪大恶极、人神共愤，但法律却很难追究其

---

〔1〕 罗翔："我为什么还是主张提高收买被拐妇女儿童罪的刑罚？"，载微信公众号"罗翔说刑法"，最后访问日期：2022 年 2 月 7 日。

〔2〕 金泽刚："收买被拐卖的妇女罪的法定刑要不要修改——兼谈罗翔、车浩等学者论争中的几个问题"，载《青少年犯罪问题》2022 年第 3 期。

全部责任。究其原因是当前全面问责买方的法律依据除了《刑法》第241条规定的收买罪之外，只能通过《刑法》第241条第2款至第5款规定的强奸、虐待、侮辱、伤害、再次出卖等后续行为进行数罪并罚，虽然这些更高法定刑的后续行为发生概率极高，但是在司法实践中若想数罪并罚追究后续犯罪却是困难重重，如同婚内强奸一般，几乎无法取证，更难定罪，最终也只能在有期徒刑3年以下裁量。

最后，没有收买就没有拐卖。天下熙熙皆为利来，天下攘攘皆为利往，一旦肃清买方市场，让卖方再无利可图，利益链条被打破，拐卖行为自然随之消除。可以纯粹地认为，收买方才是整个买卖人口犯罪的根源所在，唯有逐本溯源加大力度严厉打击收买人口的恶习，才能有望彻底消灭拐卖人口犯罪。

（二）买卖人口犯罪的问题究竟在哪

柏浪涛教授指出，"当前拐卖类案件的症结不在如何修改立法，而在如何加强执法。地方执法不严，对拐卖类案件熟视无睹，法律得不到实施，纵使将法定刑提高到死刑，也是废纸一张"。[1]

笔者完全赞同柏浪涛教授的看法，单靠修改立法并不能决定一切问题。无论法学界讨论得如何激烈，无论最终买卖人口犯罪如何修改，法律最终要落实在基层司法实践中，必须狠抓基本司法实践，继续加大对此类案件的查处力度，严格执法，严格司法，对每一桩买卖人口案件都绝不姑息，加强法律监督，维护法律威严，最终确保法律规定能够得以充分实施。

四、结语

立法机关虽然不能因为个案里的公众舆论而搞"情绪化立法"，但却不能忽视舆论中隐藏的问题，正是因为公众的情绪，才更值得立法机关重视并深入审视现有法律是否足够合理，是否有进一步完善的可能。

当立法出现明显漏洞，通过司法途径很难解决问题的情况下，应该积极改错，而非将错就错。所有法律都是不完美的，一经制定就已落后，刑法更是如此，随着时代发展，正是通过一次次适时的立法修订，才让它越来越符

---

[1] 柏浪涛："收买罪是否需要提高法定刑？"，载微信公众号"雅理读书"，最后访问日期：2022年2月9日。

合社会对刑法的预期,越来越接近完美。

　　买卖人口是非常严重的犯罪行为,收买行为与拐卖行为一样都是反文明的恶行,都应该被严惩,修改立法提高量刑标准来震慑犯罪分子只是第一步,打击买卖人口类犯罪,任重而道远。

论网络谣言的法律规制

张芸芸*

(中国政法大学 北京 100088)

摘 要："网络谣言"是随着互联网的发展而出现的新的谣言形式，借助互联网媒介，散播不实或虚假消息，相较于传统谣言具有传播更快、隐蔽性更强、危害性更大等特点，因此对于网络谣言要加强法律规制，从立法、执法以及司法救济等方面完善对于网络谣言的规制，以维护网络环境的安全，发挥网络积极正面的功能。

关键词：网络谣言 网络环境 谣言治理

21世纪以来，互联网的快速发展为世界带来一个前所未有的公共言论平台，特别是科技对于网络的推动以及网络在各个领域的普及，网络已经成为人们生活必不可少的一部分，随之而来的网络问题日益突出，网络谣言便是其中的一大问题。网络谣言将很多社会问题搬到网络上发酵，扩大社会风险，使得社会矛盾更加突出。"唐山烧烤店打人事件"视频曝光以来，随着关注度增加，网上出现各种谣言，诸如"被打女生被强奸""60万和解"等，这些造谣者或为赚取流量，或为混淆视听。为了净化网络环境，减少社会矛盾，化解社会风险，我们应从法律层面对网络谣言进行规制。

一、网络谣言的定义、特征及危害

桑斯坦认为，网络谣言是"个人或集团为了实现特定需要，以互联网为传播媒介，在没有事实根据或虽事出有因但在传播过程中严重失真的情况下，

---

* 作者简介：张芸芸（1984年~），女，汉族，山东青岛人，中国政法大学同等学力研修班2022级学员，研究方向为民商法学。

恶意对某位公众人物进行诬陷、攻击和诽谤或蓄意散播某类虚假信息引起社会恐慌的传言"。[1]我国有学者认为网络谣言是以现代技术为媒介，在社会上广泛传播的未经证实的消息，性质可真可假，虚假也并非其界定标准。[2]虽然学界对于网络谣言的定义并未达成完全一致，但总体而言，基本可以将网络谣言定义为：以网络作为传播媒介，没有事实依据、未经证实或者已被官方辟谣的消息。

网络谣言以网络作为媒介，因此其较传统谣言来讲，具有传播速度更快、影响范围更广、危害力更大等特点。除此之外，近年来，一些网络用户为了赚取流量，更是成为"谣言专业户"，他们利用网络信息广泛性和获取便捷性的特点，实行"专业化造谣"，使得谣言似乎符合逻辑演绎，真假难辨，而且造谣者为了达到目的，谣言在多轮传播中被多角度修改，使其看起来更符合公众对于事件发展的关注，从而博取更多公众的眼球，迷惑、欺骗公众，以此获得更多的流量谋取利益。在利益驱使下，网络造谣者体验到作为引导舆论的"主宰者"的快感，使得网络造谣对造谣者们产生更大的诱惑。

网络谣言产生巨大的社会危害性，造谣者往往抓住网民的"仇富""宣泄不满"等心态，在网上散布添油加醋的不实信息，激发大众情绪，用扭曲的世界观、价值观来迎合消极情绪，引导社会舆论，从而造成社会不稳定，特别是在重大事件发生时，如2020年初的疫情，在官方消息出来前，就有各种不实言论在网上传播，造成社会恐慌。所以，网络谣言扭曲社会心态，妨碍公平正义的实现，危害极大。

二、对于网络谣言的法律规制

（一）域外对于网络谣言的治理

随着互联网的普及，通过造谣诽谤、名誉侵权等方式进行网暴的行为成为网络侵权常见的违法方式，在国外很多国家通过立法来治理网络谣言。德国是对网络传播信息监管最严格的国家，针对网络言行制定了诸多专门条款，将故意散布不真实信息、贬低他人声誉规定为犯罪，处2年以下自由刑

---

[1] [美]卡斯·R.桑斯坦：《谣言》，张楠迪扬译，中信出版社2010年版。
[2] 周裕琼："谣言一定是洪水猛兽吗？——基于文献综述和实证研究的反思"，载《国际新闻界》2009年第8期。

或罚金。[1]美国也将"故意散布谣言"定为犯罪行为,网络谣言相对应的主要罪名是"诽谤罪",美国各政府部门制定的限制网络谣言的法律法规大约有130项,其中包括《儿童互联网保护法》《电脑犯罪法》等。[2]

(二)我国对于网络谣言的法律治理

1. 我国目前对于网络谣言的法律规定

我国现行法律中,都有对网络谣言的规定。《宪法》中规定公民享有言论自由的同时,也规定了对言论自由的限制,如禁止侮辱、诽谤和诬告陷害。《刑法》中规定的煽动分裂国家罪、诽谤罪、侮辱罪、损害商业信誉商品声誉罪等,也是与网络谣言有关的罪名。《民法典》则是从民事法律关系角度,规定侵犯名誉权、荣誉权和隐私权的,应承担民事侵权责任。《治安管理处罚法》则对扰乱公共秩序尚未构成犯罪的造谣行为,进行行政处罚。

我国现行的法律,在民事、刑事、行政立法中,都有对网络谣言的规制内容。公安部在1997年发布的《计算机信息网络国际联网安全保护管理办法》中明文规定,任何人和单位不得利用国际联网从事造谣、传谣的行为。2000年国务院颁布的《互联网信息服务管理办法》以及全国人大常委会通过的《维护互联网安全的决定》中也包括禁止制造传播网络谣言等类似内容。

除上述法律、行政法规和部门规章之外,文化和旅游部以及国家广电总局等都曾颁布过关于禁止网络谣言侵权的单行条例和管理规定,如《互联网文化管理暂行规定》《互联网视听节目服务管理规定》《关于加强互联网视听节目内容管理的通知》等。[3]

2. 加强网络谣言监管治理的方式

如上所述,我国的法律、法规、部门规章中均包含着治理网络谣言的内容,但对于网络谣言的治理情况并不理想,究其原因是法律规定的内容缺乏针对性,导致可操作性差,所以我国对于网络谣言的规制在立法及监管力度方面仍存在欠缺。要加强对网络谣言的法律规制,要从以下几个方面入手:

完善立法,并通过法律途径赋予行政机关及公众监督的权利。我国虽有

---

[1] 徐久生、庄敬华译:《德国刑法典》,中国方正出版社2004年版,第101页。
[2] 参见"各国多管齐下严打网络谣言",载《人民日报》2012年4月17日。
[3] 湛中乐、高俊杰:"论对网络谣言的法律规制",载《江海学刊》2014年第1期。

规制网络谣言的法律规定，但是并不系统、全面。并且在执行过程中，因涉及公安部、国家广电总局等多个部门，没有统一的职权分配和治理途径，反而削弱了规制的力度。所以，应通过立法的方式赋予行政机关监督力度，赋予公众监督举报网络谣言的权利，减少对于取证、检举途径的限制。

明确责任，包括明确网络用户的责任以及网络服务商的责任。网络谣言的制造者和传播者都产生于网络用户中，对于制造者和传播者的责任进行明确，根据不同后果承担相应的法律责任。明确网络用户的法律责任，通过事前约束事后制裁的方式，对网络用户的行为产生约束力。网络服务商作为网络服务的提供者，某种程度上可以控制网络用户对于网络的使用包括信息的传递，所以网络服务商可以在第一时间发现并切断网络谣言的传播。如我国《互联网电子公告服务管理规定》（已失效）第13条明确网络提供商在承担的义务的同时，规定如果违反此条义务应该承担的责任，则可以更快捷更有效地减少网络谣言。

降低网络的隐蔽性特点，实行全民网络实名制，追踪信息发布及传播路径，使不合规、不合法言行曝光于监管之下。劳伦斯·莱斯格曾说过："如果你对于谁在哪里做什么一无所知，你便无法轻易地使用'不准做、至少不准在这里做'的规则。"[1]而网络谣言的造谣者与传播者，正是利用了网络的隐蔽性特点，认为其在网络上是处于无人知晓的暗处，便更加肆无忌惮。通过网络实名制，让网民们明白网上与线下都不存在法外之地，不光从心理上让网民更加自觉，而且一旦产生网络谣言，更是可以"顺藤摸瓜"，找出幕后黑手，及时化解谣言，净化网络环境。

完善网络谣言的司法救济途径。网络谣言给他人或社会造成影响或者侵权时，往往因无法查明侵权人而造成维权的困难。对于这一点，除上述的实名制及追踪传播路径外，更应该减轻利益受损者的"取证"责任，由网络服务平台及司法机关进行调查取证，公布侵权人的信息及网络侵权事实，从而使得被侵权人维权更便捷。让侵权者付出代价，也能对网络谣言形成约束力。

---

〔1〕[美]劳伦斯·莱斯格:《代码2.0：网络空间的法律》，李旭、沈伟伟译，清华大学出版社2009年版，第40页。

三、结语

法律是维护社会公平正义的最后一道防线,我们在从立法、执法、司法等方面对网络谣言进行规制的同时,不能忘记教育是立国之本。在网络谣言治理方面,除法律规制外,还应通过提高公众普遍"不造谣、不信谣、不传谣"的内在意识,并加强互联网行业自律性,自觉维护良好的网络环境,才能使得网络更大地散发正能量,维护社会的繁荣稳定。

收费停车场合同性质的认定

赵一夫[*]

（中国政法大学 北京 100088）

摘　要：我国机动车保有量大幅增长，各地政府对于机动车临时停放位置有着明确的规划，按照管理方式将停车场基本划分为免费停车场、限时停车场以及收费停车场。全国每天都在发生机动车因使用收费停车场而产生的合同纠纷，立法的不完善，学界对此类案件的争议以及各地各级法官在案件审理时性质认定的不同，导致部分公民在财产遭受损失后无法得到相应的救济。

关键词：保管合同　场地租赁合同　收费停车场

截至 2022 年 3 月底，我国机动车保有量达 4.02 亿辆，随着我国机动车保有量大幅增长，"停车难"成为令车主发愁的问题，各地政府相继出台优化静态交通管理办法及细则，停车场管理混乱，车辆在收费停车场静态停放过程中，由于停车场管理者过错或第三人的原因导致车辆损坏、车内物品丢失的现象屡见不鲜，由于没有相关法律对此做出明文规定，确定停车收费的法律性质，全国各地各级法院对收费停车场合同性质的认定并不统一，从而导致类似案件的判决结论大相径庭。

关于收费停车场合同性质的认定问题，学界与实践中存在争议，本文将通过对场地租赁合同、保管合同的法律关系及相关权利义务，分析收费停车场合同类型，明确在理论上界定其法律属性。

---

[*] 作者简介：赵一夫（1994 年~），男，汉族，海南三亚人，中国政法大学同等学力研修班 2022 级学员，研究方向为民商法学。

一、保管合同、租赁合同的区分

（一）保管合同的概念及特征

依据《民法典》第888条之相关规定，保管合同是指双方当事人约定一方将物交付他方保管的合同，保管合同的保管人有偿或无偿为寄存人保管物，并在约定期限内或应寄存人的请求，返还保管物。寄存人只转移保管物的占有给保管人，而不转移使用和收益权，即保管人只有权占有保管物，而不能使用保管物。

根据保管合同的特征，保管人应当负有妥善保管标的物、亲自保管、不使用保管物、返还标的物及孳息等相关义务。如保管合同为有偿的，寄存人应当如实告知并应向保管人支付保管费，如保管期间，因保管人保管不善造成保管物毁损、灭失的，保管人应当承担损害赔偿责任。但如果保管行为是无偿的，保管人有证据证明自己不是故意或没有重大过失，则不承担损害赔偿责任。[1]

（二）租赁合同的概念及特征

依据《民法典》第703条之相关规定，出租人将租赁物交付承租人，应当保证在承租人租赁期间的合同约定用途，承租人按合同约定的方式使用承租物，对承租物的正常损耗不承担损害赔偿责任，出租人违反合同约定使用承租物，致承租物损害的，承担损害赔偿责任。租赁物出现合同约定的条件或者法定解除的条件时，租赁合同可以中止、终止、变更、解除。

（三）保管合同与租赁合同的区分

首先，保管合同的目的是标的物的保管，保管人为寄存人提供保管服务。保管合同的履行，仅是对标的物的转移，而对保管物的所有权、使用权不产生影响。其次，保管合同是实践合同，仅有当事人双方意思表示一致，合同不能成立，还须有寄存人将标的物交付给保管人的事实。最后，保管合同是双务非要式合同，有偿或无偿须根据当事人约定。[2]

反观租赁合同的性质是一种有偿合同、诺成合同。从租赁合同的法律特

---

[1] 姚铮："商场寄存柜纠纷法律关系释疑"，载《法制与社会》2016年第3期。

[2] 缪军："宾馆无偿保管摩托车被盗是否承担赔偿责任"，载《民主与法制时报》2001年12月18日。

征来看，租赁合同是转移租赁物使用权而不转让其所有权的合同。承租人的目的是取得租赁物的使用权，租赁合同终止时，承租人须返还租赁物。租赁合同是有偿合同，在租赁合同中，交付租金和转移租赁物的使用收益权之间存在着对价关系，交付的租金是获取租赁物使用权的对价，而获取租金是出租人出租财产的最终目的。

二、标的物的占有转移问题

占有转移问题，是学界对收费停车合同性质是否为保管合同的重点争议，两种观点的学者各执一词。一方学者认为在保管合同中，要求寄存人向保管人交付保管物并转移占有，而在收费停车合同中，车主应将车钥匙及行驶证交付给保管人，方才视为交付和转移占有，而未向保管人交付，停车场经营者并未实际控制车辆，不应承担保管责任。笔者并不认同这种观点，原因在于停车场设立的目的为静态交通管理并非动态交通管理，向停车场管理者交付车钥匙和行驶证的行为缺乏合理性，且实际很难操作。

例如，某些超市门口会设立无偿保管箱，寄存人将物品存放至保管箱中后，机器会随机产生唯一条形码，凭借该条形码，寄存人可随时提取自己的物品，标的物交付保管箱时即视为转移占有，这意味着寄存人不需要将这唯一的条形码交付给保管人，超市作为保管人已经取得了对该标的物的实际控制，这种无偿保管的本质即为保管合同。再如，中国银行公布的《保管箱租赁服务》业务，其产品说明中指出，该项业务是以出租保管箱的形式代租用人保管贵重物品的一项服务，其安全私密性、设施先进性、租用灵活性更高，该项服务的收费标准也因其保管箱尺寸不同而价格不同。随着标的物存放至保管箱并上锁，银行就取得对标的物的实际控制，银行对该项服务的性质定义为租赁性质，合同性质即为租赁合同，同时根据一般的生活常识可知，租用人也无需向银行交付保管箱的钥匙或密码。

故无论是在保管合同还是租赁合同中，对钥匙或密码的交付并非认定标的物是否转移占有的标准。同理可知，车主想要将其车辆驾驶离场的前提必须是向经营者支付停车费，在收费停车场合同中，虽然车钥匙及行驶证未交付停车场经营者，但是车场经营者其实已经实际控制了车辆。

三、收费停车场停车合同是特殊的保管合同

在《民法典》合同编中明确规定了如买卖合同、赠与合同、借款合同、保管合同等19种典型合同。而《民法典》中未列举的合同种类还有很多,尚未列举的合同种类被学界称之为非典型合同,需要根据非典型合同的特性参考典型合同来解释。从租赁合同和保管合同的区别,以及对概念和特征的对比,笔者认为车主与收费停车场之间形成的合同,其性质和特点更接近于保管合同,但却与典型的保管合同之间存在差异。

这种收费停车合同的关键特征在于,车主在驾驶机动车进入停车场时,合同关系成立,在支付停车费用后车辆驶离停车场时合同履行完毕,在履行合同期间,停车场经营者负有提供车辆停放位置的义务以及对车辆财产安全的保障义务。反观车主,则应当按照当地市场监督管理部门批准的付费标准,向停车场经营者支付停车行为所产生的费用、听从车场管理人员对于车辆停放位置的相关要求,履行相关义务。

通过上述特征可知,该类合同相较于租赁合同最为明显的不同在于停车场经营者没有转移停车场车位使用权的意思表示,车主也并没有转移车辆使用权的意思表示。[1]车主所缴纳的停车费用远低于租赁车位使用权的价格,即并未形成合理对价。

不难发现,在收费停车合同中,停车场经营者类似保管人,车主类似寄存人,对该合同特征与典型的保管合同特征进行比较,在车主的要求并且缴纳相关费用后,结合停车场对车辆进行放行的行为,符合保管合同的构成要件。

四、结语

经济的快速发展,时代的进步,相关法律立法不完善的问题逐步显露,此类问题在出现后并不能得到较为妥善的解决。我国目前的立法正处于一个摸索的阶段,立法的完善并非一朝一夕。从以上论述中我们可以得出,对于收费停车场的合同性质,笔者认为最高人民法院应当在后续的司法解释中予以指导,应将该类合同的性质认定为保管合同。在此类收费停车场的案件中,

---

[1] 简增荣:"停车纠纷法律关系探析——以案例研究为基础",吉林大学2013年硕士学位论文。

公民的车辆财产在遭受损失时，收费停车场经营者、管理者应当首先向合同相对人承担合同违约责任，具体的责任承担比例应当进行个案分析。如有第三人致使标的物遭受损失，停车场承担责任后可以向侵权第三人追究侵权责任。

论法律如何保护网络隐私权

周波同*

(中国政法大学 北京 100088)

摘　要：《民法典》出台后，进一步明确了隐私权作为一项人格权进行保护，但我国仅从民法层面对其进行作出规定，现实中仍存在企业滥用信息收集手段侵害公民隐私权问题。我国应当借鉴国外先进的治理手段，例如美国的行业协会模式以及欧盟立法模式，同时结合我国国情对网络隐私权进行重点保护。

关键词：网络隐私权　私密信息　保护模式

一、网络隐私权

隐私权这一概念最早出自 1980 年《哈佛法学评论》，指不愿为他人知晓的私密信息。现如今，隐私权在我国进一步被明确。《民法典》第 1032 条第 2 款规定："隐私是自然人的私人生活安宁和不愿为他人知晓的私密空间、私密活动、私密信息。"参考隐私权的相关定义，网络隐私权可被定义为："公民在网上享有私人生活安宁和私人信息依法受到保护，不被他人非法侵扰、知悉、搜集、利用和公开的一种人格权。"[1]随着经济社会的发展，人类的活动空间扩展到网络，在网络交往的过程中必然会产生不愿为他人知晓的私密信息，与此同时，产生的风险也层出不穷。

＊ 作者简介：周波同（1995 年~），女，汉族，山东济宁人，中国政法大学同等学力研修班 2022 级学员，研究方向为民商法学。

〔1〕 华劼：《网络时代的隐私权——兼论美国和欧盟网络隐私保护规则及其对我国的启示》，载《河北法学》2008 年第 6 期。

二、网络隐私权目前所面临的风险

我国于 2010 年首次在《侵权责任法》中将隐私权作为独立的人格权进行规定，2020 年颁布的《民法典》也明确了"隐私权作为一个独立的人格权进行保护"这一立场。

（一）网络隐私权被排除在刑法保护范围之外，仅靠民法保护有失公平

我国未将侵害隐私权、网络隐私权纳入刑法的保护范围。在 2016 年以前，我国《刑法》中规定的公民个人信息概念包含要求可识别性的"身份信息"和不要求可识别性的"隐私（私密）信息"，[1]但最高人民法院发布的《关于办理侵犯公民个人信息刑事案件适用法律若干问题的解释》将个人信息定义局限于可识别到自然人的身份信息这一范围中。这就意味着刑法中的个人信息不包含私密信息，当隐私权、网络隐私权被侵害时则需通过其他罪名实现保护或通过民法进行调整，即刑法对隐私权、网络隐私权的保护模式为间接保护。

因《刑法》仅规定了侵害公民个人信息罪，且随着近年立法立场的改变，将隐私权排除在侵害公民个人信息罪的保护法益之外，针对网络隐私权的侵权程度有深有浅，对于一些侵害隐私权的行为需通过《刑法》对其他法益的保护或通过民法进行调整，而民法对于侵权行为的处理原则为消除影响、恢复原状、赔礼道歉及赔偿损失，侵害公民网络隐私权作为侵害公民人格权的一种，有些重大危害行为仅通过民法来处理显失公平。[2]

（二）《民法典》关于网络隐私权的规定有待进一步明确

我国《民法典》明确定义了侵害隐私权的行为，但未明确规定侵害网络隐私权的行为。认定侵害网络隐私权的重要标识为在网络空间中未经过当事人同意而处理个人不愿为他人所知晓的信息，而我国现行有效的法律法规没有具体规定侵害网络隐私权的行为以及应当承担怎样的法律后果，只是将其纳入侵权行为的范畴，这并不能很好的解决现实问题。

2022 年 7 月，国家互联网信息办公室（以下简称"国家网信办"）有关

---

[1] 王泰人、罗翔："私密信息刑法保护困境的成因与解决"，载《警学研究》2021 年第 5 期。
[2] 黄某、缪某犯非法获取公民个人信息案，永嘉县人民法院［2015］温永刑初字第 81 号刑事判决；郑某寻衅滋事案，福建省福州市中级人民法院［2020］闽 01 刑终 962 号刑事附带民事裁定书。

负责人就在对滴滴全球股份有限公司（以下简称"滴滴公司"）依法作出网络安全审查相关行政处罚的决定答记者问中揭露了滴滴公司过分收集用户的剪切板信息、应用列表信息等行为，并对其进行了相应的行政处罚。在国家网信办认定的滴滴公司违规行为中有数项属个人隐私范畴，而国家网信办对该公司进行处罚的依据为《网络安全法》《数据安全法》《个人信息保护法》。[1]从该案件来看，国家在网络安全、个人信息、数据安全等方面来保障公民的个人隐私权不受侵害。网络服务商收集公民个人隐私信息的方式非常隐蔽，个人难以察觉，且网络服务商所提供的安全协议过于烦琐细碎，无法更改，对重要内容提示不明显，从而导致公民对于网络服务商过度收集个人私密信息的行为进行维权的难度过高。

三、各国法律保护网络隐私权的方案

（一）美国行业自律模式

美国的行业自律模式系为实现对网络隐私权的保护需要网络服务商进行自我约束，行业协会进行监督，在制定法案时寻找一个平衡点来保障个人网络隐私权与促进网络信息业发展、保护网络秩序安全之间的关系稳定。

在网络隐私权的保护上，美国采取的是以行业自律为主导的模式。所谓行业自律是指业界通过采取自律措施来规范自己在个人资料的收集、利用、交换方面的行为，达到保护隐私权的目的。[2]但并不意味着美国只通过网络服务商的自律行为来保障网络隐私权，同时在具体的联邦法案中对网络服务商收集、处理个人隐私、信息的行为加以限制，如《数据保护法案2021》《保护消费者信息法案》《美国数据隐私和保护法案草案》等。

美国法律保护网络隐私权的核心是高度自由，重视个人数据。美国的法律体系以宪法为核心，由判例法和成文法共同组成，美国针对网络隐私权的法律规定并非封闭式列举法，而是设置了在特定情形下处理个人信息、隐私的限制条件，在限制条件的基础上又设置了一般性例外条例，对公权力在为维护社会利益需要等情形下介入网络隐私提供了法律豁免。在这个法律框架

---

[1] "国家互联网信息办公室有关负责人就对滴滴全球股份有限公司依法作出网络安全审查相关行政处罚的决定答记者问"，载 http://www.cac.gov.cn/2022-07/21/c_1660021534364976.htm，最后访问日期：2022年12月5日。

[2] 张秀兰："国外网络隐私权保护的基本模式分析"，载《图书馆学研究》2005年第5期。

下，以行业自律作为主导来保护网络隐私权，给予网络服务商高度收集、处理个人信息的自由。网络服务商可以在不经过消费者同意的情况下收集、处理、传输个人隐私信息，但同时对网络服务商的收集、处理、传输的行为加以限制，如未经本人或监护人明确表示同意的情况下而向第三方传输个人数据；在有限的条件下处理针对个人敏感的隐私信息；将收集、处理、传输个人数据信息控制在满足合理必要且有限的范围内。

（二）欧盟立法规制模式

欧盟十分重视隐私权的保护，针对网络隐私权实行立法规制模式。

2016年欧洲会议通过了《通用数据保护条例》，2018年5月25日生效。该条例的适用范围极为广泛，任何收集、传输、保留或处理涉及欧盟所有成员国内的个人信息的机构组织均受该条例的约束。[1]该条例实施严格的同意标准，收集数据的行为需要得到明确的同意，并表明收集者的身份、意图、法律依据，充分保障个人的知情权。

欧盟针对网络隐私权明确了个人对自己产生的数据拥有多项权利，如被遗忘权、可携带权等。网络服务商需对其使用个人数据的安全性、可用性、保密性和完整性负责，如果出现个人数据存在高危泄露风险，必须在发现后72小时内通知数据保护机构。并且针对违反该条例的行为设置了高额罚款，以实现对个人网络隐私的保护。

四、国外经验借鉴与我国网络隐私权的立法思考

第一，立法模式与行业自律模式相结合，在立法保护网络隐私权的基础上加强行业自律，以充分保障公民网络隐私权。首先，在立法上应明确网络服务商或数据处理者的责任和义务。在网络空间中，公民想要知晓网络服务商收集、处理个人数据的行为存在很大的难度，用户的网络隐私权被侵害往往也难以发现，所以在立法时严格要求网络服务商在收集个人私密信息前必须通知数据所有者，取得数据所有者明确的授权，并明确告知数据所有者收集数据的目的以及是否涉及向第三人传输数据，以保障公民的知情权。但与此同时，不能将法律制定的过于烦琐，否则将不利于互联网服务产业的发展。

---

[1] "最严数据保护法案GDPR正式生效"，载http://www.cac.gov.cn/2018-06/11/c_1122965697.htm?from=timeline，最后访问日期：2022年12月5日。

其次，网络隐私权作为人格权得到应有的刑法保护。将侵害网络隐私权纳入刑法调整的范畴，使严重侵犯公民隐私的行为受到刑法的制裁，切实保护网络隐私权这一法益。

第二，加强针对网络服务商网络隐私权侵权行为的处罚及监管。在立法保护网络隐私权这一基础上，对网络服务商收集、处理用户数据的行为进行监管，严格监管其收集、处理个人数据的行为，在保护个人网络隐私权的前提下促进网络服务业发展。这就需要成熟的监管体系，而建立专门的隐私保护委员会就显得尤为必要。设立网络隐私保护委员会主要是为了了解和掌握我国网络隐私权的保护状况并通过宣传、发放资料等形式加强网络业与公众等对网络隐私权问题的重视，接受网络隐私权的相关投诉并加以处理，切实地保护公民网络隐私权不受非法侵犯。

律师在企业刑事合规中的机遇挑战及风险防范

朱恩平*

(中国政法大学 北京 100088)

摘　要：近年来，刑事合规制度以认罪认罚从宽制度为基础得到快速发展。刑事合规服务成为律师行业的新蓝海。在现阶段，律师以两个不同的角色参与合规服务：一是成为第三方组织成员，此时律师会起到类似于破产管理人的作用；二是成为公司的委托人或辩护人，其任务重心在于为公司创造一个健全、有效的合规制度，并在公司遭遇诉讼时，通过合规实践，维护其合法权益。

关键词：刑事合规　程序从宽制度　实体从宽制度

一、引言

在法律行业，服务大中型公司通常被视为令人羡慕的"富矿"。在这方面，同民商事律师相比，刑事律师有着先天的不足。不过，由于近年大企业和企业家的犯罪活动时有发生，"犯罪风险是公司的第一风险"的定义也逐步明确。根据北京师范大学中国企业家犯罪预防研究中心的《中国企业家犯罪风险分析报告（2014-2018）》显示，在中央反腐败斗争的压倒性形势下，中国企业家犯罪人数逐年增加，每年达到2900多人。企业或企业家犯罪行为通常意味着企业破产或者重大损失，或危害某个区域的经济发展；一个企业或者企业家犯罪行为，可以危害整个行业或国家的经济社会发展。立法者和学术界越来越认识到，仅提高攻击力度，不仅等于"开着水龙头拖地"，而且

---

* 作者简介：朱恩平（1988年~），男，汉族，广西防城港人，中国政法大学同等学力研修班2022级学员，研究方向为刑法学。

很容易造成土地、企业和个人"更多损失"的局面。所以，旨在建立"国有企业经营者"长期防范机制的合规体系逐渐引起人们的关注。

二、现阶段的刑事合规制度

随着大量中国公司走出国门，中国企业的刑事犯罪风险也大幅上升，我国社会更加关注中国刑事司法制度。刑法遵从制度与宽大制度在理论上的主要共同点体现在如下方面：首先，它们都是恢复性司法的必要产物，都明确了预防制裁和挽回复杂犯罪行为所损害的社会利益的目标。其次，两者均遵循刑事目的理论，以预防为中心，以复仇（起诉）为边界，都从客体上发挥着促进复杂犯罪逆向流动和节省司法资源的功能。因此，在定罪和宽大处理制度的基础上，迅速采用了刑事强制执行制度[1]。

（一）程序从宽制度

合规企业程序从宽主要体现在：合规不批捕、合规不起诉、合规从宽处罚建议等制度。其中对合规不起诉制度的探讨尤为激烈。

由于不执行制度仍处于试点阶段，《刑事诉讼法》没有包括单独的不执行制度。因此，需要解决的问题已成为如何在现有法律制度中适用合规不起诉制度，并为进一步改进监管提供实际经验的问题。一种观点认为，我国的不起诉制度仅以不起诉裁量制度为适用条件，无论刑事案件是否轻微，刑事案件都应与整个案件一起调查，包括犯罪人在犯罪后的行为，这样，就可以通过不起诉的自由裁量制度，对符合条件的公司作出不起诉的决定[2]。另一种观点认为，违规制度的目的不仅是对符合条件的公司进行温和处罚，它也是国家实施社会治理的工具之一，旨在从一开始就减少公司内部犯罪的发生。因此，对涉案经营者宽大处理是遵守合规计划并消除复发风险的先决条件，该制度在本质上类似于对少年犯的有条件起诉制度。

现阶段的合规不起诉制度主要基于自由裁量的不起诉制度，但它无法充分调动企业的积极性，通过后续访问和起诉建议，敦促涉案经营者提高合规性[3]。然而，如果我们参考有条件不起诉制度的实践，并以不起诉涉案公司

---

[1] 杨璨："刑事合规背景下律师业务的新动向"，载《四川职业技术学院学报》2022年第3期。
[2] 金颖："我国企业刑事合规不起诉制度研究"，天津商业大学2022年硕士学位论文。
[3] 胡雪彤："企业刑事合规不起诉制度研究"，国际关系学院2022年硕士学位论文。

的决定为条件来执行合规计划,案件就会超审限,所以有必要用更有效的文件确认调查所建立的制度,以确保遵守法律。

(二) 实体从宽制度

就实体而言,对符合条件的企业的宽大处罚意味着涉及相关企业在定罪和判刑评估范围内的努力。一些人认为,建立犯罪组织体系意味着公司有责任防止其成员犯罪,因此该单位的犯罪实际上是一种不作为犯罪。笔者认为,这种立场是不可取的,这与实践相反,因为单位犯罪也可以表示为一种活动形式。需要澄清的第二个问题是,不遵守刑法是否可以被视为该实体的加重情节[1]。从司法角度来看,判处复杂的刑罚是犯罪人适用某些加重要件的前提条件,因此不能仅仅因为公司没有相应的刑事监控和预防机制而加重刑罚,否则就有违反合法性原则的嫌疑。

三、刑事律师合规业务之展望

(一) 体检:一站式刑事风险扫描

所谓企业体检的主要目的,就是对尚未存在明确法律问题的企业进行法律风险扫描,以识别并帮助他们避免潜在的犯罪风险。体检方法可能包括短期居留、讨论、参与交易、审查材料等。体检方式可以包括短期居留、讨论、参与交易、审阅材料等。从筛查的视角出发,体检业务又可以分成"常规体检"和"特定体检"。前者是指扫描不同公司可能涉及的共同风险,包括商业外交、税收、环境保护、知识产权等[2]。例如,在审查公司交易的过程中,如果律师认为对员工收取佣金和回扣不合理,存在明显的犯罪风险,可能包括占用职位、私分国有资产、滥用公共资金等犯罪行为,律师可以适时发表法律意见,提醒高级管理人员注意风险,并帮助尽快补救。后者是指扫描与公司专业业务领域相关的个人风险[3]。因此,对于互联网服务提供者来说,更应着眼于落实互联网安全监管服务和防范非法数据;金融企业要对其项目和融资过程合规性进行全面检查,以防止涉嫌违规融资、借贷和习惯借贷。

---

[1] 于佳序:"刑事合规不起诉中合规考察模式问题研究",吉林大学 2022 年硕士学位论文。

[2] 张文哲:"刑事合规本土化的反思与重构",中国政法大学 2022 年硕士学位论文。

[3] 胡建伟:"法治化营商环境视阈下律师参与企业合规管理的价值及功能分析",载《中国司法》2022 年第 3 期。

（二）保健：帮助企业建立长效合规制度

刑事权力的执行通常被视为从国家到国家公司治理的过渡措施，换句话说，公司必须成为被动积极的，并在刑事管理中独立领导。很明显，公司必须依靠成熟的书面规则而不是人为规则来实现刑事自治。所以，律师合规业务的重要是协助企业建立长效的犯罪预防制度。与刑事风险扫描和刑事风险应对业务不同，公司可以作为律师（或律师事务所）参与公司的日常管理并制定公司的行为准则，从而帮助公司制定合规计划。英国和美国等发达国家的大公司均建立了合规程序，具有成熟和可复制的模式。美国政府在《联邦刑法典》第八章中规定了"七一"的要求，即合规原则；《英国反贿赂法》第 9 条规定的具体准则阐明了有效执行的六项原则，即正当程序、高级实践、风险评估、尽职调查、通知、监督和检查，这不仅为司法机关确定相关法律实践提供了依据，而且也是一项国家标准[1]。律师必须兼具咨询和监督作用。一方面，合规方法已适合各个行业公司的各个经营环节；另一方面，也有这样的独立董事监督地位，及时扫描和纠正风险，督促公司保持健康，而不是仅仅制定方案。

（三）治疗：犯罪发生后的风险应对

我国尚未建立完整的合规体系，如果企业陷入犯罪漩涡，辩护律师如何以合规换取"利益"尚不明确。目前，我国《刑事诉讼法》没有依据通过遵约推迟或不起诉。因此，在出现刑事风险后，执行律师应更多地关注起诉公司或通过有效的执行计划减轻处罚。通过对拒绝遵守网络安全管理义务罪的司法认定，可以确立合规犯罪的功能。学术界普遍认为，这是一项"迫使在线服务公司执行合规管理"的举措，自成立以来，这一犯罪行为一直受到批评。除了主观罪责和客观行政要素的争议外，如何确定有关经营者是否履行了相关义务的问题也很难解决[2]未来，律师必须树立为公司服务，而不是为公司负责的人服务的理念，并努力实现公司利益的最大化。

---

[1] 叶秀雄、李小龙：“论企业刑事合规不起诉制度中国化困境之破除”，载《岭南学刊》2022 年第 1 期。

[2] 余尘：“企业合规方案及合规制度构建”，载《中国律师》2022 年第 1 期。

从"禁言令"到"侮辱罪"和"诽谤罪"的理性反思

王 丽[*]

(中国政法大学 北京 100088)

摘 要：语言是生活和工作中必要的交流工具。当语言表达冲破道德的底线时，就会被法律所规制。在我国古代就有禁言令、诬告反坐等罪名，发展到现代则出现了侮辱罪、诽谤罪等罪名。本文从古代犯罪出发，梳理现代侮辱罪、诽谤罪的历史沿革，并指出目前司法适用的困境，旨在为司法实务提供一定的借鉴。

关键词：禁言令 诬告反坐 侮辱罪 诽谤罪

语言是把双刃剑。俗语云："良言一句三冬暖，恶语伤人六月寒。"语言可以给人关爱和温暖，也可以伤害人与人之间的友谊。具有高尚道德品质的人通常语言文明，道德品质低劣的人通常态度粗鲁。恶毒的语言具有巨大的危害，破坏了人与人之间的友谊，激化了人与人之间的矛盾，给个人、家庭和工作带来了许多麻烦和困扰。本文从古代的"禁言令"，联系到现代的侮辱罪和诽谤罪，旨在打通其历史发展，理性思考侮辱罪和诽谤罪在现代的地位和应用。

一、禁言令简述

早在我国古代就有禁言令。中国封建社会中，言语犯罪包括妖言、诽谤、非所宜言、诅詈祖父母、父母等罪名。谣言与流言、讹言一样，是传统中国

---

[*] 作者介绍：王丽（1983年~），女，汉族，山西忻州人，中国政法大学同等学力研修班2022级学员，研究方向为刑法学。

政治生活和社会生活的一种言论标签。与流言、讹言相比，妖言尤其令历朝统治者深恶痛绝。针对妖言之类的言论，以及妖言惑众行为设定了法例，规定此类言论和行为为大逆不道，问斩甚至灭族的罪行。历代律法中，多包含有特别规定。

（一）令的发展

令是皇帝发布的诏令，"天子诏所增损，不在律上者为令"。令可以补充、更改律，也可以取消、代替律，因而具有最高的法律效力。汉武帝时，廷尉杜周经常不依律条审理案件，专以皇帝旨意为准。汉令数量多，范围广，有重征商税的《缗钱令》，优礼老人的《养老令》及官吏管理的《品令》《秩禄令》《任子令》等，曾被分类编成"令甲""令乙""令丙"。[1]

（二）禁言令的作用

封建社会的言语犯罪有其特殊的历史背景。言语犯罪对封建社会的稳固与发展及其衰落都产生了一定的影响。自古以来，言谈都是人的一种日常行为，但是说话的内容往往受到规制。例如西方中世纪时，广大人民不能批评上帝，不能反对教皇，否则将会被视为散布"异端"思想；中国古代则不能直呼皇帝名讳，例如曹魏末年，嵇康因写了《与山巨源绝交书》遭权臣司马昭嫉恨，而被斩于东市。后来在清朝，清政府为了维护自己的封建统治大兴文字狱，不仅重罚与明朝有关的文章书籍的编写人，还在文人的文章中锱铢必较，严加处罚。这也间接导致了清朝训诂学的兴盛。因为他们发现无法在政治上实现自己的理想，只能在考据上抒发自己的见解。禁言令的颁布，对于防止政权被颠覆，稳固民间秩序保证臣民效忠思想的稳定性产生了一定的作用。

二、诬告反坐的历史沿革

诬告反坐这项制度，从创立到废除大约已经有两千多年的历史了，可以说这项制度是中国土生土长的法律制度。秦律中对此最先作出规定，对故意诬告他人的，秦律以其所诬陷之罪，反坐应处刑罚。例如，耐司寇者以耐隶臣之罪诬告他人，反坐耐隶臣刑；完城旦者以城旦之罪诬告人，反坐城旦刑。诽谤，秦律规定：诽谤者诛。妖言，秦代坑杀460余名诸生方士，罪名就是

---

[1] 张晋藩主编：《中国法制史》，高等教育出版社2003年版，第88页。

"诽谤"和"为妖言以乱首",妄言。秦律规定:"妄言者无类"。

三、侮辱罪的理性思考

侮辱罪,是指以暴力或者其他方法公然贬低他人人格,破坏他人名誉,情节严重的行为,主要包括公民的人格尊严和名誉权。侮辱行为主要有:暴力侮辱、言词侮辱、文字侮辱。侮辱行为是具备公然性的。公然是指有第三者在场的情况下或者能够使第三者看到的、听到的方式进行侮辱。行为人主观上存在直接故意,并且有贬低他人人格,破坏他人名誉的目的。

《刑法》第246条规定,犯侮辱罪的,处三年以下有期徒刑、拘役、管制或者剥夺政治权利。本罪告诉才处理,但是严重危害社会秩序和国家利益的除外。对于通过信息网络实施侮辱罪的,被害人向人民法院起诉,但提供证据有困难的,人民法院可以要求公安机关提供协助。笔者举一案例说明侮辱罪的司法适用。被告人刘某于2020年6月12日3时,在大连市沙河口区附近,侵犯他人的隐私权,侮辱被害人孙某。沙河口区人民检察院指控被告人刘某侮辱罪的罪名成立。因涉及个人隐私,不公开开庭审理本案。经公诉机关起诉,法院依照《刑法》判决被告人刘某犯侮辱罪,判处有期徒刑1年,缓刑1年。

一般认为,侮辱罪在司法实践的适用中不存在较大的争议和问题,笔者在下一部分着重论述诽谤罪在司法实践中的适用困境。

四、诽谤罪的理性思考

(一) 诽谤罪的历史沿革

作为以维稳为国家治理主线价值的中国,言语文字的负面价值一直为法律制定者所警惕,因言获罪一直在历史上如头悬之剑。由于地域宽广且人口众多,某些语言内容如果背离统治者的意图而广泛传播,则其对于政权乃至国家安定的影响重大而深远,所以中国古代对于诽谤尤其是对有地位的人的诽谤的处罚是从刑法开始的,当然也不排除其原因是法律本身在中国封建社会早期是刑民不分,且以刑法为主的法律传统。

(二) 诽谤罪的现代治理

言过其实也会带来严重的法律后果。诽谤罪是故意捏造并散布某种事实,损害他人人格,破坏他人名誉,情节严重的行为。捏造,是无中生有、凭空虚构虚假事实。散布,是用语言或文字的方式扩散捏造的内容,使众人知道。

诽谤罪和侮辱罪的区别在于：其一，手段不同，后者的手段行为包括暴力方法，而前者的手段行为不包括暴力方法；其二，公然实施的损害人格尊严、名誉的行为是侮辱罪的实行行为类型，但其中并不包含捏造有损他人名誉的事实，而诽谤罪的实行行为包含捏造并散布有损他人人格、名誉的事实，其中含有直接故意、公然贬低、损坏他人人格、名誉的目的。

（三）诽谤罪的实践困境

第一，对于诽谤罪与非罪的界限模糊，导致确认后果的标准僵化。根据《刑法》规定，构成该罪必须有主观恶意，但是恶意与情绪抒发难以分辨，不仅在中国，在世界各地也均是难以界定的状况。很多情况中只是表述的微弱差别，但由于法官认定时的自由裁量依据的罪与非罪界限较为模糊、僵化，由此滋长司法机会主义的空间。并且由于入罪需要达到严重的程度，这就导致其认定标准模糊而僵化，给法官自由裁量上的空间较大，如身份等均会成为裁决的考量因素，这显然违反法律的平等原则。同时其数额标准僵化的特点也为人所诟病，如网络诽谤的严重程度为浏览量5000次、转发500次等标准，但由于网络大环境的属性，如在微博等活跃度高的社交媒体上，僵尸点击、僵尸转发、僵尸关注者导致次数与实际造成影响的不成比例，并且极易出现实际未达到诉讼标准的言论所引发的恶意诉讼很容易达到形式上确立的定案标准，更容易出现"以刑逼民"的状况，以致引发了更大范围的信息系统混乱，甚至催生了水军、职业造假人的出现。司法解释只使用程度副词如"越""非常"等，这对司法实践几乎不具参考性，更易导致同样案件的不同裁判结果的发生。

第二，对于诽谤的内涵规定不清导致部分法益得不到保护。虽然出台了部分指导性案例，让诽谤罪保护的范畴得到了进一步的厘清，可以被称为诽谤罪的一大进步。

五、结语

从古代的"禁言令"到现代的侮辱罪和诽谤罪，对言语犯罪的规制越发完备，对于公民合法权利的保护越发完善，但是在现代司法适用中，对诽谤罪的适用仍存在较大的可讨论空间，未来应当不断完善其犯罪构成，在保护好公民合法权利的同时，起到震慑和惩戒的作用。

我国刑罚的重刑化及其优化

何 萍[*]

(中国政法大学 北京 100088)

摘 要：重刑主义在我国自古有之。作为我国第一部成文法的《法经》就极大地体现了这一思想，为我国后来数千年的法律发展奠定了基本趋势。无论是封建王朝开端的《秦律》，或是封建王朝末端的《大清律》，无不体现重刑主义的观念。从现代刑罚观念来看，这是不符合刑罚根本目的的。这种观念根深蒂固于人们的思想，到新中国成立后我国先后制定1979年和1997年《刑法》，其中规定的刑罚偏重，形成了一种"厉而不严"的结构，在实际应用中存在很多问题。在现代刑罚轻刑化的趋势下，如何优化我国的刑罚配置，是一个亟需解决的问题。

关键词：重刑主义 厉而不严 轻缓化

一、重刑主义的历史沿革

重刑主义，在我国数千年的刑法历史之中具有重要的地位，对于维护社会的稳定发挥了极大的作用。"禁奸止过，莫若重刑""乱世用重典"等思想根深蒂固的存在于统治者的治国理念之中，因此"严刑峻法"成了我国古代法治的重要原则。重刑主义对我国刑法的发展影响深远，其带来的好处和弊端都值得我们深思。

（一）重刑主义的内涵和表现

我国古代的重刑主义主要表现为在刑法中规定的刑罚畸重，刑罚过于残

---

[*] 作者介绍：何萍（1982年~），女，满族，辽宁沈阳人，中国政法大学同等学力研修班2022级学员，研究方向为刑法学。

忍，以残暴的刑罚作为维护社会秩序的重要手段。我国重刑主义的开端起于周朝，经数千年的发展于封建社会末期到达顶峰。我国历史上第一部成文法，即魏国李悝制定的《法经》就是轻罪重罚、重刑主义的代表。《法经》中并未包含调整民事关系的内容，而是用刑事法规调整几乎所有的社会生活。这也就确立了我国古代法律重刑轻民、轻罪重罚、以刑事法律调整社会关系维护国家统治的开端。自此之后，历朝历代都强调"严刑峻法"的重要性，无论是《秦律》中规定的斩足、宫、劓、黥等身体刑，抑或是《大清律》中规定的凌迟等死刑，其手段的残忍让人感到触目惊心。虽然随着时间的推移，刑罚有着逐步减缓的趋势，但是其总体上依旧十分严酷，充分体现了重刑主义的思想。

（二）重刑主义的形成原因

政治方面，我国古代高度集权的封建社会，统治阶级为了能够安稳的享有特权和既得利益，就要利用某种可以压迫被统治阶级的工具，而严峻的刑罚正是一种有效的手段。通过严刑峻法威慑犯罪，以刑去刑，以杀止杀，以维护其统治。经济方面，我国数千年的发展历程中，小农经济占据了绝对的主导地位，重农抑商是经济发展的基调。因此与西方商品经济催生出的公平自由的民事法律不同，我国以小农经济为主的特征也是催化重刑主义的因素之一。思想方面，我国第一个封建王朝秦朝遵从了法家思想，主张利用严苛的法律治理人民，虽然其后儒家思想成为主流，但是法家思想仍发挥着重要的作用，对后世的影响极其深远。

二、我国《刑法》重刑化的表征

我国《刑法》中对于重刑观念的体现，应从立法和司法两方面进行分析。

（一）立法方面

现行的1997年《刑法》，相比于1979年《刑法》，在刑事立法方面是一项巨大的进步。但是二者对于立法之时的重刑主义思想没有发生变化，这一思想贯穿于这两部刑法典的始终。1997年《刑法》吸收了1979年《刑法》以及其他单行刑法的全部死刑罪名，使我国可以判处死刑的罪名一度高达68个，其中非暴力犯罪为44个，占到全部死刑犯罪罪名的64.7%。从自由刑的设置来看，我国刑法分则规定的全部罪名均配置了自由刑，且以3年以上自由刑为代表的重刑在刑罚结构中占绝大多数。由于死刑的大量存在,我国刑法中的整体刑罚幅度就会处于很高的状态。在1997年《刑法》中,无期徒刑有62个,全部犯罪都可以剥夺自由;自由刑中法定刑最低5年以上有期徒刑的罪名有341个,法定刑最高5年以下有期徒刑的罪名只有127个,前者是后者的2.6倍。

(二)司法方面

重刑观念在我国司法实践中也有所体现。司法裁量是刑罚适用的重要途径,根据现有的刑罚配置对犯罪人施加适当的处罚,是刑罚适用的直接途径,也是刑罚是否能够实现其根本目的和社会效果的关键。在我国的司法实务中,长期存在着量刑偏重的问题。

另外,受到我国国内形势现实状况的影响,在某些特定时期《刑法》所规定的罪责刑相适应原则难以实现。我国《刑法》确立了罪责刑相适应的基本原则,而且在立法与司法实践中也提出了"宽严相济"的刑事政策。但在某些特定时期以及某些特定政策的指引之下,我国《刑法》所确立的罪责刑相适应原则就会被突破。此种现象在我国从1983年开始进行的四次"严打"中最为明显。种种情况的出现,表现出我国的重刑观念依旧存在,罪责刑不相适应的畸重判决依然存在。这将导致刑法实施的社会效果大打折扣,难以获得社会成员的认可。[1]

三、我国刑罚的优化方向

基于上述我国《刑法》存在的重刑化问题,笔者认为要对刑罚的配置进行优化,即从"厉而不严"向"严而不厉"转型。在这个过程中,既要做到与时俱进、严密法网,又要做到减轻刑罚、推进刑法的现代化。

(一)严密刑事法网

我国《刑法》历来以重刑化为立法和司法思想的原因就是为了打击抑制犯罪,但是"厉而不严"的刑罚结构往往难以达到效果,反而不利于对某些新型法益的保护以及对犯罪的打击。"厉而不严"的结构存在很多问题,比如法益保护不全面、难以应对日益发展的社会情况;刑罚过重,导致罪刑难以

---

[1] 参见董桂武:"论刑罚目的对量刑情节适用的影响",载《法学论坛》2018年第6期,第132页。

适应等。因此在现代社会，要追求一种"严而不厉"的刑罚结构，其基本要求就是扩大刑法的规制范围，将新型法益纳入其中。与此同时，降低刑罚的配置，以人道主义、人权保障为原则配置刑罚。严密法网的根本目的在于控制犯罪，使侵害法益的犯罪行为受到刑法的规制。近代以来，世界各国刑法的发展方向就是严密刑事法网，减轻刑罚总量。

我国刑法近些年的发展也体现了这一趋势。随着社会的不断进步，需要不断对《刑法》作出调整，为了保持刑法的稳定性和确定性，我国通常以颁布刑法修正案的方式进行修改。纵观修正案的内容，发现我国《刑法》中的重刑化趋势有所下降，主要表现为重罪罪名的减少和轻罪罪名的增加。通过修正案增加的罪名多为处罚较轻的轻罪。例如"危险驾驶罪"，在增设该罪之后，酒驾、醉驾的情况大大减少，有效遏制了此类危险的发生。而在涉及这些罪名时，很多法院处理案件会适用缓刑，体现出我国刑罚的轻刑化的发展趋势。

（二）轻缓刑罚

轻缓刑罚既要从立法上降低刑罚的总量，也要在司法裁判中减少降低自由刑的适用、加大罚金刑等附加刑的适用。

立法方面，从我国颁布的《刑法修正案》就可以看出轻缓刑罚的趋势。尤其是《刑法修正案（八）》和《刑法修正案（九）》，在走私罪、金融类犯罪以及其他犯罪等方面废除了大量的死刑罪名，使《刑法》中可以适用死刑的罪名下降到46个。这是我国刑法发展的一大进步，对于非生命健康法益产生危害的犯罪行为，设置以死刑为最高刑的刑罚，其处罚过于严厉，也难以产生预防的效果。因此减少我国《刑法》中的死刑罪名，是我国《刑法》未来的一项重要任务。

在司法裁量方面，要增加非监禁刑的适用。在我国《刑法》中规定了社区矫正、管制、资格刑以及罚金刑。以罚金刑为例，对于某些人身危险性不大的经济性、贪利性犯罪，可以对其单独适用罚金刑而非是监禁刑。对此类犯罪人判处监禁刑一方面会带来较高的司法成本，另一方面也起不到预期的预防效果。在我国《刑法》中规定罚金刑是一种附加刑，一般是附随着监禁刑的主刑适用。在司法实践中，单独适用罚金刑的情况极少。国外多数国家的罚金刑适用率都在60%以上，有的国家甚至达到80%~90%。因此，我国的司法实务在这方面应作出改进。[1]并且,在司法裁判中要慎用生命刑,要慎杀少杀。同时在适用自由刑之时,要注重调整其内部的比例。

四、结论

我国刑罚长久受到重刑主义思想的影响,在立法和司法上都有着明显的体现。在现代刑法的发展趋势下,轻刑化已成必然。虽然我国通过刑法修正案不断的修正原有的刑罚,但是我国刑罚总体上依旧偏重,其结构在不断的调节与完善的过程之中。轻刑化是一个长期的过程,在未来要不断完善我国的刑罚制度,以更有效的打击犯罪、维护社会秩序,实现刑罚的根本目的。

---

[1] 参见钱叶六、郭健:"'宽严相济'刑事政策与我国非监禁刑种立法完善论要",载《法治研究》2009年第8期,第40页。

刑事合规制度中国构建初探

刘 祺[*]

(中国政法大学 北京 100088)

摘 要：刑事合规制度是一项旨在提高企业防控犯罪能力、同时提高诉讼效率节约司法资源的刑事诉讼制度，在国外已有数十年的发展历史，形成了丰富的理论和实践成果。中兴国际在美国遭遇天价罚单这一事件的出现为国家和企业敲响了警钟。刑事合规制度体现了传统刑事诉讼模式的转型，是国家与被追诉的企业之间的良性互动，是一种协商性司法的体现，有利于实现双方利益的最大化。并且刑事合规制度可以较好地融入我国现行的刑事法律体系，可以与附条件不起诉制度和认罪认罚从宽制度有机结合起来，不至于造成对现行刑事法律制度的冲击。

关键词：刑事合规制度 企业犯罪治理模式 协商性司法

一、刑事合规制度的概念

刑事合规这一概念来源于合规。"合规"一词最早起源于美国，是指行为主体所实施的相关行为必须符合法律、法规、规章等监管规定，是行为主体（主要指企业）在运行过程之中为了规避法律风险而对主体行为所作出的约束。刑事合规是合规的一个下位概念，也是其中限度最低的一种合规形式，是合规体系中的核心部分。合规制度只是行为主体对自身行为设立的某种约束，保证其行为不超出此边界，一般情况下只需要企业一方主体有所作为即可。而刑事合规制度包含了行为主体与国家之间的良性互动，只有双方分工

---

[*] 作者介绍：刘祺（1996年~），女，汉族，四川眉山人，中国政法大学同等学力研修班2022级学员，研究方向为刑法学。

合作、共同作为，才能建立有效的刑事合规制度体系。刑事合规制度在西方国家已经经历了较长时间的发展，而由于我国社会主义市场经济体制建立时间较晚，企业组织形式以及治理方式发展缓慢，刑事合规制度未得到相应的重视，直至发生了多起国内企业在国外由于合规缺失遭受严重处罚的事件，这一制度才初步进入企业治理的视野中。并且该制度在学界的研究也处于起步阶段，近些年才进入刑事法学界的视野，目前总体上仍处于刑事合规制度建立的初级阶段。

二、刑事合规制度的理论基础

（一）积极的一般预防

犯罪治理的理想状态是在犯罪发生之前，刑法和刑罚就能显著地发挥作用，能切实地预防犯罪的发生。如果能将刑法的评价机制提前具体化和情景化，结合社会成员和组织体的日常活动，有目的地设计和实施能够避免刑事责任的行为模式，就能最大限度地避免犯罪，从而使得国家不必动用刑法和刑罚，其意义十分重要。[1] 因此，在对犯罪者进行特殊预防的同时，增强社会公众、社会组织遵守法律规范的意识、实施积极的一般预防成为遏制犯罪行为的重要方式。

因此，对于企业犯罪这一动辄对众多社会主体造成严重损害的行为，提高企业防控犯罪的能力十分重要，故将刑法前置化到其日常经营运行行为之中确有必要。与其通过施加较重的刑罚惩处实施犯罪的企业，甚至通过使企业破产倒闭等彻底剥夺其再犯能力的方式实现对犯罪的特殊预防，不如让有能力的企业建立其内部的刑事合规机制来为其生产经营行为划定刑事法律边界，以实现刑罚积极的一般预防效果。有效的刑事合规制度可以规范企业的生产经营行为，为企业的行为和决策划出刑事法律的界限，将刑事合规制度作为防控企业犯罪的第一道防线。

（二）协商性司法

协商性司法并不是一个全新的概念，而是广泛存在于国内外的司法理论和时间之中，例如美国的辩诉交易制度、我国的认罪认罚从宽制度都部分地

---

[1] 卢勤忠："民营企业的刑事合规及刑事法风险防范探析"，载《法学论坛》2020年第4期，第129页。

体现了协商性司法的特性。有学者认为，刑事合规制度在本质上是合作性司法理念渗透于企业犯罪治理领域的结果。[1]在这些制度之中，公权力机关不再是推动整个刑事诉讼流程的唯一力量，在利益平衡的前提下，被追诉方与公权力机关的配合可以有效地推动刑事诉讼的进程。为了节约日益紧张的司法资源，公权力机关可以通过与被追诉人达成某种协议，以刑罚上的优惠获得案件的迅速侦破。

从刑事合规的内容中可知，除了要求企业的生产经营行为不得越过刑事法律的边界之外，企业也负有积极的报告和协助侦查机关调查取证的义务，这就是企业与国家相互配合实现对犯罪行为的追诉。企业刑事合规制度的实际运用，使犯罪治理在某种程度上变成了国家和企业合作的模式。犯罪预防在该模式中，由国家责任变成了国家和企业的共同责任。企业刑事合规活动的成功实施，可使得最优的犯罪预防成为可能，从而节约司法成本。

三、刑事合规制度与我国现行制度的衔接

如前所述，刑事合规制度既需要企业设立内部的刑事合规规则来规范企业的生产经营行为，同时也需要国家出台相应的规范来激励企业进行刑事合规制度的建设，实现预防企业犯罪与节约司法资源的双赢。从"大合规"的视角上来看，为了应对我国企业"走出去"过程中的合规风险，国家发改委等六部委联合出台了《企业境外经营合规管理指引》，国务院国资委发布了《中央企业合规管理指引（试行）》；从刑事合规的视角来看，我国尚未建立起一套具有普遍适用性的刑事合规激励机制。鉴于刑事法律制度的稳定性和确定性特征，不宜对现行的刑事法律制度进行大规模的增删改，应该尽可能地将这一激励机制纳入现行的制度之中，保持整个法律体系的稳定性。纵观我国现行的刑事法律体系，可以在附条件不起诉制度、认罪认罚从宽制度以及缓刑制度这三项制度之中，加入刑事合规制度，以保持整体法律体系不变。

（一）附条件不起诉制度

对于企业刑事犯罪是否需要起诉的问题，2018年11月最高人民检察院发布了《明确规范办理涉民营企业案件执法司法标准》，明确规定了几种可以不起诉的情形。虽然其中规定的几种情形大多是《刑事诉讼法》以及其他刑事

---

[1] 赵恒："涉罪企业认罪认罚从宽制度研究"，载《法学》2020年第4期，第123页。

法律规范中规定的不起诉事由，但是也表现出国家保护民营企业发展、切实解决目前企业犯罪治理方面存在的突出问题的决心。如果能够扩大附条件不起诉制度的适用范围，针对企业刑事犯罪以及刑事合规制度设立相应的适用标准，即在处理企业刑事犯罪之时，如果检察院通过审查，发现企业已经建立起了有效运行的刑事合规制度，并且积极履行了这一规则所设定的义务，那么作为对刑事合规制度的激励，可以在缴纳罚金和保证金的情况下暂时不对犯罪企业提起公诉，与其签订一定的协议，视其在考验期内的自我纠正情况而定。如果企业能够有效弥补因犯罪造成的损害，完善内部的刑事合规机制，即可作出不起诉决定，免除其刑事责任；若企业在考验期内未能履行协议中的内容，那么检察院可以提起公诉，令其承担相应的刑事责任。

这一制度的建立，既可将刑事诉讼对涉案企业的影响降至最低，也可以使检察院获得对涉罪企业建立有效的合规管理体系进行有效督促和实时监管的空间，最终摆脱检察机关在目前法律框架内对涉罪企业只能作出诉或者不诉的终局性决定的局面。

（二）认罪认罚从宽制度

认罪认罚从宽制度是我国近年来刑事诉讼制度改革的新成果，于2018年《刑事诉讼法》修正之时正式纳入我国刑事诉讼制度体系之中。认罪认罚从宽制度表明了刑事诉讼传统模式发生了变化，国家和被追诉方从完全对抗逐步转变为协商合作，以求得双方利益的最大化。从刑事合规制度的内容来看，企业自愿认罪认罚是对其附条件不起诉并且减轻刑罚的重要前提，认罪认罚也表明企业放弃与国家公权力机关的对抗，承认自身的犯罪行为，表明其特殊预防的必要性较小，也是对其适用附条件不起诉并且减免刑罚的依据之一。如果割裂了认罪认罚从宽制度与刑事合规制度之间的关系，而有关刑事合规制度的主要负责部门是检察院，那么在侦查阶段将缺乏企业刑事犯罪与刑事合规制度的有效衔接，侦查机关无法确认刑事合规制度要求的相关标准，不利于迅速查清事实并移送审查起诉。而企业适用认罪认罚从宽制度之时，可以实现刑事诉讼程序的繁简分流，在企业的配合下提高侦查机关查明案件事实的效率，缩短移送审查起诉的时间。一方面表现了企业真诚认罪悔罪的态度，可以附条件不起诉并减免其刑罚实现特殊预防；另一方面，可以缩短企业参与刑事诉讼流程的时间，减少因被刑事追诉而产生的不利影响，同时提高刑事诉讼的效率，节约司法资源。

四、结论

综上，将刑事合规制度纳入认罪认罚从宽制度体系之中，发挥出认罪认罚从宽制度在治理企业刑事犯罪中的程序分流作用，将企业签署认罪认罚具结书与附条件不起诉制度有机地联系起来，实现企业刑事犯罪治理模式的转型。

自首中如实供述的范围初探
——结合"余某平交通肇事案"

纪超南[*]

（中国政法大学 北京 100088）

摘　要：自首是一项重要的刑事法律制度，该制度的设立目的是为了鼓励犯罪嫌疑人、被告人主动投案并如实供述自己的罪行，让司法机关以最小的成本实现国家的刑罚权。本文首先从自首制度的概念和设立价值谈起，然后讨论"如实供述主要犯罪事实"的具体范围，并且对学界不同观点进行分析比较，最后结合近期引起巨大争议的"余某平交通肇事案"的二审判决来具体分析被告人余某平是否构成自首。

关键词：自首　主要犯罪事实　逃逸致人死亡

一、自首制度简述

自首是指行为人犯罪以后自动投案，如实供述自己罪行的行为，是我国《刑法》规定的一种刑罚减免制度。从自首的构成来看，分为两个部分，即自动投案和如实供述自己的罪行。只有行为人的行为满足了上述两个条件，才能被认定为自首，从而获得刑罚减免的可能性。

经济性是自首制度的首要考虑因素，经济性体现在刑事诉讼的双方以及整个诉讼过程之中。一方面，犯罪嫌疑人主动向司法机关投案，供述自己的犯罪行为，有利于司法机关以最小的成本实现案件侦破的目标，能够及时行使国家的刑罚权，打击犯罪，保护人民。另一方面，犯罪嫌疑人在自首之后，

---

[*] 作者介绍：纪超南（1990年~），男，汉族，黑龙江绥化人，中国政法大学同等学力研修班2022级学员，研究方向为刑法学。

往往会获得司法机关的宽大处理，具体表现为刑罚上的减免，这也是犯罪嫌疑人自首的主要原因和根本动力。因此，自首是一种双赢的制度设计，功利主义的考量即经济性是自首设立的主要原因。明确这一根本原因对于自首的认定以及明确自首与其他相似制度之间的关系十分重要。

二、如实供述自己罪行的概念

犯罪嫌疑人在自动投案之后，需要向司法机关如实交代自己的罪行，即主要犯罪事实，为司法机关追究其刑事责任提供便利和帮助，以获取刑罚上的减免。这是构成自首的必要条件。并且从上述表述之中可以看出，如实供述自己的罪行并不要求犯罪嫌疑人供述全部的犯罪事实，只要求供述"主要"的犯罪事实。与此同时，主要犯罪事实的范围又是一个具有很大解释空间的概念，并且这一概念的范围对于判定犯罪嫌疑人是否构成自首有着决定性作用，过宽或者过窄都不利于发挥自首制度的作用。故确定一个适当的范围，在节约司法资源与打击预防犯罪之间寻求一个平衡点是十分重要的。

三、"主要犯罪事实"的范围

我国目前理论界，对于主要犯罪事实的认定存在三种观点。其一，主要犯罪事实只包含定罪情节，不包含量刑情节，即限于对其行为的性质认定有决定性意义的那些事实和情节，而不包含对行为人量刑有影响的事实和情节；[1] 其二，主要犯罪事实包含定罪情节和量刑情节，即影响定罪量刑的全部事实；其三，主要犯罪事实是指定罪事实以及对量刑有重大影响的事实，即对其行为的性质认定以及刑罚有决定性意义的事实和情节。

笔者认为，第三种观点较为恰当。原因如下：

第一种观点范围过于狭窄。犯罪嫌疑人在如实交代罪行之时，其定罪情节是最基本的交代内容。但是，仅将定罪情节作为主要的犯罪事实并不足以满足自首制度设立的目的，对于那些对量刑有重大影响的情节往往对于刑事诉讼来说十分重要，有时甚至决定诉讼的走向或者结果，而司法机关对于这些情节的侦查和发掘往往需要较长的时间，投入较多的精力，造成诉讼资源紧张。如果只要求行为人交代了与定罪有关的情节，而不将量刑情节包含在

---

[1] 参见张明楷：《刑法学》（上册），法律出版社2016年版，第563页。

内，很容易造成司法资源的浪费，严重的甚至造成冤假错案等结果。

第二种观点范围最大、最为全面，但其可行性最低。将如实供述的范围扩大至全部的定罪情节和量刑情节虽然有助于查明案件事实、加速整个刑事诉讼的进程，但是这对犯罪嫌疑人的要求过高，成为一种负担。很多情况下犯罪嫌疑人即便作为犯罪的实施者，也难以说清楚整个的犯罪经过，对于犯罪之中的细节以及某些情节存在遗忘的可能。因此，有重点的交代很有必要，全面交代只是一个理想的状态，在司法实务中并不可行。

第三种观点确立了最为合适的范围，也是目前实务界的基本共识，即"主要犯罪事实"是指对认定行为人的行为性质有决定性意义的事实、情节（定罪事实）及对量刑有重大影响的事实、情节（即重大量刑情节）。所谓对量刑有重大影响的事实，是指决定着对行为人应适用的法定刑档次是否升格的情节，以及在总体危害程度上比其他部分事实、情节更大的事实、情节。[1] 理由有二：

（1）符合2010年最高人民法院颁布的《关于处理自首和立功若干具体问题的意见》（以下简称《意见》）规定的精神。从《意见》的规定可知，对量刑有重大影响的身份是一项重要的供述内容，如果犯罪嫌疑人隐瞒身份则不能构成自首。《刑法》之中规定了很多影响量刑的因素，但是《意见》中并未将此类因素全部纳入到应该供述的事实之中，而只将"身份"这一要素纳入。这是因为在分则之中，身份作为一项重要的量刑情节在犯罪构成之中频繁出现，很多罪名将某些特殊的身份作为加重情节，在犯罪嫌疑人涉嫌此类罪名之时身份这一要素对于量刑来说就显得尤为重要。

（2）从自首的设立价值来看，是国家出于司法经济性的考量与犯罪嫌疑人达成的一种约定，犯罪嫌疑人通过自动投案如实供述的方式表明其悔罪认罪以及自愿接受国家处罚的态度，司法机关在此基础上以最小的成本完成整个刑事诉讼的流程，并予以犯罪嫌疑人刑罚上的减免。要求犯罪嫌疑人交代全部的犯罪事实是一种苛责，会提高这一制度适用的门槛，不利于实现自首的制度价值。只要交代了具有重大影响的犯罪事实，为司法机关查明真相、定罪量刑提供了便利，便认为其实现了自首；

---

[1] 参见高憬宏、杨万明主编：《基层人民法院法官培训教材（实务卷·刑事审判篇）》，人民法院出版社2005年版，第54页。

四、从"余某平交通肇事案"看自首的认定

从自首的适用条件来看,余某平自动投案这一项是没有争议的,主要争议在于他是否达到了"如实供述主要犯罪事实"这一标准。

首先,从交通肇事罪的基本犯说起。交通肇事罪的基本犯属于过失犯罪,从该罪的构成要件来看,并未要求行为人一定意识到犯罪结果。因此,犯罪嫌疑人无论是意识到撞人还是撞物,只要在自动投案之后如实供述了符合该罪的构成要件的事实即可成立自首。因此,余某平在自动投案后承认自己意识到可能撞人或者撞物的行为构成交通肇事罪基本犯的自首。

但是,从其构成交通肇事罪的结果加重犯的角度来看,其又难以构成自首行为。那么对于这种只供述了基本犯的犯罪事实,没有供述加重犯的犯罪事实的行为,是否可以认定为"如实交代主要犯罪事实"?这是一个值得商榷的问题。

笔者认为,在本案中,交通肇事罪的基本犯行为与逃逸的加重犯行为属于两种不同的行为,应该分别认定。根据余某平的供述可以认定其为交通肇事罪的基本犯,其刑罚为三年以下有期徒刑或者拘役;而余某平隐瞒的加重情节,即交通肇事逃逸的刑罚为三年以上七年以下有期徒刑,后者的最高刑比前者高出四年,是前者的两倍还多,而且逃逸是法定刑的升格要件,可以认为这是一个重大量刑情节。因此可以认定交通肇事的逃逸情节作为加重情节应该在"如实交待主要犯罪事实"的范围之中,而余某平并未如实交待这一加重情节,所以不能被认定为自首。这才是一种较为恰当的论证思路。因此,二审法院认定余某平不构成自首这一结论是正确的,但是其论证的思路存在可商榷之处。

综上所述,自首之中"如实供述主要的犯罪事实"的范围包括定罪情节以及对量刑有重大影响的情节。在"余某平交通肇事案"中,仅从二审法院对事实的认定来看,余某平未供述自己撞人后的逃逸情节,而这一情节是交通肇事罪的加重情节,提升了法定刑的档次,属于重大的量刑情节,因此余某平不属于"如实供述主要的犯罪事实",不构成自首。

污染环境罪的罪过形式

韦文镇*

(中国政法大学 北京 100088)

摘 要：《刑法修正案（八）》对"重大环境污染事故罪"的罪状进行了更改。随后在《关于执行〈中华人民共和国刑法〉确定罪名的补充规定（五）》（以下简称《补充规定（五）》）中对该罪名进行了修改，变更为"污染环境罪"。变更过后该罪的罪过形式引发了学界的热议。目前我国学者们的意见主要分为四种，分别认为其罪过形式为"故意""过失""复杂罪过"以及"严格责任"。这四种学说各有其支撑，但也有其不足之处，笔者支持"故意说"。将"污染环境罪"认定为故意犯罪符合我国刑法的基本原则和《刑法》条文的规定，可以运用刑法理论对其进行合理解释，并且"故意说"存在理论上的支持和司法实务上的适用优势。

关键词：污染环境罪 罪过形式 构成要素故意 超过的客观要素

一、不同学说的争议和评述

（一）故意说

支持"故意说"的学者有如下理由：①从文义解释的角度来看，《刑法修正案（八）》和《补充规定（五）》，删去了原来有关"事故犯罪"的规定，转而规定为"污染环境罪"，意味着其罪过形式从原来的过失犯罪转变为现在的故意犯罪，如此进行文义解释，不会超出大众预测的可能性，也不违背罪刑法定原则；②认为行为人实施符合"污染环境罪"所规定的污

---

* 作者介绍：韦文镇（1992年~），男，壮族，广西百色人，中国政法大学同等学力研修班2022级学员，研究方向为刑法学。

染行为是故意的,对可能发生的污染环境的结果是可以预见的,并且持有希望或者放任的态度,即其主观方面是直接故意或者间接故意;③认定为故意犯罪可以降低定罪门槛,在一定程度上解决了环境犯罪中因果关系的认定难题,有利于保护环境,增强定罪的可操作性,增强司法认定中的确定性。

笔者认为:①"故意说"是正确的,但是其支撑不够有力和全面,应当通过《刑法》第14条、第15条所规定的故意、过失犯罪以及相关的刑法理论进行分析论证,合理地解决上述问题;②反对者提出的观点不能成立,既不能用法定刑反推某一罪名是故意或者是过失犯罪,若主观表现为过失则可以用其他罪名予以规制处罚。

(二)过失说

支持"过失说"的学者提出如下理由:①认为行为人在实施"污染环境罪"所规定的污染行为是故意的,但是对可能发生的污染环境的危害结果是持过失态度的,根据相关规定该罪为过失犯罪;②从刑罚来看,该罪最高法定刑的设置,与我国《刑法》规定的某些过失犯罪相同,如果认为污染环境罪是故意犯罪,会违反我国刑法罪刑相适应原则;③认定为过失犯罪,可以扩大处罚范围,加强对环境犯罪的打击。

(三)双重罪过说

支持双重罪过说的学者提出如下理由:①认定污染环境罪的罪过形式为双重罪过,可以严密法网,扩大打击范围,使对法益的保护达到最大的限度;②借鉴国外立法将故意犯罪和过失犯罪分别设立不同罪名的做法,与我国《刑法》横向比较,认为我国的污染环境罪是一个既包括故意又包括过失的罪名[1];③在环境污染中,行为人主观故意和过失的心态可以叠加,双重罪过避免了认定主观罪过的复杂性,有利于提高诉讼效率,解决司法实务中的问题;④遵循立法者的意图,认为本次修改是为了纠正对之前罪名的认识差异,统一实务认定标准,认为修改后的"污染环境罪"的罪过形式是复杂罪过。

(四)严格责任说

支持严格责任的学者提出如下理由:①可以极大地便利司法实务中对污染环境罪的认定,因为其不用考虑行为人的主观罪过形式,也规避了污染环

---

[1] 参见田国宝:"我国污染环境罪立法检讨",载《法学评论》2019年第1期,第163页。

境这一违法行为的隐蔽性和复杂性带来的困扰，可以减轻公诉一方的证明负担，提高诉讼效率，避免诉累；②可以加大打击力度，扩大打击范围，符合我国现状；③英美刑法已经逐步采用严格责任这一罪过形式，在打击环境污染犯罪中达到了良好的效果。

二、对《刑法》第338条前后变化的理解

（一）《刑法》第388条构成要件的变化

对比《刑法修正案（八）》出台前后《刑法》第338条的构成要件可以发现，除去构成要件主观要素不谈，该罪的构成要件客观要素发生了一定的变化。构成要件客观要素中的主体身份、行为以及对象都未改变或者未发生实质性的变化，但是结果要素有所变动。从之前的通常为事故类犯罪所表述的后果，变为了"严重污染环境"这一污染罪的后果。结果要素的变化及如何定位是决定该罪罪过形式的重要因素。

（二）对《刑法》第14条、第15条的理解

何为故意？故意即行为人对自己实施了刑法某条文规定的客观要素的明知，即行为人对客观要素的认识以故意为必要。《刑法》第14条、第15条可以这样理解：行为人完成了某个罪名规定的客观要素，即明知自己的行为实现了某一罪名的客观要素，就是故意犯罪，行为人要对此负刑事责任。如果行为人实施了该罪的客观要素，但是对自己的行为实现了该罪的客观要素没有认识，即不是故意，就不负刑事责任。但是，若此时法律对此有特别提示过失应当负刑事责任，处罚过失犯罪的话，行为人就要对此负刑事责任，此即为《刑法》第15条第2款的规定。另外，在分则各条规定的犯罪行为没有特别提示主观要件是故意还是过失时，可推断主观要件是故意。[1]这才是对《刑法》第14条、第15条正确的理解。

《刑法修正案（八）》颁布之前，《刑法》第338条[2]"重大环境污染事故罪"的罪状中，存在诸如"造成重大事故，致使财产损失或者人身伤亡"

---

[1] 参见阮齐林：《刑法学分论》，中国政法大学出版社2017年版，第7页。
[2] 2009年《刑法》第338条规定："违反国家规定，向土地、水体、大气排放、倾倒或者处置有放射性的废物、含传染病病原体的废物、有毒物质或者其他危险废物，造成重大环境污染事故，致使公私财产遭受重大损失或者人身伤亡的严重后果的，处三年以下有期徒刑或者拘役，并处或者单处罚金；后果特别严重的，处三年以上七年以下有期徒刑，并处罚金。"

等可以分析出过失含义的语句,并且学者们公认对该罪的客观结果要素的认识是不以故意为必要的,所以原来的"重大环境污染事故罪"为过失犯罪是无可争议的。在《刑法修正案(八)》公布之后,第338条的罪名和罪状均发生了变化,在表面上褪去了过失犯罪的面纱。究其实质,从立法者的立法意图、变化后的罪状以及我国《刑法》对故意和过失的规定来看,罪过形式也发生了相应的变化,即从过失犯罪变为了故意犯罪。将污染环境罪解释为故意犯罪,从文义解释的角度上来看,也符合大众的预测可能性。

三、对故意说的支持

虽然一直以来对污染环境罪的罪过形式学界始终存在争议,司法实践中的认定也比较混乱,但也不乏将其认定为故意犯罪的案例。例如,在"中镁科技(上海)有限公司、林某诚等污染环境案"中,法院认为,污染环境罪为故意犯罪,被告单位中镁公司为一家专业的化工生产企业,处置在生产过程中产生的危险废物是其日常工作之一,对其挖坑倾倒危险废物的行为可能对周边环境造成的严重污染后果是可以预见的,在明知可能会产生严重污染环境后果的情况下,仍然放任这一结果的发生,因此被告人对危害结果的发生具有概括的故意。并且在该案中,合议庭根据"两高"发布的《关于办理环境污染刑事案件适用法律若干问题的解释》(以下简称《关于环境污染犯罪的司法解释》)第7条认定,被告单位中镁公司及被告人林某诚与受其委托的无处理废物资质的三英公司构成共同犯罪。这也是认为污染环境罪为故意犯罪的佐证。在"宋某生、李某庆、轧某棚、赵某全、杨某志、轧某明污染环境案"中,合议庭认为若认定该罪的罪过形式为过失,那么在本案中明知他人无处理危险废物的资质仍向其提供危险废物的行为就不能认定为共同犯罪,那么这是违背《关于环境污染犯罪的司法解释》第7条和《刑法》第25条规定的,故认定污染环境罪为故意犯罪。

从上面的典型案例中可以看出,将污染环境罪的罪过形式认定为故意可以解决共同犯罪的问题,否则将难以处罚在环境污染犯罪中仅实行教唆和帮助行为的犯罪人,弥补了处罚漏洞,加强了对环境法益的保护。并且符合对《刑法》338条所作的文理解释,在大众的预测范围之内,符合我国的刑事政策和社会现状的要求。

四、结论

综上所述，污染环境罪的罪过形式为故意。无论从《刑法》第 14 条、第 15 条关于故意犯罪和过失犯罪的规定来看，还是从对《刑法》第 388 条污染环境罪的文义解释来看，都应该将其确定为故意犯罪，符合我国刑法的基本原则和理论。

高速公路跟车过杆逃费行为的刑法定性
——以"王某跟车逃费案"为切入

王诗琪*

(中国政法大学 北京 100088)

摘 要：机动车偷逃高速公路费的事件时有发生，近些年尤为频繁，对高速公路通行秩序造成了负面影响。对此类行为应该予以坚决打击，如行为符合入罪标准，则应该追究行为人的刑事责任。偷逃高速公路费行为的表现形式多样，每种都有自己的行为定型，应该具体问题具体分析，不能一概而论。本文从"王某跟车逃费案"切入，以本案的一审以及二审判决书为主要参考，讨论"跟车过杆逃费"行为的刑法定性。笔者认为，这类"跟车过杆逃费"行为并不构成本案一审判决认定的寻衅滋事罪和二审判决认定的抢夺罪，也非诈骗罪，而应该被认定为盗窃罪，属于公开盗窃的行为。

关键词：跟车过杆逃费 抢夺 盗窃

一、基本案情

本文的研究背景为发生在北京的"王某跟车逃费案"。该案的一审法院为北京市海淀区人民法院，案号为〔2018〕京0108刑初1088号。该案的二审法院为北京市第一中级人民法院，案号为〔2019〕京01刑终183号。[1]

---

* 作者介绍：王诗琪（1991年~），女，汉族，辽宁朝阳人，中国政法大学同等学力研修班2022级学员，研究方向为刑法学。

〔1〕法院审理后查明，2013年5月7日至2016年6月8日，被告人王某在本市海淀区京藏高速清河收费站进京出口等地，驾驶车小型轿车，在高速公路出口收费处，采用跟车尾随过杆的方式多次偷逃高速公路通行费，次数共147次，偷逃高速公路费共12 985元。

海淀区人民法院一审认定，王某驾驶机动车，在高速公路收费出口趁前车缴费通过抬杆未落之机，多次跟车不缴费强行通过，任意扰乱高速公路的通行秩序，情节严重，构成寻衅滋事罪，判处有期徒刑6个月。被告人王某不服，上诉到北京市第一中级人民法院。北京市第一中级人民法院审理后认定一审法院认定事实无误，但是王某的行为不构成寻衅滋事罪，而是乘收费员不备公然驶出高速公路逃避缴费，其行为构成抢夺罪，撤销了原审判决，改判王某抢夺罪，判处有期徒刑6个月。二审判决后，该案引发了热议：在高速公路出口收费处，王某跟车过杆逃避缴纳高速公路费的行为究竟构成何种罪名、北京市一中院的终审判决是否妥当等一系列问题相继被提出。

二、评析意见

（一）从一审判决对是否构成寻衅滋事罪进行评析

海淀区人民法院作出的一审判决中认定王某构成寻衅滋事罪。从一审的判决认定中可以看出，海淀区人民法院认定王某构成《刑法》第293条寻衅滋事罪第1款第3项的行为，即"强拿硬要或者任意损毁、占用公私财物，情节严重的"行为。笔者认为，王某的行为并不符合"强拿硬要或者任意损毁、占用公私财物，情节严重"这一构成要件，不构成寻衅滋事罪，理由如下：

（1）王某的主观心态与寻衅滋事罪的要求不符。笔者认为，王某主观上并没有无事生非的目的，也就难以构成寻衅滋事罪。虽然《刑法》第293条并未规定寻衅滋事罪的目的要素，但行为人是否具有无事生非、借故生非等主观目的依旧是辅助司法者判断构成该罪的重要标准，这也就是通常所说的"流氓动机"。

从王某的行为可以判断其主观心态。法院审理查明的事实可简要概括为：王某驾驶其轿车，在上下班通勤过程中，多次跟随前车闯卡逃缴高速公路费，数额巨大。从中我们可知，该行为发生在王某上下班过程中，并且持续了一段时间，具有一定的反复性，并非王某临时起意决定跟车冲卡逃费。并且从其行为目的来看，王某只是为了逃缴其上下班路上的高速公路费，并非蓄意破坏社会秩序，也没有为了寻求精神刺激无事生非或借故生非闹事的心理，而是一种典型的"占便宜"心态，并不符合构成寻衅滋事罪所要求的"流氓动机"，其行为不构成寻衅滋事罪。

(2) 王某的行为主要侵害的是财产法益，超出寻衅滋事罪的保护范围。寻衅滋事罪规定在《刑法》分则第六章妨害社会管理秩序罪第一节扰乱公共秩序罪中。从体系解释的角度看，该罪保护的主要是社会公共秩序这一法益，这也可以从其前身"流氓罪"的立法目的和立法背景也可以证明这一点。

从王某的行为来看，在一段时间内，其反复地在高速公路出口跟车过杆逃缴高速公路费，目的是逃避收费员对其收缴高速公路费，具有明显的"以非法占有为目的"，是一种财产性目的，主要造成了高速公路管理公司应收费用的损失，侵害的是财产性法益。因此，王某的行为主要侵害的客体是财产法益，而寻衅滋事罪主要保护的是社会公共秩序法益，在这一点上，二者的性质并不一致，因此王某的行为不构成寻衅滋事罪。

(二) 从二审判决对是否构成抢夺罪进行评析

北京市第一中级人民法院认定王某不构成寻衅滋事罪，而构成抢夺罪。笔者认为这一结论并不妥当，理由如下：

(1) 王某的行为不包含暴力举动。王某的行为也不属于《刑法》第267条抢夺罪规定的"抢夺"行为。抢夺，是指趁被害人不备而公然夺取，通常表现为对他人紧密占有的财物行使有形力，其行为含有暴力性质。从王某的行为来看，其整个跟车过杆逃费的过程并未使用暴力，王某全部的行为都是以正常、平和的方式进行的。跟车过杆是指紧跟前车通过收费杆，其行为虽有造成车辆碰撞的危险，但是并无暴力性可言。同时，王某也没有对高速公路收费口的收费人员实施暴力。因此，其行为不符合抢夺行为的暴力性特征。

(2) 认定为抢夺罪可能出现的现实问题。除了以上原因，认定"跟车过杆逃费"行为构成抢夺罪在法律适用上也会出现现实问题。《刑法》第267条第2款规定了转化型抢劫行为，即携带凶器抢夺的，按照抢劫罪的规定定罪处罚。这一拟制规定的存在使得对下面假定的这种情况难以进行刑法定性：假设王某在跟车过杆逃费的过程中，在其控制范围内的副驾驶座位上有一把管制刀具，且具有随时使用的可能性。那么按照二审法院认定以及《刑法》第267条第2款的拟制规定，是否可认定王某构成转化型抢劫罪？这个认定结果存在明显的问题：王某只是跟着前车过了收费杆，没交高速费，也没对收费员实施暴力，为何就构成了抢劫罪？所以从与抢夺罪相联系的转化型抢劫来说，定抢夺罪也是不妥当的，容易在具体案件的适用上出现上述问题。

因为无论从抢夺罪的构成要件的角度来看，还是从实际法律适用的角度来看，王某的行为都不应该认定为抢夺罪。

三、笔者观点

通过分析本罪一审判决以及二审判决可知，"跟车过杆逃费"行为不能被认定为寻衅滋事罪以及抢夺罪。笔者认为，该类行为符合盗窃罪的构成要件，应当认定为盗窃罪。理由如下：

在讨论"跟车过杆逃费"这类行为的刑法定性问题时，争议最大的则是构成抢夺罪还是盗窃罪，其争议的核心问题就是区分两罪的标准，即究竟是以行为"公开还是秘密"为标准，还是以行为"平和或者暴力"为标准，对这两种标准的看法不同，也就会导致对该类型行为刑法定性的不同。按照司法实务的认定来看，"公开还是秘密"依旧是判定二罪区分的主要标准。但是随着司法实践中出现了越来越多的新的行为类型，"公开还是秘密"这一标准很难合理解释所有的情况，"平和或者暴力"的标准也存在很大的解释空间。

在笔者看来，"平和或者暴力"这种区分标准主要是从抢夺行为的角度来界定的，以此作为区分两个罪名的标准，正像通说"秘密还是公开"标准主要是从盗窃行为来界定的一样。从字面意义上，抢夺是指抢取、争夺的行为，暗示了该行为具有的暴力性特征，行为是否具有暴力性以及暴力性的程度正是区分三分立法模式下抢劫罪、抢夺罪与盗窃罪的标准。"平和或者暴力"的标准在认定两个罪名方面，缩小了抢夺罪的范围，扩大了盗窃罪的范围，对于某些按照通说认定为转化型抢劫的行为，以"平和或者暴力"为标准将其认定为盗窃行为，可以缩小这一拟制规定的不当扩大。并且在某些场合下的行为，按照通说标准无法定罪，而"平和或者暴力"标准可以认定，并且做到罪责刑相适应，有力的弥补了处罚的范围。

回归本案，王某主观上以非法占有应缴纳的高速公路费为目的，客观上在收费员的注意下公然跟车过杆逃费，实施了转移占有行为。由于应缴的高速公路费并不是高速公路管理公司或者收费员紧密占有的财物，而且王某的行为是跟车过杆而非暴力闯杆，因此不具备抢夺行为的特征，属于公然盗窃行为，应被认定为盗窃罪。

四、结论

经过上面的分析，笔者认为"王某跟车逃费案"应被认定为盗窃罪，海淀区检察院提起公诉时指控的罪名是正确的。在讨论偷逃高速公路费行为之时，要明确区分各类行为的定型，再判断其在《刑法》上的定性。在区分抢夺罪与盗窃罪之时，通说"秘密还是公开"标准与新说"平和或者暴力"标准各有优势与不足，笔者倾向于后者，故认为"跟车过杆逃费行为"应认定为盗窃罪。

论自动驾驶汽车致损对刑事责任主体的影响

罗琪珊[*]

（中国政法大学 北京 100088）

摘 要： 自动驾驶汽车，是汽车以人工智能技术为依托的产物。自动驾驶汽车相比于传统汽车的一项重大优势就是其可以通过自动驾驶系统减少人为干预以实现更安全地运行，相比于人类驾驶员的操作，以计算机技术为核心的自动驾驶系统更加稳定可靠。但是限于技术水平等原因，目前在测试以及运行的自动驾驶汽车发生过多起事故，为自动驾驶汽车的安全性蒙上了一层阴影。那么在发生事故时，若要追究刑事责任，刑事责任主体究竟是具有一定智能性的自动驾驶汽车，还是其背后的驾驶者、技术开发者呢，这一问题受到法学界的热议。笔者认为，人类始终是自动驾驶汽车致损事故的刑事责任主体，人工智能系统不具备成为刑事责任主体的可能性。

关键词： 自动驾驶汽车　致损事故　刑事责任主体

一、自动驾驶汽车致损对刑事责任主体的挑战

人工智能主体可否独立地承担刑事责任是人工智能时代刑法面临的一个重大的挑战。2017年沙特阿拉伯王国赋予香港汉森公司生产的智能机器人索菲亚以本国公民身份，这是世界上第一个获得公民身份的机器人。在自动驾驶汽车领域，美国一些州在修订其交通法律法规时将"自动驾驶系统"不再视为单纯的软件或者机器，而将其认定为驾驶员，例如2016年11月密歇根州参议院通过的995号法案便将"自动驾驶系统"明确界定为"驾驶员或者

---

[*] 作者介绍：罗琪珊（1989年~），女，汉族，黑龙江哈尔滨人，中国政法大学同等学力研修班2022级学员，研究方向为刑法学。

汽车的操作者"。为此,不少学者认为应当将诸如自动驾驶系统等人工智能主体纳入责任主体的范围,以便在发生事故之时更好地追责。但是现阶段,自动驾驶系统作为人工智能技术的产物可否获得独立的刑事责任主体地位,笔者对此持否定态度。

笔者认为,从我国目前关于责任主体的理论来看,自动驾驶系统不存在成为刑事责任主体的空间,理由如下:我国的犯罪构成学说认为,犯罪构成是指刑法规定的某种危害社会的行为依法应受刑罚处罚的主、客观要件的总和,包括犯罪客体、犯罪客观方面、犯罪主体和犯罪主观方面,即传统的四要件说。[1]从犯罪主体要件来看,在我国刑法中成为犯罪主体的只有人,包括自然人和单位。自然人是区别于动物以及其他物体的、具有刑事责任能力、能够辨认和控制自己行为的犯罪主体,这也是其承担刑事责任的前提。单位虽然也是犯罪主体,但是单位犯罪中实施犯罪行为的依旧是其内部的自然人,单位只是一种法律拟制的犯罪主体,很多国家的刑法并不承认单位的刑事主体地位。

由此可见,具有自由意志以及辨认和控制能力是刑事责任主体的重要特征,也是刑法发挥其惩戒和预防功能的前提所在。然而现阶段的自动驾驶系统不能产生任何类似于人类的意志,既不具有认识自己行为社会意义的能力,也不能依据其意志控制自己的行为,同样也无法认识到法规范并与其进行互动。同时从刑罚的角度看,由于其无法感知到刑罚的痛苦,对其施加刑罚也不能起到预防和惩罚的效果,失去了刑事惩罚的意义。现阶段自动驾驶系统只能依照事先设定好的程序,对不同的情况作出相应的反应,其行为的依据是设定的代码,而不是自由意志,因此其属于电脑程序的一种,不能作为承担责任的主体。在由于自动驾驶系统的原因导致致损事故发生的情况下,视情况追究其背后设计者或生产者的责任即可。

二、自动驾驶汽车致损事故中可能的刑事责任主体

从事故发生原因角度分析,可以分为自动驾驶汽车的内部原因以及外部原因两种情况。在传统汽车发生致损事故之时,若是机动车一方的责任,汽车驾驶员大多为此承担责任,传统汽车技术成熟,较少出现因为汽车质量缺

---

[1] 曲新久主编:《刑法学》,中国政法大学出版社2011年版,第43页

陷导致事故发生的情况。而现阶段自动驾驶汽车的技术并未完善，汽车的驾驶由自动驾驶系统和驾驶员共同完成，因此如果发生了由于自动驾驶汽车缺陷而导致的致损事故，除了驾驶员以外，自动驾驶系统设计者、汽车制造商等与自动驾驶汽车设计、生产相关的主体，均有可能因为其产品的缺陷而被追究民事责任，甚至是刑事责任。其外部原因与自动驾驶汽车的网络化程度息息相关。由于自动驾驶汽车的运行离不开互联网、大数据等现代网络通信技术的支持，这也为不法分子利用网络攻击自动驾驶汽车提供了可乘之机。如若因此发生事故，不法分子将承担相应的刑事责任。以下则是可能为事故承担责任的主体：

（一）自动驾驶系统设计者

自动驾驶系统作为自动驾驶汽车的"神经中枢"，承担了汽车全部的驾驶任务，其安全性、可靠性对于汽车正常运行来说至关重要，这也是自动驾驶汽车与传统汽车的重要不同之处。目前发生的大部分自动驾驶汽车致损事故，是由自动驾驶系统的识别错误以及决策不当导致的。自动驾驶系统设计者在将其产品推广使用之时，应当负有保证产品安全可靠的责任。在非意志以外的因素导致自动驾驶系统故障、失灵，而引发交通事故之时，自动驾驶系统设计者就有可能承担因其产品缺陷而产生的责任。这种责任既可能是民事责任中的产品责任，也可能是某种刑事责任。

（二）汽车制造商

汽车制造商作为全程参与了汽车设计、生产、测试等过程的主体，肩负着保障自动驾驶汽车安全运行的义务。目前广义上的自动驾驶汽车有两种生产模式：第一种由汽车制造商将自己研发的自动驾驶系统安装在自己生产的汽车之上，第二种是汽车制造商将采购的由其他公司生产的自动驾驶系统安装在自己生产的汽车之上。第一种模式中汽车制造商与自动驾驶系统的设计者其实是一个主体。汽车制造商肩负着与自动驾驶系统设计者相同的保证产品安全的义务，因此其可能承担的责任与自动驾驶系统设计者类似，可能因为其生产的存在不合理缺陷的自动驾驶汽车而被追究民事责任，抑或刑事责任。因此在之后讨论具体责任主体的责任认定之时，以汽车制造商作为两个主体的代表进行讨论。

（三）汽车驾驶员

汽车驾驶员是传统汽车致损事故中最常见的责任主体，在自动驾驶汽车中也不例外。在现阶段的自动驾驶汽车中,驾驶员并不能完全将汽车交予自动驾驶系统操控,而是应该履行一定的注意义务,在必要时随时接管汽车。驾驶员需要在汽车发出提示之时及时进行操作,以保证安全行驶。如果驾驶员疏于对汽车运行状态进行监控或者由于其他自身原因没有及时地接管汽车导致致损事故的发生,那么应当按照不同的情形追究其交通事故的民事责任,甚至在符合分则罪名构成要件的情况下追究其相应的刑事责任。

(四)其他主体

除了自动驾驶系统以及汽车驾驶员的原因导致自动驾驶汽车致损事故之外,来自外部的互联网攻击也有可能导致事故的发生。在互联网技术不断发展的过程中,黑客入侵汽车的事件频频发生,例如2014年黑客利用宝马车机上的数字服务系统漏洞远程打开车门,约220万辆车型受到影响;2015年黑客远程入侵一辆正在行驶的切诺基并做出减速、制动等操控,最终造成全球140万辆车被召回;2016年黑客通过日产聆风软件的漏洞轻易获取到了司机驾驶记录并将汽车电量耗尽,日产随即禁用该软件。不法分子利用互联网通信这一工具,可能将自动驾驶汽车当作实施犯罪的工具,也有可能将其当成犯罪的对象。在此应当注意的是,很多攻击自动驾驶系统的行为有可能是侵害其他法益的方式和手段,是后续犯罪的预备行为。一旦针对自动驾驶系统的犯罪超出计算机系统犯罪的规制范围,则应当探寻其犯罪的根本目的,以此来追究其刑事责任。[1]

三、结论:

综上所述,笔者认为,赋予以自动驾驶系统为代表的人工智能独立的刑事责任主体地位实无意义。"因此在讨论自动驾驶汽车事故,乃至人工智能刑事风险之时,我们更应当坚守刑事责任的根基,将目光放到自然人和单位之上,而不是脱离现状对机器等客体考虑责任追究的问题。"自动驾驶汽车运行所需的算法和程序,由其背后的汽车制造商设计,汽车制造商对这种并非高级别的人工智能的行为具有较强的控制和预测能力。因此,若自动驾驶汽车发生事故,应当考虑其背后设计者、制造者的责任。

---

[1] 参见郭旨龙:"中国刑法何以预防人工智能犯罪",载《当代法学》2020年第2期,第48页。

论特殊防卫的成立条件

李谷娣[*]

(中国政法大学 北京 100088)

摘 要：我国《刑法》第 20 条第 3 款规定的特殊防卫制度赋予了公民重要的权利。与一般正当防卫的成立条件不同，特殊防卫的成立条件有其特殊性，区别主要为其防卫起因特殊和防卫限度特殊。《刑法》条文对特殊防卫的防卫起因的规定存在两处备受争议的表述，"行凶"和"其他严重危及人身安全的暴力犯罪"。"行凶"一词，是指针对人身的、具有严重侵害性的、行为人主观意图不明确的暴力行为。另一表述"其它严重危及人身安全的暴力犯罪"主要是指严重侵犯公民重要人身权利的，"行凶、杀人、抢劫、强奸、绑架"以外的暴力犯罪。

关键词：特殊防卫 成立条件 行凶

一、特殊防卫制度的适用现状

（一）我国刑法对于特殊防卫的规定

在我国《刑法》中正当防卫被最早规定于 1979 年《刑法》，在 1997 年《刑法》中进行了修改，而特殊防卫则于 1997 年《刑法》中才开始确立。确立特殊防卫的原因主要在于：人们的行动自由度增加，社会自控能力下降，暴力犯罪发生率上升。[1]除了《刑法》条文中对特殊防卫进行了规定外，立

---

[*] 作者介绍：李谷娣（1983 年~），女，汉族，云南曲靖人，中国政法大学同等学力研修班 2022 级学员，研究方向为刑法学。

[1] 参见汪永智："论特殊防卫权的立法价值"，载《河南师范大学学报（哲学社会科学版）》2004 年第 3 期。

法机关与司法机关均未出台任何的立法解释或者司法解释，仅发布了数起指导案例。[1]并且指导案例仅具有指导的作用并不具有法律的强制力，出台指导案例显然并未解决目前特殊防卫实践应用难的问题。

而在 20 条第 3 款《刑法》条文本身的规定中，存在着数个含义模糊的表述，比如"行凶"具体是怎样的行为？"其它严重危及人身安全的暴力犯罪"以什么标准进行判断？这些问题均需加以研究探讨。

我国《刑法》对于正当防卫不认为是犯罪，而防卫过当则依具体情况被认定为是故意犯罪或过失犯罪，可见将行为人的行为认定为正当防卫还是防卫过当，其行为的性质与法律上应承担的后果有着很大的差别。针对特殊防卫权问题，人们仍然认识不一，这实际上影响了特殊防卫权的实际使用效果。[2]在我国，司法工作人员对于正当防卫制度，尤其是特殊防卫，存有许多错误观念。防卫权往往被束之高阁，很难发挥"鼓励公民与犯罪作斗争的功能"。

二、特殊防卫的成立条件

（一）特殊防卫成立条件概述

对特殊防卫成立条件的分析，应当立足法律的规定。笔者认为，应从正当防卫成立的五个条件的角度一一进行对比研究。在防卫对象、防卫意图和防卫时间这三个条件上，特殊防卫与正当防卫无较大差异。特殊防卫成立条件相对于一般正当防卫的条件的特殊性主要体现在防卫起因、防卫限度这两个条件上。

第一是防卫起因的特殊性。一般正当防卫成立条件中的"不法侵害"，只要具有广义的不法性质即可。成立特殊防卫的起因则是正在进行的行凶、杀人、抢劫、强奸、绑架以及其他严重危及人身安全的暴力犯罪。可见，一般正当防卫的防卫起因所包含的侵害行为的范围远较特殊防卫的起因宽泛，特殊防卫将起因限制于列举的几种侵害行为，且限制其必须是严重危及人身安全的侵害行为。这些犯罪将给人身权利带来不可挽回的重大损失，不用较大

---

[1] 最高人民法院、最高人民检察院发布的特殊防卫适用的指导案例具体包含：（最高人民法院指导案例第 93 号）于某故意伤害案、（最高人民检察院指导案例第 45 号）陈某正当防卫案、（最高人民检察院指导案例第 47 号）于某正当防卫案。

[2] 孙振江："谈特殊防卫权"，载《辽宁工程技术大学学报（社会科学版）》2003 年第 1 期。

的防卫强度不足以制止，具有特殊的防卫需要。在特殊防卫的成立条件中，影响其适用的主要在于以下几个问题的争议：其一，对于"行凶"如何界定；其二，对于"其他严重危及人身安全的暴力犯罪"如何界定。对于这两个问题，将在后文作详细探讨。

第二是防卫限度的特殊性。《刑法》第 20 条第 2 款是我国刑法对防卫过当的规定。这是我国《刑法》对防卫过当的规定，包括了手段过当和结果过当。而在特殊防卫中，没有限定防卫的手段和防卫的结果。因为特殊防卫的这一特点，有学者认为特殊防卫权的行使不存在防卫限度的限制。这实际上是一种错误的认识。当公民拥有了不加限制的防卫权时，势必会造成权利的滥用，私刑泛滥。特殊防卫并不是赋予防卫人"不假思索地用私力救济处死犯罪嫌疑人"的权利，也并非不存在限制。

对特殊防卫的限制体现在对其防卫起因的限制中，即只有对特殊防卫起因中规定的严重暴力侵害行为才能够使用导致或可能导致侵害人伤害、死亡的防卫行为，因为防卫起因中包括的侵害行为均是侵害对个人而言最为重要的人身安全权的最严重的暴力侵害行为，防卫人只有采取可与之相抗衡的行为才有可能实现私立救济自己法益的目的，故特殊防卫并非如一些观点所言"没有防卫限度的限制"。

（二）对于"行凶"的理解

在学界对特殊防卫的讨论中，《刑法》第 20 条第 3 款中"行凶"一词的含义是最受争议和质疑的。笔者认为，"行凶"作为特殊防卫的防卫前提之一，应当符合以下几个特征：

第一，其应仅限于针对人身的暴力性侵害行为。"行凶"必须是一种暴力性侵害行为，且该行为必须指向与被害人的人身安全相关的法益，这是与《刑法》第 20 条第 3 款之后规定的内容相统一的必然性要求。

第二，行为的暴力程度需达到"严重"程度，并非所有的暴力犯罪都是特殊防卫权适用的对象。正如张明楷教授指出，对于轻微暴力犯罪和一般暴力犯罪都不能适用特殊防卫的规定，存在认定防卫过当的问题。由于"杀人、抢劫、强奸、绑架"均属于《刑法》分则中规定的暴力程度最高的犯罪。而"行凶"的含义宽泛，其日常生活中的含义从以拳头击打乃至以砍刀捅刺均可被包含其中，而这些暴力行为的暴力程度相差巨大。"行凶"作为与"杀人、抢劫、强奸、绑架"并列的语词，必须与后述犯罪具有相当的暴力程度，所以其暴力程度必须具有严重性才能够成立特殊防卫的防卫前提。对于行为人侵害行为的暴力性以及严重性的判断，以及认定其是否满足特殊防卫的成立前提——"行凶"，应为一种客观性判断，即行为人的行为必须在客观表现形式上为"暴力"，比如殴打、砍刺等。客观上并非暴力侵害行为，则不可能属于"行凶"行为。

（三）对"其它严重危及人身安全的暴力犯罪"的理解

对"其它严重危及人身安全的暴力犯罪"的理解，主要涉及以下几点：

第一，"危及人身安全"的暴力犯罪的含义。理解"其他严重危及人身安全的暴力犯罪"，重点在于对"人身安全犯罪"的范围进行认定。按照法益侵犯说，可从犯罪侵害的法益来对此概念进行细化。有观点认为其内容只包含生命、健康安全，笔者不赞同这种观点。从《刑法》第20条第3款前一部分的规定来看，立法者将"强奸"规定在特殊防卫的前提之中，显然立法原意就包含了通过特殊防卫制度来保护（女性）性自由权，利于公民同严重危及其性自由权的暴力犯罪分子作斗争，若将对第3款后一部分"人身安全"的理解仅局限于生命权、健康权，这将是前后矛盾的。

笔者更赞同"人身安全犯罪"主要是指侵犯人的生命权、健康权、自由权和性权利等犯罪。此观点虽然看似将特殊防卫成立前提的范围扩大得过于宽泛，但通过"其他严重危及人身安全的暴力犯罪"的"严重"——严重程度上的限定，以及"暴力"——行为客观表现形式上的暴力性，这两方面的限定，既不至于将特殊防卫的权利的行使范围无限扩大，也不至于过于缩小其行使的范围使其无法发挥鼓励公民同严重暴力犯罪分子作斗争的效用。

第二，"严重危及人身安全"的严重程度如何理解。对"严重危及人身安全"的严重程度的理解，应利用列举式与概括式相结合的逻辑结构进行解释。《刑法》第20条第3款条文中的前半部分采用了列举式，"其他严重危及人身安全的暴力犯罪"则是对前述行为的共性特征的概括式规定，对其的理解关系到对整个特殊防卫前提的理解。此处的严重程度即为前述"行凶、杀人、抢劫、强奸、绑架"应达到的严重程度，即严重程度应达到使人感到紧迫的危险的程度，具体为何种严重程度，其实很难通过硬性标准来事先规定。这里"严重"的认定标准在事实上不可能被精确量化，所以只有相对标准而无绝对标准。追求绝对精确、细致的法条文表述，则会使得刑法因对确定形式的过分追求而抛弃了实质上的正义的实现。

三、结语

防卫权应当是所有公民生来即有的权利，并应当通过公权力保障其行使，在面对严重危及人身安全的暴力侵害时，应当允许公民通过自己的防卫行为保护最重要的人身权益而无需考虑自己的行为是否会触犯法律成为罪犯。但特殊防卫不是无限防卫，应当受到限制。明确特殊防卫的成立条件，一方面是对正当防卫制度的完善，并有助于解决司法机关在司法实践中对特殊防卫应用难的问题；另一方面也有助于公民理解特殊防卫究竟赋予了其怎样的防卫权，还会对社会上的不稳定分子和预备犯罪的人形成威慑，从而达到维护社会和谐稳定的效果。

新形势下受贿罪数额的司法认定

鲍 晗[*]

(中国政法大学 北京 100088)

摘 要： 受贿罪的本质是"权钱交易"，侵害的法益是职务行为的廉洁性及公正性，受贿罪数额的司法认定关乎职务犯罪的定罪量刑和司法的公信力。本文探讨了受贿罪数额的认定标准，列举了三种现实案例中受贿罪数额的司法认定，最后提出了切实可行的建议。要运用法治思维和法治方式正风肃纪反腐，充分分析证据和数额情节等要素，对受贿案件作出正确的司法认定，在新时代新征程深入推进刑事司法和纪检监察工作高质量发展。

关键词： 变相受贿　职务犯罪　情节

随着经济的发展，受贿行为的表现形式逐渐呈现出隐蔽化、新型化、多样化的趋势，行为人为规避法律制裁往往采取各种"合法"形式予以掩盖，这使得如今对受贿罪数额的认定愈发困难。如何精准认定受贿罪数额已成司法实践的重中之重，笔者认为应当将变相受贿中的受贿财物抽丝剥茧、精准计算，不单以数额定罪量刑，加以考虑情节、主观意识、实际情况，受贿罪的定罪量刑将会更加合理。

一、受贿罪数额的现有规定

关于受贿罪，刑法中有规定提到，"犯罪情节"作为数额标准的调和角色，也是判断社会危害性的一个重要依据。在定罪量刑中，并不以数额标准作为绝对判断，即使数额小但情节严重的，也要严肃处理，而对于数额不大

---

[*] 作者简介：鲍晗（1993年~），女，汉族，内蒙古乌海人，中国政法大学同等学力研修班2022级学员，研究方向为刑法学。

但情节轻微的可以适当放宽。除了刑事处罚，还有行政处罚。国家工作人员是监察法的监察对象，对于贪污贿赂行为采取刑事处罚和行政处罚双管齐下，同时给予其党纪处分和政务处分的方式，能最大限度地防止将"纸面权力"变成"真金白银"。贿赂犯罪中的"财物"包括货币、物品和财产性利益，如房屋装修、债务免除、会员服务、旅游等变相货币支出。在司法实践中，不法分子无所不用其极，采用变相受贿手段，以达到规避法律的目的，但只要是为请托人谋取利益并享受到相应的对价，不管是有形财物还是无形服务，都要计入受贿罪数额中。此时也要注意时间节点的问题，不管是受请托人上任前的提前安排还是退休后的约定收取，只要利用手中权力为请托人谋取不正当利益，财物报酬就视为受贿罪的受贿数额。

二、受贿罪数额认定标准

十八大以来我国对于贪污贿赂犯罪加大打击力度，各种受贿形式也层出不穷，所以有必要对于新形势下受贿罪数额的认定进行深入分析。

（一）共同受贿数额认定

对于共同受贿犯罪，被告人受贿所得数额应当以其参与或组织的共同受贿数额认定。共同受贿人就谋利事项、收受财物进行谋划，并达成统一意见，利用职务上的便利为请托人谋利，收取的财物为共同占有，不管如何分赃，此时共同受贿数额就是全部的财物数额。

但在难以区分主从犯的共同受贿案件中，行贿人的贿赂款分别或者明确送给多人，笔者认为此时应将各被告人实际所得数额作为个人受贿数额，同时考虑共同受贿犯罪情况予以处罚，更符合罪刑相适应原则。

（二）多次收受小额财物受贿数额认定

在持续性的利益输送中，以多次、小额的行贿来谋取不正当利益，数额虽小，但累积数额足以达到受贿罪定罪标准。虽然数额较小，但行为恶劣且社会影响极差，影响单位的风气，要以受贿论处。

行为人每次收受小额财物均有具体的请托谋利事项相对应，达到权力兑换的目的，为请托人谋取不正当利益，则应当以累计收受的财物计算受贿数额。如果行为人收受的小额财物无具体请托谋利事项相对应，则不能计入受贿数额，只能算作人情往来。

（三）违规营利与受贿数额认定

现今，职务犯罪与经营、借贷等民事活动交织混合，更加复杂和隐蔽，加大了准确界定其行为的难度。依据相关党纪规定以及法律意见，对国家工作人员以公司名义获利的行为，应当以其对公司是否实际出资、是否真正参与到管理经营来认定。

国家工作人员对公司实际出资并管理经营，应认定为违规从事营利活动，不构成受贿。国家工作人员在没有实际出资且未参与经营管理情况下所获得的利润，本质上是是国家工作人员与请托人之间权钱交易的对价，应以受贿认定。

三、受贿罪现实案例研究

近年来，围猎者拉拢腐蚀国家工作人员的手段越发隐蔽，变相受贿愈演愈烈，以下只分析具有代表性且非常普遍的三种：

（一）以委托请托人投资证券、期货或其他理财受贿

委托理财型受贿的常见情形是国家工作人员实际出资，但获取收益明显高于出资应得收益。包括以委托请托人投资证券、期货或者其他委托理财的名义收受贿赂。

此时要确定受贿数额就要先通过请托人收取国家工作人员出资后的理财操作情况，如投资账户交易记录和投资分红，并结合市场平均收益和行情走势，确定国家工作人员的实际收益。然后将实际收益与投资市场同级别同类型理财产品进行横向比较，计算实际收益与应得收益的差额。

（二）以借款为名索取或非法收受财物受贿

在免息借款类受贿案件的办理过程中，受贿人往往会以亲友关系、本人的人格或社会影响力来规避受贿事实，并否认免息借款是变相的财物收受。但要结合实际情况分析，如借款人是否真的需要借款、是否有归还的意思表示以及是否采取大规模长时间的借款。

借用之名难掩受贿之实，国家工作人员利用职权以借为名向管理服务对象索贿触犯了党纪国法的底线。至于受贿数额的确定，要看双方对借款期限有无约定，有约定按约定，无约定按照实际借款时间计算，包括本金和利息。

（三）以收受字画、玉石、奢侈品等"雅贿"物品受贿

相较于普通财物，"雅贿"物品真伪难辨、价值难定，受贿数额较难认

定。通常，在现场购买、具有价格票据或刷卡付款记录，或要求请托人购买事先看中的物品等情形，以购买时的市场价格作为物品实际价值认定受贿数额。在对收受的"雅贿"物品价值认识不明确的情况下，受贿人对"雅贿"的价值具有受贿的犯罪故意，应由专门机构对"雅贿"进行鉴定，以最终的真伪及价格认定意见决定受贿数额。

四、受贿数额司法认定的建议

受贿数额是受贿犯罪定罪量刑的重要标准，实践中应结合行为人的主观目的、受贿事由、情节等具体分析，合理划定受贿数额的认定边界。

（一）数额与非数额情节并重

在具体适用时，应赋予数额独立的定罪量刑功能，赋予非数额情节附属定罪和独立量刑的协助作用。对于数额的标准，应由司法机关以具体数额确立，并定期依据经济水平、民众观念、犯罪形势、案件审理情况予以综合评估；对于非数额情节，也应适当考虑渎职、损害后果、权钱交易程度和恶劣影响等方面。[1]有些案件受贿数额可能不大，但给国家和人民利益造成的巨大损害和恶劣的社会影响远超受贿数额的危害。发挥情节对定罪量刑的作用，综合考虑划分数额比重，有助于在审理案件中较为合理地量刑。

（二）主观意识与时间并重

在实践中，犯罪各阶段的时间点十分重要。最高人民法院、最高人民检察院《关于办理受贿刑事案件适用法律若干问题的意见》第9条第1款规定："国家工作人员收受请托人财物后及时退还或者上交的，不是受贿。"基于上述规定，实践中有人认为收受他人财物只要在案发前退还就不能认定为受贿。笔者认为此处的"及时"不是一个单纯的时间概念，而是为了表明行为人主观上没有受贿的故意。只有行为人在不具有受贿故意的情形下退还或者上交财物，才不算作受贿。而为了掩饰犯罪退还财物的，就是受贿。

另外，为他人谋取利益包括承诺、实施和实现三个阶段，只要具有其中任意一个阶段的行为，承诺为他人谋取利益并收受财物，那无论财物收取是在事前、事中还是事后，都是受贿。

---

[1] 汪雪城："'非数额情节'与'数额'并重：我国受贿罪应确立双轨评价标准——兼评《贪污贿赂解释》第1-3条"，载《时代法学》2017年第6期。

(三) 权属与实用并重

在实践中存在受贿人收受行贿人房屋、汽车等物品，未变更权属登记但长时间占有使用的情况，这是较为隐秘的变相受贿，是否办理手续实现所有权转移并不影响对受贿的认定。[1]受贿人收受行贿人房屋、汽车等用于个人使用，且并无任何归还的意思表示和行为，已经具有非法占有的主观故意和客观控制事实，故该物品价值应计入受贿数额。相信通过司法实践的不断进步，综合考虑情节、主观、实际、影响各方面，受贿罪数额的司法认定将更加科学合理，惩恶扬善的利剑永不蒙尘！

---

[1] 方奕霏："以'优惠价'购房是否构成受贿"，载《中国纪检监察报》2022年11月16日。

诈骗犯罪中非法占有目的的构造与认定

蔡 桐[*]

(中国政法大学 北京 100088)

摘 要： 诈骗犯罪是侵财性案件中占比最大的一类犯罪，具有普发性、多样性、范围广等特点。网络诈骗罪是指以非法占有为目的，用编造真实信息和隐藏犯罪事实的手段，骗取数额较大的公私财产的活动。但是实践认定中"以非法占有为目的"带有主观色彩，很难进行认定。所以需要充分了解其构造，从证据收集证明的角度去研究认定标准，从而更好地服务于司法审判工作。

关键词： 诈骗罪 非法占有目的 证明标准

随着电信网络诈骗的井喷式增长，诈骗罪的案发率占全国刑事案件总量的比例快速攀升。在这种背景下，也存在部分诈骗案件难以认定的情形，其症结就在于非法占有目的难以认定。诈骗刑事案件中非法占有目的的构成和界定，一直以来都是各国学界研究的课题。[1]《德国刑事法典》第263条明文规定，诈骗罪应当"意图使自身或第三者得到不法人身财产收益"；《瑞士刑事法典》第146条明文规定，诈骗罪应当以"认为使自身或其他人非法获利为目的"。由此可知，各个国家虽有不同的判决，但对于诈骗行为的判决中，均有对非法占有目的的判断。

---

[*] 作者简介：蔡桐（2000年~），男，汉族，湖北洪湖人，中国政法大学同等学力研修班2022级学员，研究方向为刑法学。

[1] 李明："诈骗罪中'非法占有目的'的推定规则"，载《法学杂志》2013年第10期。

一、非法占有目的的构造

要对非法占有目的加以界定,首先要搞清非法占有目的的物质构成。[1]非法占有目的分为排除意思和利用意思。排除意思是指超过了法律可罚范围的妨碍别人使用财产的含义,而利用意思则是指按照财产中就会存在的实际用途,加以使用、处分的含义。对于这两个方面,各国有着不同的学说与判例,下面进一步进行比较。

(一) 国外的判例分析

德国刑法中的非法占有目的包括排除占有与建立新所有权两种意思。[2]排除占有,是以不法的手段解除或破坏其他人对财物的支配关系;建立占有则是达到对他人财物的占有的意图和目的。其特点是行为人造成非法取得财物价值降低也属于非法占有,比如借了住房却逾期归还,从而造成了住房的增值程度降低,同样可以被认定为是以非法占有为目的。英国普通法长期以来把"长期性剥削别人财物的企图"视为诈骗罪的主观条件。但英国刑法则只强调排除意思,同时"永久性剥夺"表示暂时性地剥夺他人财产,则不成立诈骗罪。日本刑事判例中认为非法占有目的既包含了排除意义,又包含了利用意义,而关于排除的意义,开始时是以有无归还意愿还作为判断尺度,但毁坏则构成犯罪,这就显然对犯罪造成了积极影响,故之后就算当事人有归还意愿,也可确认为非法占有目的。而利用意义,起先规定从财产可以具备的功能开始使用、处分的意义,后将使用改为利用,但这两种说法同时适用。日本刑法在两种意义的标准上提供了很大的裁量空间,这使得标准模糊,对其也有多种观点和解读。

(二) 我国刑法对非法占有目的构造的观点与比较

我国刑法对于非法占有目的的构造的争论延续于日本的刑法理论,即认为其拥有排除意思和利用意思,这很好地区分了民事欺诈行为和诈骗罪。相比于德英日三国,我国刑法在兼顾了排除意思与利用意思的基础上,进一步拓展了利用意思的外延范围,不但承担着将财产犯罪个别化的基本机能,甚至可以把除单纯毁坏、隐匿以外意思都确定为非法占有目的,这也意味着不

---

[1] 何容功:"非法占有目的与诈骗案件的刑民界分",载《中国刑事法杂志》2020年第3期。
[2] 张明楷:"论财产罪的非法占有目的",载《法商研究》2005年第5期。

管是公共或私用，又或者是自己用还是他用，都不影响非法占有目的的成立，不再局限于自己使用、占有。

二、非法占有目的的认定

非法占有目的的认定具有很强的主观性，在司法实践活动中不是很好进行推定。所谓推定，是指通过两种事实间的"常态联系"，在一个事实出现后就能够判断另一种事实的出现，或根据已有的事实推理出未知事实的思维行为。中国学界通常把推定分成法律推定和事实推定。法律推定是根据《刑法》规定，对犯罪作出推定；而事实推定则是指法官利用法律实践规律，在固定证据的基础上，通过自由心证判断法律是否适用，但并非根据《刑法》规定。非法占有目的的认定在实际案件中，恰恰需要这两种推定的结合。

（一）关于非法占有目的的法律推定和事实推定

对非法占有目的的认定，有一些情况是刑法所明文规定的，也能够依据客观事实适用于司法推定，但除法律明文规定以外，剩下的就需要法官依据所提供的客观证据，根据经验法则和常态性因果关系进行裁量，但这毕竟是高盖然性的选择，存在一定的误判，这就要求其必须要有严格的限制和监督，必须始终基于客观证据来进行判断（主客观相统一）。但因为非法占有目的往往涉及其心理状态，控方难以提供证明，因此为了保障盖然的准确性，就应赋予被控方反驳、辩论的权利，故为了促进司法审查的顺利进行，以及方便公正审判，则一般要求被控方提交证据证明是否存在非法占有目的，如无法反驳，则一致认为具有非法占有目的，这既保证了司法审判的公正，又减轻了控方的举证压力。

（二）案例分析与非法占有目的认定的举证方向

案件举例，被害人魏某奇于2017年注册并设立了北京某生物科技公司，并招聘了被害人王某、肖某兵等人作为部门负责人。该公司利用根植于网络广告、购买等方法，收集了糖尿病患者信息共21 900多条，然后打出"健康指导老师""中医老师"等名称，以引诱犯罪行为受害人购买不具备治病作用的保健品以及食用油。2017年1月至2019年7月，该电信诈骗公司共骗取了受害人款项3900余万元。青岛中院经审判后认为，魏某奇对整体犯罪活动集团起着组织、引导作用，为首要分子，法律针对集团犯下的所有犯罪行为事实判处。王某、肖某兵为违法犯罪集团的主要骨干分子，系主犯，法律针对其所参加或组织、指使的全部罪行进行处罚。而其余被告人因在共同犯罪中所起作用较小，系从犯，依法从轻或减轻刑罚。最后以诈骗罪、侵犯公民个人信息罪判决魏某奇无期徒刑，剥夺政治权利终身，并处没收个人全部财产；以诈骗罪、侵犯公民个人信息罪分别判决其余26名被告人有期徒刑12年至1年7个月不等，并处罚金。

此案以诈骗罪判刑，因为根据基本事实该行为存在着排除意义和利用意义，因此认为其具有非法占有目的，构成了诈骗罪。首先，该企业运用植入网络广告、购物等方式手段掌握了大量的病患信息，然后通过伪装成"保健导师""中药教师"的方式引诱被害人购进没有效果的保健品或食物，这就是以欺诈的方式达到了一定可罚程度，妨害被害人使用自身财物来治愈自身的病症（排除意义）；骗取被害人3900多万余元，将被害人的财物非法转成了自身的财物，将其侵占、利用，其意图明确，在客观证据上可推断其是具有非法占有目的，意图很明显。

那么怎样来获取有关资料表明被害人存在非法占有目的，或者被害人怎样证明自身没有非法占有目的呢？笔者认为：首先，应从犯罪预备环节入手，比如此案中企业采用植入网站宣传、购物等手段，收集糖尿病患者信息共21 900多条。这一步就比较可疑，采用非法手段获取特定患者的大量信息，说明其存在特定的目标；其次，从犯罪行为的过程着手，此案件中其人借助"健康指导老师""中医老师"等名称，以引诱被害人买不具备治病作用的保健品及食品，那么被欺骗的过程则是证据收集的重点，除被害人陈述与犯罪嫌疑人的陈述和辩论以外，例如相应的话术资料、其电脑中的相关数据等，都是有利的证明；最后，判断被告人的履行能力和条件是否具备以及事后态度和是否有返还财物的意图。前两点是看其是否具有欺骗行为，而第三点则是判断其客观因素和主观意图。

三、结论

诈骗罪中非法占有目的的认定虽然是一种主观的推定，具有盖然性偏差，但根据主客观相统一原则，其还是要基于一定的客观事实，在大量的证据证明下进行司法裁决，其方法在于是否符合非法占有目的的构造内容（排除意思和利用意思），而证据的收集则大多由被告方提供，可从客观因素、主观意图和欺诈行为三个方面进行综合证明。

职务犯罪案件认罪认罚从宽制度适用问题初探

陈 爽[*]

(中国政法大学 北京 100088)

摘 要：自2018年起，认罪认罚从宽制度在我国正式实施，标志着我国诉讼模式从对抗式到协商式的转变。《监察法》为认罪认罚从宽制度在职务犯罪案件调查程序中的适用开辟了道路。本文通过介绍认罪认罚从宽制度在《监察法》及《刑事诉讼法》中的关联性及差异性，分析这一新诉讼制度在办理职务犯罪案件过程中发挥的优势作用。

关键词：认罪认罚从宽制度 职务犯罪 监察法

《监察法》初步建立了认罪认罚从宽制度，与之同步，此制度也被正式写入《刑事诉讼法》。由于两部法律关于适用认罪认罚从宽的规定存在差异，一定程度上制约了这一制度在监察调查与刑事诉讼程序中的衔接。

一、认罪认罚从宽制度在两部法律中的具体规定

（一）《刑事诉讼法》中的认罪认罚从宽制度

《刑事诉讼法》第15条是对认罪认罚从宽制度的具体法律规定。关于"认罪"的概念，《关于适用认罪认罚从宽制度的指导意见》（以下简称《指导意见》）中作了详细规定："认罪"是指如实供述罪行且对指控的犯罪事实不持有异议，即犯罪嫌疑人、被告人在实施了犯罪行为之后，面对他人的指控时明确予以承认。关于"认罚"，是指犯罪嫌疑人、被告人在三个诉讼阶段都能表现出愿意接受处罚的主观态度。所谓"从宽"是指实体上和程序上

---

[*] 作者简介：陈爽（1987年~），女，回族，河北廊坊人，中国政法大学研修班2022级学员，同等学力研究方向为刑法学。

的"从轻从简"。从轻表现为犯罪嫌疑人、被告人将面临更轻的刑事处罚,从简则表现为简化程序,使犯罪嫌疑人早日摆脱诉累。根据《指导意见》的规定,"从宽"主要从三个方面来把握。其一,从宽幅度与认罪认罚的阶段相联系,认罪越早越彻底,从宽幅度越大;其二,从宽与自首、坦白不作重复评价,但是产生竞合时,会有更高的从宽幅度;其三,从宽与人身危险相联系,对于情节比较轻微的刑事案件,初犯以及偶犯,从宽幅度可以适当提高,反之从严把握。

(二)《监察法》中的认罪认罚从宽制度

自2018年起,认罪认罚从宽试点工作开始有序进行,与此同时,监察体制改革也在同步进行。《监察法》赋予监察机关认罪认罚从宽建议权,但二者的规定存在较大出入。《监察法》对于认罪认罚从宽的规定集中于第31条,但该条款规定的实践操作性不强。

(三)认罪认罚从宽制度在两部法律中的差异

1. 适用阶段不同

认罪认罚从宽适用刑事诉讼全流程,侦查、起诉、审判三阶段均适用认罪认罚从宽[1]。而《监察法》规定的认罪认罚从宽制度仅适用于职务犯罪案件的调查阶段。

2. 启动条件与适用程序不同

在启动程序上,《监察法》第31条所规定的认罪认罚从宽包括"启动"程序和"批准"程序,两者中"启动"程序是案件适用认罪认罚从宽的前提。《刑事诉讼法》第15条规定,只要犯罪嫌疑人(被告人)如实供述其犯罪事实且自愿接受刑罚处罚,符合认罪认罚从宽制度的适用条件,就可适用此制度。

在适用程序上,监察机关行使对职务犯罪案件适用认罪认罚从宽制度的建议权,需要报上一级监察机关批准方可适用此制度。而普通刑事案件认罪认罚从宽制度启动的条件是:犯罪嫌疑人(被告人)表示自愿认罪认罚,司法机关决定适用认罪认罚制度不需要审批程序。

3. 从宽方式不同

根据《刑事诉讼法》的相关规定,认罪认罚从宽制度具有实体性和程序

---

[1] 参见最高人民检察院、最高人民法院、公安部、国家安全部、司法部发布的《关于适用认罪认罚从宽制度的指导意见》,第二部分第5条。

性双重特征,具体而言,"从宽"包含实体层面的从宽和程序层面的从宽。而《监察法》规定的认罪认罚从宽,是指监察机关在将职务犯罪案件移送人民检察院的同时,提出从宽处罚的建议,这里的"从宽"仅限于实体性从宽,与《刑事诉讼法》相比,其从宽的形式较为单一。

二、职务犯罪案件认罪认罚从宽制度适用的优势

(一)适用效果上的优势

根据《刑事诉讼法》的相关规定,司法机关适用认罪认罚从宽程序时需要听取案件被害人的意见,以防止司法机关对未取得被害人谅解的犯罪嫌疑人(被告人)适用认罪认罚从宽而引起被害人的不满,进而引发信访、闹访风险。相较于普通刑事案件,职务犯罪案件一般不涉及具体的被害人,也就可以避免此类现象的发生。

(二)在案件证据固定上的优势

职务犯罪案件的证据与普通刑事案件的证据相比,其最大的特点是案件证据以言词证据为主,书证、视听资料等其他类型的证据相对较少。《监察法》第31条规定了与《刑事诉讼法》衔接的认罪认罚从宽内容。在具体职务犯罪中,一旦适用认罪认罚从宽制度,一方面,被调查人通过积极配合监察机关查清案件事实、自愿认罪认罚;另一方面,监察机关可以根据犯罪嫌疑人的供述、证人证言等言辞证据进一步搜集更多证明力更优的证据材料,从而形成完整的证据链,进一步保障案件质量。

三、职务犯罪案件适用认罪认罚从宽制度在司法实践中的困境

(一)被调查人认罪认罚的自愿性难以保证

《监察法》并未明确规定被调查人的知情权和法律帮助权,因此,对于被调查人,监察机关不承担相应的告知义务。因职务犯罪案件的特殊性与涉密性,《监察法》关于职务犯罪认罪认罚的条文中,未涉及值班律师及辩护人帮助的相关规定,这使得职务犯罪被调查人适用认罪认罚制度时,无法获得法律帮助,监察机关也无需听取律师意见,被调查人认罪认罚的自愿性无法得到保证。

(二)从宽标准难以准确把握,从宽效果未能完全体现

根据《指导意见》的具体规定,检察机关对于适用认罪认罚从宽制度的

刑事案件，一般应提出确定的量刑建议。对职务犯罪案件而言，因认罪认罚"从宽"标准有待具体细化，导致在司法实践中，检察机关在将案件移送至法院时，大多提出幅度刑量刑建议，认罪认罚从宽的法律效果难以完全体现。

四、完善职务犯罪案件适用认罪认罚从宽制度的措施

（一）完善启动程序衔接

从《监察法》及《刑事诉讼法》的相关规定中不难看出，监察调查阶段启动认罪认罚从宽的条件要严于刑事诉讼程序。对监察机关提出从宽处理建议的职务犯罪案件，检察机关一般应当在审查起诉程序中也适用认罪认罚从宽制度，从而保障这一制度在两个阶段的衔接适用。在审查起诉过程中，对于符合《刑事诉讼法》规定的启动认罪认罚程序而监察机关未提出从宽处罚建议的案件，检察机关应及时与监察机关沟通，了解监察机关未对该案适用认罪认罚程序的原因，进而决定是否在审查起诉阶段启动认罪认罚从宽程序。在提出量刑建议前，检察机关也应与监察机关沟通，充分听取监察机关意见，确保量刑建议的准确性。

（二）健全自愿性审查机制

确保犯罪嫌疑人、被告人自愿认罪认罚并签字具结是认罪认罚从宽制度取得实效的关键，因此，对被调查人认罪认罚自愿性的审查成为检察机关的一项重要职责。"自愿性"审查的重要性使得规范监察调查阶段和审查起诉阶段的文书相衔接，实现认罪认罚从宽制度在这两个阶段的无缝对接变得尤为重要。对监察机关移送审查起诉的犯罪嫌疑人认罪认罚的职务犯罪案件，检察机关应当对犯罪嫌疑人认罪认罚的自愿性进行审查。对于那些以逃避较重的犯罪为目的而认罪认罚的犯罪嫌疑人，检察机关应当撤销从宽处罚的建议，依据《刑法》规定合理定罪量刑。监察机关在将案件移送审查起诉时，应将犯罪嫌疑人认罪认罚的相关证据材料一并移送检察机关。

（三）提高确定刑量刑建议适用率

（1）检察官应注重与法官积极沟通，提高量刑建议采纳率。司法实践中，检察机关的工作侧重于对案件事实的认定，注重对罪与非罪的准确把握，往往对量刑工作重视不够，为有效提高量刑建议的准确率，检察机关在庭前应主动与法官展开有效沟通，及时对拟提出的量刑建议进行调整。建立与法院的量刑沟通机制，不仅可以提高检察机关量刑建议的采纳率，还可以节约司法资源，提高案件办理质效。

（2）注重听取辩护人的意见，重视控辩协商工作。检察机关在办案过程中要重视与辩护律师的沟通工作，向辩护律师说明公诉机关提出量刑建议的具体理由和法律依据，再由辩护律师对犯罪嫌疑人进行教育转化，促使其自愿认罪认罚。

（3）注重考量社会认可度，提升认罪认罚从宽制度的适用效果。在办案过程中，检察机关应坚持正确贯彻宽严相济的刑事政策，将公平正义作为工作的目标和价值追求。在确定职务犯罪案件的从宽幅度时，充分考虑社会与人民群众对"从宽"的认可度，使人民群众认可和接受职务犯罪适用认罪认罚从宽制度的处理结果，做到法律效果与社会效果相统一。

"冲卡逃费"的罪名分析

郭 佳[*]

(中国政法大学 北京 100088)

摘 要：驾车"冲卡逃费"行为案件逐年增多，但分歧依然很大。高速公路通行费属于刑法意义上的财产性利益，可以成为取得型财产犯罪的对象。冲卡的具体方式可分为和平型、诈骗型、破坏型，根据不同情形可分别构成盗窃罪、诈骗罪、抢夺罪。

关键词：冲卡逃费 财产性利益 罪名分析

一、问题的提出

自 2013 年开始，我国公开的判例显示偷逃高速公路费的案件逐年增加，且行为方式多样，各界对该问题的认识莫衷一是，是否构罪、此罪或彼罪认识均不一致，这促使我们深入实际案例，通过法律手段解决问题。

逃费行为案件猛增，其原因在于缴纳过路费是即时性行为，一旦脱离收费站（收费员）控制的范围，高速公路公司很难实现"让司机缴纳过路费"这一债权，尤其在车辆套牌、司机戴帽子、戴口罩等车辆、司机个人真实信息不明的情况下，民事责任、行政责任没有用武之地，这恰巧使得一些司机钻了空子，损害了高速公路公司的合法权益，所以对于多次逃费行为、逃费数额较大的行为加以刑法制裁得到了绝大多数人的支持。

---

[*] 作者简介：郭佳（1994 年~），女，汉族，甘肃陇南人，中国政法大学同等学力研修班 2022 级学员，研究方向为刑法学。

二、既有观点梳理

关于高速公路闯卡逃费行为，由于学术分歧较大，法律、司法解释亦未明确规定，因此，对定性、数额认定、入罪路径方面一直存在较大的争议，值得深入探讨。其定性方面，主要存在如下分歧：

第一种意见：盗窃罪。该观点认为，盗窃罪并不以秘密窃取为必要，如张明楷教授主张"盗窃行为并不限于秘密窃取……刑法理论必须面对现实，承认公开窃取行为构成盗窃罪。"

第二种意见：（合同）诈骗罪。行为人事前预谋，隐瞒其真实逃费的事实而对高速公路入口收费员实施欺骗行为→收费员信任而陷入行为人到收费站出口会缴纳通行费之认识错误→收费员基于错误认识而允许车辆通行→车辆通过高速公路且闯关逃避缴纳车辆通行费→高速公路公司遭受财产损失。

第三种意见：寻衅滋事罪。整个高速公路，尤其是收费站出口由高速公路公司设置关卡，进行实际的管理，行为人对关卡设备实施了强制力，本质上属于强拿硬要公私财物，客观上破坏了社会管理秩序，因而，应认定为寻衅滋事罪。

第四种意见：抢夺罪。因为行为人在享受了高速公路的服务后，趁着收费员不备，通过暴力方式冲卡通行，其本质与抢夺罪特征相符。

三、行为方式的梳理

法律规范的是人的行为，刑法亦不例外，想要给予高速公路逃费行为以正确的定性和评价，需要对逃费行为有一个全面的认识。事实上，逃免高速公路通行费的行为方式多样，大可分为：①和平方式逃费：包括抬杆逃费、跟车逃费、扒开护栏逃费等；②骗取型逃费：包括假冒绿色通道车辆逃费、使用假军警配号逃费、大吨小标逃费、换卡逃费、安装假轴逃费、携带电子干扰器称重逃费、甩挂、车货分载逃费等；③破坏型逃费：暴力冲卡逃费。行为方式不同，定性可能存在不同，要具体问题具体分析。

最高人民法院发布的《关于审理非法生产、买卖武装部队车辆号牌等刑事案件具体应用法律若干问题的解释》对伪造、变造等武装部队车牌号牌骗免通行费作出了规定，依照诈骗罪定罪处罚。因该类虚构事实、隐瞒真相的方式逃免通行费的行为，其特征较为明显，容易判断，且基本形成了统一的认识，在这里不再讨论，本文主要关注第一、第三种行为类型的定性。

四、意见评析

（一）冲卡逃费行为不构成（合同）诈骗罪

诈骗罪和合同诈骗罪是一般法和特殊法的关系，其构成要件存在包含和被包含的关系，其行为构成诈骗罪才有可能成立合同诈骗罪。在逃费案件中，司机从高速公路入口持卡驶入高速公路时，与高速公路公司建立了合同关系，即高速公路公司提供符合高速公路工程技术标准，并设置完备的交通安全设施、设备、服务，而司机享受了服务后通过高速公路出口时应当缴纳通行费。但构成合同关系并不一定成立合同诈骗罪，将逃费行为定性为合同诈骗罪欠妥。首先，构成合同诈骗罪，必须符合诈骗罪的基本特征。司机必须具有虚构事实、隐瞒真相的情况，且使得高速公路公司陷入错误的认识，而处分财产（减、免通行费）。在冲卡逃费案件中，行为人驾车驶入高速公路入口只有一个取卡行为，这也是司机驾驶车辆驶入高速公路后的惯例，行为人没有作出任何虚构事实、隐瞒真相的动作、行为，这也使得入口收费员陷入错误认识，作出减免通行费的意思表示。行为人驶出高速公路卡口时，通常是趁着收费员不注意或者不能及时阻止而直接暴力冲卡，或者跟车冲卡，快速通过，行为人与收费员基本没有沟通，缺乏虚构事实，隐瞒真相这一基础行为，收费员更谈不上陷入主观认识错误，进而处分财产。其次，收费员仅代表高速公路公司按照相关规定收取通行费，不能自主决定通行费的减免，在这里收费员仅起到一个"工具人"的效果，冲卡逃费所侵犯的主体利益是高速公路公司，并不是收费员，即便行为人具有隐瞒事实等真相，收费员也无权作出减免通行费的决定。最后，冲卡的目的是逃免通行费，属于完全违背高速公路公司、收费员的意思，而不是高速公路公司有瑕疵的认识处分财产。

（二）冲卡逃费行为不构成寻衅滋事罪

不可否认的是，一部分逃免通行费的案件行为人存在谩骂、殴打收费员，导致收费站秩序混乱的局面，貌似与寻衅滋事构成要件相符，但事实上却并非如此。寻衅滋事罪在主观上的犯罪动机具有随意性、偶发性、肆意性，即

"无事生非"。根据司法解释规定[1]，就冲卡行为而言，行为人的目的是逃免通行费，即便偶有发生破坏秩序的行为，行为人也不是单纯的无事生非，寻求刺激，发泄情绪等，而是"事出有因"。根据该解释第1条第3款的规定[2]：冲卡逃费行为不应被认定为寻衅滋事罪。

五、定性

（一）和平方式逃费成立盗窃罪

第一类型和平方式逃费行为构成盗窃罪，与第一种意见相同。

和平方式的逃费行为符合盗窃罪的逻辑结构，行为人出于非法占有的目的实施相对和平的行为→打破他人对财物的控制支配关系→对财物建立新的控制关系。在该类逃费行为中，行为人主观意志为将债权占为己有，通过相对和平的方式逃费，驾车离开债权人（高速公路公司）控制的领域，建立新的占有关系，此时盗窃行为既遂。

（1）盗窃行为不以"秘密窃取"为必要。通说观点认为，盗窃必须以秘密的，不为受害人知道的方式实施，否认公开盗窃。虽然"窃"的字面意思有不为人知的意义，但无论是1979年《刑法》，还是1997年《刑法》盗窃罪对罪状的描述并不以"秘密窃取"为手段，其行为方式为开放性，不存在特别限制。

（2）债权无法实现体现了财产转移占有。行为人驾驶车辆至目的地，享受服务后缴纳车辆通行费，此时双方之间的债权债务关系消灭。行为人若不缴纳，高速公路公司可以采取报警、制止行为人离开收费站、要求出示行为人身份信息、缴纳通行费等自助行为。行为人未脱离高速公路公司的控制，其应然权利具有转化为实然权利的发展趋势，该财产性权利依然在高速公路公司的控制之下，行为人尚未取得财产性利益即财物的转移占有。债权自建立之时即具有相对性，且不能自动消灭债权，原则上需要债务人自由意志下

---

[1] 最高人民法院、最高人民检察院《关于办理寻衅滋事刑事案件适用法律若干问题的解释》第1条第1款规定："行为人为寻求刺激、发泄情绪、逞强耍横等，无事生非，实施刑法第二百九十三条规定的行为的，应当认定为'寻衅滋事'。"

[2] 最高人民法院、最高人民检察院《关于办理寻衅滋事刑事案件适用法律若干问题的解释》第1条第3款规定："行为人因婚恋、家庭、邻里、债务等纠纷，实施殴打、辱骂、恐吓他人或者毁损、占用他人财物等行为的，一般不认定为'寻衅滋事'……"

的行为协助履行才得以实现。在逃免通行费行为中，行为人所追求的终极目的恰恰是事实上的债务"消灭"，脱离高速公路公司控制范围后期盼行为人主动履行系不可能。此时，高速公路公司的财产性利益实际上处于"消灭"的状态，行为人逃免通行费的目的得以实现。所以，以和平方式逃免通行费的情形理应当以盗窃罪论处。

(二) 破坏型逃费成立抢夺罪

暴力冲卡行为是逃免通行费的典型，其行为方式与抢夺罪的构成最相契合。抢夺罪的本质是通过对物实施暴力方式，强行夺取他人财物的行为，具有造成人员伤亡、其他财产损失的可能性，与暴力冲卡逃费行为完全一致。有观点认为，暴力冲卡行为不能定性为抢夺罪，主要原因为抢夺的财物必须是被害人紧密占有的财物，占有重在事实上的支配，例如：被害人手里握的、肩上跨的、背上背的等与人身体有紧密接触的财物。如前所述，财产性利益可以成为诈骗罪、盗窃罪等财产犯罪的对象，同样可以作为以非法占有为目的，财产犯罪之抢夺罪的犯罪对象。

实际中，暴力冲卡行为多发生于晚间12点之后，该时段车辆少，路面更加安静，行为人趁着收费员不备，或者快速冲卡通行，不针对人使用暴力、胁迫强制方法，即便收费员当场发现冲卡，收费员也来不及反抗，无法采取有效的制止行为，所以抢夺罪最符合暴力冲卡行为的性质。在逃费的过程中，因为行为人暴力存在过失或无意导致收费员或者其他人伤害、死亡的，根据司法解释的规定，仍然定抢夺罪，按照《刑法》第267条规定的"其他严重情节""其他特别严重情节"，升格法定刑定罪处罚。

论自动驾驶交通事故中制造商的刑事责任

韩克强*

(中国政法大学 北京 100088)

摘　要：近年来，自动驾驶汽车导致的交通事故频出，由自动驾驶引起的交通安全性问题被人们日渐关注，尤其是发生交通事故后的责任承担该如何界定，应尽快通过立法的形式予以明确。其中自动驾驶汽车制造商的责任承担，应充分考虑当下的技术环境与制造商的注意义务，自动驾驶汽车的制造商应当承担严格责任，而非绝对责任。

关键词：自动驾驶　制造商　刑事责任

随着汽车"新四化"的不断推进，自动驾驶是汽车"新四化"中最重要的技术领域之一。在大数据、神经网络、云计算、AI智能等人工智能技术的驱动下，自动驾驶技术也飞速发展并日臻成熟，根据相关研究预测，自动驾驶汽车有望在2040年左右得到大规模普及。[1]尽管自动驾驶技术的初衷之一是替代人类驾驶员，降低人为因素导致的交通事故发生率[《自动驾驶汽车交通安全白皮书》介绍，通过分析CIDAS（中国交通事故深度调查）数据库中的5664起乘用车事故原因，驾驶人因素导致的交通事故占比达81.5%[2]]，但在现阶段和可见的很长一段时间内，杜绝交通事故仍然是一个难以实现的

---

* 作者简介：韩克强（1991年~），男，汉族，北京大兴人，中国政法大学同等学力研修班2022级学员，研究方向为刑法学。

[1] Todd Litman, Autonomous Vehicle Implementation Predictions: Implications for Transport Planning, http://orfe.princeton.edu/%7Ealaink/SmartDrivingCars/PDFs/VIctoriaTransportAV_Predictionsavip.pdf, accessed March 14, 2018.

[2] 参见中国汽车技术研究中心有限公司、同济大学、百度Apollo编制的《自动驾驶汽车交通安全白皮书》，第33页。

目标，同时，随着自动驾驶技术的快速普及，人们急需考虑自动驾驶技术本身可能带来的新风险。

由于目前的自动驾驶技术尚且难以达到彻底的无人驾驶，现有法律框架往往无法对与自动驾驶有关的交通事故责任进行直接认定。自动驾驶事故责任规则的缺失，也给技术型企业研发自动驾驶技术带来了许多不确定性，对于其中的刑事责任的承担与分配问题还有待进一步研究。

根据2021年8月20日，国家市场监督管理总局、国家标准化管理委员会批准发布的GB/T 40429-2021《汽车驾驶自动化分级》标准，自动驾驶技术分为L0至L5共六个等级，其中在L0至L2等级的自动驾驶中，传统意义上的驾驶员仍然是主导着驾驶行为，因此本文只讨论L3到L5等级自动驾驶情况。

一、自动驾驶汽车交通肇事刑事归责的困境

各种法律归责的设计，均围绕"自然人"展开，交通法律体系也是以人类驾驶员为主体建构，自动驾驶系统的出现，使得司机的角色转移至自动驾驶系统，并带来责任认定的变化。对于L3以上等级的自动驾驶汽车而言，随着自动等级逐步提升，"司机"角色更多地转移给自动驾驶系统，在认定侵权责任和产品责任上，由自动驾驶系统这一技术来负刑事责任显然不合理。

首先，自动驾驶系统无主体地位，不具备刑法所规定的行为与自由意志。自动驾驶系统仅由程序、代码及物质载体构成，就物理结构本身而言，与自然人无任何关联，故无法以其主体地位来佐证自动驾驶汽车具有被拟制为刑事责任主体之可能。[1]

其次，自动驾驶系统不能对法律法规以及公序良俗作出理解。自动驾驶系统虽然有不断自主学习完善的程序，但是该程序也是建立在人类对其设置的基础上，且仅与道路交通有关，因此自动驾驶系统对法律法规与公序良俗无法作出理解，对其进行处罚没有期待可能性。

最后，刑罚功能不能实现。刑罚的功能是指国家制定、适用、执行刑罚所直接产生的社会效应，包括威慑功能、安抚补偿功能和教育感化功能等。

---

[1] 参见牛天宝："通过现有规范解决自动驾驶汽车肇事之刑事责任归属问题"，载《法学杂志》2020年第3期。

自动驾驶系统只是人类的手段与工具,即使对其进行修改程序、删除程序、销毁等操作,但由于自动驾驶系统不具备痛苦感知能力,最终受损害的,还是该系统的拥有者、使用者、研发者。

所以自动驾驶系统不能成为刑罚处罚的主体,当出现自动驾驶汽车交通肇事时,应寻找其他主体承担相应的刑事责任。

二、生产厂商负刑事责任的法理基础

目前为止,人工智能还只是一个辅助工具,"自动驾驶的侵权问题,归根结底还是可以在自动驾驶方案提供者、汽车厂商或者使用者之间进行归责而解决"[1]。因L3级别及以上的自动驾驶,在行驶过程中,驾驶员将大部分的汽车操作与决策权让位于自动驾驶系统,因此当发生交通事故时,如果驾驶员因信任自动驾驶系统且自身无过错,则不存在对驾驶员苛以法律责任的基础。只能从自动驾驶汽车的源头即生产厂商,寻找法理依据。需要说明的是,此处在探讨时,将自动驾驶方案提供者、算法编写者等软件服务商,归总为生产厂商中的一部分。

(一) 生产厂商作为义务决定了其具有有责性

生产厂商作为义务的根据是其对损害后果发生的因果进程中处于排他性支配地位。生产厂商作为义务的内容具体表现为完善系统、召回缺陷汽车、警示司机等。生产厂商的作为具有可能性,即在客观上能够有所作为,若由于不可抗力等因素导致生产者无法采取相应措施,则其不对损害后果承担不作为责任。

(二) 生产厂商作为情况与损害结果之间有因果关系

"当谨慎义务的违反恰恰是侵害结果的客观上可归责的原因,它在构成要件上才是有意义的。"[2]生产厂商在自动驾驶汽车的制造和对系统的了解方面,相较于其他人有着天然的优势,因此当生产厂商违反谨慎义务导致损害结果出现时,二者之间具有关联性。但同时应避免该因果关联性的不当扩大,例如生产厂商在现有技术水平下尽到注意义务仍无法避免自动驾驶系统漏洞,

---

[1] 庄永廉等:"人工智能与刑事法治的未来",载《人民检察》2018年第1期。
[2] 孙运梁:"过失犯的客观归责:以结果避免可能性为中心",载《比较法研究》2017年第5期。

从而导致的损害结果，生产厂商不应承担责任。

三、生产厂商所负责任

生产厂商所负责任，应根据所产汽车缺陷产生时间、生产厂商的主观故意，来综合判定。

（一）故意生产不符合安全标准的汽车的，构成生产不符合安全标准的产品罪

随着自动驾驶技术的发展，该行业已经产生了相应的技术准则和行为规范（如GB/T 40429-2021《汽车驾驶自动化分级》推荐性国家标准）。依各国立法及理论通说，若产品在设计规范或警示程度上不符合国家强制性标准或行业标准，即可认定为缺陷产品。[1]如果生产商故意生产不符合国家标准、行业标准的缺陷产品，造成严重后果的，应当以生产不符合安全标准的产品罪追究其刑事责任。

（二）自动驾驶汽车进入流通领域前存在产品缺陷的情况

自动驾驶汽车因本身存在产品缺陷引发交通事故后，对于能否追究生产商的刑事责任，学界存在一定的争论。本文认为由于自动驾驶汽车的设计者、生产者和销售者对具体的驾驶违章行为所致具体肇事结果不可能预见和避免，无法对具体肇事结果产生注意义务，因而不能构成交通肇事罪。交通肇事是过失犯罪，需要犯罪嫌疑人未尽注意义务。生产商无法预见到交付汽车后所发生的意外情况，也无法研发毫无漏洞的自动驾驶系统，若生产者基于当前的技术水平，仍无法发现该自动驾驶汽车的缺陷，则应认定为其已尽注意义务，更不能追究其过失责任。

（三）自动驾驶汽车投入流通后发现产品缺陷的情况

产品一经销售，即转为消费者占有，生产厂家失去对该产品的物理控制。但是生产厂家仍应当持续关注汽车运行情况。一旦发现汽车存在缺陷的，应当及时采取警示、召回等补救措施。进行这种监督和管理，是生产商的义务。因自动驾驶系统有自主学习能力，其能根据行使经历产生自己的判断，用来对之后发生的突发情况进行决策。生产厂商虽然物理交付该汽车，但是自动

---

[1] 司晓、曹建峰："论人工智能的民事责任：以自动驾驶汽车和智能机器人为切入点"，载《法律科学（西北政法大学学报）》2017年第5期。

驾驶系统的后台仍由厂家维护。因此厂家有对该汽车进行监督、警示和召回的义务。如果生产商未尽到上述义务以致造成重大交通事故的，应当对损害结果承担过失责任。

四、结论

现在已经不是讨论要不要发展自动驾驶技术的时候了，而是在此技术日益发展的时期，如何面对并进行规制的问题。自动驾驶技术从开始测试上路的那一刻，人们已经作出了选择，即让渡部分安全性来发展新技术。生产厂商是该技术的重要推动者，但不能因此而对其苛以绝对的严格责任，应当将该风险在生产商、使用者甚至所有社会成员之间进行合理分配，对各相关主体规定合理的注意义务。

防卫和互殴的区分

何 媛*

(中国政法大学 北京 100088)

摘 要：在司法实践中对正当防卫和互殴的区分一直存在难点，学术理论界中互殴是正当防卫成立的对立条件。当前在故意伤害案件中判定为互殴的案件体现了司法实践中互殴性质及其定义日渐泛化的乱象，对案件性质、起因及行为动机的缺少分析，极大影响相关案件的公正处理。通过对案件起因、先手顺序及反手目程度等综合分析进一步合理怀疑预测行为人动机，可以为纠正相关案件审判问题，界定防卫与互殴案件提供借鉴。

关键词：互殴 防卫 侵害意图

在过往对正当防卫案件的认定中，时常会涉及互殴问题，正当防卫和互殴之间的区分在法律理论和司法实践中易于混淆。实际案件中通常将侵害、打架的行为认定为互殴，一定程度上导致互殴界定被泛化，而理论上以斗殴和正当防卫互为矛盾的观点亦不利于对互殴类型进行细致的区分及研究，面对不法侵害时具体在何种情况下应认定为正当防卫，何时又应认定为互殴的问题有待解决。本文以周某故意伤害案为例，就当下区分正当防卫和互殴过程中出现的问题进行讨论分析，并以四个方面内容作为区分标准，尝试为解决相关问题出谋划策。

一、基本案情

根据案件一审判决所认定的事实，基本案情表述如下：2012 年 12 月 24

---

* 作者简介：何媛（1997 年~），女，壮族，广西贺州人，中国政法大学同等学力研修班 2022 级学员，研究方向为刑法学。

日晚9点，周某同丈夫张某驾车经过昌平区北七家镇平西府村的村口处红绿灯路口，此时被害人朱某的朋友段某正驾驶车辆并搭载朱某、刘某等人经过路口，朱某一行人险些撞上周某及其丈夫，双方因此发生口角并发展为互殴。在双方互殴的过程中，周某从街上捡拾水泥板砖并砸向被害人朱某，导致朱某颅脑损伤，于2012年12月30日因抢救无效死亡。[1]

通过分析被告人周某的供述、当事人杨某证词，虽然各方站在各自立场上的表述有细微区别，但仍能梳理出基本的案件发展事实：一是矛盾的原因是朱某的车辆在遇到红灯时紧急制动，周某受到惊吓进而产生不满情绪发生口角，本案实质上是交通纠纷转化为双方互殴的案件；二是朱某从车上下来，先手对张某进行攻击，且车上剩下的3人也加入殴打张某的行为中，周某过来拉架的过程中被朱某反打一拳，双方势力不均等；三是对方四人均参与了对周某夫妻二人的殴打，且周某先报警，试图寻求法律援助；四是周某报警后，朱某一行人欲离开现场，但由于张某不断拉扯，不让其走，故朱某继续将张某按压身下进行殴打，周某见状后找来水泥板攻击朱某，导致朱某重伤，一周后不治身亡。

二、问题的提出

本案中法院判决周某犯故意伤害罪，在互相斗殴中将朱某故意伤害致死，判处有期徒刑13年，上诉后保持一审的判决，减轻一审刑罚改判为有期徒刑8年。[2]从法院判决结果上看，周某攻击朱某的行为被认定为具有互殴中的故意伤害性质，但经过分析，我们不能排除周某具有正当防卫的可能性。本次案件的审理反映出当下司法实践中常见的互殴及正当防卫的认定问题。

（1）认为双方均参与打架就是相互斗殴。此次故意伤害案件，表面上看似是周某夫妇同朱某一行人互殴，但是分析案件发展过程，能看出其斗殴行为产生的部分原因：对方殴打在先，自身需要防卫。现实中，司法人员办案更看重双方互相殴打的结果，即以伤势作为判定依据，在对正当防卫认识的实践中也存在使用"唯结果论"一词否定正当防卫限缩适用的现象，[3]很少

---

[1] 参见陈兴良："互殴与防卫的界限"，载《法学》2015年第6期。
[2] 参见陈兴良："互殴与防卫的界限"，载《法学》2015年第6期。
[3] 陈璇："正当防卫、维稳优先与结果导向———以'于欢故意伤害案'为契机展开的法理思考"，载《法律科学（西北政法大学学报）》2018年第3期。

对双方互殴产生的原因，双方立场是非等进行分析。案中周某丈夫张某被朱某一行4人围殴，张某在围殴过程中还手的行为以及周某见丈夫被按在地上殴打，进而捡取地上板砖殴打朱某的行为缘于对方先手伤害及对殴打的反抗；而段某、朱某一行4人殴打周某的原因是不满对方的态度。若按照殴打行为、结果定论参与殴打的双方中无正当防卫方，审理过程缺少对案件前因后果的客观分析，司法实践中故意伤害案件的裁判文书通常对犯罪事实的描述是："因琐事发生争吵而产生互殴"，导致互殴概念被进一步泛化。

（2）认为被攻击方还手就是参与互殴。在法院审理互殴案件时，通常以"尽管被伤害人先行伤害对方，但一方反击行为进一步导致了双方产生殴打、侵犯、伤害对方的主动攻击性、故意伤害性"的表述否定正当防卫性。[1]在本案中朱某下车先行动手殴打他人及周某夫妇后续参与斗殴的行为均体现出故意伤害案件常见的一种表现形式，即一方主动殴打另一方，另一方继而还手，最终形成双方互相殴打的局面。周某、张某二人被朱某4人围殴，对方在人数势力方面均占优势，被殴打方出手反击不能排除正当防卫的性质。周某曾为自己辩解，她不想伤害对方，但由于对方一直殴打她的老公，她担心便做出还手的行为。当双方争执产生矛盾纠纷，一方主动殴打另一方甚至是占优势的情况下，我们不应强制一方被侵害还不还手，更不应就还手的行为认定为互殴，进而否定正当防卫的性质。

（3）认为有伤害他人意图的就是参与互殴。在审理故意伤害案件的司法实践中，通常以被告人主观意图作为相关的判定依据，双方事先存在斗殴意图才能排除正当防卫。有人认为互殴指的是斗殴双方都具有侵害他人的敌意，[2]防卫意图和伤害意图被认定为相互排斥、对立的关系。本案中周某夫妇被认定为参与互殴，但对于被告人的主观意图和想法，防卫意图和斗殴意图的区分很难界定，在案件发展中，二者相互混杂是常态，更缺乏有力的证据证明被告人主观意图。若随意界定为故意伤害的意图进而定义为互殴，排除正当防卫，难以维护被告人的自身权益，判决可能有失公平。

三、对策分析

当前司法实践中以"伤害意图"为代表的界定方法几乎无法拿出实质性

---

[1] 山东省沂源县人民法院［2016］鲁0323刑初100号刑事判决书。
[2] 参见高铭暄主编：《刑法专论》，高等教育出版社2006年版。

证据站住脚跟，也易于导致司法审判向口述结论倾斜，应将行为人的客观行为与主观心理结合分析。因此，区分互殴和正当防卫的主要依据在于：被告人出手攻击是否以伤害为主要目的，防卫时并非主观自愿殴打他人，不存在事先故意伤害他人的意图，而是在被侵害的情况下为维护自身生命安全及己方利益造成的他人损伤，具体从以下 4 方面进行分析。

（1）明确案件发生的原因。正当防卫行为的关键在于其行为的正当性，要明确案件发生的起因，进一步分析行为人的目的。行为的正当性应包含：防卫人的行为目的是维护自身合法权益，或在被不法侵害的时候能主动向公安等有关部门发出求助，寻求正当解决问题的渠道以停止对方的侵害。案件中周某的行为虽不是对本人权益的维护，但不能排除周某希望对方停止侵害其丈夫的意图。行为的正义性通俗地说是社会公众所认可的被动防护，而不是积极主动侵害他人的行为。在防卫性质行为的界定中，刑法对行为目的认定暂未表述，但该行为的分析应当包含多种因素，如"反击伤害"叠加"防卫"的多重意识。

（2）判断动手先后顺序。在相互殴打前，先动手的一方是主动侵害他人合法权益的一方。但实际案件中，双方都有一定的理由对自己动手的合理性进行辩解，其表述仅代表一方自身的立场，缺乏客观公正性。只有在双方侵害程度几乎相对等的情况下，先后动手的顺序才能作为考虑因素，因此正当防卫更应看一方反击时程度及性质。

（3）分析反手攻击的程度。一方面要综合分析反手方力道、速度、方式及后果，若先动手方攻击力度较弱，仅仅是推搡的程度，在攻击的过程中另一方应能切实感受到对方攻击的力度，能客观分析其危害性，进而做出适当的还手行为，方式缓和且不会导致矛盾升级；另一方如果立刻进激地反手，心理出于不服气、逞能等情绪并使用超过攻击方的力道、方式攻击对方，通常不能判定为正当防卫。另一方面是要考虑双方力量对比，在本案中周某取板砖攻击朱某的行为确实程度较对方拳脚殴打行为相比较重，但就双方力量上看，当时周某方仅一男一女两人，对方 4 人均为男性且围殴其丈夫 1 人，此时对方处于明显攻击的紧急情况，不能仅要求弱势方保持理性情绪，要同时考虑其被侵害时的紧迫性和紧张害怕的心理。

（4）综合日常行为表现。在办案人员审理案件的过程中，通常会遇到当事人口供和行为不统一的情况，部分犯罪嫌疑人反侦察能力较强，善于伪装自己，提供虚假口供，此类情况不仅影响断案效率，也不利于案件审判的客观公正。为提升案件审理的公平公正，除了要加强对案件证据的搜集外，更要进一步了解犯罪嫌疑人在社会生活中的表现，如家庭关系、成长情况、社圈交际、行为品德、犯罪前科等实际情况，通过综合分析日常表现来判断其在案件中可能产生的思维及行为模式。

论侦查阶段精神病鉴定程序启动的现状及法律规制

黄 戈[*]

(中国政法大学 北京 100088)

摘 要：侦查阶段精神病鉴定程序启动的出发点是为了充分保障当事人的合法权益，落实《刑法》第18条的相关规定，以达到惩罚犯罪与保障人权的统一。但在司法实践中，侦查阶段精神病鉴定程序出现的弊端不仅损害了当事人的合法权益，更损害了司法权威，因此需要完善相关的法律，对侦查阶段精神病鉴定程序加以规制。

关键词：公安机关 精神病鉴定程序 启动

一、我国侦查阶段精神病鉴定程序启动的现状分析

(一) 侦查阶段中精神病鉴定程序的启动权被公安机关垄断

《刑事诉讼法》第52条、第146条赋予了公安机关侦查阶段精神病鉴定程序的启动权。在侦查阶段精神病鉴定程序的启动仍是采取职权主义模式，是否进行精神病鉴定，完全由公安机关决定，犯罪嫌疑人对此无法提出任何异议，亦没有任何救济途径，当事人及辩护人更无权启动精神病鉴定程序，甚至连初次鉴定的申请权都没有，只能等鉴定结果出具后，申请补充鉴定或者重新鉴定。

---

[*] 作者简介：黄戈（1992年~），男，汉族，山西运城人，中国政法大学同等学力研修班2022级学员，研究方向为刑法学。

（二）精神病鉴定程序的启动具有随意性，没有有效的监督机制

在侦查阶段，公安机关办案人员在决定是否启动精神病鉴定时完全依靠办案人员的个人判断。另外，实践表明，侦查阶段承担了大量的精神病鉴定工作，而立法对此种干预处分却没有提供任何的规制，不受监督的权力在实际执行中存在许多余量，既造成诸多不确定性的裁决结果，也可能对精神病人的权益造成不当侵害。[1]

在司法实践中，由于侦查机关面临办案期限的压力，相关案件临近法定期限仍无法办结，因此启动精神病鉴定程序可以缓解其所面临的办案期限带来的压力。精神病鉴定的期间经常被异化为办案机关规避法定办案期限的工具，将侦查羁押期限即将届满的犯罪嫌疑人送至鉴定机构启动精神病鉴定，而精神病鉴定的时限一般不超过两个月，但由于补充鉴定材料、重复鉴定等例外情形的存在，加之最终鉴定的时限可以被数次延长，客观上一并延长了羁押期限，可以有效缓解办案机关所面临的办案期限带来的压力。[2]

（三）精神病鉴定程序从启动到出具结果的期限过长

以北京地区为例，精神病鉴定程序从侦查人员启动到鉴定机构出具鉴定结果基本上最少需要 6 个月甚至更长的时间，如此漫长的期限造成犯罪嫌疑人一直处于被羁押的状态，甚至该期限可能会使无罪人在"合法的程序"下处于非法羁押状态，甚至部分罪轻的犯罪嫌疑人应该判处的实际刑期远远超过了实际的羁押期限。造成该现象主要有两个原因，一是侦查机关启动的精神病鉴定程序的案件较多，而鉴定机构鉴定人员不足。二是侦查机关与鉴定机构存在协商鉴定期限的现象，根据司法部《司法鉴定程序通则》的规定，司法鉴定的时限为 30 日，自司法鉴定协议书生效之日起开始计算，特殊情形之下可以延长 30 日。虽然根据上述通则的要求，鉴定时限的起算点看似清晰，然而委托鉴定的办案机关为了"借期限"经常故意混淆鉴定起算的时间，即利用精神病鉴定的时间不计入办案期限这一法律规定规避诉讼期限的约束，办案机关往往要求鉴定机关写明预约时间，并从第一次预约时起开始计算诉讼时限的减免。因此造成鉴定期限过长的原因和公安机关及鉴定机构自身的

---

[1] 贺小军："精神病鉴定的悖论及其破解"，载《证据科学》2016 年第 1 期。
[2] 陈卫东、程雷："司法精神病鉴定基本问题研究"，载《法学研究》2012 年第 1 期。

管理存在很大的关系,没有严格执行相关的法律规定,事后也没有任何的追责措施。

(四) 公安机关存在滥用精神病鉴定程序。

由于部分案件,公安机关的侦查期限比较紧张,刑事拘留期间无法掌握犯罪嫌疑人充足的犯罪证据,因此部分案件需要以此来变相延长办案期限,在精神病鉴定期限内继续侦查,补充证据。另外,对于一些犯罪嫌疑人不认罪的案件,需要在此期间对犯罪嫌疑人加大讯问力度,获得其有罪供述。调查显示,凡精神病鉴定用时3个月以上的案件,均存在办案单位"借用"鉴定时间的可能。[1]

司法实践中,还存在极少数的侦查机关明知犯罪嫌疑人的行为不构成犯罪,或者由于某些关键证据无法获取,无法追究犯罪嫌疑人的刑事责任,故意启动精神病鉴定程序,以进行精神病鉴定为由,延长犯罪嫌疑人的羁押期限,在鉴定程序完毕,犯罪嫌疑人被羁押数月后,以"情节轻微不构成犯罪"或者"证据不足"为依据,释放犯罪嫌疑人,以达到"以程序代替刑罚"的客观目的和效果。[2]

二、对启动精神病鉴定程序进行法律规制

(一) 修改《刑事诉讼法》第147条

鉴于侦查阶段公安机关存在以精神病鉴定不计入办案期限为由,拘留期满不提请检察机关审查批准逮捕,明显规避检察机关的监督制约而将犯罪嫌疑人长期羁押,因此无罪的人可能因公安机关违法启动精神病鉴定程序,而致使其一直被羁押在看守所。该期间虽然严重损害了公民的人身自由权,但是按照现行的《国家赔偿法》无法得到救济和赔偿。通过将《刑事诉讼法》修改为"精神病鉴定的期间,不计入逮捕后的侦查期限",可以加强检察院对公安机关侦查的监督和制约,避免公安机关侦查违法行为,同时对于办案机关的违法行为,让无罪的人享有法定的救济权以保障其合法权益。

---

[1] 张玉清、顾莉君、唐开明:"刑事羁押期限制度执行中的问题与对策",载《政治与法律》2009年第8期。

[2] 陈毅炜:"浅议刑事诉讼过程中精神病鉴定程序的滥用及防范",载《犯罪研究》2017年第6期。

（二）严格规范侦查阶段公安机关精神病鉴定的启动程序

（1）区分案件类型，对于重大刑事案件以及达到径行逮捕条件的刑事案件，可以启动精神病鉴定程序，但是对于轻微的刑事案件，除非犯罪嫌疑人及辩护人申请，否则不能启动精神病鉴定程序。

（2）公安机关启动精神病鉴定程序必须达到事实清楚，证据确实充分的标准。比如在讯问的过程中，判断犯罪嫌疑人是否明显具有精神病人的特征，同时做好调查工作，对犯罪嫌疑人日常的表现，家族有无精神病病史及犯罪嫌疑人的诊疗记录等进行摸排走访，形成完整的证据链，再决定是否启动精神病鉴定程序。

（3）赋予犯罪嫌疑人及辩护人相应的救济权。正如"无权利则无救济"所言，如果不赋予犯罪嫌疑人及辩护人相应的救济措施，侦查阶段中公安机关主动启动精神病鉴定程序的权力是不完整的，损害了犯罪嫌疑人基本的人权。因此，对于公安机关主动启动精神病鉴定程序的案件，应当明确赋予犯罪嫌疑人有效的救济权，比如对于公安机关启动精神病鉴定不服的犯罪嫌疑人或辩护人，可以向检察院或者公安机关的上一级机关申请复议。

（4）对于公安机关主动启动精神病鉴定程序，应当附加变更强制措施为取保候审或监视居住。

（三）完善侦查程序，让检察院提前介入

检察院提前介入涉及精神病鉴定程序的侦查，可以对公安机关侦查程序起到有效的监督作用。通过检察院对公安机关现有证据的分析，判断现有证据能否证明犯罪嫌疑人实施了犯罪行为，再决定是否启动精神病鉴定程序。通过检察院有效的侦查监督，可以避免公安机关的违法行为，进一步保障犯罪嫌疑人的合法权益。

（四）明确规定精神病鉴定程序的法定期限

目前有关精神病鉴定的相关规定虽然对精神病鉴定的期限均作了规定，但是在司法实践中，存在公安机关和鉴定机构私下协商鉴定期限，导致犯罪嫌疑人的羁押期限不确定，不仅容易造成公安机关滥用精神病鉴定的程序，更容易使犯罪嫌疑人的合法利益受到损害。因此应当给精神病鉴定程序设定一个无法更改的法定期限，如果在法定期限内无法作出相应的鉴定结果，公安机关应当对犯罪嫌疑人变更强制措施。

三、结语

侦查阶段相比于审查起诉阶段而言，是刑事案件启动的起点，对案件未来的走向起着决定性作用，同时我国相关法律法规也赋予了公安机关绝对的权力。由于对精神病鉴定程序缺乏更加细致的法律规定及有效的制约，造成侦查阶段精神病鉴定程序出现了上述乱象，损害了司法权威及当事人的合法权益，因此应当尽快完善相应的法律法规，使上述乱象得到有效的规制。

正当防卫的司法认定
——以"昆山反杀案"为例

惠琳娟*

(中国政法大学 北京 100088)

摘 要：备受社会关注的"昆山反杀案"，于某明的行为最终被认定为正当防卫，不负刑事责任，这个结果正是大众所期待的，同时本案也引发了社会各界人士对正当防卫认定的激烈讨论，在司法实践中，对此类案件的认定仍存在诸多问题：司法机关对正当防卫适用的尺度没有落实到位，依然存在把握过于严格、唯结果论的倾向以及司法认定受个案平衡心理的影响等，本文将通过对昆山案的梳理，从正当防卫的内涵、防卫行为发生的时间条件、造成的结果等方面，结合最高人民检察院出台的指导性案例分析，理清存在的争议。

关键词：正当防卫 司法认定 适用条件

正当防卫是我国刑法赋予公民的一种特殊权利，当法律不能在紧迫环境下发挥保护作用时，公民可实施保护国家、他人和自身合法利益的行为，以制止不法侵害为直接目的，最终起到保护公共利益和公民人身财产安全的作用。[1] 近年来随着实务中认定正当防卫的案例越来越多，有关正当防卫的认定标准也引发了学界的讨论和社会大众的关注。

一、"昆山反杀案"案情概述

某日晚，刘某龙醉酒驾驶宝马轿车载几位朋友在行驶过程中不遵守交通

---

* 作者简介：惠琳娟（1997年~），女，汉族，甘肃兰州人，中国政法大学同等学力研修班2022级学员，研究方向为刑法学。

[1] 彭卫东：《正当防卫论》，武汉大学出版社2001年版，第19页。

规则，将汽车强行驶入非机动车道，与骑自行车的于某明险些发生碰撞。刘某龙同车的朋友下车与于某明发生争执，刘某龙突然下车上前推搡、对于某明拳打脚踢。随后便从车内取出一把砍刀（经事后鉴定该刀系管制刀具）对于某明连续击打，在击打过程中砍刀掉落，于某明随即将其抢走，在激烈争夺中，于某明捅伤了刘某龙，刘某龙受伤后跑向轿车，于某明上前又追砍了两刀，但都没有砍中，最终刘某龙逃离了现场，于某明拿走了刘某龙的手机。刘某龙逃离后晕倒在不远处的绿化带内，后经送医抢救无效死亡。法医鉴定刘某龙因为失血性休克致死，于某明也有两处挫伤。

二、案件争议归纳

在案件发生之后，社会各界对此进行了激烈的讨论，涌现出许多有价值的观点，但是也出现了些许对正当防卫认定的误区，笔者在此予以归纳。

（一）对正当防卫的理解偏差

有观点认为于某明遭遇刘某龙的无礼踢打及砍刀击打后，应该选择躲避逃离，这样也就不会造成最终一死一伤的悲惨结果。但是从《刑法》的条文来看，我国对正当防卫的规定是"制止不法侵害"，并不是应当"迅速逃跑"。我国法律也一直鼓励积极地采取措施来阻止犯罪。此外对于案件的认定，作裁判时绝对不能在事后刻意多设条件，人为地去增加其他条件。"法不能向不法让步"是正当防卫的理论基础，所以不能认为于某明选择抵抗就否定其正当防卫行为的认定。

（二）认为防卫时间不符合

以往有观点认为在正当防卫中，不法侵害一旦停止，一切的反击行为也就要停下来。具体到本案中，当刘某龙不小心掉落砍刀后，其对于某明的砍杀行为也随之停止，故而于某明没有理由继续追砍，所以应该立即停止。然而这种看法显然是非常片面的。对于于某明而言，面对这种暴力犯罪行为生死都在分秒之内，各自对抗力量的优劣势，也可能在一眨眼之间发生转变。因此，虽然不法侵害暂时停止，但对被害人的现实威胁并没有解除，还在继续，且侵害人没有明确、明显放弃犯罪，那么在法律角度，就应当允许被害人继续进行防卫。

（三）对正当防卫行为造成的结果不接受

部分司法人员认为在本案中，是因为于某明的反击防卫最终才造成刘某龙的死亡，出现了刘某龙的死亡后果，应当被认定为防卫过当。这种观点其实是典型的唯结果论的主张。笔者认为究竟能否被认定为防卫过当，需要结合案发当时的紧迫威胁性，也要把握侵害的危险程度，因此对正当防卫的认定，绝不是把两者对彼此产生的损害结果进行比较衡量，实质上要充分考虑侵害人的侵害行为可能造成什么样的侵害后果。[1]即便出现了刘某龙死亡的后果，但站在案发时于某明所处的位置，只要于某明的行为是为了有效制止犯罪，其行为也是防卫所需要的，那么只要未明显超过必要限度，就不应该将其认定为防卫过当。

三、案件分析

笔者认为综合全案的事实来看，于某明的行为应当被认定为正当防卫，后续对于"昆山反杀案"的处理也持这种观点。

（1）刘某龙的行为属于刑法意义上的"行凶"。根据《刑法》第20条第3款的规定，是否严重危害人身安全，是判断"行凶"的决定性条件。在对案件的认定中，侵害行为属不属于"行凶"，必须依据案发现场的具体情况和普通大众的认知水平加以判断。在这种情况下，刘某龙先是赤手空拳进行攻击，然后继续用刀击打，其危害程度显然是"行凶"。

（2）刘某龙整个的行为是没有间断的。他的朋友和于某明争论，都已经基本平静了，但刘某龙喝酒在先，下车踢打于某明在后，最后又拿出管制刀具连续对于某明造成伤害，侵害进一步加重。刘某龙砍刀掉在地上，然后前去抓刀。在刘某龙受伤后，他主观上仍然没有放弃侵害。于某明一直在受到刘某龙的暴力威胁。

（3）于某明的行为自然是为了保护自己。当时，在于某明拿起刀后，他在7秒钟内刺中刘某龙5刀，并在追逐过程中追砍了两刀，但是没有造成实际危害。尽管在时间、空间上存在间隙和分离，但这是一连串连续的行为。此外，于某明停止了继续追赶后，拿走刘某龙的手机，以防止对方报复，这也符合保护自己的合法意图。

---

[1] 王国宾："正当防卫疑难问题论要"，吉林大学2007年硕士学位论文，第16页。

四、"昆山反杀案"带来的思考和启示

（一）于某明追砍两刀是否影响定罪

刘某龙掉落了砍刀，但却一直和于某明在抢夺，拿回砍刀可能就会继续实施侵害，这充分说明刘某龙从主观上并没有放弃对于某明的生命侵犯，而在于某明夺走砍刀后，刘某龙跑向宝马车，对于某明来说，有足够的理由让他相信，刘某龙是要再一次从宝马车上取东西来伤害自己，因此于某明继续追砍刘某龙两刀。正因为不能排除这种情况发生的可能，也就得不到刘某龙跑向宝马车，是选择了逃跑，也选择了放弃不法侵害这一唯一结论。同时，考虑到刘某龙第一次返回宝马车取砍刀，用砍刀击打于某明，包括和于某明争夺欲抢回砍刀的事实，更加坚定了于某明的这种判断，在于某明的认识中，刘某龙的不法行为并没有停止，于某明追砍两刀仍是在制止不法侵害。因此，这两刀不会影响正当防卫的成立。

（二）社会舆论是否影响本案定罪

在案件发生的最开始，社会上的各界人士针对于某明的行为，都有自己的判断，也表现出了支持的态度，但对本案最终的司法认定结果还存在一些疑虑。舆论的广泛关注对司法来说本身也不是一件坏事，现代司法理应有宽容的姿态，来面对舆论，承受舆论的压力与监督，在把握民情民意的同时坚持依法裁判。

（三）指导性案例对司法认定意义重大

最高人民检察院出台了相关的指导性案例，在2018年12月19日的第十二批指导性案例中就包含了昆山反杀案，最终检察机关的意见与公安机关的处理意见达成一致，论证的理由值得探讨。在案件分析过程中为了确定不法侵害结束与否，应把握刘某龙是否实际离开了现场以及是否有可能继续反扑攻击。在于某明抓住砍刀后，刘某龙立即冲上前去，并没有选择停止或者放弃。于某明顺势追赶也符合防守的进一步需要。于某明追砍刘某龙两刀，直到刘某龙跑离。因此，当于某明进行反击时，刘某龙也没有放弃攻击，更没有实际离开，也就不能视作侵害停止。

不能"唯结果论"地把于某明与刘某龙的受伤程度加以比较，这种观点本质上就忽略了危险行为。如果等到侵害升级再防卫，显然违背了及时制止的原则需要，人为地减小了防卫的正当范围。也就是于某明的受伤情况不影

响整个认定。

在以上指导性案例的讨论分析中,显而易见,在疑难案件的认定中,指导性案例的出台,会帮助司法机关在争议较大的问题上理清思路,把握分寸,同时也会引领民众认清案件本质,其对于整个司法认定工作具有重大的现实意义。

民事欺诈与刑事诈骗的区分

李 颖*

(中国政法大学 北京 100088)

摘 要：民事欺诈与刑事欺诈存在巨大区别，但在司法实践中却极易混淆。对于民事欺诈与刑事诈骗的区分，应当从两者的主观目的、客观实施行为来区分。其中，是否具有非法占有目的是两者最主要的区别，判断是否具有非法占有目的，应当考察行为人履约能力、履约行为、对取得财物的处理、未履约的原因、行为人的事后态度等因素。

关键词：民事欺诈 合同诈骗罪 非法占有目的

一、案例引入

2022年5月20日，控告人李某到××市公安局报案，反映原A公司法人代表王某等人涉嫌合同诈骗，主要情况如下：2020年10月20日，控告人李某（C公司负责人）与被控告人王某（时任A公司和B公司法定代表人，A公司是B公司的全资子公司）签订《A公司股权及债权转让合同》（以下简称《合同》），约定将A公司100%股权转让给C公司。2020年11月4日，C公司发现B公司将A公司100%股权转让给了D公司。为继续实现《合同》目的，同年11月，A公司、B公司、C公司、D公司签订《补充协议》，约定以C公司受让D公司100%股权。2021年1月10日，C公司、D公司办理完毕股权变更手续。至此，控告人李某实际控制A公司。

C公司控制A公司后，李某发现A公司所负债务（包括担保债务）超出

---

* 作者简介：李颖（1990年~），女，汉族，广东惠州人，中国政法大学同等学力研修班2022级学员，研究方向为刑法学。

了《合同》约定范围。据此，控告人李某认为被控告人王某在签订《合同》过程中，故意隐瞒 A 公司部分债务（包括担保债务）及一股多卖的情况，虚标股权价值，从而骗取 8500 万元转让款，造成 A 公司财产被法院强制执行，其行为涉嫌合同诈骗罪。

上述案件争议较大，公安机关在接到报案后，组织了内部研讨。部分办案人员认为王某的行为属于民事欺诈，应当引导当事人通过民事渠道解决，不应当进行刑事立案。部分办案人员认为王某的行为属于合同诈骗，应当立案，并追究王某的刑事责任。民事欺诈与刑事诈骗归属于不同的法律领域，但在具体的经济活动中二者的界限往往难以区分。笔者认为，此问题虽然难以区分，但由于这种区分涉及罪与非罪，对当事人的影响深远，因此合理区分民事欺诈与刑事欺诈具有重要意义。

二、民事欺诈与刑事诈骗的区分

有观点认为，民事欺诈与刑事诈骗并非对立关系，而是包含关系。区分行为是构成刑事欺诈还是民事欺诈，实际上就是判断行为是否符合诈骗罪的构成要件。如符合诈骗罪的犯罪构成，就成立诈骗罪。也有观点进一步细化，认为民事欺诈与刑事诈骗可从欺骗内容、欺骗程度和欺骗结果等方面加以区分。[1] 笔者认为民事欺诈与刑事欺诈的区别在于以下两个方面：

（一）两者主观目的的差异

民事欺诈与刑事欺诈最大的区别在于是否有非法占有目的，民事欺诈没有非法占有目的，刑事欺诈有非法占有目的。根据一般刑法理论，犯罪行为是主客观一致的行为，构成合同诈骗罪的，行为人应当主观上具有非法占有目的，客观上实施的诈骗行为，其最终目的都是非法占有他人财物。在多数情况下，民事欺诈行为是履行合同约定的主要义务，其给相对人造成经济损失的原因系因为合同的瑕疵履行或者不能履行，民事欺诈没有非法占有他人财物的目的。在本文案例中，根据合同约定及实际履行情况来看，合同标的是 A 公司 100% 股权及债权，8500 万元合同标的转让价格均为各方真实意思表示。在 A 公司尚未取得 C 公司股权转让款的情况下，B 公司将 A 公司股权转让给 D 公司，控告人李某通过履行后续《补充协议》的方式实现了《合

---

[1] 陈兴良："民事欺诈和刑事欺诈的界分"，载《法治现代化研究》2019 年第 5 期。

同》目的，取得了A公司100%股权及债权，不存在被控告人王某骗取控告人8500万元转让款的行为，不符合合同诈骗罪"非法占有"的目的构成要件。

(二) 在客观实施行为中两者的差异

民事欺诈是通过欺诈诱使对方与自己进行民事行为，并通过双方履行民事行为间接获取非法利益，典型的如一房多卖，如行为人将房屋出售给多人，所获得的资金用于解决一时的经营周转，其具有真实可靠的还款来源，只是由于客观情形发生变化导致款项无法归还，一般认为属于民事欺诈，相对人可以通过民事诉讼手段获得救济。而刑事诈骗是指通过欺骗直接获得他人的财物，俗称"空手套白狼"，如用虚假的房产证去骗取售房款或抵押款，行为人一开始就不具备履行合同的可能，可以认定行为人主观上对无法还款之结果持明知和放任态度。

本文案例中，A公司是B公司的全资子公司，B公司一股多卖属于有权处分，并非违法行为，该行为属于民事纠纷范畴，与股权价值高低并无直接关系；控告人李某实际受让的是D公司股权，并非A公司股权，客观上不符合合同诈骗罪"虚构事实或隐瞒真相"的行为构成要件。

三、司法实务中区分民事欺诈与刑事诈骗的要点

如前文所述，民事欺诈与刑事诈骗的最大区别在于行为人的主观动机不同，即是否具有非法占有目的。

(一) 考察行为人的履约能力及履约行为

行为人的履约能力和履约行为是判断是否有非法占有目的的重要标准。行为人的履约能力可分为完全履约能力、部分履约能力和无履约能力三种情况，应分不同情况进行认定：

(1) 有完全履约能力，但行为人无履约行为或只履行部分合同内容，采用虚构事实、隐瞒真相的方式诈骗相对人，并占有相对人财物，这种行为应认定为刑事诈骗；行为人虽然有完全履约能力，但行为人系由于客观情况发生变化，使其丧失履约能力，或因履约成本过高，无法继续履约，或仅履行部分合同内容。在这种情况下，没有侵害刑法所保护的法益，不构成刑事欺诈。

(2) 有部分履约能力，同时也有积极的履约行为，此后即使合同没有完全履行，一般也应认定为民事欺诈行为。相反，行为人有部分履约能力，但

行为人没有履行合同的行为,欺诈相对人单方面履行合同,并占有对方财物的情况下,这种行为应当认定为刑事诈骗。

(3)合同签订时无履约能力,但事后具备履行合同能力并积极履行合同的,无论合同是否完全履行,这种行为只能认定为民事欺诈。反之,订立合同时无履约能力,且放任行为者故意欺骗对方继续履行合同,占有对方财物的,应当认定为刑事诈骗。

(二)考察对取得财物的处理

一般来说,如果行为人没有非法占有目的,在取得财物后,一般会对财物采取慎重处理的态度。相反,如果行为人最初有非法占有目的,在取得财物后,不打算继续按照约定履行合同内容,而是迅速挥霍、转移财物、携款潜逃,使之不能恢复或难以恢复到原来状态。

(三)考察行为人未履约的原因

分析行为人未履约的原因也是区分行为人主观上有无非法占有目的的重要依据之一。一般来说,在行为人不能履行合同,并给相对人造成损失时,相对人会寻求司法救济。行为人未能按照约定履行合同,并不代表其不愿意履行合同,我们应当进一步了解行为人不履行合同的原因。是否在订立合同后客观经济情形发生了重大变化、是否存在不可抗力等其他无法预知的原因、是否存在政策变动进而影响行为人合同履行能力。分析这些原因对阻碍履约的作用大小,以及行为人对阻碍因数的态度,是放任、扩大相对人的损失,还是积极挽回损失,进而判断其主观目的。

(四)考察行为人的事后态度

如果行为人没有非法占有目的,因自身的原因导致合同无法继续履行后,会积极主动采取补救措施,以防止损失的扩大。反之,如果行为人明知自己不能履行合同,却消极、被动对待,不愿赔偿相对人损失,甚至携款逃走,其主观上具有非法占有目的的嫌疑。

本文案例中,A公司与C公司签订了股权转让合同,在合同尚未履行的情况下,B公司又与D公司签订了股权转让合同。因B公司是A公司的母公司,其具备处分能力。A公司在尚未收到C公司股权转让款的情形下,B公司将A公司股权"一股多卖",并未给C公司造成损失,不符合合同诈骗罪的构成要件。关于对外担保部分,A公司的对外担保是在股权转让前产生的,担保的债务真实合法,不符合合同诈骗罪"虚构事实或隐瞒真相"的行为构成要件，且相关案件已经由 A 公司向管辖法院申请再审，控告人反映事项与生效民事判决属同一事实，控告人可以通过民事途径获得救济。

因此，如果没有非法占有目的，则不能认定为诈骗罪，以避免将民事纠纷当作刑事案件处理。按照刑法的谦益性原则，对于适用民法足以抑止违法行为、足以保护当事人合法权益的，就不要将其规定为犯罪，以防止刑罚的滥用。[1]

---

[1] 张明楷："论刑法的谦抑性"，载《法商研究（中南政法学院学报）》1995 年第 4 期。

刑罚执行机关减刑工作问题刍议

刘 峰[*]

（中国政法大学 北京 100088）

摘 要：2021年，最高人民法院、最高人民检察院联合公安部、司法部印发了《关于加强减刑、假释案件实质化审理的意见》的通知，为严格规范减刑、假释工作，进一步加强减刑、假释案件实质化审理公平、公正，提出了明确要求。监狱作为刑罚执行机关，也出现了一些罪犯减刑方面的"疑难杂症"，怎样结合规定更好地处理罪犯减刑成为监狱亟待解决的问题。

关键词：刑罚执行 减刑 财产刑

2021年12月1日，《最高人民法院、最高人民检察院、公安部、司法部，联合印发〈关于加强减刑、假释案件实质化审理的意见〉的通知》（以下简称《通知》）发布，一共20条。全国各个刑罚执行机关第一时间都在组织研究解读这个《通知》，对正在呈报减刑的当批次减刑工作进行重新审查界定，引起广泛议论，警察们议论如何在《通知》的基础上更规范地实施减刑工作，罪犯们议论以后怎么服刑改造、自己能不能减刑、需要多服刑几年，因为《通知》关系到很多减刑细节问题，尤其是教育整顿后对刑罚执行工作是慎之又慎，所以一线的执法者，对文件的解读都特别细，层层把关，逐字核查。同时，监狱因减刑问题出现的违纪率也比历史同期高出很多，所以，对该文件的解读和阐释就成为亟待解决的问题。正如有学者所言，"刑罚执行作为刑事诉讼的最后一个环节，具有终结性和实现性的重要作用和法律意义，刑罚

---

[*] 作者简介：刘峰（1986年~），男，汉族，辽宁大连人，中国政法大学同等学力研修班2022级学员，研究方向为刑法学。

执行的公平公正对司法公正的影响巨大"。[1]笔者认为《通知》在规范执行方面还需要进行更详细解释，以便于实践中更好地适用。

一、《通知》内容的相关问题

（1）《通知》第1条指出，"既要注重审查罪犯交付执行后的一贯表现，同时也要注重审查罪犯犯罪的性质、具体情节、社会危害程度、原判刑罚及生效裁判中财产性判项的履行情况等""切实防止将考核分数作为减刑、假释的唯一依据"，刑罚执行机关通过对罪犯日常管理的日记载、周评议、月考核形成罪犯的最终考核积分，考核分是对罪犯改造的几个主要方面（并不单单是劳动改造和违纪情况），最终累计为罪犯每个月的最终考核得分，换句话说，罪犯的考核分数是主管干警根据罪犯的综合现实表现进行考核的，只是没有将罪犯的犯罪性质、具体情节、社会危害程度、财产性判项考虑进去，罪犯的犯罪性质、具体情节、社会危害、财产刑履行情况，在原判法院进行原判审理时已经作为了一种从轻从重、是否限制减刑的判决依据，在罪犯服刑期间再去根据犯罪情节、社会危害、犯罪性质限制罪犯的减刑，这是不是"一罪数罚"的另外一种表现形式呢？

（2）《通知》第2条指出，"注重审查罪犯思想改造等主观方面的表现，综合判断罪犯是否确有悔改表现"，思想改造等主观方面的表现是一个不能用数据来说明的概念，有些罪犯（比如说诈骗犯）受教育程度高，嘴上说得好，写得认识深刻，也能遵守监狱的各项规章制度，表面文章做得好，但是对亲情友情冷漠，对他人的困难没有善心、爱心，自私自利，嘴上说悔罪了，实际内心却有其他的盘算，一切表现为了减刑，这就难以被认定为确有悔改表现；有些罪犯文化水平低，性格比较犟，沟通起来比较生硬，认罪伏法，内心对受害人和社会和家庭有一种愧疚感，想通过技能学习获得劳动技术，出监后有个营生的技能，但是有一些日常违纪，对他人有同情心、同理心，具体表现形式比较多元化，主管警察怎么作出认定呢？能不能按照确有悔改表现提请减刑呢？还是说根据材料数据机械认定？

（3）第15条指出，"刑罚执行机关对罪犯报请减刑、假释时，可以向负

---

[1] 凌忠善、薛艳宏、何斐：."强化刑罚执行监督背景下有效防止'纸面服刑'对策研究"，载《法制博览》2022年第28期。

责执行财产性判项的人民法院调取罪犯财产性判项执行情况的有关材料，负责执行的人民法院应当予以配合"。人民法院配合了，但是复函不能明确解答问题怎么办？

二、刑罚执行机关具体执行罪犯减刑工作时遇到的问题

现阶段刑罚执行过程中罪犯减刑工作的基本流程是：罪犯提出减刑申请，分监区进行资格审核，监区向监狱刑罚执行科提交减刑请示，监狱向原判法院发函协查该犯的财产性履行情况，原判法院立案核查然后回函，监狱开展进一步减刑工作。整个减刑过程中的几个突出问题如下：

（1）执法文书中需要确认的概念。比如：罪犯作为企业法人，判决书上判决条例有企业罚金，算不算该罪犯的财产性判项？没收全部违法所得，是否没收完毕？由海关部门继续追缴违法所得，追缴是否完毕？有没有违法所得？一些法院审判员认为罪犯作为企业法人，应该承担企业罚金，但是又没有明确的法律依据表明企业罚金应该由企业法人承担，违法所得追缴情况或者追缴进度，法院或者海关没有明确复函，导致该犯减刑受阻。

（2）原判法院关于财产刑执行情况的复函。各个法院的复函格式不一致、内容不严谨、措辞比较模糊，比如复函内容为"目前未发现、在掌握的情况下未发现可执行的财产""因被执行人无可供执行的财产……其他情况不详""因……原因，现无法查明当事人是否具有履行能力""未发现记载当事人自动履行的证据"[1]等模糊字眼，监狱没办法认定复函能证明该犯的财产刑履行情况，这样的复函不能作为减刑依据，很多罪犯的减刑申请在这一环节被退回，其中包括一些无期徒刑的罪犯，有人连续提交两批次以上减刑申请，均因复函措辞不明确被退回，导致这部分罪犯感觉减刑无望，刑释遥遥无期，进而产生了抗拒改造的念头，拒绝参加生产劳动、拒绝参加思想教育改造等，一定程度上导致监管改造不稳定。面对这类型的复函，监区也只能耐心引导罪犯接受，监狱对原判法院的复函情况只能被动接受并作为法律依据，分管监区只能想办法让罪犯接受事实，但是面对无法减刑的无期徒刑罪犯，说辞显得苍白无力，这一问题怎么解决？

（3）对是否确有悔改表现的确认。根据《刑法》第78条的规定，罪犯

---

[1]《大连市中级人民法院拟告知函》《大连市中级人民法院关于胡某财产性判刑履行情况的复函》。

"确有悔改表现"或者有"立功表现"的可以减刑,有"重大立功表现"的应当减刑。"通知"第 3 条对什么是"确有悔改表现"进行了界定,[1]但只是文义上的界定,如何审查认定证明"确有悔改表现"等减刑实体条件的证据,仍然是司法实践中的一大难点。

三、相关建议

第一,法院的法律文书要规范化。比如起诉书、判决书、执行通知书等必须规范化,必须明确注明各项判决的依据以及执行效力,是否有财产刑、执行时间、执行数额、执行范围等,绝不能有模糊不清的字句,起诉书、判决书、执行通知书必须准确且一致,减少后期刑法执行出现各种推脱。

第二,直接管理者的责任要明确。罪犯在服刑改造期间,直接管理的分监区和监区应该有对该罪犯日常改造情况的基本评价,并且可以根据法律文书和日常情况提出该犯是不是确有悔改表现的认定,这一认定是由该罪犯入监以来到提请减刑之日截止时的改造表现决定的,罪犯在提请减刑申报后,发现该罪犯在此期间有严重违纪或又犯罪等情况,应申请撤回减刑建议,比如 2022 年安顺市中级人民法院裁定对提请减刑期间打架的周某等 4 名罪犯撤销减刑。[2]但是,若该罪犯减刑释放后,又二次犯罪,如果减刑程序和使用材料没有问题,不能归结为当初减刑申请时分管监区和分监区警察作出的确有悔改表现的认定有问题。

第三,法院等机构的复函要明确。是否有违法所得、违法所得是否已没收或追缴完毕,要注明已没收追缴完毕和正在没收追缴的财产明细,这个复函必须要在规定的时间内作出,以确保刑罚执行的时效性。

第四,刑罚执行机关提请罪犯减刑的流程要全国统一,一个案件在法院审理之后,除非法律文书上有明确要求(比如限制减刑)不应该在执行阶段有从严从重的说法,否则不应再以犯罪的性质、具体情节、社会危害程度等来限制罪犯的减刑,罪犯是否可以减刑,减刑幅度多大,应该取决于国家相关法律法规和罪犯在服刑改造期间一贯的现实表现。

---

[1] 同时具备以下条件:认罪悔罪;遵守法律法规及监规,接受教育改造;积极参加思想、文化、职业技术教育;积极参加劳动,努力完成劳动任务。

[2] 参见赵晓明、李波:"贵州安顺:提请减刑期间打架,4 名罪犯被撤销减刑",载《检察日报》2022 年 7 月 7 日。

大数据与人工智能时代刑罚执行问题思考

刘利利[*]

(中国政法大学 北京 100088)

摘　要：社区矫正工作是我国刑罚执行工作的一项重要组成部分，本文思考了大数据、人工智能等信息化技术在社区矫正工作中的潜力与挑战，以及提升社区矫正工作效率，推进社区矫正工作开展等方面的重要意义。

关键词：大数据　人工智能　社区矫正

一、问题的提出

作为刑罚执行主体之一的社区矫正机构，是维护安全与稳定的重要法治力量。如今在体现司法公平正义的要求下，刑罚的执行既要确保罪犯认罪悔罪、学法守法、遵守相关纪律，也要促使罪犯刑满后尊法畏法，不再犯罪，并遵守社会规则，自觉维护社会秩序。这就对社区矫正工作提出了更高的要求，要求社区矫正机构强化执法管理，规范刑罚执行，提升改造质量，实现罪犯矫正工作不断取得新成效、实现新进步，进而推动社区矫正工作的高质量发展。在当今的时代背景下，需要利用和发挥大数据与人工智能在刑事执行领域的作用，故需要研究将大数据与人工智能运用于社区矫正工作之中的潜力与挑战。

二、我国社区矫正工作现状

社区矫正（Community Correction）是指针对被判处管制、宣告缓刑、裁

---

[*] 作者简介：刘利利（1987年~），女，汉族，湖北武汉人，中国政法大学同等学力研修班2022级学员，研究方向为刑法学。

定假释、暂予监外执行这四类犯罪行为较轻的对象所实施的非监禁性矫正刑罚，是与监禁矫正相对的行刑方式。其作为非监禁刑罚执行的性质可以使矫正对象在不脱离社会、不脱离生活的情况下，借助政府、社区、志愿者以及亲人的帮助，更好地适应社会并且回归社会，实现再社会化的过程。

社区矫正制度是一种监狱外以开放的形式对被处罚者进行刑罚的执行方式。首先，其只是刑罚的一种执行方法，并不是刑罚本身。其次，社区矫正的出现是我国社会进步的标志，体现了刑罚的执行方式从"监狱内"到"监狱外""监禁刑"到"非监禁刑"的改变。社区矫正工作从2003年试点，到2020年7月1日《社区矫正法》正式实施，其作为一个较新的事物，它的优势与缺点也日渐明显。尤其是伴随大数据和人工智能等信息技术手段的不断涌现，如何更好地探索并利用大数据和人工智能、搭建相应的数据平台对社区矫正工作的落实、执行和发展都具有重大的意义和作用。

三、大数据与人工智能时代刑罚执行之社区矫正面临的潜力

社区矫正工作开展以来，相关配套法律法规虽逐步完善但尚未健全，在人员配备、专业素养、宣传认知、经费投入等方面，各地区不同程度地存在一些问题，如社区矫正机构管理意识不够强；矫正衔接机制尚待完善；脱管现象时有发生；矫正考评机制尚不科学、不健全；矫正机构人员设置不平衡、部分地区人力投入不足；社区矫正执行人员的专业水平参差不齐且缺乏统一的培训；矫正对象"人户分离"问题较为严重，存在监管难度；社区矫正工作宣传的力度不足、效果不理想等。针对此类问题，合理利用大数据与人工智能等信息技术，研发探索可能的技术或平台，从而让社区矫正工作在某些方面实现破冰，发挥其在社区矫正工作中的作用。

（一）着力破除管理意识问题和考评工作

社区矫正具备大数据的特点。伴随着人工智能和大数据在社区矫正理论与实务的研究方式和技术手段，将犯罪学、犯罪心理学、社区矫正和计算机科学与技术跨多学科结合研究，并利用人工智能、机器学习、深度融合和数据整合技术多学科边缘结合建模，通过智能模型对大量的社区矫正大数据进行学习训练和深入分析，获得各类数据产生的内因，从而通过对社区服刑人员的审前评估、再犯危险性评估、心理矫正辅助、日常智能管控、活动轨迹监控以及脱矫管理，预测其再发生犯罪的概率及发展趋势，并对社区服刑人

员进行分级处理，构建社区矫正智能管控体系，以此对社区服刑人员实现智能管控的目的。同时，利用大数据、信息技术等手段，减少社区矫正工作精力的投入、缩短投入管理的时长，利用大数据技术对管理成效进行定性和定量的评估和衡量，应用现代报表技术，将管理工作内容、进度、工作量、基本效果和结果进行填报、统计和上传，再通过人工智能技术处理有关数据，辅助决策，自动考评，从而在落实具体管控措施方面转化管理意识，实现高效监管。

（二）完善社区矫正衔接机制

通过移动 APP，应用协同管理、发送预警信息、推送异常报告等功能，实时上报内容数据，数据可包括但不限于文字、音频、图像、视频、GPS 数据等，将负责社区矫正、社区帮教、社区监控等具体工作任务的相关工作人员等有机结合到社区矫正工作中来，形成集公安、社区组织、管理民警和专业人士等多方监管的合力。

（三）着力解决社区矫正人员不足与工作量大的矛盾

如今社区矫正人员承担着越来越繁重的工作量，而这些人员往往缺少编制，所以从数量上看较为稀缺。更进一步来说，面对各项考核指标及各项工作的现实要求，社区矫正工作普遍存在着"人少事多"的矛盾，导致工作人员在接触矫正对象上的时间投入明显不足，对矫正对象相关信息了解、掌握不够全面，监管工作的针对性不强，矫正措施不当等问题。引入大数据、人工智能技术等现代信息科技手段，可大大提高监管工作的效率，降低监管人员的工作量，破除人员不足与工作量大的矛盾。

（四）着力破除社区矫正"人户分离"等引发的脱管及监管难问题

利用大数据和人工智能等技术手段，可实时掌握矫正对象轨迹数据，通过矫正对象轨迹记录、签到记录、突发随机签到等多种方式，自动对相关案件涉及矫正对象的信息线索进行排查分析，控制监管范围，降低工作量。结合数据记录，对矫正对象的异常聚集、异常出行区域进行实时监管，实时预警，提高监管的实效性。在重大社会活动期间，对矫正对象进行加密签到、划定区域签到、轨迹跟踪等特殊管理，确保正常社会活动的有序开展。同时可结合 PGIS（警用地理信息系统）技术，对矫正对象进行防区布控和撤控，以确保特殊区域（如机关、学校、医院等人员密集区）不受侵扰，同时为公安机关和现场保卫人员提供预警，从而预防和控制恶性事件发生，确保人民群众的生命财产安全和社会生活的正常进行。

四、大数据与人工智能时代刑罚执行之社区矫正面临的挑战

社区矫正作为我国司法工作的重要部分，必然要借力大数据、人工智能的发展与建设，实现社区矫正业务流程一体化、监管手段智能化、教育矫正网络化、执法办案数据化，加快适应国家治理能力现代化趋势下的社区矫正建设工作快速稳步高效推进。

大数据和人工智能的智能化水平有待提高，覆盖面有待扩展，在实践中大数据与人工智能时代社区矫正仍面临一定的挑战。

第一，在大数据与人工智能背景下，信息技术与社区矫正有机结合，系统架构方面，要构建国家、省、市、县、乡五级社区矫正信息系统；业务关联方面，要构建与公、检、法、监共享的信息化网络格局，避免信息系统各自为政，从而实现社区矫正信息化的全面化。

第二，社区矫正智慧化要利用大数据等现代信息技术实现社区矫正的数据交换、业务协同、网上办案、信息共享，即建立社区矫正一体化和集约化的矫正信息系统。社区矫正的各个部门要能够在同一平台上实现矫正信息的实时共享、信息及时收集，对矫正过程中出现的异常情况第一时间预警，各部门能够根据信息调动资源及时联动处置，要能实现指挥一体化响应、应急一体化处置和各种资源一体化整合，对各矫正机构资源、设备、技术等的配置要实现统一，才能更好地发挥作用。

第三，依托大数据技术的社区矫正系统化建设，要求社区矫正业务的衔接精准化和流程化。要利用大数据技术，将社区矫正的全环节形成一个完整的体系，实现社区矫正一体化。同时要涵盖社区矫正的各类业务范畴。对入矫前的社会危险性调查评估、社区交付执行、社区奖励与惩罚、社区矫正变更、解除和终止、社区矫正监管与帮扶等所有流程，进行一体化的信息化管理，才能全面提升社区矫正工作质量、规范执法水平，从而让社区矫正工作高效运转。

第四，在大数据背景下，社区矫正应当实现规范化。面对庞大的社区矫正人群，应当对社区矫正的数据资源进行科学化、系统化管理。同时管理流程需要科学化设计、规范化管理。从矫正人员入矫开始到矫正解除以及后续的帮扶，都需要借助大数据技术手段来对各个环节进行定性、定量管理。

五、结论

现代化的社区矫正工作离不开信息化的助力和推进,二十大报告也多次指出要推进数字政府的建设,所以推动社区矫正工作提质增效,越来越离不开信息化建设,加快信息化建设进程,细化管理制度,完善监管流程,规范监管过程,实现高效监管,离不开大数据、人工智能等科技的赋能,推进现代科技与社区矫正工作深度融合,让科技创新成为刑事执行、司法文明进步的强大驱动力。在社区矫正工作中引入信息技术、大数据技术、人工智能技术等前沿科学技术,坚持强化新一代信息技术在社区矫正工作中的深度研发、广泛应用,优化融合队伍建设与信息化平台建设,大数据技术和人工智能技术的应用,从而提升社区矫正工作效能[1]。

---

[1] 黄璐瑶:"社区矫正工作落实治本安全观的路径探究",载《辽宁警察学院学报》2018年第4期。

校园欺凌的特征与应对策略

王晓瑞[*]

(中国政法大学 北京 100088)

摘　要：校园欺凌作为目前曝光度较高的未成年人犯罪形式，已经引起了社会的广泛关注，其呈现出来的网络学习传播性、行为人低龄化及其监护人主体责任不到位等特征，使其对社会具有极其严重的危害性，完善校园欺凌犯罪的量刑、追责制度，同时加强责任主体责任，尽职尽责，而非一味地追责，一刀切处理，需要通过一系列措施从根本上遏制校园欺凌的发生。

关键词：校园欺凌　行为特征　应对策略

近年来，随着校园欺凌事件的大量曝光，校园欺凌已经引起了人们的广泛关注，当前校园欺凌呈现出低龄化和恶劣性的特征，并存在受害人受害后转化为施暴者的可能性。[1] 当下我国的校园欺凌案件整体呈现高发态势，并且传统的法律规制措施在网络空间欺凌、群体性欺凌、低龄化欺凌等校园欺凌新样态下收效甚微，因此需要结合校园欺凌的实际情况在规制措施上作出调整，而调整的规范依据则是新修订的未成年人保护法规。当前实践对预防校园欺凌领域收效甚微，从案例来看在处置校园欺凌过程中，罪行认定及量刑普遍较轻，施暴者普遍对法律缺乏敬畏，不能令其正确认知自己的犯罪行为，反而助长了其行为之恶。[2]

---

[*] 作者简介：王晓瑞（1987年~），女，汉族，山西临汾人，中国政法大学同等学力研修班2022级学员，研究方向为刑法学。

[1] 参见陈禹衡、王金雨："对提倡适用恶意补足年龄制度的批驳——以农村留守儿童为分析视角"，载《山东青年政治学院学报》2020年第3期。

[2] 姚建龙："未成年人罪错'四分说'的考量与立场——兼评新修订《预防未成年人犯罪法》"，载《内蒙古社会科学》2021年第2期。

在司法实践过程中，校园欺凌行为因为手段情节的差异、当事人年龄的差别，而分属于不同类型的未成年人罪错行为，需要对应不同类型的规制与预防措施，研究校园欺凌行为首先需要发掘当下校园欺凌行为的特征，其次需要在其特征基础上对不同类型的校园欺凌行为进行规范解读，最后需要构建严密的校园欺凌风险防控机制。总之，在未成年人利益最大化理念和社会安全秩序防控理念之间寻求对未成年人保护的平衡。

一、校园欺凌的行为特征

（一）网络化学习传播性

当代社会，网络已经成为当前未成年人信息来源的主要途径，同样在校园欺凌案件中，通过网络学习并实施、传播校园霸凌已经成为目前的主要特征。[1]

第一，校园欺凌行为的网络传播导致未成年人容易模仿其中的情节与行为，未成年人的辨识意识较低，容易受到网络欺凌视频影响并模仿其中的行为，为了追寻所谓的"刺激"而产生欺凌同学的想法，导致校园欺凌行为的进一步泛滥。根据尼尔·波兹曼"童年的消逝"理论，信息传播的发达容易导致未成年人过早进入成年人的世界，利用"抖音""快手"等网络社交媒体传播被害人被欺凌的视频容易促使未成年人获得"虚假的满足感"，在自媒体时代，无处不在的信息传播终端把一些连成年人都难以完全抵御的负面信息全方位呈现在未成年人面前，并导致其走上模仿校园欺凌的不归路。

第二，校园欺凌行为的网络传播容易对被害人造成二次伤害，网络传播的快速性导致欺凌视频在网络空间被广泛传播，而被害人在视频中一般处于被欺凌的弱势地位，施害人的某些手段兼具残忍性和侮辱性，尤其是在女性校园欺凌案件中，很多行为因为和感情问题挂钩，从而涉及对被害人性羞耻心的侵犯，侵害被害人的人格权和隐私权，这种"荡妇羞辱"式伤害在网络空间的快速传播，对被害人造成了严重的"二次伤害"，因此面对校园欺凌行为的网络化，必须考虑如何在根源上切断校园欺凌视频的传播。

综合来看，校园欺凌在网络空间传播的弥散化扩大了其传播范围，这种伤害借助网络空间进行隐藏而且难以被发现，那么规制机构在加强对网络空

---

[1] 参见陈禹衡、徐盛铭："《预防未成年人犯罪法》视角下校园欺凌行为的规制"，载《预防青少年犯罪研究》2022年第4期。

间校园欺凌信息传播的监管时,也需要对校园欺凌信息在网络空间的传播进行善后。

(二)行为人低龄化特征

通过对近几年办理的未成年人犯罪案件的统计可以发现,如今未成年人犯罪逐步呈现违法行为人低龄化的特征,随着社会及经济的高速发展,未成年身体和心理年龄也同步发展,但他们个人主观意识未能对社会的发展有一个正确的认知,恰恰使他们误入歧途,也因此《刑法修正案(十一)》对未成年人的恶性犯罪行为的刑事责任年龄进行了部分下调。刑事责任的下调并不能从根本上制止校园欺凌行为,要结合个案进行分析,对行为人主观认知及行为的恶劣进行认定,并将受害人的身体、心理创伤作为处罚参考依据,从而让校园欺凌行为人对此行为有所警醒,从根本上遏制校园欺凌。

(三)学校、老师及其监护人对校园欺凌的包容性较大

在对校园欺凌案件的处理过程中,我们发现,学校、老师、家长对校园欺凌容忍度较高,对未成年人日常管理中存在教育缺失的问题。学校以学习成绩为主,从而导致对学生心理教育存在一定短板。以"卫某某殴打他人案"为例,卫某某组织多名女孩多次掌掴、殴打李某,并要求其裸奔、下跪等,并录下视频在"快手"传播,李某为一名在校学生,后又效仿卫某某行为在其宿舍对他人进行施暴。卫某某父亲长期外出务工,因卫某某为领养,其母亲对其管教不听,同案例中李某同为父母外出务工人员,在案件发生并通报后,家长监护及管理并未有所加强,反而助长了行为人的犯罪行为,从而导致更为恶劣的犯罪后果。此案例并非个例,在其他案件办理中总结发现,家长及监护人的教育缺失或者极大的包容都是未成年人犯罪从萌芽走向深渊的主要原因之一。因此在遏制校园欺凌问题时,预防、教育在一定程度上是将问题交给问题,不能够起到遏制的作用。

二、《刑法修正案(十一)》对校园欺凌犯罪刑事年龄的认定

《刑法修正案(十一)》下调了未成年人刑事责任年龄,在刑事责任年龄调整之后,对于未成年人校园欺凌中的犯罪行为,刑法可以适用的范围有所扩张,[1]而对于未成年人而言,采用刑事制裁措施的威胁性更大,既符合

---

[1] 参见李翔:"'刑法十一'司法适用热点分析",载《检察风云》2021年第13期。

当下积极刑法观中刑事立法扩张的趋势，也能够有力地威慑恶性校园欺凌犯罪行径。

结合校园欺凌的特征及校园欺凌犯罪导致的恶劣后果，《刑法修正案（十一）》的颁布可以迫使未成年人在实施违法暴力行为前因想到要承担的刑事责任而停止侵害，同时也符合当前的低龄化特点，对校园欺凌行为形成震慑力。但对于未造成严重恶性后果的未成年人还缺少一定的震慑力。

三、对校园欺凌的应对策略

（一）加强对校园欺凌刑事案件的罪行量定及追责

首先，在法律定义中要认识到校园欺凌往往为群体性、重复性、隐蔽性的主观恶意行为。其次，就校园欺凌的法益侵害和加重情节的实质判断标准而言，还可考量加害人的预谋心理、持续时间、侵害的行为幅度和损害规模的线性变化趋势等。再次，要注意在校园欺凌的刑事规制中，情节恶劣是追究刑事责任的前提，即属于入罪的要件，对刑事责任的各种判断要素的运用应当提前至核准追诉程序。最后，需继续深化"罪责刑"原则内部逻辑的协调，对校园欺凌行为的犯罪事实、具体情节、社会影响等要综合考量，不能仅以公权力强行介入相应的刑事和解，造成程序正义的异化以及对实质正义的破坏。

（二）学校、家长及监护人加强综合防治

未成年人作为祖国的未来，学校、家长都应为其尽职尽责，但这并不足以起到防治作用，学校要转变教学理念，加强对学生心理建设的辅导，但心理建设不与学校切身利益相挂钩，因此不足以使学校注重心理教育，加之因校园欺凌导致的恶性后果，使学校对此类问题作"一刀切"处理，使未成年更加没有改正的可能性，所以要形成强制上报机制，相关部门要对其下发风险提示函，更正的并非不再发生此类事件，而是要从根本上去拯救一个孩子或几个孩子，同时减少舆论扩散，以教育挽救为主要目的，保证不放弃、不抛弃。家长及监护人要起到监护作用，对名存实亡者要求民政、司法、公安、社会福利机构及社区或村干部介入，保证能有效落实监护责任，不能听之任之。

受贿罪量刑标准数额、情节初探

王彦博*

（中国政法大学 北京 100088）

摘 要：受贿罪定罪量刑标准关乎我国反腐倡廉工作的力度和效果，其定罪量刑标准数额、情节设定的科学性更代表了我国反腐法治建设的水平，在具体适用时应建立以具体情节为前提，受贿数额为标准的综合判定体系，包含重点行业领域及国家重要、紧急重大事项等其他情节，最终在司法实践中确立各种情节下的受贿数额定罪量刑标准。

关键词：受贿罪 情节数额 重点行业领域

十八大以来，受贿犯罪依旧是腐败犯罪中最主要的犯罪类型，其中受贿罪定罪量刑的数额、情节标准的合理、科学，直接关乎和反映我国反腐败法治水平层级和受贿罪预防效果。近年来因我国经济发展迅速，提高受贿罪数额标准的声音逐渐显现，现时代国家重大项目接续进行，政府工作人员在管理、审批相关事宜中更为关键，目前受贿罪标准数额、情节司法认定标准更应结合政治要求、经济发展、重大事项等具体情况，细化定罪量刑标准情节与数额。

一、我国受贿罪定罪量刑的数额标准发展过程

（一）十八大前受贿罪定罪量刑的标准数额、情节发展过程

1979年《刑法》第185条其中前两款，主要规定受贿罪以情节作为中心标准，数额为考量要素之一。1982年全国人大常委会发布《关于严惩严重破

---

* 作者简介：王彦博（1992年~），男，汉族，山东威海人，中国政法大学同等学力研修班2022级学员，研究方向为刑法学。

坏经济的罪犯的决定》虽然引入数额，但仅为受贿罪情节作补充。1988年全国人大常委会《关于惩治贪污罪贿赂罪的补充规定》全面引入数额标准，将情节单轨标准转变为数额、情节双轨标准。1997年《刑法》依然延续了数额、情节双轨标准，提高了量刑档次的具体数额标准。

（二）十八大后受贿罪定罪量刑的标准数额、情节发展过程

《刑法修正案（九）》依然是数额、情节两套标准并行。2016年4月18日起施行的最高人民法院、最高人民检察院《关于办理贪污贿赂刑事案件适用法律若干问题的解释》规定数额较大（3万元）、数额巨大（20万元）、数额特别巨大（300万元），在具体执行中数额相对情节起到了更加重要的作用。

二、我国受贿罪定罪量刑数额、情节标准问题的再思考

受贿罪表象是国家工作人员利用职务便利，索取或者收受他人财物，为他人谋取利益，其本质上是对国家工作人员形象、国家机关公信力、廉洁性的侵犯。[1]对于受贿造成的影响大小不应统一尺度一概以受贿数额而论，需要综合受贿情节，更加详细、便于执行的标准要求。

（一）反腐工作现状

十八大以来我国反腐工作已经取得了显著成效，反腐工作效果明显。虽然现行受贿罪定罪量刑起刑数额3万元，已经对潜在有受贿犯罪倾向的政府工作人员起到了一定的震慑作用，但随着反腐工作长期推进，部分公职人员对于纪检监察机关的调查、取证方式方法的了解愈发深入，"反侦察意识"逐步提高，受贿犯罪情况屡屡反复，受贿侥幸心理有复发苗头。现行受贿定罪量刑标准的震慑作用随着反腐工作时间长期推进而逐渐降低，现已无法满足现行反腐工作推进需要，降低受贿罪定罪量刑数额标准的相关要求需提上日程。

（二）重点行业领域沿用现有受贿罪定罪量刑标准的正当性

我国国家工作人员数量庞大，主要是对腐败情况频发、敏感职位、重点行业，尤其是直接服务于民众生活的国家工作人员、领域要重点防范，其受

---

[1] 汪雪城："'非数额情节'与'数额'并重：我国受贿罪应确立双轨评价标准——兼评《贪污贿赂解释》第1—3条"，载《时代法学》2017年第6期。

贿行为直接影响民众对政府公信力、反腐败工作成效的看法。例如公安、医疗、教育等领域直接关乎人民生活各个方面，相关政府工作人员的受贿行为直接影响民众对政府公信力、廉洁性的信任度，再如在土地、规划、建设、工程、能源等行业，可直接造成国家资源损失，其相对于其他行业影响更为严重、深远。

（三）国家重大、紧急事项沿用现有受贿罪定罪量刑标准的正当性

重大、紧急事项一般涉及高额实施资金、管理架构复杂、参与管理人数众多，属于易于发生受贿行为的重点行业领域。其受贿行为所造成的影响也更为严重、直接。对该类重大、紧急事项的受贿行为若沿用现行数额、情节予以定罪量刑，无法持续有效地震慑潜在有受贿倾向的政府工作人员。

三、我国受贿罪定罪量刑数额标准、情节探索

（一）重点行业领域，国家重大、紧急事项受贿罪定罪量刑情节标准探索

近年来各地土地、规划、建设、工程、能源等项目建设工程等方面受贿案件频发，公安、医疗、教育等重点行业领域直接关乎民生民意，国家重大、紧急事项因其管理层级复杂、审批人员较多、涉及金额巨大，基于以上行业与事项的特殊性，对相关受贿行为的数额标准与情节标准划定更加值得关注与思考。究其原因，主要是行贿人易通过行贿方式达成与政府工作人员钱权交易利益链条，通过行贿、分红、提成等直接、间接方式获得其个人利益。行贿人通过行贿方式达到目的的想法迫切，对政府工作人员行贿方式更加多样、隐蔽，行贿的金额数量一般较大，面对巨额行贿钱款、物品价值的诱惑以及因受贿方式隐蔽所抱有的侥幸心理，更容易导致潜在有受贿犯罪倾向的政府工作人员无法自觉抵制诱惑最终实施受贿行为。

因此，在受贿罪司法认定标准方面，应对现行受贿罪定罪量刑标准作出更为细致的规划，通过具体情节考察受贿对公信力、公权力等造成的损害予以综合考量，但受贿情节又难以具体、明确，在实际运用中界定模糊。

受贿罪应当依然按照"情节+数额"的二元定罪量刑标准，但应将情节中包括行业领域、重大事项等能予以明确的具体情节作为数额的先行条件、前提，在定罪量刑方面首先考虑情节是否与相关行业领域、重大紧急事项相关联，进而再分归具体数额标准予以定罪量刑，以此实现受贿罪情节因素相关考量的具体化、实际化，以便提高司法实践的可操作性。

(二) 重点行业领域，国家重大、紧急事项受贿罪定罪量刑数额标准探索

新形势下针对受贿罪高发、频发的敏感行业及相关事项上的反腐工作，更需要从"不敢腐"层面，加大对有受贿倾向公职人员的震慑力度。从受贿罪实际来看，受贿罪犯罪人员主要为国家公职人员。从领导干部至基层人员较其他一般刑事犯罪而言，文化、学历、智商更高，规避手段也更加隐蔽。官商利益共同体紧密程度差异性较大，现行起刑数额易导致立案困难，最终无法进一步深入调查，纵容实际受贿数额比较大的受贿罪调查对象，导致"老虎"变"苍蝇"。

鉴于以上原因应推进重点行业领域，国家重大、紧急事项受贿罪定罪量刑数额降低入刑标准、划定时间截止点。例如将现行规定的3万元的受贿罪入刑标准下调。自二十大以后，重点行业领域从业政府工作人员或国家重大、紧急事项中实际参与人员受贿罪入刑标准降低，具体降低数额应根据政治要求，重要程度以及相关行业领域，重大、紧急事项受贿罪影响综合考虑，提升对潜在受贿人员或有受贿心理苗头的政府公职人员威慑力。

(三) 受贿罪定罪量刑标准数额、情节关系探索

虽然现行受贿罪入刑标准为情节、数额并行，但在受贿罪的司法实践中，由于《解释》所设置的情节，执法人员难以准确地把握、证明，受贿罪数额相对于情节更加容易认定，在具体实践中多以数额作为实际标准。[1]而将数额作为单一标准，不能综合评定受贿罪所带来的影响、造成的损失，因此情节加数额综合考量需要纳入对受贿罪定罪量刑的研究范围。情节数额综合考量主要以情节作为数额的前提条件，将情节归类化，将数额分类化、细致化，便于执法人员在司法实践中具体适用，梳理为具体情况加受贿数额，将情节、数额认定程序化，简单来说为政府公职人员在各种具体情况下适用不同的起刑金额，再根据实际受贿金额数量，套用"较大""巨大""特别巨大"规定相应层级条件。具体情况又可分类为，重点行业领域，国家重大、紧急事项，造成国家经济损失等各类具体情况。更加便于在司法实践中实行受贿情节、金额的综合考量，将受贿罪的情节和金额两大要素整体结合。

---

[1] 王刚："贪污受贿罪量刑新标准的司法适用研究"，载《河北法学》2018年第9期。

论黑社会性质组织犯罪中"软暴力"行为的认定

吴 頔*

(中国政法大学 北京 100088)

摘 要:如今黑社会性质组织犯罪中的暴力形式逐渐转向"软暴力",不同于严重的暴力犯罪的表现形式,"软暴力"更加隐蔽同时难以认定。需要对"软暴力"的概念和特征进行清晰的界定,从而对实践中具体情形进行分析,准确认定黑社会性质组织犯罪中的"软暴力"。

关键词:黑社会性质组织 扫黑除恶 软暴力

我国《刑法》第294条规定了组织、领导、参加黑社会性质组织罪,成立该罪必须同时满足第5款规定的4个特征,即组织特征、经济特征、行为特征和危害性特征。在具体的司法认定过程中,行为特征的基本表现就是暴力性。随着扫黑除恶政策力度的加大和国家反腐败斗争的深入推进,以严重的暴力为表征的"硬暴力"的行为模式逐渐转向"软暴力"。故有必要对黑社会性质组织犯罪中出现的这种"软暴力"现象进行剖析,有利于精准打击黑社会性质组织犯罪。

一、黑社会性质组织犯罪中"软暴力"的概念与特征

根据2018年的《关于办理黑恶势力犯罪案件若干问题的指导意见》第1条的规定,"软暴力"是指行为人为牟取不法利益或形成非法影响,对他人或

---

* 作者简介:吴頔(1995年~),女,蒙古族,内蒙古呼伦贝尔人,中国政法大学同等学力研修班2022级学员,研究方向为刑法学。

者在有关场所进行滋扰、纠缠、哄闹、聚众造势等，足以使他人产生恐惧、恐慌进而形成心理压制，或者足以影响、限制人身自由、危及人身财产安全，影响正常生活、工作、生产、经营的违法犯罪手段。[1]在实践中，这种现象十分常见，例如在电影《火锅英雄》中，刘波欠下巨额债务，债主七哥带着一群小弟在其家中催款，这种非法侵入他人住宅的行为就属于"软暴力"；再比如因欠赌债被讨债人员拉挂横幅，在家门口贴纸喷字，对人放哀乐送花圈等行为均属于"软暴力"的范畴。黑社会性质组织的目的是通过实施"软暴力"来牟取经济利益，形成社会影响力。

"软暴力"是当前社会黑社会性质组织实施犯罪的基本手段，主要具有如下特征：第一，"软暴力"犯罪方式多元化。涉"软暴力"的黑社会性质组织的行为方式涵盖了滋扰、聚众造势、威胁、辱骂、围堵、纠缠、哄闹等多种手段，大部分案件的犯罪手段为多种方式并存、交叉使用，对被害人的心理压制进一步强化，使黑社会性质组织触犯的罪名复杂化。第二，"软暴力"隐蔽性较强。通常实施"软暴力"的黑社会性质组织不会直接对被害人采取显性暴力行为，而是以威胁、纠缠、变相"谈判协商"等隐蔽方式，或利用黑社会性质组织在当地长期形成的影响力谋取不法利益，导致"软暴力"犯罪所造成的精神伤害难以被衡量与判定，也无形中增加了司法认定与惩治的难度。第三，"软暴力"侵害领域逐步扩大。黑社会性质组织"软暴力"犯罪侵害领域逐步由传统的高利贷、赌博、色情等领域向房地产、交通、旅游、租赁、网络信息等新兴领域扩张，加剧了黑社会性质组织对社会的危害性。

那么具体什么程度的软暴力能够被认定为黑社会组织犯罪中的行为特征呢？根据最高人民法院2022年最新发布的第33批指导性案例第186号"龚某文等组织、领导、参加黑社会性质组织案"的裁判要点，"软暴力"有向"硬暴力"转化的现实可能性，足以使群众产生恐惧、恐慌进而形成心理强制，并已造成严重危害后果，严重破坏经济、社会生活秩序的，应认定该犯罪组织具有黑社会性质组织的行为特征。[2]通过该指导案例可以归纳出"软暴力"的认定标准，非暴力的手段依然能够成立黑社会性质组织犯罪行为。

---

[1]　最高人民法院、最高人民检察院、公安部和司法部《关于办理黑恶势力犯罪案件若干问题的指导意见》(法发〔2018〕1号)。

[2]　最高人民法院发布的第33批指导性案例第186号（最高人民法院审判委员会讨论通过2022年11月29日发布）。

二、实践中"软暴力"的认定难点

黑社会性质组织是对社会危害性极大的组织，对整个社会的生产和生活都存在严重影响。我国一向秉持着"打早打小、除恶务尽"的态度坚定打击黑社会性质组织，坚定遵循罪刑法定和罪刑相适应的原则办理涉黑"软暴力"犯罪，力争做到准确运用同类解释规则进行审慎认定。根据《全国部分法院审理黑社会性质组织犯罪案件工作座谈会纪要》第1条第3项，"打早打小"不是抢功战、运动战，不能一味地追求打击黑社会犯罪的可能性而将仅仅有非暴力行为的，或者是小型组织的犯罪活动当作黑社会性质组织犯罪处理；对黑社会性质组织尽早打击，绝不允许不加区分地一律按照黑社会性质组织处理。[1]第2条末段表明黑社会性质组织的行为特征应当具有物理意义上的暴力性。这表明在实践中不能将"软暴力"作为"硬暴力"的兜底，不能采取主观入罪的想法，将无法解释为"硬暴力"的行为解释为"软暴力"。所以对于黑社会性质组织犯罪中的"软暴力"行为应当审慎认定，即依托于黑社会性质组织以"硬暴力"行为实施的现实可能性为基础条件多种非暴力的手段并存的危害他人身心健康和财产安全的行为。

第一，"软暴力"具有隐蔽性。黑社会性质组织的"软暴力"行为隐蔽性强且持续时间长难以发现。"软暴力"涉黑行为会对受害人的心理形成压制，心理压制的影响范围、伤害程度、持续时间以及"软暴力"行为方式与经济摄取的关联性都很难作为证据被量化与评估。

第二，"软暴力"行为特征边缘化。"软暴力"并非传统的暴力型犯罪，多处于违法与犯罪的边缘，且大多披着合法的外衣。暴力性特征不具有明显突出表现，在主客观方面也很难判断该行为能否对一定范围产生威慑从而形成影响力。

第三，"软暴力"行为手段多样化。在生活中同一行为手段，从道德层面进行评价和从法律层面进行评价会存在差异，因此不能直接以行为手段及其表现后果来认定是否为暴力犯罪。由于"软暴力"行为不断变换，法律规定和政策指引并无穷尽罗列的可能。

---

[1] 参见《全国部分法院审理黑社会性质组织犯罪案件工作座谈会纪要》。

三、如何更好地认定黑社会性质组织"软暴力"犯罪并攻破难点

"软暴力"行为有其隐蔽性的难点,在打击涉黑"软暴力"犯罪时难以发现。故司法机关在接手"软暴力"涉黑案件时,应当就案件中的类暴力行为与传统暴力犯罪进行对比,分析是否属于传统暴力的方式。在收集相关证据时,要做到不孤立看待每一条线索,合理封存证据,做到收集证据细致化、全面化,从而形成完整的证据链。此外,对于被害人的心理损害可以联合心理专家对被害人进行评估,并对可能造成的损害程度做好相关记录。

尽管"软暴力"行为特征边缘化,但办理"软暴力"涉黑案的司法人员应当注意,黑社会性质组织实施"软暴力"行为一般以恐吓威胁手段为基础,如果"软暴力"行为没有达到其非法目的,黑社会性质组织依然可能会选择"硬暴力"来实现其非法目的,故"软暴力"行为一般是以"硬暴力"行为实施的现实可能性为基础,具有非终局性。

实践中的关键在于如何甄别"软暴力"行为是否涉黑,具体来说首先可以从黑社会性质组织本身及组织的全部行为进行判断,如果"软暴力"行为只实施一次则不能满足黑社会性质组织的行为特征,该暴力行为应为多次,司法实践中一般多为 3 次以上,才能认定其行为具备组织性特征;其次应当根据具体政策性文件,[1]从案件中各因素的关联性出发,在本质上考察该行为手段是否以组织的影响力为依靠,显性暴力威胁的可能性是否存在,是否足以使他人产生恐惧形成心理压制,或者足以影响、限制人身自由危及人身财产安全、影响正常生产、工作、生活等。

四、结语

随着扫黑除恶政策力度的加大和国家反腐败斗争的深入推进,黑社会性质组织逐步将侵害领域由传统行业转向新兴行业,犯罪模式也向隐蔽性更强、收益率更高的"软暴力"层面转变。由于涉黑"软暴力"犯罪具有隐蔽性强、组织性、非终局性、犯罪方式多元化等特征,导致相关立法面临能否突破罪刑法定、能否满足罪责相适应等困难。故需从行为特征、行为手段、组

---

[1] 例如 2018 年 1 月中共中央、国务院发布的《关于开展扫黑除恶专项斗争的通知》和最高人民法院、最高人民检察院发布的《关于办理黑恶势力犯罪案件若干问题的指导意见》。

织特性、社会条件等多方面进行综合考虑，精准认定涉黑"软暴力"犯罪。通过立法与司法的结合完善"软暴力"犯罪行为的相关司法解释；通过宣传与打击结合，加大威慑力度；通过加强公安机关、检察机关、法院的协作配合，形成打击合力，坚持"打早打小"，确保"打准打实"；通过理论研究与实际结合严厉打击"软暴力"涉黑犯罪，保证刑事法律与刑事政策的双轨运行，切实保障人民群众的人身及财产安全。

试论虚假诉讼罪的构造

王世存*

(中国政法大学 北京 100088)

摘　要：经济活动的愈发频繁导致商业纠纷随之增长，近年来出现大量意图利用诉讼谋取不当利益的行为，严重扰乱了司法秩序。对此，《刑法修正案（九）》针对司法实务中的虚假诉讼行为新增了虚假诉讼罪。为了更好地在实践中适用，需要剖析虚假诉讼罪的构造，从而厘清本罪适用的条件。从本罪保护的正常有序的司法秩序和他人的合法权益出发，构成本罪除了需要以捏造的事实提起民事诉讼之外，还要求妨害司法秩序或侵犯他人合法权益。

关键词：虚假诉讼罪　适用条件　捏造事实

一、虚假诉讼的概述

《刑法》第六章妨害社会管理秩序罪的第二节妨害司法罪中规定了虚假诉讼罪。在该罪设立之前，法学界有些学者认为虚假诉讼行为违背诚实信用原则，与诈骗罪的构成要件相匹配，以诈骗罪论处较为妥当；也有学者认为，与妨害作证罪的犯罪构成类似，民事诉讼中的虚假诉讼行为以妨害作证罪论处较为妥当。《刑法修正案（九）》于2015年8月29日公布，2015年11月1日施行，首次将诉讼中的虚假诉讼行为纳入刑事犯罪领域，在《刑法》中[1]

---

* 作者简介：王世存（1992年~），男，汉族，北京人，中国政法大学同等学力研修班2022级学员，研究方向为刑法学。

[1]《刑法》第307条之一规定："以捏造的事实提起民事诉讼，妨害司法秩序或者严重侵害他人合法权益的，处三年以下有期徒刑、拘役或者管制，并处或者单处罚金；情节严重的，处三年以上七年以下有期徒刑，并处罚金。单位犯前款罪的，对单位判处罚金，并对其直接负责的主管人员和其他直接责任人员，依照前款的规定处罚。有第一款行为，非法占有他人财产或者逃避合法债务，又构

予以明确规定，该等违背诚实信用原则的虚假行为将受到刑法的调整与规制，有必要对该罪在实践中如何准确适用进行相应探究。

二、虚假诉讼的构造

（一）行为主体

虚假诉讼罪的主体，需要从民事诉讼的相关规定中予以确定。在我国法律中，公民、法人和其他组织这三种主体可以提起民事诉讼。对应的，虚假诉讼罪的行为主体包括自然人和单位，其中，单位包括法人和其他组织。关于虚假诉讼罪的行为主体，有些学者认为该罪的犯罪主体仅为以捏造的事实提起民事诉讼的原告，[1]按照文理解释，能够提起民事诉讼的只有原告，但司法实践中往往存在与原告串通、教唆虚假诉讼的被告和第三人等，若将该等被告、第三人排除在虚假诉讼罪的行为主体之外，将不利于惩罚犯罪，故笔者认为不应对本罪的行为主体作出限制，即本罪的行为主体既包括原告，还有民事诉讼被告、第三人等。

（二）实行行为

1. 捏造相关事实

以捏造的事实提起民事诉讼是成立虚假诉讼罪的前提条件，捏造的事实通常指凭空编造的事实，不存在的事实或部分与客观事实不符的事实。一般来说，在实践中可以见于民事诉讼中起诉状的事实与理由部分。此处的事实和理由是不同的概念。[2]在司法实践中提起诉讼的原因不尽相同，起诉时当事人援引的法律依据不一定准确，存在错误援引或法律法规失效、被代替等情形，此时不宜认定捏造的事实（包括理由），只要当事人以真实的事实提起诉讼，即便理由是错误的、虚假的，也不成立虚假诉讼罪。具体是谁捏造的事实在所不问，也就是说可以是当事人自己捏造的，也可以是利用他人捏造的事实。例如无中生有、部分篡改、阴阳合同等。

（接上页）成其他犯罪的，依照处罚较重的规定定罪从重处罚。司法工作人员利用职权，与他人共同实施前三款行为的，从重处罚；同时构成其他犯罪的，依照处罚较重的规定定罪从重处罚。"

[1] 参见许晓东："论《刑法修正案（九）》第三十五条实施之困境"，载《法制博览》2015年第32期。

[2] 参见张明楷："虚假诉讼罪的基本问题"，载《法学》2017年第1期。

2. 提起民事诉讼为前提

本罪的构成要件要求是提起民事诉讼，不包括提起行政诉讼和自诉案件的刑事诉讼，需要注意的是，提起民事诉讼还包括刑事附带民事诉讼，刑事附带民事诉讼本质属于民事诉讼，只是该民事诉讼处于刑事诉讼程序中。民事诉讼程序包括第一审程序、第二审程序、特别程序和审判监督程序（再审程序），有些学者认为，虚假诉讼罪的构成要件之一是以提起民事诉讼为前提，仅指提起一审诉讼程序，[1]笔者认为不应对提起民事诉讼的程序阶段进行范围限定，即只要是捏造的事实，无论在哪个民事诉讼程序提出，该等行为妨害司法秩序或侵犯他人合法权益的，都构成本罪。

（三）侵犯的法益

法益是彰显处罚正当性的主要根据之一，也是界分罪与非罪的重要标准。笔者认为本罪所侵犯的客体除了民事司法秩序之外，还应当包括他人的合法权益。理由在于虚假诉讼罪侵犯的客体是复杂客体，包括正常的司法秩序以及不限于财产性利益的他人的所有合法权益，其中正常的司法秩序是主要客体。[2]有些案例虽然是原告和被告相互串通，但是实际目的也是借此损害他人的合法权益。

三、虚假诉讼的犯罪形态

实践中对于虚假诉讼罪的犯罪形态的探讨也十分激烈。笔者认为其关键在于虚假诉讼罪的成立是否以发生特定的结果为前提，也就是说是否行为人只要向法院提起恶意诉讼就构成既遂，之后法官是否因此作出错误判决不影响其犯罪成立。[3]与此相对的，有观点认为该罪的成立必须严重妨害到司法秩序并且侵害他人的合法权益。这种探讨并不是无病呻吟式地研究，而是考虑到整个诉讼过程并不是一个时间点，而是一个较长的时间段。在实践中经常会出现，行为人捏造虚假的事实提起诉讼，在查清事实的阶段就可以识破，笔者认为此时并没有严重妨害到司法秩序，所以此时还不能认为构成虚假诉讼罪。

---

[1] 肖怡："《刑法修正案（九）》虚假诉讼罪探析"，载《法学杂志》2016年第10期。

[2] 王志亮："虚假诉讼行为入罪初探"，载《东方法学》2016年第4期。

[3] 于海生："论诉讼欺诈行为的刑法评价——以《刑法修正案（九）（草案）》第33条为研究对象"，载《学术交流》2015年第9期。

从本文认为的虚假诉讼罪所侵犯的法益来看，虚假诉讼罪的既遂以妨害司法秩序和严重侵犯他人合法权益为标志。[1]笔者认为，虚假诉讼行为的着手应以提交立案为时点，立案前是犯罪预备阶段，从提交法院立案庭审核着手。虚假诉讼罪的构成一定需要法官受到之前捏造的虚假事实影响从而作出不符合社会公平正义的判决。根据刑法的谦抑性原则，一般意义上的虚假诉讼不能认定为虚假诉讼罪既遂。在司法实践中，对于新罪的适用一定要保持谨慎的态度。

四、结论

随着我国立法的不断完善，妨害社会管理秩序罪的典型代表虚假诉讼罪已入刑，这也奠定了有效打击妨害司法罪的法律基础，虚假诉讼行为是违背公序良俗和诚信缺失在诉讼领域最集中的表现形式，不仅严重侵害了当事人及案外人的合法权益，而且违背民事诉讼诚实信用原则，严重扰乱了正常的诉讼秩序，损害了司法权威和司法公信力，破坏了良好的司法环境，助推了社会失信与道德滑坡，社会危害性极大，合理有效运用法律解释技巧，深刻认识虚假诉讼罪的构造，对打击虚假诉讼行为，营造和优化良好的司法环境与社会氛围至关重要。同时需要严格进行认定，刑法不应过度介入民事诉讼，而是起到后置位的保障作用。

---

〔1〕 行江、张亦然："虚假诉讼罪的理解与适用"，载《河南警察学院学报》2016年第2期。

高速公路闯卡逃费行为的刑法定性研究

李朝阳*

(中国政法大学 北京)

摘 要: 近年来,全国各地收费公路闯卡逃费的行为屡禁不绝,此类行为不仅影响其他人员正常通行权益、影响高速公路经营管理单位利益,更影响社会公共管理秩序,然而对于该行为的定性问题却长期存在较大争议,其中存在盗窃说、抢夺说、诈骗说、寻衅滋事说、以危险方法危害公共安全说等。笔者认为,对于以尾随前车或直接闯卡方式逃避缴费的行为应当认定为抢夺罪。

关键词: 闯卡逃费 刑法定性 抢夺罪

闯卡逃费行为在我国屡禁不止,影响了高速公路经营管理单位以及许多正常通行人员的合法权益,引起群众广泛关注和网友大量吐槽,尤其是节假日期间,高速公路闯卡逃费的现象时有发生,对人民群众的生命健康造成极大损害。在这样的形势下,各部门对闯卡逃费行为的管理和处理力度也相应加大,但实践中由于闯卡行为的表现形式多种多样,造成各方对如何判定这类行为的性质、依据什么法条进行处罚,尚未形成较为统一的意见,本文就对这一问题进行分析探讨。

一、本文探讨的闯卡逃费行为类型

高速公路逃费行为有多种途径,不同情形应分类讨论,不可一概而论,本文仅探讨通过尾随前车或直接闯卡方式逃避缴费的行为。而闯卡逃费行为

---

* 作者简介:李朝阳(1995年~),男,汉族,河北邢台人,中国政法大学同等学力研修班2022级学员,研究方向为刑法学。

又可以分为三种情形：一是无暴力因素闯卡逃费，主要通过紧跟前车闯卡，未破坏栏杆、未造成收费员人身安全危险；二是暴力闯卡，仅损害栏杆等公共财物，并未危及人身安全；三是暴力闯卡，严重危及收费员、管理员或其他行人安全。第三种类型的暴力闯卡因严重危及人身安全，超出一般财产犯罪范畴，视情况可定性为故意伤害、抢劫、以危险方法危害公共安全等，需具体情况具体分析。前两种情形中，逃费次数较多、造成损失金额较大的，不仅损害了高速公路收费公司的利益，还损害了公共管理秩序，因此具有纳入刑事打击范畴的必要性，本文主要就此类情形进行探讨。

二、学界主要分歧

多年来，学界一直存在破坏生产经营罪、寻衅滋事罪、诈骗罪、盗窃罪、抢夺罪等不同观点，其中主流思想集中在诈骗罪与抢夺罪之间，而近年来，随着"大盗窃"概念的兴起，定盗窃罪的观点亦有增多趋势。现将学界主要观点简介如下：

一是破坏生产经营罪。破坏生产经营罪的定性思路是以暴力方式破坏高速公路公司的生产经营活动。对该观点的主要争议在于破坏生产经营的主观目的及方式。二是寻衅滋事罪。寻衅滋事罪的定性思路是强拿硬要公私财物，并且破坏社会管理秩序。对该观点的主要争议在于对强拿硬要的主观性理解。三是诈骗罪。诈骗罪的定性思路主要是对入口处收费员隐瞒逃费目的，骗取高速公路通行的有偿服务。对该观点主要争议在于收费员是否基于认识错误处分财产。四是盗窃罪。盗窃罪的定性思路主要是通过平和手段转移财产，属于公然窃取、公然逃跑。对该观点的主要争议在于窃取能否公开进行。五是抢夺罪。抢夺罪的定性思路主要是以驾车闯关的暴力行为，公然夺取他人紧密占有的公私财物。对该观点的主要争议在于对紧密占有之认定。

三、本文意见分析

不同观点意见均有其逻辑及争议，笔者认为以抢夺罪定罪更为合适。

（一）破坏生产经营罪

客观上，高速公路公司提供高速公路服务并收取费用属于正常生产经营活动，闯卡逃费行为确实对其造成了影响破坏，但具体手段仅采用了逃脱方式，与"毁坏机器设备、残害耕畜"等行为[1]差别明显。主观上，闯卡人的行为目的是逃避收费，属于"以非法占有为目的"，而不是泄愤报复等蓄意破坏的目的，这一点与其他财产犯罪相区别。因此，该犯罪行为从客观上、主观上均与法条表述不符，不应成立破坏生产经营罪。

(二) 寻衅滋事罪

客观上，闯卡人强行破坏关卡，占有应缴费用，表现为强行占有公私财物，但这更符合抢夺罪的表现形式而非寻衅滋事罪，因为"强拿硬要"需要行为人与被害人之间有意思沟通与交流，而闯卡人与管理者并无意思交流。主观上，寻衅滋事罪由流氓罪发展而来，虽然目前"流氓"动机的概念已被弱化，但《关于办理寻衅滋事刑事案件适用法律若干问题的解释》第1条中继续强调了寻衅滋事罪的寻求刺激、发泄情绪、逞强耍横等动机，闯卡逃费行为的动机为逃避费用，与寻衅滋事罪的动机要求显然不符。因此，该犯罪行为从客观上、主观上均不符合寻衅滋事罪的构成要件，不应成立寻衅滋事罪。

(三) 诈骗罪

诈骗罪是当下的主流观点之一，但仍有较为严重的缺陷。首先，我们认可财产性利益也可以成为财产犯罪的客体的观点，因此认为在成立诈骗罪的学说观点中，"骗取高速公路通行的有偿服务"中的"有偿服务"作为犯罪客体。在此基础上，我们主要讨论"收费员是否基于认识错误处分财产"这一关键问题。从时间节点上看，该学说认为欺骗的对象是入口处收费员，即要求行为人在一上高速公路之初，在入口处即具有了通过隐瞒逃费目的使收费员免费为其提供有偿道路通行服务的主观意图，而实际逃费的犯罪行为发生在出口处，逃费意图发生区间难以判定，我们不能靠主观臆断认为其在一上高速公路之初就具备了犯罪目的，实施了欺骗入口处收费员的犯罪行为，因此，我们不能认定入口处收费员产生了认识错误，更不能认定该收费员因认识错误而允许闯卡人免费享受高速公路的有偿服务。

(四) 盗窃罪

在对诈骗罪的论述中支持了财产性利益可以成为财产犯罪的对象的观点，

---

[1]《刑法》第276条规定，破坏生产经营罪是指由于泄愤报复或者其他个人目的，毁坏机器设备、残害耕畜或者以其他方法破坏生产经营的行为。

那么关于是否能定盗窃罪，主要……大盗窃概念的兴起，许多使用平和……于盗窃行为的在学界和实务界越来越多的认为"公然……财产的行……结合我国国情来客观看待，不可简单套用"……定盗窃其一，日本没有抢夺罪，所以具有极强的普适性，但在……概念窃行为，盗窃就是秘密行为，我们很难将一个在大街上当面拿……西就跑……"贼""小偷"，公开的行为就是称为"抢"，学者的公开盗窃论目前……说服大多数中国民众。同时，刑法理论通说历来是将盗窃罪的行为表述为……密窃取，因此笔者暂不支持公开盗窃说。其二，基于闯卡逃费……行为来讲，哪怕承认公开盗窃概念，也不能否认其实际带有一定程度的公然对抗性，高速公路公司对高速公路秩序具有管理力，收费员并非看不到其闯卡行为，只是没有来得及采取阻拦措施，特别是冲杆闯卡行为，更是公然对抗高速公路管理秩序。因此，盗窃罪难以定义闯卡逃费行为。

（五）抢夺罪

虽然我们承认财产性利益可以作为财产犯罪的对象，但是抢夺罪的对象要求是他人紧密占有的财物。抢夺罪中"紧密占有"的财物应理解为必须是被害人握在手中、背在肩上、装在口袋等与人的身体紧密联结在一起的财物〔1〕。但该观点其实是将行为对象作了限缩解释，实际上只要是他人支配的财物即可成为抢夺的对象，且高速公路管理部门设置了规范严密的关卡、派有专人进行管理，该管理已然较为有力，对所提供的的财产性利益具有较强的支配力，以至于逃费人不得不采取闯卡行为才能实现目的，因此也可以评定为其紧密占有或者具有高度支配性的财物。此外，从构成要件上看，主观上，闯卡者具有侵占应缴过路费的非法占有目的，客观上，闯卡者在明知有栏杆且收费员当场的情况下公然闯卡，显然是利用车辆速度趁收费员来不及拦截的心理，符合趁人不备、公然夺取的要件，在犯罪构成方面，闯卡逃费行为与抢夺罪最为契合。

四、结语

诈骗罪、盗窃罪、抢夺罪以及其他罪之间往往存在一些模糊的界限，学

---

〔1〕 参见龚晓明、刘明智："'驾车闯关逃费'行为如何定性"，载《中国检察官》2011年第4期。

隐名股东排除强制执行问题研究

常嗣婧[*]

(中国政法大学 北京 100088)

摘 要：股权代持的情况下，名义股东对外负有个人债务时，如果名义股东之债权人强制执行名义股东代持的涉案股权，将引发隐名股东和名义股东债权人之间的权利冲突与对抗，优先保护何者的利益在目前的司法判决中是一个颇具争议的问题。通过检索相关案例，发现存在"同案不同判"的情形，本文依据相关案例的裁判要旨，对名义股东排除强制执行，提出相关实务解决对策。

关键词：股权代持 隐名股东 强制执行 善意取得

一、股权代持异议之诉生效判决的现状分析

名义股东的债权人申请强制执行争议股权，隐名股东为了保护自己权益采取执行异议或者执行异议之诉救济方式，并在有证据证明自己是实际出资人的前提下，隐名股东是否可以对抗名义股东的债权人？

本文以中国裁判文书网，且限定"最高人民法院的判决"为搜索样本，限定搜索时间为 2015 年至 2022 年；限定案由为执行异议之诉；以"隐名股东""股权代持""强制执行"等为关键词，排除重复案例后，[1] 得到如下结果：在实务中，有些法院认为应当优先保护名义股东之债权人的利益，另

---

[*] 作者简介：常嗣婧（1994 年~），女，汉族，山西太原人，中国政法大学同等学力研修班 2022 级学员，研究方向为经济法学。

[1] 梁聪聪："谁动了我的股权：股权代持异议执行之诉运用制度的检视与完善——以近三年 86 例民事判决书为样本"，载马世忠主编：《司法体制综合配套改革中重大风险防范与化解——全国法院第 31 届学术讨论会获奖论文集》（下），人民法院出版社 2020 年版，第 1574 页。

一些法院认为应当优先保护隐名股东的利益。就样本数据而言，支持名义股东之债权人的胜诉判决的数量远多于支持隐名股东可以排除名义股东之债权人的强制执行权的判决。[1]目前未有统一的结论，且存在较大的观点分歧。

下表对部分典型案件的最高人民法院观点进行分类整理：

观点	典型案例	裁判理由概括汇总
认为隐名股东享有足以排除强制执行的民事权益的案例占少数	[2021]最高法民申1236号 [2015]最高法民申2381号 [2019]最高法民申2978号 [2018]最高法民申5464号 [2018]最高法民申3511号	(1) 股权善意取得制度的适用主体限于名义股东存在股权交易的第三人 (2) 债权债务关系发生之前，债权人并不存在信赖问题 (3) 申请执行人的权利主张并不当然优于隐名股东的主张
认为隐名股东不享有足以排除强制执行的民事权益案件占大多数	[2018]最高法民再325号 [2016]最高法民再360号 [2017]最高法民终100号 [2019]最高法民再45号 [2016]最高法民申3132号 [2020]最高法民终845号	(1) 登记具有公示效力 (2) 名义股东的非基于股权处分的债权人亦属于法律保护的第三人范畴 (3) 在执行阶段，仍存债权人信赖利益保护问题 (4) 股权代持在先，优先保护债权人

二、"同案不同判"情形出现的原因

整理归纳案件后可以发现，出现"同案不同判"的情形的争议焦点在于：

（一）请求权基础方面

对名义股东债权人的债权请求权的权利性质是没有争议的，那么隐名股东享有的权利是物权还是债权，在很大程度上将影响裁判的结果。

依据《全国法院民商事审判工作会议纪要》（以下简称《九民纪要》）对另案生效判决提起执行异议之诉的规定（第123条和第124条），对隐名股

---

[1] 杜新梅："债权人申请执行名义股东代持股权的理论解构——基于78份生效裁判的实证分析"，载《黑龙江省政法管理干部学院学报》2021年第2期。

那么关于是否能定盗窃罪，主要矛盾点在于盗窃能否公开进行。其一，随着大盗窃概念的兴起，许多使用平和方法侵害财产的行为都被列入了盗窃行为，在学界和实务界越来越多的认为"公然"也可以定盗窃。但是这种观点需要结合我国国情来客观看待，不可简单套用，"大盗窃"概念来自日本，而因为日本没有抢夺罪，所以具有极强的普适性，但在中国几千年的传统文化中，盗窃就是秘密行为，我们很难将一个在大街上当面拿了东西就跑的人称为"贼""小偷"，公开的行为就是称为"抢"，学者的公开盗窃理论目前还无法说服大多数中国民众。同时，刑法理论通说历来是将盗窃罪的行为表述为秘密窃取，因此笔者暂不支持公开盗窃说。其二，基于闯卡逃费具体行为来讲，哪怕承认公开盗窃概念，也不能否认其实际带有一定程度的公然对抗性，高速公路公司对高速公路秩序具有管理力，收费员并非看不到其闯卡行为，只是没有来得及采取阻拦措施，特别是冲杆闯卡行为，更是公然对抗高速公路管理秩序。因此，盗窃罪难以定义闯卡逃费行为。

（五）抢夺罪

虽然我们承认财产性利益可以作为财产犯罪的对象，但是抢夺罪的对象要求是他人紧密占有的财物。抢夺罪中"紧密占有"的财物应理解为必须是被害人握在手中、背在肩上、装在口袋等与人的身体紧密联结在一起的财物[1]。但该观点其实是将行为对象作了限缩解释，实际上只要是他人支配的财物即可成为抢夺的对象，且高速公路管理部门设置了规范严密的关卡、派有专人进行管理，该管理已然较为有力，对所提供的的财产性利益具有较强的支配力，以至于逃费人不得不采取闯卡行为才能实现目的，因此也可以评定为其紧密占有或者具有高度支配性的财物。此外，从构成要件上看，主观上，闯卡者具有侵占应缴过路费的非法占有目的，客观上，闯卡者在明知有栏杆且收费员当场的情况下公然闯卡，显然是利用车辆速度趁收费员来不及拦截的心理，符合趁人不备、公然夺取的要件，在犯罪构成方面，闯卡逃费行为与抢夺罪最为契合。

四、结语

诈骗罪、盗窃罪、抢夺罪以及其他罪之间往往存在一些模糊的界限，学

---

[1] 参见龚晓明、刘明智："'驾车闯关逃费'行为如何定性"，载《中国检察官》2011年第4期。

界也一直有很多争论，高速公路闯卡行为的定性是一个比较常见的、典型的问题。本文通过对一类行为、五种评判的分析讨论，既是对闯卡逃费这一具体行为的探讨，也力图对财产犯罪与其他犯罪、各类财产犯罪之间的边界问题进行分析论证，希望能在类似问题的判断中提供新的思路。

隐名股东排除强制执行问题研究

常嗣婧*

(中国政法大学 北京 100088)

摘 要：股权代持的情况下，名义股东对外负有个人债务时，如果名义股东之债权人强制执行名义股东代持的涉案股权，将引发隐名股东和名义股东债权人之间的权利冲突与对抗，优先保护何者的利益在目前的司法判决中是一个颇具争议的问题。通过检索相关案例，发现存在"同案不同判"的情形，本文依据相关案例的裁判要旨，对名义股东排除强制执行，提出相关实务解决对策。

关键词：股权代持 隐名股东 强制执行 善意取得

一、股权代持异议之诉生效判决的现状分析

名义股东的债权人申请强制执行争议股权，隐名股东为了保护自己权益采取执行异议或者执行异议之诉救济方式，并在有证据证明自己是实际出资人的前提下，隐名股东是否可以对抗名义股东的债权人？

本文以中国裁判文书网，且限定"最高人民法院的判决"为搜索样本，限定搜索时间为2015年至2022年；限定案由为执行异议之诉；以"隐名股东""股权代持""强制执行"等为关键词，排除重复案例后，[1]得到如下结果：在实务中，有些法院认为应当优先保护名义股东之债权人的利益，另

---

* 作者简介：常嗣婧（1994年~），女，汉族，山西太原人，中国政法大学同等学力研修班2022级学员，研究方向为经济法学。

〔1〕梁聪聪："谁动了我的股权：股权代持异议执行之诉运用制度的检视与完善——以近三年86例民事判决书为样本"，载马世忠主编：《司法体制综合配套改革中重大风险防范与化解——全国法院第31届学术讨论会获奖论文集》（下），人民法院出版社2020年版，第1574页。

一些法院认为应当优先保护隐名股东的利益。就样本数据而言，支持名义股东之债权人的胜诉判决的数量远多于支持隐名股东可以排除名义股东之债权人的强制执行权的判决。[1]目前未有统一的结论，且存在较大的观点分歧。

下表对部分典型案件的最高人民法院观点进行分类整理：

观点	典型案例	裁判理由概括汇总
认为隐名股东享有足以排除强制执行的民事权益的案例占少数	［2021］最高法民申1236号 ［2015］最高法民申2381号 ［2019］最高法民申2978号 ［2018］最高法民申5464号 ［2018］最高法民申3511号	（1）股权善意取得制度的适用主体限于名义股东存在股权交易的第三人 （2）债权债务关系发生之前，债权人并不存在信赖问题 （3）申请执行人的权利主张并不当然优于隐名股东的主张
认为隐名股东不享有足以排除强制执行的民事权益案件占大多数	［2018］最高法民再325号 ［2016］最高法民再360号 ［2017］最高法民终100号 ［2019］最高法民再45号 ［2016］最高法民申3132号 ［2020］最高法民终845号	（1）登记具有公示效力 （2）名义股东的非基于股权处分的债权人亦属于法律保护的第三人范畴 （3）在执行阶段，仍存债权人信赖利益保护问题 （4）股权代持在先，优先保护债权人

二、"同案不同判"情形出现的原因

整理归纳案件后可以发现，出现"同案不同判"的情形的争议焦点在于：

（一）请求权基础方面

对名义股东债权人的债权请求权的权利性质是没有争议的，那么隐名股东享有的权利是物权还是债权，在很大程度上将影响裁判的结果。

依据《全国法院民商事审判工作会议纪要》（以下简称《九民纪要》）对另案生效判决提起执行异议之诉的规定（第123条和第124条），对隐名股

---

〔1〕杜新梅："债权人申请执行名义股东代持股权的理论解构——基于78份生效裁判的实证分析"，载《黑龙江省政法管理干部学院学报》2021年第2期。

东的权利性质作出了进一步的解释。隐名股东依据另案生效判决：

（1）在前诉为确权类型判决基础上所提出的异议之诉情形下，符合实际出资人可排除强制执行的条件。换言之，此时实际出资人可排除强制执行，其对被执行标的之物具有优先性。

（2）在前诉为给付判决的基础上所提出的异议之诉情况下，执行法院需要判定权属优先性，实际出资人之债权并不具备当然的优先性。

（二）法律适用方面

第一，在保护第三人利益时，究竟是采用外观主义原则保护一般大众第三人，即适用《公司法》第32条第3款规定的"不得对抗第三人"，[1]还是采用实质主义原则，仅保护股权交易的相对人，[2]何者为优先。

对此，《九民纪要》在引言部分，对信赖利益的法律适用范围给出了进一步的解释，即对第三人的认定局限于股权交易行为的相对人，而非广泛的一般第三人。且条文表述进一步缩限为实际出资人而非隐名股东，应当从实质大于形式的角度出发，而非简单地取决于公示外观。因此，在适用外观主义时，为了避免法律适用过于宽泛，应当注重适用的边界。

第二，对于"善意取得制度"的适用，最高人民法院《关于适用〈中华人民共和国公司法〉若干问题的规定（三）》第25条规定，应当参照《民法典》第311条的规定，条文表述进一步缩限为善意取得是就针对交易相对人而言。[3]

（三）利益衡量方面

当然，具体案件应当具体分析，除上述的裁判理由之外，基于案件事实，法院在具体案件中应优先保护名义股东债权人的利益，还是应优先保护隐名股东的利益。出于公平合理以及有利于个案中的交易秩序的原则，在具体案例中保护何者利益，更多的是裁判者自由裁量权的体现。[4]在具体案件中，隐名股东通过他人代持来规避法律，存在法律限制的目的或行为时，判决隐名股东不能排除对涉案股权的强制执行，在一定程度上可以倒逼隐名股东慎重选择股权代持。

---

[1]《公司法》第32条第3款规定："……不得对抗第三人。"

[2]《民法典》第65条规定："……不得对抗善意相对人。"

[3] 文双百："利益衡平视角下的股权代持"，载《法制博览》2021年第23期。

[4] 胡松松："股权代持中隐名股东法律风险相关问题分析"，载《法制博览》2019年第28期。

三、隐名股东排除强制执行的对策

隐名股东提起案外人执行异议和执行异议之诉，主张排除人民法院对股权的强制执行。在实际判例中，隐名股东的胜诉案例相较于名义股东债权人胜诉的案例，数量较少。且由于现行法律裁判观点不同，无法得到统一的观点，因此，本文就隐名股东排除强制执行，从实务操作提出如下对策：

（1）订立书面代持协议。代持有风险，无论隐名股东还是名义股东均如是。应签订书面的股权代持协议。[1]在协议内容确保合法有效的前提下，明确约定双方权利义务，限制名义股东行使权利的方式，如股东权利的行使、名义股东配合隐名股东显明的义务、名义股东转让股权的违约责任等事项，以便于在名义股东侵害行为发生后，追究其违约责任。

（2）当争议发生时，股权被保全的情况下，隐名股东不要以自己的财产贸然申请对股权的保全，否则一旦法院裁定置换，进入执行程序后，隐名股东提供的财产将会被执行。

（3）隐名股东的显名化。[2]其方式主要有，以参与到企业实际经营决策中的方式显名化，或者将其与名义股东签订的代持协议对企业的股东予以披露告知，尽可能以获得过半数股东的同意的方式显名化。

（4）股权信托制度的构建。[3]对于传统的做法，将股权登记在自然人名下，在发生争议时，该登记股权就会成为执行对象，对于此，可用设立信托的新方式代持股份，利用信托财产具有独立性的特点，确保涉案股权不被执行或分割。

（5）办理质押股权的方式。[4]约定名义股东将代持的股权以质押的方式给隐名股东，即便在涉案股权被执行的情况下，也能确保隐名股东享有优先受偿权，来规避执行的风险。

---

[1] 王磊：“股权代持中隐名股东法律风险相关问题探究”，载《重庆电子工程职业学院学报》2017年第4期。

[2] 杨强强：“论代持股协议的法律性质和效力”，载《河南财政税务高等专科学校学报》2022年第2期。

[3] 从文：“股权代持——如何保障'透明人'利益的法律思考"，载《法制博览》2017年第26期。

[4] 葛伟军：“股权代持的司法裁判与规范理念"，载《华东政法大学学报》2020年第6期。

浅析"大数据杀熟"现象中的消费者权益保护

刁俊杰*

(中国政法大学 北京 100088)

摘 要:"大数据杀熟"在互联网技术、数字经济发展的今天成为侵害消费者权益的典型现象。限于信息不对称、数据和技术的不可获得、"大数据杀熟"行为的隐蔽性,消费者在与互联网平台进行商事往来的过程中居于弱势地位,尽管我国《消费者权益保护法》规定了消费者的知情权、自主选择权、公平交易权与个人信息保护权,但互联网平台侵犯消费者权益的现象仍有发生,究其根源应采取加强行政机关对网购消费者权益的保护、强化对消费者的教育与明确网络交易平台责任等措施。

关键词:"大数据杀熟" 互联网技术 消费者权益保护 用户数据

一、问题的提出

在互联网经营活动中,部分平台为获取更大利润,通过大数据技术分析用户数据,存在消费者浏览平台界面时存在屏蔽低位价格、不同人购买同一种商品显示的价格不一样的情况,而消费者很难察觉。这种现象是"大数据杀熟"的典型表现,其损害了消费者的权益、损害了消费者对互联网平台的信任、更损害了互联网平台自身的品牌形象,进而会对整体的互联网经营产生间接的不利影响。为了保护消费者相关权益、优化互联网经营活动、营造良好的营商环境,需要对此现象作进一步的研究。

为探究以上问题,我们需要从概念入手,何为"大数据"?大数据又是怎

---

* 作者简介:刁俊杰(1995年~),男,汉族,河北保定人,中国政法大学同等学力研修班2021级学员,研究方向为经济法学。

样通过互联网对用户进行"杀熟"的？"大数据"是基于对已经发生的关联或不关联的、同质或非同质的海量数据的收集、检索、分析和挖掘，预测未来事件发展模式的一种统计和分析技术。[1] 在社会经济生活中，"杀熟"一般是指"在经营活动中，利用熟人对自己的信任，采取不正当手段赚取其钱财，也泛指为私利损害熟人的利益"。相对于传统经济中的"杀熟"而言，"大数据杀熟"是指经营者依据对消费者个人消费偏好数据的收集、检索、分析与挖掘，利用忠诚客户的路径依赖和信息不对称，就同一商品或服务向其索取高于新用户的售价，并且该售价差别不反映成本差别。[2]

二、"大数据杀熟"现象形成的原因

随着互联网技术、数字经济的发展，网络购物、网络购票、旅游住宿、网络外卖等 APP 平台也随之产生且商家种类众多，由于足不出户就可以在线上的各大平台满足自己衣食住行的需求，这些平台成了目前大部分消费者的首选。很多互联网平台商家为了吸引用户并获得利润，会利用大数据分析用户在该平台的消费价格区间、消费习惯、浏览喜好等，当用户再次进入该平台时会被平台通过数据算法计算出用户自己喜好的产品界面，而价格也会有所改变。

2022 年 9 月 9 日，北京市消费者协会公布互联网消费"大数据杀熟"问题调查，其中七成多受访者认为仍然存在"大数据杀熟"现象，六成多受访者表示有过被"大数据杀熟"经历。调查结果显示，受访者表示在网络购物、在线旅游、外卖消费中遭遇过"大数据杀熟"。[3] "大数据杀熟"往往是由信息不对称、商家为了获得更大利润、消费者在互联网平台的被动"角色"导致，并且"杀熟"操作较为隐蔽，消费者很难发现。如前面所提到的用户消费习惯、消费价格区间、对商品的需求种类等，有的还会通过用户对产品的

---

〔1〕 邹开亮、刘佳明："大数据'杀熟'的法律规制困境与出路——仅从《消费者权益保护法》的角度考量"，载《价格理论与实践》2018 年第 8 期。

〔2〕 邹开亮、刘佳明："大数据'杀熟'的法律规制困境与出路——仅从《消费者权益保护法》的角度考量"，载《价格理论与实践》2018 年第 8 期。

〔3〕 "北京市消协发布调查报告：六成多受访者有被大数据'杀熟'经历"，载 https://content-static.cctvnews.cctv.com/snow-book/index.html?t=1662692321654&toc_style_id=feeds_default&share_to=copy_url&track_id=16EBF832-FEC5-4E5B-BAC3-679A8540A414_695454778809&item_id=117556978436167 92152，最后访问日期：2023 年 1 月 15 日。

迫切需求（比如打车、购买最近时间的车票、机票、线上购买礼物、衣服时间等），这些不易察觉的细节进行"杀熟"。

三、"大数据杀熟"现象侵犯了消费者的合法权益

"大数据杀熟"主要侵害了消费者的公平交易权、知情权，部分行为侵犯了消费者的个人信息权。

（一）侵犯了消费者知情权、自主选择权

互联网时代消费者以需求为导向，以便利为诉求，能够在短时间内在互联网平台获取大量信息的"便捷"是消费者的重要选择条件。比如线上购物，消费者通过筛选关键词可以浏览到自己想要购买物品的多种信息，店家为了吸引消费者眼球、销售自己平台物品、获取利润会发放平台优惠券、打折策略等，相较于线下实体店的购买节约了时间成本、经济成本。

从表面看消费者获取了更多的信息、得到了实惠，但是消费者的信息获取是在互联网的环境中，优惠价格、打折是互联网平台商家在一定利润基础上进行的，同一款商品也会出现价格不同的情况，如线上价格高于线下的价格。线上平台通过数据分析用户的购买心理（节约时间成本、线上优惠力度大于线下商品等）侵犯消费者的知情权，在互联网平台的环境里，消费者在平台页面浏览的价格是封闭的，存在浏览到的价格是已经屏蔽掉低价的情况，能选择的条件也在平台提供的范围内。消费者获取到的信息被限定为平台"想"让消费者看到的，消费者的知情权和自主选择权受到侵害。

知情权和自主选择权是我国法律赋予消费者的重要权利，《消费者权益保护法》第2章第8条、第9条对其有所规定。[1]因此，对"大数据杀熟"现象在侵害消费者知情权与自主选择权方面是有法可依的。

（二）侵犯了消费者公平交易权

在网络购物、网络购票、线上旅游、外卖等互联网平台未出现时，消费者在线下购买商品时可以通过多种方式方法进行比价，并且消费者处在价格公开，自主进行交易的营销环境，消费者购买某一商品能根据自己喜好、心

---

[1]《消费者权益保护法》第8条第1款规定，消费者享有知悉其购买、使用的商品或者接受的服务的真实情况的权利。《消费者权益保护法》第9条第1款规定，消费者享有自主选择商品或者服务的权利。

里价格定位进行选择。虽然互联网平台商家为消费者提供了更多的消费选择、种类多样的产品等，方便了消费者的生活，但是在互联网平台、大数据技术发展迅速的条件下，构成的信息不对称的消费环境对消费者而言是不利的，会对消费者公平交易权构成侵犯。

互联网平台与用户之间存在的信息不对称，消费者处在被动地位，互联网平台商家通过信息不对称利用大数据技术让不同人购买同一种商品显示不一样的价格，这种情况违反了公平交易、价格合理的要求。

（三）侵犯了消费者个人信息权

《消费者权益保护法》第29条规定了消费者的个人信息权，[1]未经消费者同意或者请求，商家不得擅自给用户发送商业性的消息或者订阅通知，互联网平台经营者要保护消费者信息不泄露。有些"大数据杀熟"行为可能会涉及对消费者个人信息权的侵犯，这主要集中于处理的数据和信息来源非提供产品的平台自身的情形。

四、"大数据杀熟"现象的解决路径

（一）加强行政机关对网购消费者权益的保护

提高行政机关对互联网平台消费市场的监管力度是解决方法之一。随着数据技术的快速发展，线上购物、售票、娱乐等APP的增加，网络经营从业者越来越多，在互联网经济繁荣的背后，我们要看到消费者在与互联网平台交易过程中的弱势地位，消费者权益的保护在线上线下应是统一的，监管机关负有保护弱势消费者的职责。互联网平台在为消费者提供便利消费的同时，存在着很多不易察觉的消费陷阱，许多互联网平台经营者利用互联网的特性（如互联网平台交易信息不受空间限制、各类信息交互性迅速且信息交换成本低等）大打价格信息战，为自己谋取更大的利润。因此要提高对互联网平台、互联网平台经营者的管控、对大数据的监管，营造良好的网络消费环境。

（二）强化消费者教育

消费者是"大数据杀熟"现象规制中的直接利益主体，应当提高自我保护意识。因此需要对消费者进行教育，帮助消费者擦亮眼睛，商家以利润为

---

[1]《消费者权益保护法》第29条第1款规定，经营者收集、使用消费者个人信息，应当遵循合法、正当、必要的原则，明示收集、使用信息的目的、方式和范围，并经消费者同意。

目的,在获取利润时会对商品大打价格战、套路战,并且在一定程度上夸大商品的使用价值,抓住消费者购物心理,诱导消费者进行消费,特别是在当下各类网络购物节的节点进行广泛宣传。在线上购物的同时,消费者也可以兼顾线下商品的挑选。与此同时,互联网平台的经营者也要恪守经营本分,遵守相关的法律法规,将心思放在提高商品的性能、质量、品牌价值方面,打造良好的口碑,良性带动消费者的购买需求。

(三)明确网络交易平台责任

在网络交易中,互联网平台是有责任的,应明确平台的具体责任。《消费者权益保护法》第 44 条明确规定了网络交易平台的责任。适合的责任是避免违法行为的有效保障,对注册商家进行实名、建立并完善惩罚制度,对侵害消费者权益的互联网平台及平台商家进行相应的处罚是可行手段。

五、结语

"大数据杀熟"现象是随着互联网技术、大数据技术的迅速发展而产生的,加强对其监管是构建、维护良好社会消费环境的重要体现,有利于进一步形成良好的互联网消费环境,促进互联网营商环境更加公平、公开、公正、透明。同时我们也要清醒地认识到法律面对日新月异的社会发展时会呈现出一定的滞后性,这需要广大公民和法律制定者、实施者等多方面的共同努力。

出资瑕疵股东之民事法律责任

淦 珍[*]

(中国政法大学 北京 100088)

摘 要：股东出资是公司设立以及获取独立法人资格的基础，同时亦是公司开展投资项目、贸易往来、保障企业稳定运营的物质基础；对于公司股东而言，按时、足额、确定出资是取得股东资格、享有股东权利、实现投资利益的依据。股东出资瑕疵意味着注册资本制下的担保功能与衡量公司偿债能力的标准丧失。股东的出资行为与公司资本制度紧密相连。股东对公司享有的权利基础在于对公司的出资。股东履行出资义务，以此为代价获得相应的股权份额，据此享有公司的股东权利，且后期公司可否正常运行也皆依赖于此。在资本认缴制下，厘清股东出资瑕疵的类型，分析股东出资瑕疵应当承担的责任，从而寻找解决之道，具有社会现实意义。

关键词：出资瑕疵 法律责任 资本确定原则

一、概述

我国《公司法》并未对出资瑕疵做出明确的规定，但依照《公司法》第28条中"股东应当按期足额缴纳公司章程中规定的各自所认缴的出资额"的规定，股东应当按照《公司法》相关规定、股东之间的出资协议以及公司有效章程规定的方式、期限承担并完成出资义务，当股东违反法定出资义务时，即体现为瑕疵出资。

在司法实践中，股东如出现违反《公司法》关于出资的规定，未按出资

---

[*] 作者简介：淦珍（1994年~），女，汉族，江西九江人，中国政法大学同等学力研修班2022级学员，研究方向为经济法学。

协议、公司章程约定履行出资义务，或虽然出资但不符合协议、章程约定的情形的，以及股东出资后又抽逃出资的，均会被认定为出资瑕疵。因此，笔者在此粗略将出资瑕疵的定义为股东实际履行出资义务不符合法律规定、公司章程及出资协议的行为，包括"不履行出资义务"和"不完全履行出资义务"两种情形。前者包括拒绝出资（指股东在公司章程上签字或签订了相关出资协议，但是拒绝依约履行出资义务）、迟延出资（指股东未按照相关法律、各方出资协议及公司章程等规定的期限完成出资）、虚假出资（指股东表面上履行了出资义务但实际上并没有出资。实务中虚假出资主要表现为：股东将公司收益作为个人对公司的出资款；或是仅将约定出资的财产权交予公司使用但不配合完成财产权转移手续，致使公司无法依法享有该非货币出资的财产所有权）和抽逃出资（指在公司设立时，股东依法履行完毕出资义务，但待公司成立后，股东通过关联交易等一系列手段将其出资款暗中撤回，实际仍然以原出资额享有股东权益）等情形，后者包括部分出资、出资价额未达到公司章程规定等情形（即出资不足）。

二、我国股东瑕疵出资的民事责任现状和不足

（一）股东瑕疵出资的民事责任

就股东瑕疵出资应承担的民事责任，根据我国《公司法》和相关司法解释的规定，大致可分为以下几类：

首先，公司或公司其他股东发现股东存在瑕疵出资的情形时，可以根据《公司法》第28条的规定，向瑕疵出资股东行使补足出资请求权，即公司或者其他股东可以要求该瑕疵出资股东立即补足出资并承担违约责任。值得注意的是，该补足出资请求权的主张不受诉讼时效的限制。上述民事责任的理论基础在于，我国公司尤其是有限责任公司，是以人和制为原则、资合制为表现方式的法人形式，股东之间依据股东协议设立公司，系合同关系，股东出资系对股东协议内容的履行方式之一。故股东如未按约定履行出资义务，股东需按照约定补缴不足出资的余额，另一方面，股东还可能需向守约股东承担违约责任。

其次，公司出现资不抵债的情形下，出资瑕疵的股东还应向公司债权人在未出资的范围内承担补充清偿责任。最高人民法院《关于适用〈中华人民共和国公司法〉若干问题的规定（三）》第13条、第19条等，明确规定了债权人行使权利的诉讼时效和瑕疵出资人的民事责任。当然，瑕疵出资股东仅需在应缴而未缴的金额的本息范围内对债权人承担清偿责任。

最后，公司董事、高级管理人员在增资、第三人代垫资金中，应按照规定，承担与自身过错相符合的民事责任。

（二）法律规定存在的弊端：实践性不足

我国现行《公司法》及相关司法解释对股东出资瑕疵承担的民事责任虽有规定，但实践中因条文过于宽泛而致可操作性不强。据此，本人简举几点思考如下：

第一，公司大股东或实际控制人，常常利用其对公司的过度控制而瑕疵出资，如通过关联交易抽逃出资、虚构债权债务关系以逃避出资等情形，这势必会侵蚀公司资本并对其他小股东及公司债权人利益造成损害。由于董事会、监事会基本由大股东或实控人把持干预，导致股东代表诉讼门槛变高，最终小股东会选择忍气吞声。作为公司外部人员的债权人，相比之下，信息获取能力更加有限，实践中面临的举证责任更具挑战性。此外，瑕疵出资股东往往利用法人人格独立性事先转移、隐匿其相关财产，一旦发生公司财产无法清偿债务的情况，债权人将难以要求瑕疵出资股东提供补充清偿责任。

第二，我国《公司法》关于股东瑕疵出资并未作出规定以保障债权人利益，主要法律渊源更多来自大陆法系代位权的规定，主要参考民法理论中关于债权人代位权的规定，法律基础弱。当股东、董监高属等内部人不履行监督职责时，债权人举证其过错艰难，且其担责又往往较轻，债权人弱势地位明显。

第三，补足差额的担责力度偏弱，仅以未出资额本金及利息为限，难以制止其违约行为。且往往不足以弥补其造成的损失。

第四，目前我国司法裁判对于瑕疵出资股东进行股权转让的相关问题仍然存在多种看法，常常在各级法院内形成不同判断。瑕疵出资股东的股东资格问题、股权转让协议效力问题、出资补足责任的承担问题等，均需要进一步完善并统一司法标准。

三、完善股东瑕疵出资民事责任制度的建议

（一）完善瑕疵出资股东的民事责任立法规范

如前所述，法律规定的不尽完善是导致瑕疵出资股东民事责任难以界定

的因素之一,因此,完善瑕疵出资股东的民事责任规范具有现实意义。正值公司法第六次修订之际,现行公司法仅仅规定了股东对公司资本充实责任、对守约股东的违约责任及对债权人的差额清偿责任的情况下,公司法可进一步明确对相关请求权主体及责任的划分,确定责任性质及承担方式。针对上述问题立法可以从以下方面着手改进:首先,明确瑕疵出资责任承担的主体及其应该负担的具体责任,做到权责明晰,罚当其过,同时建立针对追缴瑕疵出资的专门监管体系。因时代进步,非货币出资类型更加复杂多样,应进一步归纳总结瑕疵出资新类型。其次,通过完善追责的程序性法律,加大对瑕疵出资的打击力度。即法律程序门槛要低、可操作性要强。使得发生问题时,相关主体可及时获得有效救济,减少损失。最后,细化其他股东追缴的权利,有利促进社会诚信。

(二) 利用社会信用体系建立预防机制

现行法律规定的事后惩戒股东瑕疵出资行为虽可起遏制作用,但滞后性明显,同时亦发生不必要的损失。可充分利用个人信用影响力,结合社会信用体系建立设立时股东诚信记录披露和常态化公示的机制。通过不定期核实信用记录,对之前有过瑕疵出资行为的出资人加强监督。同时对已发生瑕疵出资行为的出资人,根据主观恶意、造成危害等标准确定事后惩罚力度。

(三) 加速股东出资责任到期制度

我国立法和司法就提前实现股东出资责任的规定都有待完善,本人认为可从设立股东、债权人的"出资请求权"的角度进行部分细化。

因公司股权过分集中,使得大股东容易以延迟出资或出资不足等方式侵害小股东利益,同时,小股东在查询公司账簿、调查取证等方面又存在天然劣势。现行法律规范没有为小股东保障自身利益提供直接依据,如何解决股东基于其身份所享有的相关权利与义务成为新的问题。探索建立"股东出资请求权"不失为一条解决问题的路径[1]。如前所述,大股东滥用股东权力会造成人格混同,但据此否认公司独立法人资格有违资本制度改革初衷。所以当小股东利益受损时可以赋予小股东对瑕疵股东的瑕疵出资请求权以保障自身利益,这可能是可以实践的办法之一。

公司债权人作为公司偿债的主要对象,赋予其出资请求权是非常重要且

---

[1] 张东伟:"公司注册资本认缴制下股东出资责任研究",中国社会科学院 2017 年硕士学位论文。

必要的。实务中,为照顾债权人权益,一般在公司破产阶段适用股东出资责任加速到期。但本人认为,这并不利于公司管理者及时发现并纠正出资瑕疵的问题,最终亦导致公司走向破产。现有法律明确债权人可主张补充赔偿责任,但依托人格否认制度解决瑕疵出资责任问题的效果也十分有限。即对债权人利益保护和股东出资期限利益的保护问题存在明显的冲突。据此,应建立其他特定条件下可加速股东出资责任到期的制度,以更早发现公司资本问题并相应减轻债权人压力。

浅议个人破产制度下的管理人制度构建

褚玲娜*

(中国政法大学 北京 100088)

摘　要：自2021年3月《深圳经济特区个人破产程序条例》正式揭开"个人破产制度"面纱以来，全国各地法院纷纷出台有关"个人破产制度"的工作指引、实施意见、试行规定等，积极探索个人破产制度下的相关政策，引领了我国"个人破产制度"从理论逐步走向实践。对于进入破产程序的企业，无论是重整、清算、还是和解，均会由"破产管理人"介入并进行持续的管理。相较于我国企业破产需严格遵循《企业破产法》这一有法可依的现状，当前我国的"个人破产制度"还属于新生事物，相关规定也仅零散见于各地法院制定的实施规章中，尚未形成体系化的法律制度。在此前提下，借鉴现行企业破产引入的"管理人制度"，搭建"个人破产制度"下的"管理人机制"，显得尤为重要。

关键词：管理人制度　个人破产

一、个人破产制度下引入"破产管理人"的必要性分析

(一) 破产管理人在个人破产制度下的接管功能

企业破产程序启动后，破产企业往往通过重整、和解、清算的方式"向死而生"或"规范退出"，这一过程势必需要对破产企业进行必要的财产管理、经营管理及权利行使等持续性接管。为了平衡破产程序中各方当事人的利益冲突，我国《企业破产法》第13条赋予了人民法院裁定受理企业破产申

---

* 作者简介：褚玲娜(1986年~)，女，汉族，浙江舟山人，中国政法大学同等学力研修班2021级学员，研究方向为民商法学。

请的同时,指定管理人的职权[1],这给企业在破产阶段"起死回生"带来了一线生机。相比企业破产,个人破产案件中涉及的财产关系、债权债务关系更加灵活和简单,要厘清其中的法律关系并做好财产调查、债权申报、财产管理和处置工作等,完全依靠破产申请人的自主申报,难以避免少报、漏报等情况。若仅依靠法院依职权对此展开调查,在当前信息披露尚未健全的情形下,恐有疏漏。此时引入由法院依职权指定的第三方中介机构"破产管理人",全面接管个人破产事务,不但能客观公正地掌握破产信息,确保有效公正地适用法律,还能有序高效地推进破产程序。因此,肯定破产管理人在个人破产制度中的接管功能,才能解决个人破产程序开始前后的债务人财产接管和资产调查工作衔接不畅的问题,切实保障债权人利益[2]。

(二)破产管理人在个人破产制度下的咨询功能

把破产管理人定义为个人破产程序的主要推动者和破产事务的具体执行者,可以最大程度地激励、发挥破产管理人的作用。《浙江法院个人债务集中清理(类个人破产)工作指引(试行)》第8条规定:"人民法院可以在诉讼服务中心引入管理人工作人员,就个人债务集中清理工作的受理条件、程序、法律后果等事项向债务人进行释明和引导。"这寓意着破产管理人在履行接管职责后,又承担起释法明理的咨询义务。管理人在全面深入了解破产案情后,接受破产程序参与者的相关咨询,依法披露相关信息并给出合理的程序建议、破产清偿方案等,在一定程度上推动了案件的进程。

(三)破产管理人在个人破产制度中的中立功能

个人破产程序启动后,债权人往往倾向于个别清偿,追求自身利益最大化。而与此相对应,债务人以减少自身破产财产为利益追求,隐匿、转移破产的行为不可避免。因此,将破产程序的主导权交由全体债权人或债务人,难免出现利益失衡的情形,不利于推动破产程序。而仅依靠公权机关来推动破产程序,亦无法做到在第一时间觉察破产财产的损失情况。此时,引入中立的破产管理人到个人破产程序中梳理债权债务关系确有必要。管理人秉持客观中立,依法确定破产财产范围,个案制作债务重整或清偿方案,将程序禁锢在法定范围内,确保各方利益的平衡。

---

[1] 参见2006年《企业破产法》第13条。
[2] 参见《英国破产法》第399条。

二、个人破产制度下的"破产管理人"体系构建

(一) 破产管理人在个人破产制度下的法律地位

现行《企业破产法》对管理人法律地位的定位采用的是"法定机构说",即认为管理人是法律为实现破产程序的目的而设定的履行法定职能的机构[1]。应当认识到,管理人参与破产案件时的法律地位与受托于一方当事人时的诉讼代理人的法律地位不同。管理人在企业破产程序中体现出法定性、客观性和专业性的特点。个人破产案件对管理人的要求亦是如此。破产程序牵涉众多利益群体,债权人与债务人之间的博弈,不同顺序的债权人之间的抗衡,以及其他享有优先权的债权人之间的对抗,都需要管理人从中恪守客观中立的立场,不偏不倚,依法履职。

(二) 破产管理人在个人破产制度下的选任方式

破产程序构建的主要目的之一是为了维护债权人的利益。但由于管理人客观中立的法律地位,现行《企业破产法》规定了企业破产管理人以"法院选任为主,债权人会议监督为辅"的选任方式。个人破产与企业破产在财产调查、财产处置等方面相差不大,故个人破产程序中的管理人同样应当由人民法院指定,并全程接受债权人会议的监督。由法院指定管理人的好处在于:一方面,管理人依法享有接管权,有利于防止债务人隐匿、转移财产;另一方面,公权机关在此程序中的主导作用,将管理人的工作立于公权机关的监督之下。除此之外,债权人会议代表了全体债权人的共同利益,依法行使全体债权人的权利。当债权人会议认为出现管理人不能胜任或者有失公平的情形时,应当准许债权人会议提出异议,并享有向人民法院提出更换管理人的权利,以便最大程度地实现债权人的受偿利益。当然,对于是否更换管理人,人民法院享有决定权。

(三) 破产管理人在个人破产制度下的职责与权限

应当明确,现行企业破产管理人的职责是法定的,《企业破产法》第25条对此有明确的列举性规定。管理人据此依法履职,不得懈怠。个人破产制度下的管理人职责与权限可以比照企业破产设定,并在此基础上明确管理人的职责主要是参与债务人的债权调查与确认,查清债务人的免责事由,提出

---

[1] 参见王卫国:《破产法精义》,法律出版社2020年版,第83页。

切实可行的个人破产清偿或重整方案,依法管理、处分、整理、变价和分配破产财产。管理人的法律地位客观中立,依法享有调查权、决策权、处分权等权利,并不会受到其他机构的干涉。管理人应当依法管理和处分债务人财产,审慎决定债务人内部事务,不得将自己的职权全部或者部分转让给别人[1]。

(四)破产管理人在个人破产制度下的监督机制

破产管理人由法院依职权指定,必然要接受法院的监督,并在法院的主导下推动整个破产进程。管理人应当通过公开选任的方式进行。管理人接管破产工作后,应勤勉尽责,忠实执行职务,定期向法院汇报工作,披露相关信息。

破产工作若仅由法院和管理人完成,容易忽视全体债权人的合法权益,也有悖破产制度维护全体债权人利益的设置初衷。因此,在整个破产程序中,应当准许债权人通过集体决议的方式决定破产程序中的重大事项,其有权监督管理人工作及相关破产程序,有权对管理人履职不公的情形行使异议权甚至更换权。因此,个人破产程序中,首先要确保债权人会议能定期召开,切实保障全体债权人通过债权人会议行使表决权、监督权、异议权、更换权,以便督促破产程序依法开展;其次要保证债权人通过债权人会议能够充分掌握有关信息,以便作出关系自己切身利益的各种决议[2]。

三、结论

在个人破产程序开始后,债权人亟需实现最大程度的债权清偿,债务人期待实现最合理的债务清理,法院希冀一个中立客观的专业判断以保障债务人财产清理的程序被公正裁判,"公平"应当是个人破产程序中各方参与主体都在追求的价值目标。在破产程序参与主体间的各方利益与社会公共利益出现矛盾的情况下,恪守公平公正理念、具有独立法律地位的"破产管理人"应运而生。当前个人破产程序的相关制度仍然在探索阶段,作为客观中立的管理者,管理人在破产程序中的职责重大,无论是管理人制度的启动、推进,还是后续的监督、执行,都还在谨慎构建阶段,都需经得起实践的考验。

---

[1] 参见《全国法院破产审判工作会议纪要》第8条。
[2] 参见王卫国:《破产法精义》,法律出版社2020年版,第90页。

论我国证券市场内幕交易民事责任之完善

管妮娜[*]

（中国政法大学 北京 100088）

摘 要：内幕交易违法行为严重扰乱证券市场秩序，一直都是世界各国证券市场重点监管和打击的行为。目前我国法律对证券市场内幕交易的民事责任规定相对笼统，对内幕交易构成要件的认定缺乏具体法律依据。因此，必须加快完善内幕交易民事赔偿法律制度，增加证券市场违法成本，助力建设更加规范的资本市场。

关键词：内幕交易 民事责任

内幕交易作为证券市场中形式最隐蔽、出现最频繁、认定最复杂的违法行为之一，极大地破坏了金融市场秩序、侵害了投资人的合法权益。所谓内幕交易[1]，是指内幕人员根据内幕消息买卖证券或帮助他人获益的行为。内幕交易作为证券欺诈的一种形态，利用知情人员的便利性提前获取极具价值的市场信息，为自己或他人谋取高额收益，但同时导致了其他不知情的投资者因信息的不平等、不公平而遭受经济损失，破坏了证券交易的"三公"原则，具有严重的社会危害性。如何完善证券市场内幕交易的民事责任也是学术界一直关注和讨论的问题。

---

[*] 作者简介：管妮娜（1978年~），女，汉族，江苏南通人，中国政法大学同等学力研修班2022级学员，研究方向为经济法学。

[1] 孙谦、万春、阮齐林主编：《经济犯罪检察业务》，中国检察出版社2021年版，第292页。

一、我国证券市场内幕交易民事责任的法律困境

(一) 民事责任制度缺失

我国证券市场内幕交易在立法上存在重刑事责任和行政责任、轻民事责任的问题。从1990年中国人民银行颁布《证券公司管理暂行办法》、1993年国务院颁布《股票发行与交易管理暂行条例》到1997年《刑法》和1999年、2009年《刑法修正案》之规定来看，我国法律法规对内幕交易的刑事和行政责任规定不断健全，但对其民事责任的规定却一直处于缺位状态。特别是对规范内幕交易行为最为重要的《证券法》，1998年颁布时尚无民事责任之规定，直到2005年《证券法》才将民事责任纳入内幕交易追责体系。而2020年新修订的《证券法》在原则上规定了"内幕交易行为给投资者造成损失的，应当依法承担赔偿责任"[1]，但却没有规定民事赔偿的具体依据和索赔机制，缺乏可操作性，导致投资者在利益受损时难以通过法律救济获得有效的民事赔偿，损害了投资者对资本市场的信心。

(二) 司法实践存在障碍

从司法现状来看，内幕交易的民事诉讼判决案例很少。由于民事责任法律规定和具体处罚措施缺位，法院受理的内幕交易民事赔偿案件或无法认定为内幕交易或久拖未决，近年来仅有一起有代表性的案件即2014年的光大证券"乌龙指"案最终对符合索赔条件的投资者予以赔偿。究其原因，证券内幕交易具有较强的隐匿性，民事责任认定难度较大，在赔偿请求主体范围、因果关系认定、损害范围和赔偿金额、起诉方式等具体操作上存在司法障碍，导致内幕交易民事权利救济手段运用相对不足。

二、证券市场内幕交易民事责任的认定问题

(一) 内幕人员的认定问题

内幕人员是内幕交易违法行为的主体，从现实情况看，内幕人员除法律规定的内幕信息知情人员和非法获取内幕信息人员[2]以外，知悉内幕信息的人员范围不断扩大，如内幕人员的亲属或有利益关系的人等信息领受人，而

---

[1]《证券法》，第53条第3款之规定。
[2]《证券法》，第50条、第51条之规定。

现有法律因缺乏对信息领受人的规定而无法认定其内幕人员身份，加大了追责难度，为内幕交易控制留下了风险和隐患。

(二) 主观过错的认定问题

我国《证券法》没有明确规定内幕交易行为人的主观过错形态。学术界大部分观点认为，尽管法无明文规定，但从内幕交易的涵义和行为人表现来看，主观上的故意过错应当成为内幕交易民事责任构成要件，其理论基础源于美国的"反欺诈理论"。在司法实践操作中，认定内幕交易行为须证明内幕行为人存在主观过错，但原告却往往难以对被告主观故意进行举证。对于行为人主观过错的认定，大部分学者认为，只要行为人明知其所获悉的信息是非公开的、具有重大价值的内幕信息而进行交易或泄露或明示暗示他人交易，就可以推定行为人主观上有利用内幕信息之故意。

(三) 内幕交易行为的认定问题

内幕交易行为是内幕人员的违法侵权行为，其民事责任的性质是侵权责任。我国《证券法》虽规定了三种违法的内幕交易行为，但未明确规定对故意与过失行为的界定。对于内幕人员实施内幕交易或泄露内幕信息的，各国学界均认为是故意内幕交易行为并应承担侵权赔偿责任；而内幕人员因过失泄露内幕信息，存在不同的看法和规定，基本的观点认为过失泄露内幕信息的行为不构成内幕交易行为，不应承担损害赔偿责任[1]。

(四) 损害事实的认定问题

损害事实是所有侵权赔偿责任的必备要件。内幕交易行为人的民事责任主要是由内幕交易违法行为所造成的、对不知情交易对方的财产损失承担损害赔偿责任[2]。我国证券立法规定内幕交易行为应承担赔偿责任，但是对于受损失的投资者范围及其损失金额的认定等未作规定。

(五) 因果关系认定的困境

内幕交易案件中违法行为与损害事实之间的因果关系证明一直是困扰各国理论界的难题，也是证券投资者维护自己权益难以逾越的障碍。目前世界各国普遍采取由原告承担内幕交易行为与损害事实之间存在因果关系的证明责任，但由于现代证券交易是基于网络的集合竞价，交易双方无直接联系，

---

[1] 聂毅："论内幕交易民事责任的构成要件"，载《湖北警官学院学报》2012年第12期。

[2] 甘德健："操纵证券交易价格及其民事责任研究"，湖南大学2003年硕士学位论文。

受害投资者无法证明其损失是由内幕交易行为造成。而对于内幕交易民事责任的举证，目前各国证券立法也未作明确规定。

三、完善我国证券市场内幕交易民事责任的路径

（一）合理规定内幕交易民事赔偿受害人范围

内幕交易民事赔偿受害人的原告适格性是内幕交易民事赔偿诉讼的起点。由于证券市场投资人密集度高，为避免滥诉，必须合理限定内幕交易受害人范围，只能将因内幕交易行为受到财产损失的投资者纳入这一范围。应构建赔偿权利主体制度，将同一时期善意从事反向交易的投资者认定为损害赔偿请求主体，保障所有投资者获取信息的公平性，将冒险的投机者排除在民事赔偿权利主体之外。

（二）明确内幕交易民事赔偿义务主体

赔偿义务主体作为内幕交易行为的实施者和民事责任的承担者，在界定上应当有明确的标准。借鉴国外成熟的内幕交易立法，应以主观上明知是内幕信息或已掌握内幕信息作为内幕人员认定的基础来界定内幕人员的概念，包括传统内幕人、准内幕人，并将从内幕信息人处获得信息的信息领受人也界定为内幕人员。对于未采取非法手段而获取内幕信息的人员，在内幕信息人员有意告知或认识到此信息为内幕信息的情况下应被认定为内幕人员，反之则不应被认定为内幕人员。

（三）确定民事责任归责原则

对于内幕交易行为与损害事实之间的因果关系可适用内幕交易过错推定责任原则，即内幕人员利用未公开的内幕信息进行了证券交易行为，同一时间进行该证券反向交易的善意受损者均有权请求损害赔偿，同时也应允许内幕交易者提出反证。对于受害人举证则可适用"举证责任倒置"证明原则，由内幕交易人证明自己没有从事内幕交易违法行为，如内幕交易人不能证明自己无过错，则应推定其有过错并承担相应的民事赔偿责任[1]。举证责任倒置实际上是一种事实推定，能更好地保护相对弱势的中小投资者利益，实现法律的公平正义。

---

[1] 方同忠："内幕交易之私权救济初探"，安徽大学2006年硕士学位论文。

(四) 完善损害赔偿制度

内幕交易的损害赔偿原则上是补偿性赔偿,通过合理赔偿弥补受害投资者的利益损失。证券内幕交易的赔偿责任范围应为由内幕交易行为造成的受害者实际的财产损失,包括直接损失和间接损失[1]。赔偿金额的确定作为民事责任追究的难点之一,其计算方法可综合借鉴美国的实际价值法、实际诱因计算法和差价计算法等方法,根据受害者受到的实质损害数额来计算赔偿额,内幕交易人员因内幕交易违法所得的收益或避免的损失,都应当计入损害数额和违法所得数额。

四、结论

随着社会主义市场经济飞速发展,投资者作为证券市场发展的核心要素,民事救济制度必然成为证券市场中保护投资者利益最有效的手段和途径。我国应全面重视这一问题,通过完善的内幕交易民事责任追责法律制度,最大程度地补偿受害者的损失,维护投资者对证券市场的信心,使之成为规范证券市场行为、防范证券风险不可或缺的重要法律手段。

---

[1] 曹光顺:"不动产登记错误赔偿责任制度研究",西南财经大学 2012 年硕士学位论文。

浅议《公司法（修订草案）》中的股东失权制度

吴 鹏[*]

（中国政法大学 北京 100088）

摘 要：股东失权是指公司依照法定程序强制剥夺股东未缴纳出资并且怠于补足情况下的部分股权，与股东除名制度的本质一样，系股东不依法履行出资义务的不利后果。股东失权制度与股东除名制度在适用范围、适用条件、催告程序、法律后果上具有不同内容，并且股东失权制度在执行主体、通知程序上具有进一步探讨的空间。

关键词：股东失权 通知生效 宽限期 股东除名

2021年12月，第十三届全国人大常委会审议并公布了《公司法（修订草案）》（以下简称《修订草案》），在现行公司法的基础上进行了许多创新性的修改和完善，其中就增设了股东失权制度。股东失权制度的设立是为了弥补认缴资本出资制度的弊端，规范股东履行出资义务，通过公司法定程序强制剥夺股东的部分权利，以维护公司的资本信用，保障公司其他股东以及债权人的合法利益。

一、股东失权制度的法律生成及基本内容

（一）股东失权制度的法律生成

广义上的股权失权制度，包括我们所说的股权除名制度，不管是在1993

---

[*] 作者简介：吴鹏（1993年~），男，汉族，江西赣州人，中国政法大学同等学力研修班2022级学员，研究方向为经济法学。

年的《公司法》，还是在历次的《公司法》修订（正）中，都没有关于股东失权（除名）的一般规定。直到2011年，最高人民法院《关于适用〈中华人民共和国公司法〉若干问题的规定（三）》（以下简称"《公司法司法解释三》"）第18条规定了股东的除名规则[1]，其他类似的法律规定还有1988年《中外合资经营企业合营各方出资的若干规定》第7条[2]以及现行《合伙企业法》第49条[3]。

但《公司法司法解释三》仅规定了股东未履行出资义务或抽逃全部出资的情况，并没有规定未履行部分出资或抽逃部分出资的情形。2021年，《修订草案》的发布，意味着一般性的股东失权制度进入公司立法议程，其第46条、109条规定意味着一般的股东失权制度将有可能在此次公司法修订中被正式引入。

（二）股东失权制度的基本内容

《修订草案》第46条规定："有限责任公司成立后，应当对股东的出资情况进行核查，发现股东未按期足额缴纳出资，或者作为出资的非货币财产的实际价额显著低于所认缴的出资额的，应当向该股东发出书面催缴书，催缴出资。公司依照前款规定催缴出资，可以载明缴纳出资的宽限期；宽限期自公司发出出资催缴书之日起，不得少于六十日。宽限期届满，股东仍未缴纳出资的，公司可以向该股东发出失权通知，通知应当以书面形式发出，自通知发出之日起，该股东丧失其未缴纳出资的股权。依照前款规定丧失的股权，

---

[1] 最高人民法院《关于适用〈中华人民共和国公司法〉若干问题的规定（三）》第17条规定："有限责任公司的股东未履行出资义务或者抽逃全部出资，经公司催告缴纳或者返还，其在合理期间内仍未缴纳或者返还出资，公司以股东会决议解除该股东的股东资格，该股东请求确认该解除行为无效的，人民法院不予支持。在前款规定的情形下，人民法院在判决时应当释明，公司应当及时办理法定减资程序或者由其他股东或者第三人缴纳相应的出资。在办理法定减资程序或者其他股东或者第三人缴纳相应的出资之前，公司债权人依照本规定第十三条或者第十四条请求相关当事人承担相应责任的，人民法院应予支持。"

[2] 《中外合资经营企业合营各方出资的若干规定》（已失效）第7条规定："合营一方未按照合营合同的规定如期缴付或者缴清其出资的，即构成违约。守约方应当催告违约方在一个月内缴付或者缴清出资。逾期仍未缴付或者缴清的，视同违约方放弃在合营合同中的一切权利，自动退出合营企业。……"

[3] 《合伙企业法》第49条规定，合伙人未履行出资义务的，经其他合伙人一致同意，可以决议将其除名，对合伙人的除名决议应当书面通知被除名人。被除名人自接到除名通知之日起，除名生效，被除名人退伙。被除名人对除名决议有异议的，可以在接到除名通知之日起30日内，向人民法院起诉。

公司应当在六个月内依法转让，或者相应减少注册资本并注销该股权。"简单概括为，股东失权制度是指股东违反出资义务且在宽限期内仍未补缴出资的，公司可以发出失权通知，自该失权通知发出之日起，失权股东就其未缴纳出资部分的股权失去相应权利。

二、股东失权制度和股东除名制度的区别

正如前文所述，《公司法司法解释三》中包括股东除名的相关规则，在现行的公司法里并无股东失权制度的相应规定，而股东失权制度正是在股东资格解除规则，也就是在股东除名制度的基础之上发展而成，两者具有一定的相似性，但也有许多不同之处。

第一，从适用范围来看，股东除名制度目前只适用于有限责任公司，不适用于股份有限公司，针对的是未按照公司章程规定缴足出资的或发现作为设立公司出资的非货币财产的实际价额显著低于公司章程所定价额的公司发起人，仅有补缴或补足差额的责任[1]，没有除名的法律后果。而股东失权制度，不仅适用于有限责任公司，还适用于股份有限公司[2]，因此，股东失权制度的适用范围更广。

第二，从适用条件来看，股东失权制度受到广泛关注的重要原因之一，就是其明确了在股东仅部分出资或作为出资的非货币财产的实际价额显著低于所认缴的出资额的情况下，公司有权利对股东进行出资审查，符合条件的，可以向该股东发送催缴通知，进而发送失权通知，最终失权股东丧失其未缴纳出资的股权。在股东除名制度中，股东可以通过极小部分的出资来规避"未履行出资义务"或者"抽逃全部出资"的前提条件，从而保留股东身份和权利，这可能给公司发展带来极大的阻碍。当然，公司可以在发起协议或章程中对股东权利进行限制，但绝大多数的公司，并不能认知到相关条款的重要性。故股东失权制度的增加，会使公司股东认识到可以从这个角度维护

---

[1]《公司法》第93条规定："股份有限公司成立后，发起人未按照公司章程的规定缴足出资的，应当补缴；其他发起人承担连带责任。股份有限公司成立后，发现作为设立公司出资的非货币财产的实际价额显著低于公司章程所定价额的，应当由交付该出资的发起人补足其差额；其他发起人承担连带责任。"

[2]《公司法（修订草案）征求意见》第109条第1款规定："本法第四十六条关于有限责任公司股款缴纳情况核查、催缴出资的规定，适用于股份有限公司。"

公司稳定。

第三，从催告程序来看，这两个制度都需要履行催告通知程序，但具体存在差异。股东失权制度要求宽限期限不得少于60日，而股东除名制度虽并未明确具体的履行期限，实务中也建议不少于30天。股东除名制度需要进行股东会决议，作为拟议除名股东，原则上也有权参会，以便提出申辩及反对的理由，但可以被排除表决权[1]。而股东失权制度，在公司发出失权通知后就直接生效。相对而言，股东失权制度更加便利。

第四，从法律后果来看，股东除名制度规定了人民法院应当释明公司要及时办理减资程序或缴纳相应出资，股东失权制度则是明确了公司要在6个月内依法转让或减资后注销股权。对于如何操作，在具体法律适用中将进行说明。

三、股东失权制度的法律适用

（一）适用前提

股东没有按照期限足额缴纳出资，或者作为出资的非货币财产的实际价额显著低于所认缴的出资额。

公司法规定股东可以通过实物、知识产权、土地使用权等非货币财产进行出资。实务中，一般需要第三方进行评估后确定财产价值，《修订草案》规定可以对该部分股权进行失权处理。

（二）催告及失权通知

在满足前提下，公司应当进行书面催缴，并在催缴书中载明宽限期（从公司发出出资催缴书之日起不少于60日）。若股东未在规定期限内履行出资义务，则公司可向股东发出失权通知，自通知之日起，该股东未缴纳部分的股权即丧失。

公司需要提前60日提出书面催缴，在未收到回复或未补足的情况下，才能向股东发出失权通知，并且《修订草案》采取的是通知生效主义，而非《民法典》通常采取的通知到达生效原则，关于此内容，后文将进行论述。

---

[1] 参见万禹公司股东除名纠纷案：上海市第二中级人民法院[2014]沪二中民四（商）终字第1261号判决书。

（三）法律后果

1. 失权股东就该部分股权的处置

公司应当在6个月内依法转让，或者相应减少注册资本并且注销该部分股权。

参照股东转让股权的有关法律规定，"依法转让"包括公司其他股东或由第三方进行认购，公司其他股东在同等条件下享有优先认购权，在有多个认购股东的情况下，按照相关比例进行认购。而减资流程仍需要采取提议、召集、召开股东会，通知债权人等程序。

2. 失权股东的违约损害赔偿责任

（1）失权股东对公司或其他股东，根据约定承担包括延迟缴纳出资利息及其他合理损失的违约赔偿。

（2）失权股东对公司债权人，在其未出资的范围（包括本金及应支付的利息）内对公司不能清偿的部分债务承担补充赔偿责任。

四、关于股东失权制度的分析与思考

股东失权制度填补了股东除名制度留下的空白，将未足额出资的股东纳入规制范围，《修订草案》还未通过最后的立法程序，关于股东失权制度的建设问题，笔者在此提出一些思考。

（一）股东会决议程序的必要性

股东除名是股东失权的极端情形，其程序为股东按照法定程序召开股东会，并以股东会决议解除股东资格。股东失权制度规定了公司享有对股东出资情况的核查、对未履行出资义务股东进行催缴及发送失权通知的权利，但没有明确行使上述权利的主体。诚然，如果将出资的核查权、催缴权和失权通知权都交给董事会，由其代表公司作出相应的意思表示会相对高效。此外，股东除名制度在实践过程中仍存在诸多争议，例如需要通过法院裁判来确认公司解除股东资格的正当性[1]。但笔者仍认为，即便通过股东会决议进行除名和通知失权相对烦琐，但从保护公司人合性角度来看，仍有必要。

股东失权本质上应属于违约的行为后果，应当体现股东集体的意思。股

---

[1] 参见上海市第一中级人民法院［2016］沪01民终9059号民事判决书、北京市第三中级人民法院［2015］三中民（商）终字第10163号民事判决书。

东无论是通过转让还是增资加入公司,均会通知到其他股东,而《修订草案》第 46 条却规定仅由公司发出失权通知即可,导致股东失权制度容易沦为公司大股东逃避债务或控制公司的工具。

(二) 通知生效的规则思考

股东失权制度规定自公司发出失权通知之日起,该股东就其未缴纳出资的部分股权失去了合法权利。即便此前公司已经提前 60 日向失权股东进行了催缴,但笔者认为片面追求公司经营管理的效率,可能会导致其他的不利后果。

第一,控股股东可以通过股东失权的方式降低自己的债务承担比例,扩大其他股东的风险。认缴制下,有限责任公司股东仅对自己认缴部分承担有限责任,而在股东失权制度执行后,股东的责任将大概率变为已实缴部分的责任,公司对外偿付债务的能力将大大降低。

第二,采用通知生效主义会剥夺失权股东"自我辩护"的权利,被失权股东很大可能在不知情的情况下丧失部分股东权利,信息的不对等将会导致不管是在公司治理还是股权转让方面均存在较大问题。

因此,无论是对被失权股东出资核查情况以及催缴情况,都建议至少通过股东会进行审查,确保失权通知发送的正当性、合法性,减少公司大股东或实际控制人利用本制度损害公司和债权人利益的可能。

股权代持协议有效性与风险性分析

田 艳[*]

(中国政法大学 北京 100088)

摘 要：股权代持是一种常见的社会现象，对其性质的认定也有不同的说法，要意识到它对于隐名和显名股东都存在风险，须从是否是双方真实意思表示，是否违反法律法规强制性规定或公序良俗等方面综合判断其有效性。

关键词：股权代持 法律效力 风险分析

一、股权代持概述

（一）股权代持的概念

股权代持的本质是股东人格和身份的分离。股权代持并不是一个真正意义上的法律术语，而是对股东信息实际记载于对外的工商登记信息以及股东名册与实际享有出资份额或者股份收益的股东不一致的统称。一般而言，股权代持分为广义和狭义两类。

狭义的股权代持，是指被代持人与代持人之间通过订立合同的方式，约定由被代持人出资，代持人代被代持人在工商登记、股东名册上显名的合意，即股权代持双方之间关于股权代持签订的合同所约定的权利义务。一般而言，代持人负有代持股权的相关义务以及收取代持费用的合同权利，对于被代持人而言，则承担代持的相关费用义务以及实际有权要求享有股份收益、参与公司实际管理等权利。

广义的股权代持，泛指名义股东和真实权利人发生分离的情形，可因各

---

[*] 作者简介：田艳（1981年~），女，汉族，山西太原人，中国政法大学同等学力研修班2021级学员，研究方向为经济法学。

种原因发生且无论是主动还是被动,即股东名册所记载的股东与实际享有出资份额或股份上收益的人发生了分离。[1]

(二) 股权代持的性质和特征

1. 信托关系说

根据《信托法》第2条规定,信托关系中"受托人"是以自己的名义处理信托事务。因此,"隐名股东行权"情形的股权代持协议不符合信托中"受托人以自己的名义处理信托事务"这一特征,不能被认定为信托法律关系。同时,"名义股东行权"情形的股权代持协议[2]因欠缺信托财产"独立性"的要求,也不能被认定为信托法律关系。

2. 无名合同说

无名合同相对于有名合同,又称为非典型合同,指法律上尚未确定一定的名称与规则的合同,即《民法典》合同编第二分编规定的15类合同之外的合同。一般而言,只要原则上不违背国家立法精神,不违反社会公共利益,也承认其具有法律效力。股权代持协议在性质不明且没有明确规定的情况下,无名合同说尊重当事人的意思自治。股权代持合同从特征上属于无名合同,并非法律设有规范并赋予特定名称的任一有名合同。故对于双方当事人的权利义务,应当结合协议载明的内容以及民法典、公司法的相关规定综合予以认定。

3. 委托代理说

根据《民法典》规定的代理规则,实际股东承担了名义股东代持股权的法律效果,名义股东所持股权原则上归属于实际股东,仅在实际股东希望显名于外却又未获得其他股东半数以上同意时,为维护公司治理体系和有限公司的人合性,股权才被归属于名义股东,名义股东与实际股东之间由此产生的权利义关系和违约损害赔偿则依照双方的约定处理。

但在公司内部,若公司或其他股东对实际股东与名义股东的关系明知且表示接受,也允许实际股东实际行使参与公司决策、分红、投票等权利时,意味公司内部承认实际股东的股东资格,符合《民法典》第925条对第三人明知受托人与委托人之间代理关系的法律效果之规定。

---

[1] 葛伟军:"股权代持的司法裁判与规范理念",载《华东政法大学学报》2020年第6期。
[2] 刘迎霜:"股权代持协议的性质与法律效力",载《法学家》2021年第3期。

二、股权代持协议效力的法律分析

（一）基于意思自治及契约自由原则，原则上有效

《关于适用〈中华人民共和国公司法〉若干问题的规定（三）》第24条的规定明确了股权代持行为的合法性。在实务中，法院裁判也常依据上述法条，以实际出资人和名义股东之间"意思自治"和"契约自由"为原则，来判定双方签订股权代持协议的效力。一般情况下，如果代持协议是双方真实的意思表示，没有违反法律法规强制性规定或公序良俗原则，[1]应认定协议有效。

（二）违反法律、行政法规的强制性规定或公序良俗原则

1. 违反上市公司披露义务、股权清晰的监管规则

上市公司负有如实披露股份权属的义务，通过隐名方式投资上市公司股权，违反了有关股权清晰的监管规则，损害了社会公共利益。上市公司披露的信息关乎股票价格运行，关乎广大投资者的利益保障。公司首次公开发行股份并上市时，若存在隐名代持的情况，将隐瞒公司作为发行人的真实股权结构，损害证券市场的公共利益，故依据《民法典》第8条以及第146条等规定，应认定代持协议无效。

2. 金融机构隐名持股违反商业银行关于禁止股权代持的监管办法

鉴于金融行业对国民经济的重要影响，不同于一般的股权代持行为，金融机构股权代持有可能会影响金融机构的经营安全，我国《商业银行股权管理暂行办法》第12条第1款明确规定，商业银行股东不得委托他人或接受他人委托持有商业银行股权。[2]人民法院在司法裁判时，也会在考察规范对象的基础上，兼顾监管强度、交易安全保护以及社会影响等方面[3]。所以，无论是在立法工作还是实务操作中，都存在对金融机构股权代持协议认定无效的情况。

---

[1] 熊晓妹："股权代持协议的效力认定及其处理——以对94份案例的梳理和分析为基础"，江西财经大学2021年硕士毕业论文。

[2] 陈俊蓉："详解'股权代持'及其法律风险"，载《上海法治报》2018年6月4日。

[3] 王嘉赫："论宅基地使用权纠纷的类型化分析及完善建议"，沈阳师范大学2021年硕士学位论文。

3. 基于其他特殊身份引起的股权代持效力问题

除了前文所述特殊企业中的股权代持效力问题外，我国法律还基于某些主体的特殊身份（如国家公务人员），对其投资行为作了限制。根据《公务员法》第 59 条第 16 项，公务员不得违反有关规定从事或者参与营利性活动，在企业或者其他营利性组织中兼任职务。[1]如在股权代持中涉嫌权力与资本的交易，该代持协议不但违反了法律的强制性规定，还可能涉嫌行贿受贿等刑事犯罪。因此，此类股权代持协议自始归于无效。

三、股权代持的法律风险

（一）隐名股东的风险

（1）代持股权被名义股东擅自处分的风险。因代持股权登记在名义股东名下，在法律上被视为名义股东财产，可依法进行处分，第三人难以得知真实的股权情况。[2]若受让代持股权的第三人为善意，隐名股东无法对抗善意第三人，只能请求名义股东承担赔偿责任。在这种情况下，隐名股东的权利往往会受到严重损害。

（2）代持股权被名义股东的代持人申请强制执行。一旦名义股东成为被执行人，登记在其名下的代持股权将面临被法院强制执行的风险。

（3）隐名股东显名困难。如上文所述，隐名股东若显名，则需要其他股东半数以上同意，公司经营过程中不确定因素非常多，因而隐名股东显名变得不确定。

（4）代持股权被隐名股东的继承人、配偶取得。代持股东因为死亡、丧失行为能力或遭遇离婚纠纷时，其名下的股权作为财产有可能涉及继承或离婚分割的法律纠纷[3]，代持人的配偶或者其他亲属主张权利或者不配合等情况，均会增加实际持有人的风险。

（二）显名股东的风险

（1）承担公司债务。若公司未经过清算即办理注销登记，公司债权人可

---

[1] 钱玉林、徐芙蓉："上市公司股份代持的穿透式审判思维审视及裁判路径重构"，载《证券法苑》2021 年第 2 期。

[2] 王小莉："公司治理视野下股权代持之若干法律问题（上）"，载《仲裁研究》2015 年第 2 期。

[3] 刘远举："中国特色的股权代持内幕"，载《记者观察》2015 年 9 月 5 日。

能以股东未尽到股东监管职责及清算义务，损害公司债权人利益，请求股东对公司债务承担责任。[1]

（2）向转让方承担责任。股权代持也可以理解为委托关系，显名股东为受托人，隐名股东为委托人。显名股东代隐名股东出让股权时，若未向受让方披露隐名股东，当隐名股东不履行义务时，受让方有权要求显名股东承担相应责任。

（3）纳税义务风险。当实际出资人解除代持协议，回收代持股权时，从公司登记及税务管理的角度，都需要显名股东和实际出资人履行股权转让程序、签订股权转让合同。在这种情况下，显名股东极有可能被认定为股权转让的纳税义务人，被税务机关要求按照税法规定缴纳个税。

（4）当显名股东担任公司法定代表人或者主要负责人时，一旦公司被人民法院强制执行，显名股东有被作为失信人员限制高消费的风险。

（5）公司从事违法犯罪活动，显名股东如参与公司经营，存在承担刑事责任的法律风险。

因权利分配和行使的不确定性，股权代持存在一定的法律风险。故无论是对实际出资人还是名义股东而言，均应当审慎评估，避免股权代持协议因违反相关法律、行政法规的强制性规定而无效。同时，股权代持协议设计时应当明确双方的权利义务，权利行使方式，明确约定各方的违约行为以及具体的违约责任。通过提高违约成本，在约束各方行为的同时，充分保障各方的权利救济。而当事人因股权代持关系产生纠纷时，双方能否在争议中占有优势，需要看双方证据是否能形成完整的证据链。代持关系的确认最好以签订书面代持协议的方式进行，并自行保留相应证据，如实缴出资的银行流水、公司的文件资料等。

---

[1] 雷金牛："论公司中隐名投资的法律规制"，对外经济贸易大学2014年博士学位论文。

网络服务平台封号行为的法律规制
——基于"平台用户方"视角

王思邑[*]

（中国政法大学 北京）

摘 要：近年来，随着互联网行业的高速发展，人民群众对网络服务平台的依赖度日益增长，由网络服务平台的管理措施引发的法律争议越来越多，用户基于平台账号所享有的网络资产、数据、身份信息等应当受到法律的保护。而网络服务平台单方封禁账号的行为侵犯了平台用户的合法权益，作为平台应当依法依规合理行使管理权，政府部门应当加强对网络服务平台的监管与治理，用户则可以提起违约之诉或侵权之诉从而保障自身合法权益。

关键词：网络服务平台 虚拟财产 封禁账号 权利限制

一、网络服务平台个人账号的法律属性

（一）网络虚拟财产的价值

网络虚拟财产是自然人合法的私有财产[1]，其主要表现为网络空间上产生的数据、信息等，具有对世性和可转让性。马克思提出，价值是凝结在劳动产品中的无差别的社会劳动。而网络虚拟财产也需要通过一定的劳动来获取，例如：卖家在购物平台注册的网络店铺可以合法销售商品获得收益、买家注册的个人购物账号可以自由购物并评价，平台会针对信誉高的账号奖励

---

[*] 作者简介：王思邑（1996年~），女，汉族，湖南株洲人，中国政法大学同等学力研修班2021级学员，研究方向为经济法学。

[1] 李珊珊、黄忠："《民法典》下虚拟财产的法律属性及其可继承性辨识"，载《上海政法学院学报（法治论丛）》2021年第1期。

特殊权益；视频、音乐 APP 的网络账号可以通过线上充值获得会员权益，提升使用感；网络游戏账号需要玩家耗费大量的时间和精力升级打怪以获取更高级的游戏装备，而获得的高级游戏装备可以出售变现。可见，网络虚拟财产具有财产属性。

（二）网络账号的权利主体

网络账号在法律上属于网络虚拟财产的一部分，广义的网络账号不仅仅是账号及密码本身，还包括账号内存在或产生的一系列通过数字形式表现和存在的内容，例如网络资产、数据、身份信息等。网络账号本质上属于民事权益，关于网络账号的所有权归属，笔者认为网络账号应当由用户所有。其一，我国网络账号基本采取实名认证制进行管理，涉及用户隐私，且每一个账号需由用户自愿注册或注销，体现用户的自由意志；其二，网络账号由用户实际使用、管理，账号所涉及的虚拟财产均为用户劳动所得，而服务商仅履行代为保管的职责。因此，用户对账号及其虚拟财产具有占有、处分、收益的权利，将网络账号的物权所有权[1]归属于用户具有正当性。

二、单方封禁账号的监管与治理

（一）网络服务平台封禁账号的权利限制

如今，互联网技术的不断提高导致人们越来越依赖网络虚拟世界，而网络服务平台与用户的权利义务则通过各类《服务协议》《隐私保护协议》等合同进行约束。网络服务平台作为管理者以及合同相对方，其单方封禁账号行使的是私权利而非公权力，为了规范网络服务平台依法依规行使权利、保护用户作为技术弱势方的合法权益，应当对网络服务平台的权利设置边界。

第一，参考《民法典》合同解除之规则，当用户出现不良行为构成根本违约，且导致不能实现合同目的时，若平台决定封禁账号，无论是否为永久封禁，均需明确通知该用户，并告知封禁原因（即违约行为）。但往往有很多网络服务平台未经通知即对用户实施封号行为，即使用户存在不当行为，平台的行为仍然侵犯了用户的知情权等合法权益。

第二，应当为用户提供必要的救济途径。网络服务平台为了节省运营成本、提高效率，通常会设置自动保护程序，若用户出现异常使用行为，平台

---

[1] 黄嘉琳："网络游戏封号行为的刑法性质探究"，载《重庆广播电视大学学报》2016 年第 5 期。

系统会按照预先编制好的程序对用户行为进行审查并可以直接作出处罚措施。事后，平台并不会向用户提供申诉反馈渠道，用户只能通过人工客服提出异议但效果不佳，导致越来越多的用户选择通过诉讼这一救济途径解决问题。故为了高效便捷的解决问题，为了减少司法资源的浪费，平台应当为客户提供必要的救济途径。

第三，网络服务平台单方封禁用户账号后，应当妥善处理该账号产生的虚拟财产或该账号控制的现实财产。由上文可知，用户在使用账号期间通过自己劳动所获得的财产均为用户所有，平台有代为保管的职责。当用户存在不当行为构成根本违约时，平台有权封禁账号，但不得剥夺账号内的虚拟财产及现实财产应当将相应财产返还用户或折价补偿。

（二）政府监管的必要性及治理路径

互联网秩序的塑造涉及网络服务平台、用户和政府三方关系，网络服务平台不仅是具有经济属性的市场参与主体，还扮演了类似政府的治理者的角色，通过制定规则、执行规则以及纠纷处理来获取对用户的部分管理权[1]。网络服务平台单方封禁账号，其本质为网络服务平台行使监测、管理及处罚权，而政府可依职权对平台的管理行为进行核查，若发现平台存在违法违规行为，政府则会采取约谈、行政处罚等高强度的负向激励机制强化网络平台的自我规制。

政府监管是对网络服务平台的行政规制行为，应当以治理制度为依据、以治理组织为载体、以治理技术为手段[2]。其一，政府作为行政机关，遵循"法无规定不可为"的原则，作出具体行政行为需以相关法律法规为支撑，而我国目前没有针对平台单方封号行为等具体行为的法律法规，需要政府相关部门推进立法。其二，随着网络经济的发展，我国政府设立了网络市场监督部门，掌握着互联网核心资源与治理权力，对各类网络服务平台具有直接监管权。各地各级网络市场监督部门要充分发挥联动机制，加强信息共享、执法互助，形成监管合力。其三，在当今大数据时代，政府需加强对网络行为痕迹的深度探索及技术应用，有计划地抽查检验各网络服务平台的技术信息

---

[1] 邵登辉："网络平台自我规制的偏差及其治理"，中南财经政法大学2020年博士学位论文。

[2] 厉飞芹："网络购物平台信用舞弊行为的形成机理与治理路径研究——基于'平台用户方'视角"，浙江工商大学2020年博士学位论文。

及相关数据，督促平台提升问题识别、数据分析等能力，提高治理的精准度，营造公正和谐的网络环境。

三、用户的权利救济

（一）法律适用

司法实践中，关于网络服务平台封号行为的纠纷主要有网络服务合同纠纷、网络侵权责任纠纷，涉及的法律法规主要为《民法典》，也可依据《消费者权益保护法》主张相应权利。

值得注意的是，2022年8月1日施行的《互联网用户账号信息管理规定》进一步明确了互联网用户账号使用者及服务平台的具体权利与义务，该规定是我国网络服务行业最重要的监管规章制度之一，对我国互联网用户依法依规使用账号、服务平台加强合法监管具有重大意义。

（二）违约之诉或侵权之诉

网络服务平台封禁账号存在不当时，违约之诉与侵权之诉属于竞合的关系。用户可依据双方签订的网络服务合同，提起网络服务合同纠纷，要求平台承担违约责任；也可依据相关法律法规提起网络侵权责任纠纷、财产损害赔偿纠纷以及知识产权权属、侵权纠纷，要求平台承担侵权责任[1]。

但在实践中还需考虑诉讼管辖的问题，大部分网络服务平台提供的格式合同中均存在约定管辖的条款，且约定为双方出现争议时由平台住所地法院管辖，这无疑增加了异地用户的维权成本。而依据《民事诉讼法》及相关司法解释之规定，提起侵权之诉则不受合同约定的限制，可由侵权行为实施地、侵权结果发生地或被告住所地人民法院管辖，因此用户可选择向更便于自身维权的管辖法院提起诉讼。

---

[1] 戴怡婷：“网络游戏虚拟财产司法保护的若干问题”，载微信公众号"IP颖响力"，最后访问日期：2018年3月13日。

现有法律框架下大数据发展的困难与对策分析

侯钎译[*]

(中国政法大学 北京 100088)

摘 要：从经济学的角度看，大数据是信息数据的资产化，然后再把资产变成价值。这些资产可以用到各个行业，实现决策制度化。数据是具有大量性、多样性、价值性、及时性的信息。当下"大数据"已经渗透到政治、文化领域、国家安全等各个行业和各个业务职能领域，已经成为各国之间未来经济主战场上的新引擎。近年来，我国也对数字经济数据进行立法，《数据安全法》与《个人信息保护法》先后出台，从《网络安全法》再到最近由中共中央、国务院发布的《关于构建数据基础制度更好发挥数据要素作用的意见》成为数据基础法律框架。为确保大数据产业长足，健康且深入的发展。

关键词：大数据 职能领域

一、问题的提出

2022年9月14日，《中国互联网发展报告（2022）》（以下简称《报告》）发布，从《报告》中可以能看出我国以网络强国战略思想为指引，以科技自立自强为引领，以人民为中心的思想为指导、以维护国家网络空间安全为抓手，以技术发展和利益驱动共同助推起来的大数据时代全面到来。从顺应我国经济发展角度看，在众多喜人成绩面前还存在基础制度和制度体系不够成熟等问题，使我国现有的治理体系面临挑战。其中对信息技术和技术监管的过度依赖问题也同步显现。大数据产业要想更快更好的发展必须在法

---

[*] 作者简介：侯钎译（1988年~），女，汉族，吉林长春人，中国政法大学同等学力研修班2022级学员，研究方向为经济法学。

律的保驾护航之下实现清晰的权属界定、流通与共享、收益平均分配、数据安全的有效监管间的完美闭环。

二、现有法律下"大数据"产业发展的困难

（一）数据权属界定不清导致了经济持续发展遇到障碍

如欲止争，莫过于定分。基于"大数据""大""多"、非独立性、具有网络效应，不受限于物理空间等性质。在没有可借鉴的权属界定模式下，权属界定不清成了经济可持续发展的挑战。权属界定并不存在一般性，但却很难剖析出具体性，它并非绝对权，而应该是通过相对权来解决权属界定中所产生的实际冲突。

（二）数据开放共享与大数据战略成败密不可分

目前，由于信息的主导者和控制者的"任性"，数据信息被割据成一座座"孤岛"，各部门和各域间在岛中进行数据信息采集、录入、存储，秘密建立别具一格的"大数据"，使得数据信息价值无法体现且无法正常发挥，更无法与民众建立起紧密联系惠及于民。这将使数据开放共享沦为空谈。当务之急，必须提出可实施且具有科学性、前瞻性、系统性的顶层设计体系解决数据信息共享这一根本难题。

（三）大数据红利分配促进社会公平与和谐

如今数据是重要的新型财产，它相较于传统的制造业，在集中资本、制造财富方面都具有明显优势。而数据收益不均的现象大大阻碍了数据产业发展，带来的结果必然导致一些社会问题，将会造成企业与个人、企业与企业之间的数据纠纷。其根本原因在于法律制度的缺失，数据权利不清、归属不明。[1]

三、解决现有法律框架下大数据发展中遇到困难的对策

（一）优化大数据产业资源配置

要使大数据产业发展战略规划更加完善，就要有合理的产业布局，否则容易盲目发展、重复建设、同质竞争。为提高大数据发展规划的协调性，使

---

[1] 参见李爱君："论数据权利归属与取得"，载《西北工业大学学报（社会科学版）》2020年第1期。

得供需资源对接更精准，避免同质化竞争加剧，需要加强中央、部门和地方大数据统筹发展的管理模式创新，加大政府政策支持和引导，营造良好的政策法规环境，形成政产学研用统筹推进的发展机制。[1]应尽快对现存的大数据产业发展战略规划进行优化，进一步明确战略方向和战略重点，并且制定实施性强且具有前瞻性的发展战略来确保战略的顺利执行，达成预期内目标。

（二）完善"大数据"产业生态体系短板

政府数据的指导思想是"大力推动政府信息系统和公共数据互联开放共享，加快政府信息平台整合，消除信息孤岛，推进数据资源向社会开放，增强政府公信力，引导社会发展，服务公众企业"。[2]政府可从个人、政府、企业三个维度制定符合国情的制度体系，遵循数据公开的全面性、及时性、基础性，坚持便捷性、公平性，积极调动企业的自身力量，对个体进行数据赋权。让数据开放成为一种平台服务，并非消极被动的数据公开。2020年中共中央、国务院发布的《关于构建更加完善的要素市场化配置体制机制的意见》要求政府数据开放作为数据要素市场建设的重要环节。因此，政府数据开放非但不会导致国有资产流失，反而可以有效地克服"反公地悲剧"，即政府数据资源无法被有效利用的问题。[3]

（三）加强数据安全和隐私管理的治理与监管

数据安全制度建设要以维护国家数据安全、保护个人隐私和商业机密为前提。《数据安全法》《个人信息保护法》《网络安全法》和《关键信息基础设施安全保护条例》构成了数据制度建设的大前提。自2014年大数据写入政府工作报告以来，我国大数据发展的政策环境掀开了全新的篇章。2012年12月出台的《全国人民代表大会常务委员会关于加强网络信息保护的决定》，针对数据信息在落实与应用过程中对个人信息上的保护问题得以规范。2013年9月1日开始施行的《电信和互联网用户个人信息保护规定》（以下简称《规定》），是国内首个聚焦在个人信息保护的规章，其规范了电信和互联网用户的合法权益。2022年重新修订的《规定》对个人信息的收集、使用、储存作

---

[1] 参见周耀林、常大伟："大数据资源统筹发展的困境分析与对策研究"，载《图书馆学研究》2018年第14期。

[2] 参见宋烁："政府数据开放宜采取不同于信息公开的立法进路"，载《法学》2021年第1期。

[3] 参见迪莉娅："'反公地悲剧'视角下的政府数据开放研究"，载《情报理论与实践》2016年第7期。

出规定，更针对个人数据信息的加工、传输、提供、公开、删除等处理活动作出了更详细的规定。2015年8月31日，《促进大数据发展行动纲要》也应声而出，2017年6月1日施行的《网络安全法》与2021年9月1日《数据安全法》施行，这些都不难看出国家在数据安全制度建设上的决心。

《中华人民共和国国民经济和社会发展第十四个五年规划和2035年远景目标纲要》明确提出"加快数字化发展、建设数字中国"，而二十大报告强调加快建设网络强国和数字中国，均为我国发展数字经济指明了方向。2022年12月19日，中共中央、国务院对外公开发布《关于构建数据基础制度更好发挥数据要素作用的意见》对数据产权制度，流通交易制度，收益分配制度，协同治理制度做了清晰的规划为我国大数据发展指明了方向。

论出资瑕疵股东民事责任之承担

余 慧*

(中国政法大学 北京 100088)

摘 要：作为最重要的经济形式之一的"公司"，是市场经济的重要组成部分。股东作为公司的发起者、权力决策者、出资义务者，对公司的经营应在《公司法》的约束下承担义务和责任。股东权利的获得不仅应当根据登记信息来确定，更应当结合公司法、公司章程的规定，审查出资义务。股东出资的瑕疵对公司经营也具有重大影响，尤其是影响法人独立人格的认定和适用，进一步要求股东按照规定出资也是市场经济公示效力的必然要求，尤其是在当前我们商业信用体系不完善、不健全的情况下。股东出资义务的瑕疵从责任承担的角度来说应探索更多路径，可体现在股东权利限制角度，适度排除瑕疵出资下的限制责任的庇护。在当前的公司类案例纠纷中，因出资瑕疵引起的争议仍旧占比较高，而在司法实践层面也存在审判标准不统一等情况，也加剧了出资瑕疵应发争议的概率和处理难度。本文结合当下中国公司经济的现状，立足市场经济信用体系，打开全球化视角就瑕疵出资责任进行论述。

关键词：出资义务　出资瑕疵　股东责任

一、瑕疵出资概述

（一）瑕疵出资的含义及表现形式

1. 瑕疵出资的含义

根据现有学界主流观点及公司法的规定，当股东履行出资义务不符合法

---

* 作者简介：余慧（1989年~），女，汉族，江苏常熟人，中国政法大学同等学力研修班2022级学院，研究方向为经济法学。

律和公司章程的规定，存在缺陷时，应当属于瑕疵出资。而瑕疵出资可分为广义的瑕疵出资和狭义的瑕疵出资。其中，广义的瑕疵出资包括根本未出资和出资后全部抽逃的情况，而狭义的瑕疵出资则指根本未出资和出资后全部抽逃以外的相对轻微的出资不足的情况。笔者认为瑕疵出资不应局限于是否出资或是否抽逃出资，其本身对应的概念应该是完全出资或完全履行出资义务，因此本文采用广义的观点。基于上述背景，本文所指的瑕疵出资的具体类型包括：对出资义务的不履行及不适当履行[1]。

2. 瑕疵出资的表现形式

根据瑕疵出资的含义可知，不履行或不适当履行出资义务均应属于瑕疵出资的范畴，而根据上述两类型的应有之义，具体出资瑕疵的表现形式可分为：

(1) 未出资或不履行出资：具体表现为完全没有出资，或要求出资拒不出资。

(2) 不适当出资：包括延迟出资、不足额出资。同时应当注意，此处的不足额出资的表现形式不应限于现金出资，如实物出资的价值不足或者经有效评估后认定出资不足等应属于出资数额的瑕疵[2]。

(3) 虚假出资：采用违法的欺诈行为或手段骗取出资证明，但并未实际缴纳出资[3]。

(4) 抽逃出资：出资后抽逃部分或全部出资资金。无论是抽逃部分还是全部抽逃，从立法本意的角度来说，民商法调整的法律行为因遵守基本的诚实信用原则，所以抽逃行为本身也应属于违反公司资本确定、资本维持和资本不变三原则的行为。

(5) 出资中其他可能的瑕疵：如出资实物或无形资产价值不实和出资标的瑕疵。

(二) 瑕疵出资股东责任的概念及类型

根据公司法、章程关于设立或发起协议的相关规定，在股东因出资瑕疵所产生的责任和义务，均属于瑕疵出资股东的责任应有之义。资本充实作为

---

[1] 李春玲：“《公司法》关于股东出资瑕疵民事责任规定的缺憾及完善建议"，载《长沙大学学报》2008年第6期。

[2] 易礼霖：“我国股东出资瑕疵责任体系研究"，南京航空航天大学2009年硕士学位论文。

[3] 赵明月：“股东出资瑕疵法律问题研究"，沈阳师范大学2012年硕士学位论文。

公司设立和经营赖以立足的原则，公司法规定公司的发起人应共同承担承诺范围内的相互担保出资义务的履行，共同保证公司实收资本与章程所定资本相一致的义务。

瑕疵股东的责任性质属于法律意义上的法定责任[1]，不以任何个人的约定为前提，也不因任何协议或约定而免除。虽然可以通过约定的方式加以约束或者强化，但仍旧不能认为该责任属于约定责任，尤其是在没有任何约定的情况下，责任依然会依法产生且可承担，因此法定责任的性质也不因约定而变化。就瑕疵股东的责任担责原则来说，目前存在不同观点，包括无过错原则、过错推定等。但笔者认为，出资本身属于承诺经过法定形式确认后的义务，不应取决于是否有过错，而过错不应当作为责任承担的原则。故应使用无过错的原则较为妥当，责任的承担应不论股东是否具有过错。

瑕疵股东的责任类型主要为民事责任的承担，包括对出资义务的继续承担，对瑕疵出资产生的损失赔偿等。只有在特殊情况，如骗取相关登记或不实登记等会产生相应的行政责任，面临相应的行政处罚。如瑕疵出资行为本身还构成其他犯罪的，则应按照具体行为本身判断是否存在犯罪行为，进行刑事责任的认定和承担。基于三种责任在实践应用中存在不同的重要程度且以民事责任为主，故本文仅针对民事责任的承担和具体法律思考展开进一步论述。

二、我国出资瑕疵股东民事责任的立法现状及评析

当前，我国公司法及相关法律对出资瑕疵股东的责任判定等仍有待完善。具体存在问题可简述如下：

总体而言，当前的责任以刑法和行政法责任为主，且规定较为原则，理论基础不足，立法层次较低、适用范围过窄，规则较为粗陋。

就具体民事责任而言，出资瑕疵股东对其他股东的责任类型过于单薄；瑕疵股东的违约责任规定过于原则化导致实际判定责任存在依据不明确等情况；对公司的责任规定中，未对严重违反出资义务股东资格存续问题作出明确规定，而出资瑕疵对股东权利的影响甚小，从而也导致出资瑕疵因责任的不明确和不严重导致法律对公司出资的监督力度不足；面对公司债权人，瑕疵股东形式并未作为对公司法人格否认制度予以具体确认适用，不利于刺破

---

[1] 苏宏波："股东瑕疵出资民事责任问题研究"，河南师范大学2011年硕士学位论文。

公司面纱保护债权人利益；法律未规定出资瑕疵股东责任的时效期间，导致在追究相关责任时存在时效适用与否的不确定性。

三、经验借鉴的本土化思考与结论

(一) 国际经验

1. 传统大陆法系国家的规定

(1) 德、日经验。德国、日本都明确使用催告失权程序。如《德国有限责任公司法》21条规定"在拖延支付情况下，可以对拖延支付的股东再次颁发一项警戒性催告，催促其在一个特定的宽限期内履行支付，否则即将其连同应当支付的股份一并除名"。《德国股份公司法》第64条第1款"对没有及时支付所要求款项的股东，可以确定一个有警告的延长期限，期满后将宣布他们不再拥有其股票或支付款"。《日本公司法》第36条，《日本商法典》第179条也有类似规定。此种措施可督促瑕疵出资股东及时履行，作为极具公司法特点的责任承担方式，在一定程度上可以解决出资纠纷。

此外，德国还通过公司法设定利息罚则，要求未按规定期限缴纳股款的设立人，应自期满之日起按应缴纳股款的一定比例支付利息。该措施对股东设定了补偿性违约责任的承担，对瑕疵出资的修正具有较高的借鉴意义。

(2) 法国经验。法国通过设立瑕疵担保和权利担保的方式，使得出资人在以物出资时，除产生出资义务外，还面临承担和买卖一样的对物担保责任[1]。这一措施十分有利于保障公司资本，并确保日后交易安全有序进行，也对避免评估不实产生的相关瑕疵有重要阻隔意义。法国也同样设定了利息罚则和赔偿责任，对瑕疵出资的部分变相设定损失扩大部分的赔偿责任，保障了其他方面的救济权利。

2. 英美法系国家的规定

(1) 美国经验。美国基于诚信义务追究股东责任以保护诚实股东和善意第三人为原则，设定了催告失权程序，确立了股东的"诚信义务"[2]，明确股东要对内对外披露自己的出资情况。同时强调股东出资义务的债权特征，

---

[1] 丁丽香："出资瑕疵股东的民事责任研究"，大连理工大学2011年硕士学位论文。

[2] 李卓、李岩："股东出资瑕疵民事责任的比较研究"，载《行政与法（吉林省行政学院学报）》2006年第3期。

明确债权人的权利救济依据。

（2）英国经验。设定定金罚则，该规则可搭配催告失权程序配合使用，具有较好的实践效果。此外，英国还规定了公司享有的股份留置权，这对于维护公司利益有一定参考价值。

（二）国内公司法意义上股东责任的思考

根据上述立法分析及国际经验的借鉴，笔者认为应当结合出资瑕疵股东的责任承担对象分类讨论，如：

面对其他股东时，立法应完善出资责任类型；明确瑕疵出资股东违约责任的适用；适度明确规定损害赔偿的使用条件等。

在面对公司时，应对进一步明确催告失权程序，限制瑕疵出资者的股东权行使，避免权责失衡的情况。同时，应完善追缴出资权的保护规则，从而有利于加强对股东出资的监督。

面对债权人时，应加强对公司人格否认该情形下的适用条件[1]，同时完善对追责的时效规定。

（三）结论

无论采取上述何种措施均应平衡股东实体权益保障和股东出资义务履行的监督两项基本规则，在此基础上要逐步完善股东瑕疵出资责任立法，注重股东瑕疵出资预防制度的建立和各类措施的综合运用。当然，完善的立法也需要执法及司法相关程序的配合，唯有多措并举，才能在维护公司利益、其他股东合法权益及债权人权益之间达成平衡。同时从实践和理论层面改善立法中因滞后存在的不足，避免因立法不足产生的司法依据缺失，从而有效减少瑕疵出资行为的出现。

---

[1] 窦孝宇："股东出资瑕疵的法律规制"，郑州大学 2016 年硕士学位论文。

国有企业投融资法律风险及防范研究

赵东辉*

（中国政法大学 北京 100088）

摘　要：国有企业在国民经济中发挥着"顶梁柱"的作用，也是市场的中坚力量。而投融资作为国有企业经常发生的重要经济行为，合理有效防范其风险，确保企业运营管理的合法合规尤为重要，这也是国有企业生产经营能够安全、顺利进行的重要保障。不断变化的市场经济环境、不断推进的经济体制改革，对国有企业在投融资领域的法律风险防控也提出更高要求。本文旨在回答国有企业如何在投融资活动中避免法律风险，如何促进国有资产保值增值与风险规避相适应。

关键词：国有企业　投融资　法律风险

自 2016 年 7 月，中共中央、国务院发布《关于深化投融资体制改革的意见》[1]，金融及资产证券化的资本化大幕徐徐拉开。截至 2022 年 6 月，就 A 股上市公司情况而言，国有企业上市公司数量为 1303 家，占所有 A 股上市公司数量 26.98%；国有企业上市公司总市值为 43.74 万亿元，占所有 A 股上市总市值 48.66%，几乎占总市值的半壁江山[2]。国有企业作为市场经济的重要参与主体，在日常经营过程中，除了承担公益性职责，主要是通过资本运作对国有资产进行盘活和重新配置，而投融资是资本运作的主要手段。在经济全球化的影响下，企业投融资风险逐渐上升，如果不加强风险管理和防范，

---

* 作者简介：赵东辉（1988 年~），女，汉族，山东济南人，中国政法大学同等学力研修班 2022 级学员，研究方向为经济法学。

〔1〕参见中共中央、国务院《关于深化投融资体制改革的意见》。

〔2〕数据来源：Wind 数据库。

可能对企业造成一定的财产损失。基于此，本文对国有企业投融资面临的法律风险问题及应对策略进行了相关研究和分析，以期最大化降低投融资风险，扩大经济效益，保障国有企业的正常运营。

一、国有企业投融资法律风险管理的重要性分析

投资风险指的是企业在进行投资时，没有经过科学合理的评估，导致投资时序、规模和方向没有按照原有的计划进行，可能导致出现投资目标不准确、投资结构不合理、过量投资等风险进而使企业资源浪费和财产损失，甚至让企业陷入财务困境或者资金链断裂，从而加剧投资风险。融资风险是企业在发展与经营过程中进行的企业内外部融资，当企业对自身具备的偿债能力没有准确评估时，会导致企业不能按期还款造成资金链断裂。

法律风险管理，基于法律规定或者合同约定，由于企业外部环境及其变化，或者企业及其利益相关者的作为或者不作为导致的不确定性，对企业实现目标的影响[1]。国有企业的投融资、并购重组、研发创新、运营管理等活动，都需要进行法律风险管理。伴随市场化、法治化进程，法律风险防控在企业发展中日益重要。

二、当前国企投融资业务法律风险防范存在的问题

（一）涉案数量虽有降低，但企业潜在（或有）风险趋大

近年来，随着法律风险防范机制的稳步推进，根据北大法宝案例库数据，2020年投融资相关司法案件多达937件，到2021年降低至607件，而2022年为242件。由此可见，企业的法律风险防控能力大幅提升，投融资法律风险防范仍需加强。对北大法宝司法案例库数据分析整理可以发现目前企业投融资法律风险主要集中在金融担保、民间借贷、建设合同等专项，如下图所示。

---

[1] 参见《风险管理 原则与实施指南》（GB/T 27914-2011）。

投融资相关司法案件

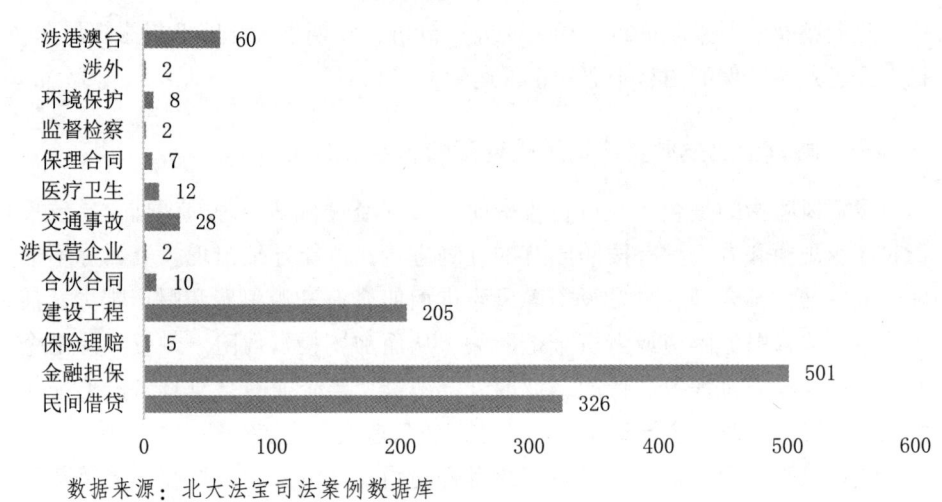

类别	数量
涉港澳台	60
涉外	2
环境保护	8
监督检察	2
保理合同	7
医疗卫生	12
交通事故	28
涉民营企业	2
合伙合同	10
建设工程	205
保险理赔	5
金融担保	501
民间借贷	326

数据来源：北大法宝司法案例数据库

（二）投融资法务工作在国有企业内部未得到充分重视

绝大多数国有企业未设置单独的投融资法律事务部门。投融资业务涉及的法务工作也是由公司法务人员等同其他业务一般流程性处理，未充分认识到投融资业务的重要性。企业决策层对法律部门以及投融资法律工作没有全面的认识，认为法务工作，无外乎合同的法律审查、诉讼案件的处理、工商证照的年检等，对于投融资相关法务工作，缺少管理层级综合决策。很多企业领导还是从"市场经济就是法治经济"等抽象的观念出发来理解法律工作[1]，而不知道投融资业务区别于其他业务重要性。

（三）国有企业投融资体制尚不完备

我国规范国企行为方面的文件制度以及相关法律法规不够完善，目前也尚未建立完善、科学、合理的投融资渠道，对应当掌握的投融资政策、法律规定、制度建立的必要性认识不足，导致投融资过程中产生诸多法律风险。在这种情况下，部分国企项目运行非透明化，并且没有法律法规对这种情况做出有效制约，导致投资收益无法达到预期目标[2]。除此之外，国有企业还缺乏较为完善的规章制度，导致投融资项目出现风险问题时无人问责。另外，

---

[1] 习近平："市场经济必然是法治经济"，载习近平：《之江新语》，浙江人民出版社2007年版。
[2] 参见中国法制出版社编：《最新投融资法律政策全书》，中国法制出版社2013年版。

国有企业投融资项目完成后，没有健全的绩效评价制度为国有企业的投资行为作保障，从而导致国有企业投融资风险增大，影响国有企业经济效益的提升。

（四）投融资合同签订和履行过程有待规范

合同是企业对外经营和资产运作的最主要的体现方式，也是国有企业风险和纠纷最集中的领域。国有企业合同管理中存在的问题主要有：其一，对合同主体缺乏深入有效的调查。缺乏对合同主体有效的调查，对合同主体的资格、资金实力、团队能力等各方面没有充分的论证，导致合同提前终止[1]。其二，超越职权订立合同。国有企业在履行其公共职能的过程中会出现将政府部门的某些权责归集到国有企业的权利义务条款中的情况，使国有企业承担了某些超过其职权范围的义务，致使相对应的条款因无效而无法执行。其三，签订事后合同。这在企业经营中普遍存在，往往导致合同成本和履约风险的不可控。在司法实践中，合同约定优于法律适用，法院要先审查合同，再考虑法律适用，因此合同是风险控制的关键，也是维权的重要屏障。

三、健全和完善国企投融资法律风险防范机制

国家为加强我国现代企业的风险管理，颁布了一系列的法律法规[2]，明确要求将企业的风险防范机制作为国有企业法制工作的中心任务和战略要求。法律风险无时不在，无处不在，这就要求现代企业的管理者和运营者必须要头脑清醒，这样在面对法律风险的时候才能够做到事前预防、事中控制，以最小的代价进行事后处理。针对前述列举的国有企业在投融资活动中可能存在的法律风险，本文从以下几个方面，对国有企业法律风险管控提出几点建议。

（一）制定和完善企业法律风险防范机制

对于投融资相关工作，要培育和建立一套自上而下的重法治防风险的工作机制[3]。从集团总部到各级子企业，都应加强对法治建设的重视程度，同时建立依法合规经营管理的企业文化。明确投融资工作对于企业的重要性，加强顶层推动，企业内部加强学习《中央企业主要负责人履行推进法治建设第一责任人职责规定》，明确党委（党组）书记、董事长、总经理等主要领导

---

[1] 陈静："国有企业融资过程中的风险防控及应对措施"，载《财经界》2021年第8期。
[2] 褚平："国有企业的融资风险及解决对策"，载《中国集体经济》2018年第31期。
[3] 许仁龙："新常态下国企需健全法律风险防范机制——以杭州市属国企为例"，载《浙江经济》2016年第7期。

干部职责，不断强化依法治企的主体责任。

（二）构建企业投融资法律风险管理制度体系

建立完备的风险防控体系，法治工作与经营管理深度融合。具体体现在国有企业在开展整个投融资规划实施过程中，如投资方向风险、投资运行风险融资渠道风险、融资结构风险等。不同阶段存在不同风险，把法律审核把关作为硬性要求。要对国家产业政策、外部市场环境、政策导向、经济运行规律等多方收集材料，充分论证，按照法律规则要求逐一进行完善，避免在运行过程中出现的法律风险问题。

（三）全面推进合规管理，坚决筑牢防风险底线

国有企业面对日益复杂多变的内外部发展环境，强化合规管理是稳健行远的必然要求。国有企业要适应合规管理发展趋势，全面推进合规管理工作，并将合规要求贯穿业务开展全过程[1]。其主要体现在规范企业经营，提升管理能力通过合规管理体系建设，梳理和审查企业内部规章制度，对存在的问题进行修改补充，使之合法合规，明确各部门管理边界与协调合作机制，在规范企业经营的同时，提升企业管理水平。此外，还需建立责任防火墙，明确企业的合规方针、政策，减少企业经济和声誉损失；建立国企合规生态圈。通过合规管理体系建设，推动国有企业自身及商业伙伴的合规管理，在保护利益相关方的同时，实现企业与商业伙伴的可持续发展。

（四）完善法律合同签订及履约流程

对合同主体的审查一定要予以重视，合同签订前要对合同主体进行基本的法律尽职调查。对其主体资格进行真实性和合法性审查，涉及资金问题的更要对其主体进行财务尽职调查，评估其财务风险和信用状况，确保合同主体具备实施合同的资金实力。合同签订过程中要严格区分政府和国有企业的权责利，不属于国有企业可以决定的事项不得拟定在合同条款中，避免国有企业因相应义务无法履行而承担违约责任。为防范风险，减少事后合同的存在，针对需要长时间谈判才能确定的项目或紧急情况，可签订框架协议，对双方的权利义务进行大体的预设，具体执行方案在正式合同签订条件达成后在正式合同中予以体现。

---

[1]《中央企业合规管理办法》，2022年10月1日正式施行。

浅析国企转让房地产项目的管理规定及程序

陈 煊[*]

(中国政法大学 北京 100088)

摘 要：国有企业房地产项目转让交易常展现为两种形式：一是房地产项目公司层面基于股权的股权转让；二是基于项目层面的资产转让。但若在房地产项目转让交易主体中存在国有企业的，则该项目除需要适用一般针对房地产项目并购的法律规定外，还应当特别关注执行国有资产监管法律规范性文件，履行国有资产监管程序，以规避国有资产流失风险。本文从国有房地产企业项目转让的法律依据、国资监管程序、交易关注要点及风险识别防范等方面进行探讨研究。

关键词：国有企业 转让管理

一、国有企业转让房地产项目的法律依据

（一）主要法律依据

国有企业房地产项目转让涉及适用的国有资产监管法律规范性文件主要包括：《企业国有资产法》《企业国有资产交易监督管理办法》（以下简称"32号令"）、《企业国有资产监督管理暂行条例》《国有资产评估管理办法》《国有资产评估管理办法施行细则》《国有资产评估管理若干问题的规定》等。

（二）转让主体的认定

转让主体须符合32号令中第4条对于"国有企业"的法律规定，以下类别的企业都被认定为"国有以及国有控股企业、国有实际控制企业"，进而其

---

[*] 作者简介：陈煊（1987年~），男，汉族，内蒙古赤峰人，中国政法大学同等学力研修班2022级学员，研究方向为经济法学。

国有资产交易行为应当适用32号令规定的交易监管程序。[1]

国有企业类别表

类别	企业类型
第一类别	政府部门、机构、事业单位出资设立的国有独资企业（公司），以及上述单位、企业直接或间接合计持股为100%的国有全资企业
第二类别	由第一类别规定的单位，企业单位或共同出资，合计拥有产（股）权比例超过50%，且其中之一为最大股东的企业。
第三类别	第一类别及第二类别所列企业对外出资，拥有股权比例超过50%的各级子企业
第四类别	政府部门、机构、事业单位，单一国有及国有控股企业直接或间接持股比例未超过50%，但为第一大股东，并且通过股东协议、公司章程、董事会决议或者其他协议安排能够对其实际支配的企业。

若是国有合伙企业投资有限责任公司转让有限责任公司股权的，或者国有合伙企业转让其持有的重大资产的，除非国有合伙企业具备32号令规定的例外情形，其余情况原则上适用32号令。

（三）转让交易的审批主体

《企业国有资产交易监督管理办法》中规定的国有资产交易行为包括三种：国有企业转让其对企业出资形成的各种产权；国有企业增资行为；国有企业的重大资产转让行为。当房地产项目转让交易中的卖方符合国有企业主体的认定标准，被认定为国有企业时，其国有资产交易行为应当适用相应监管程序。如国有企业转让房地产项目公司股权时，需履行产权转让监管程序。若直接进行资产转让，则需要履行资产转让监管程序。国有房地产企业转让项目，除需满足其内部决策程序以及项目公司的程序外，还需要履行其监管机构的审批程序，取得其监管机关的审批文件。32号令第6条规定：国有资产监督管理机构（以下简称国资监管机构）以及出资企业分别负责所监管企业的国有资产交易监督管理。此外，32号令还区分产权转让与资产转让行为，

---

[1] 陆宸："上市公司国有股权转让中的监管界权问题研究"，载《法学杂志》2020年第11期。

分别规定了审批机构。[1]

审批主体情况表

交易类型	国有企业类别	审批主体	特别事项
产权转让	国家出资企业	国资监管机构	产权转让致使国家不再拥有所出资企业控股权的,由国有监管机构报本级人民政府批准。
	各级出资企业	国家出资企业确定审批管理权限	对主业处于关系国家安全、国民经济命脉的重要行业和关键领域,主要承担重大专项任务子企业的产权转让,须由国家出资企业报同级国资监管机构批准。
	转让方为多家国有股东共同持股的企业	持股最大的国有股东履行批准程序	各国有股东持股比例相同的,由相关股东协商后确定其中一家股东负责履行相关批准程序。
资产转让	国有企业	履行企业内部决策程序	(1) 涉及国家出资企业内部或特定行业的资产转让,确需在国有及国有控股、国有世纪控制企业之间非公开转让的,由转让方逐级报国家出资企业审批批准。 (2) 国家出资企业负责制定本企业不同类型资产转让行为的内部管理制度,明确责任部门、管理权限、决策程序、工作流程,对其中应当在产权交易机构公开转让的资产种类、金额标准等作出具体规定,并报同级国资监管机构备案。

二、国有企业房地产项目转让的必要程序

就国有企业转让房地产项目而言,需要履行的必要程序主要包括:

---

[1] 胡改蓉:"经营性国有资产流失认定的偏差与制度修正",载《政治与治律》2017年第12期。

（一）转让方案的制定

32号令第10条规定了产权转让交易涉及职工安置、债权债务处置事项的处理程序。在交易涉及员工安置方案时，各地职工大会或职工代表大会一般会出台相应的地方规章予以规制。鉴于职工大会或代表大会的召集有其特定的程序，并且从审议到最终通过安置方案也需要一定时间，所以建议卖方在进场前就与拟进场交易所进行沟通，明确拟进场交易所是否需要目标公司提交员工安置方案或对员工安置进行承诺，避免耽误项目进程。[1]

（二）国有产权的审计与评估

32号令对交易行为涉及的标的产权或标的资产的评估程序进行了规定：对转让标的企业需进行审计，对转让标的需进行资产评估，产权转让价格应以经核准或备案的评估结果为基础确定。

此外具体实务中的房地产项目转让可能会涉及不同行为，如常见的项目公司股权（产权）转让、资产转让。此外，还可能涉及以非现金资产增资、企业改制中的实物折算股权、置换资产或接受实物资产抵债等行为，应根据具体交易内容和模式按相应规定执行。

（三）转让方案的决策与审批

依据32号令，转让方应就转让方案事宜进行决策，并形成董事会决议或股东会决议等书面决议。

32号令规定依据项目公司章程取得股东决定、股东依据章程取得其股东决定外，还需取得本级人民政府的批准，按照一般产权事项履行国资监管程序。

（四）国有产权转让公开挂牌

依据32号令，为保障国有资产交易的公平、公正、公开，以及国有资产的保值增值，除特别条件可以协议转让外，国有产权转让通常在产权交易市场公开进行。在该阶段，需完成对受让资格条件、交易条件与披露事项的草拟。此外在挂牌前，需要转让方对项目公司的债权债务的处理、过渡期股东权益的处理等事项作出明确的意见。关于交易条件，除产权交易机构的常规条款（如交易费用及保证金、转让款的费用支付）外，因房地产项目公司股

---

[1] 霍玉芬："民营企业平等参与国有资产产权交易的正当性证成"，载《中国政法大学学报》2019年第4期。

权转让不同于一般公司的股权转让，可能需要在交易条件中明确在建工程所涉及的各类债权债务的处理、停工索赔事宜的处理、规划调整等事项。

（五）签署《产权转让协议》

转让成功后，双方签署《产权交易协议》并在产权交易机构备案。协议签署过程中应重点关注是否存在导致转让无效的因素、是否对双方权责进行清晰界定、项目公司后续合同的履行及转让方与受让方对债权债务承继的约定。从转让方角度应当重点关注受让方支付转让款条件的设定、违约责任的承担、交割清单的制作及交割期限以及交割前后的界限划分、过渡期债权债务的承担等。

（六）产权转让备案和交割

转让双方办理工商变更登记手续后约定在一定工作日内完成产权转让的交割，交割完毕后双方应当签署移交清单。交割内容包括但不限于：目标公司印章（包括公章、财务章、法人私章等）、全部合同文件、银行账户相关资料（包括账簿、对账单、电子银行用户名、密钥、支票簿等），以及其他关于标的项目的全部资料文件。

三、国有企业转让房地产项目的风险防范及建议

（一）转让决议未报审批或越权转让

国有企业未按照规定将企业的转让方案形成的决议报经主管部门审批，或者是超越授权范围进行转让是国有企业转让房地产项目中常见的风险。受让方应当注意国有企业转让方的转让行为在程序上、步骤上是否合法，是否有出现上述的常见的交易违规的情形。特别是在交易前的尽职调查阶段，应当重点审查国有企业内部是否完善公司党委会及董事会等"三重一大"决策程序及相关文件，并取得国有资产监督管理部门（或相应的集团母公司）批准，避免程序上违规。

（二）国有企业提供和披露信息不充分或不完全

从受让方角度考虑，要最大限度地降低项目公司收购的风险，须全面查清项目公司的历史与现状，进行全面的尽职调查；从转让方角度考虑，需要梳理已有债权债务关系，将或有负债充分进行披露，把握好潜在索赔对转让条件的达成，通过签署完善的法律文件来保护合法权益。

（三）国有股权转让交易价格与评估结果不匹配

当房地产交易涉及国有资产处置时，交易定价应当以评估价值为基础。依据评估价格确定交易价格对交易各方最直接的影响即交易各方在一定程度上失去了自主定价权，标的物的价格将不再完全由交易双方协商确定，而应当以评估价值作为协商定价的基础。

因国有资产处置进场交易的，还需要关注摘牌价格应当与签署的转让协议价格一致这一特殊规定。换言之，如果交易双方对交易中的税费承担有特殊约定的，需特别关注相关税费应当直接体现在最终的摘牌价格中，避免出现摘牌价格无法调整而双方税费承担约定无法实现的法律风险。

此外，若以股权形式进行房地产项目并购的，由于股权转让的特性，一般交易中均会涉及过渡期目标企业经营性损益承担的问题。在普通的股权并购交易中，双方可以通过约定过渡期损益承担条款对最终的交易价格进行调整。但若依据32号令进场挂牌交易的产权，需要注意第23条明确规定了在交易双方签署产权交易合同后，双方不得以交易期间企业经营性损益等理由对已经达成交易条件的交易价格进行调整。因此交易双方需要在进场摘牌前就相关的条款协商达成一致，受让方可以变通采取损害赔偿等方式来避免相关风险。[1]

---

〔1〕 朱秀云："我国企业产权交易中存在的问题与解决途径"，载《学术论坛》2008年第12期。

股权代持的效力与风险

李翔宇*

(中国政法大学 北京 100088)

摘 要: 股权代持作为一种股权处理方式,与股权转让不同,操作简便、程序简单,备受广大自然人投资者、法人组织的喜爱,投资人通过股权代持进行投资的情形愈发普遍。司法实践中,因股权代持引发的法律纠纷也呈现增长的趋势,不利于相关主体的权益保障。本文将从探讨股权代持基本法律问题入手,研究分析股权代持存在的风险,通过提出改进建议,为股权代持制度的完善提供借鉴和参考。

关键词: 代持 隐名股东 显名股东

股权代持,顾名思义,是股权由他人代为持有,股权名义持有人与实际持有人不一致的一种股权设置方式。股权代持通常由出资人与代持人约定,实际出资人出资并享有股权收益,实际出资人为"隐名股东",名义出资人为"显名股东",又称委托持股、隐名投资和假名出资等。随着市场经济的发展,股东代持情形较为常见,并由此引发了一系列的效力争议和法律风险。

一、股权代持的法律效力

(一)代持协议效力

根据公司法相关解释的规定,股权代持协议不存在法律规定无效的情形时,代持协议是合法有效的,即代持行为本身不是合同无效的原因。然而,股权代持产生的原因多种多样,较为常见的原因有:借名造势从而扩大公司

---

* 作者简介:李翔宇(1994年~),男,汉族,江苏盱眙人,中国政法大学同等学力研修班2022级学员,研究方向为民商法学。

的影响力、实际出资人不愿意显露财力、股权激励制度中公司法人将预留股权代持在自己名下、实际出资人异国或者因其他原因办理各种手续较为不便、关联交易中规避法律禁止性规定、规避法律关于特定行业禁止持股的规定、规避法律关于外资禁止进入某些行业的规定等。上述列举的理由有合法也有非法，股权代持甚至可以成为利益输送的一种隐蔽手段，比如行贿。那些故意规避法律禁止规定的、以合法手段掩盖非法目的的，因存在合同无效的情形而导致代持协议无效。

代持协议有效的，当实际投资人与显名股东因为投资权益的归属发生争议的时候，实际出资人以自己实际出资为由向名义股东主张权利的，人民法院应当予以支持，显名股东以自己是记载于公司章程、股东名册和公司登记机关登记文件的股东为由，否认实际出资人权利的，人民法院不予以支持。

（二）司法实践中关于上市公司股权代持效力的认定

隐名持有上市公司股权是否合法在实践中存在争议，根据司法实践中各地判决要旨，上市公司股权代持协议是无效的。股权清晰并且无重大权属纠纷是公开发行股票的必要条件，同时发行人及公司应当遵守如实披露信息的义务。隐名持股上市公司股权的协议，实际隐瞒了真实股东身份，违反了发行人如实披露信息义务，为证券监管相关规定所明令禁止。证监会对证券行业进行监管，旨在保护非特定投资者合法权益，违反上市公司监管相关规定，股权代持行为违反了规章对于拟上市公司股权清晰、不存在重大权属纠纷的规定，同时延伸至对资本市场基本交易秩序与安全、金融安全与社会稳定、社会公共利益的损害，即违反公序良俗，因此隐名持股协议因损害社会公共利益应当认定无效。[1]

（三）隐名股东如何显名化

合同的效力具有相对性，纵然股权代持协议真实且合法有效，也仅仅是在实际出资人和股权代持人之间的效力，并不代表着若实际出资人诉请成为公司股东就可以直接取代名义股东而显名化。股权是一种特殊的财产权益，有限责任公司兼具人合性和资合性，股东相对固定，因此股权亦具有一定人身属性，受让取得方式不同于物权、债权、知识产权等其他财产权益。根据

---

[1] 张长清："名义股东破产情形下代持股的权利归属问题研究"，载《河北企业》2020年第3期。

《公司法》相关司法解释的规定，实际出资人未经公司其他股东半数以上同意，直接请求公司变更自己为记载于公司股东名册和公司登记机关登记文件的股东，即显名化的，人民法院不予支持。因此，显名化需经半数股东同意，但是《全国法院民商事审判工作会议纪要》还规定，如果实际出资人能够证明过半数的有限责任公司其他股东知道实际出资人出资的事实并默认自己行使股东权利，并未曾提出异议的，人民法院依法予以支持。[1]此规定通过穿透式思维，查明实际出资人、显名持股人及半数以上其他股东的真实意思，保护了各方当事人的真实法律关系。

二、股权代持的法律风险

（一）显名股东的法律风险

股权代持人的股东资格记载于公司股东名册和公司登记机关登记文件，对外承担股东义务和责任。根据《公司法》相关规定，股东以出资额为限对公司债务承担责任，在公司资产不足以承担公司债务的情况下，存在出资瑕疵的股东在未缴纳的出资额范围内对公司债务承担连带责任。实际出资人未足额出资，以及在出资后抽逃出资的，债权人可以要求显名股东在认缴的出资额范围内对债务承担连带责任。根据商事外观主义与合同相对性原则，代持协议仅在双方当事人之间发生效力，显名股东不能以存在股权代持协议、自己不是真正股东为由拒绝承担责任，对抗善意第三人。如果名义股东还担任公司法人或者部门负责人等职务，在公司存在违法行为时，作为法人可能承担法律责任，受到行政处分、罚款，构成犯罪的，还将被依法追究刑事责任，如果公司发生破产、营业执照被吊销等情形，名义股东担任其他公司相关职位时也将会受到限制。

（二）实际投资人的法律风险

实际出资人虽实际向公司履行了公司章程规定的部分或全部出资义务，但也可能无法享受出资获得的利益，甚至在出现下列情形时，出资无法收回。

第一，代持协议被认定无效。股权代持协议无效的直接法律后果就是实际出资人无法依据代持协议取得股东资格，股东身份及相应权利将很难得到保护。同时法律法规并没有明文禁止名义股东成为真正股东，最高人民法院

---

[1]《全国法院民商事审判工作会议纪要》第28条。

在裁判说理中也没有明确否认名义股东依法持有上市公司股权的权利。协议被确认为无效后，名义股东享有股权，但须返还实际出资人投资，并补偿其投资收益。[1]根据《全国法院民商事审判工作会议纪要》的规定，对于代持股权的增值和贬值部分，双方应当合理分配或分担，比如股权增值的部分，本质上属于委托投资形成的收益，应当遵循公平原则进行分割。

第二，名义股东自身出现问题引发的股权变动风险。由于实际出资人并未实际控制股权，名义股东可能会滥用股东权利，甚至在实际出资人不知情的情况下擅自出让或质押股权，损害实际出资人利益。名义股东自身出现问题也会引发股权变动风险，在名义股东负债的情况下，债权人如诉请强制执行，其名下股权将被法院查封或者拍卖、变卖来抵偿债务。名义股东离婚或死亡时，其名下的股权也可能会被作为夫妻共同财产或遗产来处理，导致实际出资人的权益受损。[2]

第三，显名股东擅自转让股权。显名股东擅自转让股权或者用股权为其他债权设置质押担保的，善意第三人可以依法取得受让的股权，实际出资人和名义股东不能以其股权代持协议对抗善意第三人，实际出资人只能通过股权代持协议对名义股东进行追责，请求损害赔偿。

三、股权代持风险防范

在司法实践中，大量股权代持争议案件双方当事人并没有明确具体的代持协议，当出现股权争议时，为了自身的利益，代持人可能会矢口否认股权代持事实的存在。股权代持具有相当的风险，应慎重为之，当事人除了选择与自己亲密且自己信任的人，以降低道德风险外，还应做到以下几点。

（一）签署合法有效的代持协议

在签订代持协议时，需要对双方的身份、代持的目的等事项进行审核，避免因代持协议无效，导致实际出资人无法享受股权权益。而对于刑事责任风险规避，显名股东应注意审查实际出资人的身份、委托代持的真实目的以及公司的经营是否合法。[3]

---

[1] 刘迎霜：“股权代持协议的性质与法律效力”，载《法学家》2021年第3期。
[2] 史烨东：“股权代持协议有效性及风险性分析”，载《法制博览》2020年第27期。
[3] 叶明：“试论有限责任公司股权代持的效力与规范运作”，载《宁波大学学报（人文科学版）》2017年第1期。

(二) 明确双方权利义务关系

在代持协议中明确约定显名股东侵害实际出资人权益、自身问题引发的股权变动风险等需要承担的责任，并做好公证，也可以在签订代持协议时向公司披露代持协议的内容。同时，实际出资人应保留好出资转账凭证等相关证据，避免在出现纠纷时无法确认自己实际出资人的身份。在代持协议中，对显名化问题以及追偿等问题作出明确的约定，尽可能地减少损失。显名股东应明确出资人出资风险防范措施，对出现可能的出资不实的责任进行约定。

(三) 设置股权质押担保

为防止显名股东擅自处分股权，实际出资人可以在签订股权转让的协议时要求显名股东办理股权质押担保，将代持的股份质押给自己，同时，若法院强制执行或者继承分割变卖股权，实际出资人作为质押权人也享有优先权，从而很大程度上避免代持股权所带来的风险。

袭警罪的构造与司法适用

白 璐*

（中国政法大学 北京 100088）

摘 要：《刑法修正案（十一）》对《刑法》第277条第5款作了修改，增设了袭警罪。从法益侵害角度看，袭警罪具有双重法益侵害性，即对执行职务行为的妨害和对警察身份的侵害。袭警罪属于抽象的危险犯，应当严格区分其暴力的后果与程度，也就是说，袭击人民警察只要可能会妨害人民警察依法执行职务即可。对于"正在执行职务"的判断，不但要考虑保护执法行为，也要考虑合理保护前后关联的行为，同时应当以客观的行为标准来认定"职务行为"。在判断"人民警察"的身份方面，从立法精神和目的来看，应当按照其"依法执行职务"行为特征来认定。

关键词：袭警罪 暴力行为 执行职务

袭警罪为《刑法修正案（十一）》中的新设罪名，规定于《刑法》第277条第5款。根据该条规定，袭警罪是指暴力袭击正在依法执行职务的人民警察的行为。根据公安部2022年1月9日发布的消息，2021年全国公安机关共有392名民、辅警因公牺牲，7795名民、辅警因公受伤。据统计，中华人民共和国成立以来，全国公安机关共有1.6万余名民警因公牺牲，30多万名民警因公负伤。近3年，856名民警因公牺牲，15 527名民警因公负伤。其中，人民警察受伤的主要原因就是同犯罪分子作斗争，大多均是遭受到了暴力袭击，这部分占负伤民、辅警总数的42.8%。暴力袭警的行为大大助长了违法犯罪分子抗拒人民警察执法的嚣张气焰，严重降低了广大人民群众的安

---

* 作者简介：白璐（1989年~），女，蒙古族，内蒙古锡林浩特人，中国政法大学同等学力研修班2021级学员，研究方向为刑法学。

全感。人民警察的基本职能是维护社会的稳定,这一特殊的使命就必然决定了他们执法所面对的危险性和艰巨性。为了能够切实保证人民警察在依法执行职务时不受非法暴力侵害,更有力地维护社会稳定、提升人民群众的幸福感、安全感,设立袭警罪非常有必要,同时我们还有必要对该罪的成立要件尤其是其中的"暴力袭击"行为和保护的法益及其有关运用问题展开分析。

一、关于袭警罪保护法益的理解

众所周知,履行人民警察职务的主体是具有人民警察身份的个人,袭警罪的行为所针对的对象也是个人,但其实具有警察身份的个人并不是本罪所要保护的法益。"本罪并不是单纯地对正在执行职务的人民警察实施暴力,而是指通过暴力袭警妨碍警察正在执行的职务。"[1]因此,人民警察依法执行的职务是袭警罪主要保护的法益。

一方面,袭警罪是作为一种特殊形式从妨害公务罪中独立产生,在《刑法修正案（十一）》修正后仍为《刑法》第277条第5款的规定,紧接于妨害公务罪之后。由此可见,袭警罪保护的法益在修正后并不会大幅改变,而相较于妨害公务罪其范围缩小、更加具体,仅仅是指人民警察依法所执行的公务。另一方面,从袭警罪的内涵出发,法条表述是"暴力袭击正在依法执行职务的人民警察",在此处着重强调的是人民警察"正在依法执行职务",并不是暴力袭击人民警察本身,由此可以发现,该罪真正保护的法益是人民警察所依法执行的公务。[2]

二、对"正在依法执行职务"的理解

所谓"依法执行职务",本质上指的就是在职务行为中的一切合法性要件,而"依法"则是其侧重点,是最为基本的前提。也就是说,只有人民警察在依法执行职务的过程中才受到保护,任何人不得以任何形式对其进行侵犯。但是需要注意的一个问题就是,当人民警察的权利无限扩大的时候,必然会对人们的正常生活产生不合理的干涉。

---

[1] 张明楷:《刑法学》（下）,法律出版社2021年版,第1355页。
[2] 张开骏:"公务保护与人权保障平衡下的袭警罪教义学分析",载《中外法学》2021年第6期。

例如，在一起刑事案件中，因怀疑被告人酒后驾车，交警部门将该被告人带至询问室问话，经核查后发现被告人并不存在酒后驾车行为，有关负责人指派三名警察将被告人送回家中，被告人回到家中，趁警察未离开时，持菜刀将其中一名警察头面部砍伤，造成轻伤二级。本案中，检察机关认定警察将被告人送回家中是继查明是否酒驾后的职务延续行为，保护被告人在回家途中不至发生意外，属于执行职务行为，被告人持刀砍伤正在依法执行职务的警察，其行为符合袭警罪的构成要件，应当追究其刑事责任；而人民法院则认为，本案中警察已经查明被告人不存在酒驾行为，其法定职务已经履行完毕，故警察将被告人送回家的行为不属于执行职务的行为，故而认定被告人的行为属于故意伤害罪。对此，笔者认为本案中的警察的行为属于执行职务的行为，依据法律规定，人民警察有保护公民人身安全的义务，本案中的被告人已经处于醉酒状态，在核查清楚其是否具有酒驾行为后，人民警察有义务保证其处于安全状态，故而将其安全送回家中，因此属于依法执行职务的行为，应当以袭警罪追究其刑事责任。

三、"暴力袭击"行为问题的性质分析

（一）关于"暴力"范围的界定

实际上，袭警罪的客观行为要件最为明显的表现就是强调"暴力袭击"的行为。根据文义解释，"暴力"被认定为是暴露出来的力量。而刑法意义上的暴力则是指有形力量的不合法使用。[1]

《刑法修正案（九）》中，将袭警行为与其他妨害公务的暴力行为均认定为同一类型，都被规定在妨害公务罪名之下，在这种情形下的暴力行为，无论在内容方面还是在体系方面二者基本是一致的。《刑法修正案（十一）》根据当前社会的实际情况增设袭警罪，把袭警行为单独成立罪名，尽管该行为已经脱离了妨害公务罪，但两罪仍然在同一法条的规定之下。暴力袭击人民警察行为本身就是一种形式比较特殊的妨害公务行为，因此，二者是特别与一般的关系。将这两个罪名中的有关暴力范围作一致理解，仍然具有一定的合理性，同时也符合其内在关系。

---

[1] 刘艳红："袭警罪中'暴力'的法教义学分析"，载《法商研究》2022年第1期。

（二）关于"暴力袭击"的标准认定

刑法条文对暴力袭击的方式、程度等缺乏具体描述。实践中，有的办案人员认为袭警罪系行为犯，与警察"动手"即构罪；有的办案人员认为"袭击"具有主动性、攻击性，一般的反抗行为以及轻微的肢体冲突不构成袭警罪。

从文义解释的角度来看，"袭击"即乘其不备、突然打击，本身即带有暴力攻击性。袭警罪中的"暴力袭击"应当理解为主动与警察对抗、以暴力方式攻击警察。对于那些为摆脱警察强行控制实施的挣扎性反抗性行为，虽然与民警有肢体冲突甚至轻微抓伤、咬伤民警，也不应认定为是袭警犯罪，这也符合刑法期待可能性原理。

四、结论

随着我国法治化建设不断推进，人民警察执法规范化水平也逐步提高。但是，人民警察的工作存在一定的特殊性，其工作的过程中可能会面临各种各样的危险，因此必须加强对人民警察的保护，对于此，我国应该加快相关法制法规的设立，不断提高对依法执行职务的人民警察的刑法保护。还需要不断加强司法实践中的具体落实力度，才能有效避免相关法律被空置，才能够有效实现立法目的，进而真正地保护人民警察的执法安全。[1]

但是，仍然需要注意的一个问题就是，加强对于执法过程中法律权威和国家权威的保护，单纯依靠增设袭警罪是远远不够的。未来我国还是需要通过立法手段不断完善各项法律法规，只有这样，才能够在整体上维护国家和法律的权威。而在这一方面，欧美的一些发达国家已经取得了一定的成效。例如德国、法国等国家曾修改本国刑法，对侮辱国家公职人员、暴力抗拒执法以及携带武器或者其他危险工具暴力抗拒执法等行为都进行了明确的刑法规制。[2]基于此，我国可以参考这些国家的成功经验，不断完善我国的相关法律法规，维护国家和法律的权威。

---

[1] 栾莉："严重危及人身安全的袭警行为研究"，载《公安学研究》2022年第4期。
[2] 参见朱琳译：《最新法国刑法典》，法律出版社2016年版，第211~213页。

论比例原则在民法中的适用

曹馨予[*]

（中国政法大学 北京 100088）

摘 要： 比例原则原本是行政法的黄金原则，但近些年来，我国越来越多的民法学者开始重视比例原则，对于将行政法中的比例原则纳入民法中颇有争议。但从判例可见，有不少民事案件中也引用了比例原则的基本原理，灵活运用比例原则也可实现民事裁判的个案正义，起到实质性作用。由此可见，被法学界称为"公法皇冠"的比例原则在民法领域亦有其独特作用，不单单适用于行政法，这引起了我国民法学者的热议及思考，也对我国法治发展产生了深刻影响。

关键词： 比例原则 公法皇冠 禁止过度 实质正义

随着时代的变迁，社会问题的复杂化，公私法交融和私法社会化，比例原则的影响力已然覆盖到以民法为主的私法领域，但比例原则是否适合于民法、又可以多大程度地适用、可否普遍适用等，目前尚未明确定性。

一、比例原则在民法上适用的前提

在公法领域，比例原则的运用主要是为了保护基本权利不被过分干涉，比例原则的基本原理——过度干预使得国家权力得到了有效限制。这不仅限制了行政部门的行为，也对立法和司法产生了约束。如果制定法律者不遵守比例原则，违反了禁止过度的要求，那么这个法律就构成了违宪，因此是无效的。在司法方面，法官在处理案件时需要根据比例原则的三阶理论来判断

---

[*] 作者简介：曹馨予（1997年~），女，汉族，北京人，中国政法大学同等学力研修班2022级学员，研究方向为民商法学。

目的、手段和措施是否正当；所采取的手段、措施是否为最轻；干预与目的是否相匹配，这样才能保护基本权利，实现司法正义。就如王利明教授所言，"在无法确定立法者的价值判断时，法官应该尽可能采取两害相权取其轻的思考模式"。[1] 由于比例原则运用范围极广，因而，有学者充满激情地宣称："比例原则或禁止过度是对所有的国家行为均有决定性的指导规则意义的法治国原则。"[2]

"比例原则要求合比例、适度，着眼于相关主体利益的均衡，其精神在于反对极端、实现均衡，既不能'过'，也不能'不及'。"[3] 比例原则就是一把衡量国家权力对个体的权利和私人空间产生的影响是否过度的尺。意在达成"禁止过度"的效果。在实践中，无论是国家权力与个人权利之间的悬殊，还是民法中的各种不平等，都需要比例原则做以权衡，例如性别歧视、种族歧视、宗教歧视等，再者，社会资源分布不均，贫富差距越来越大，教育资源分布不均等不可能平等。弱势一方在寻求法律帮助的时候，亦需要运用比例原则来维护法律的实质正义。比例原则具有普适性，不仅仅是行政法上的基本原则，也是一项宪法性原则，作用于各个法律部门，亦包括民法。

二、比例原则在民法上的具体展开

下文将从劳动合同法领域和储蓄合同领域运用比例原则作具体展开，以期从实践的层面揭示将比例原则适用于民法的价值及重要性。

（一）比例原则在劳动合同法领域的运用

如前文论述，立法活动因公权力的参与，也需要像行政行为一般受到比例原则的约束。在现代法治社会的背景下，我国现行法律制度已较为完备，立法目的违背比例原则的情形并不常见。但由于立法的滞后性，社会发展迅猛，恐有立法目的与当今社会不匹配的情况。如企业在庭审中并不像《劳动合同法》所传达的那般强势，劳动者拿着"仲裁"的利剑反而显得更加强势。因此，应审视《劳动合同法》的立法目的是否过度倾斜，违背了平衡劳动合同各方关系的原则。

---

[1] 王利明："民法上的利益位阶及其考量"，载《法学家》2014年第1期。
[2] 王利明："民法上的利益位阶及其考量"，载《法学家》2014年第1期。
[3] 王利明："民法上的利益位阶及其考量"，载《法学家》2014年第1期。

除《劳动合同法》有明显倾斜保护外,《消费者权益保护法》更是一部过度保护消费者的权益的法律,因此我国才会出现"职业打假人"这一民间职业。尽管实践中对此并不认同,也不保护职业打假人,但是很难区分是真实的消费者还是利用《消费者权益保护法》的过度保护牟利的别有用心之人。因此,我国立法者应当适当运用比例原则,顺应时代的发展,调整不对等制度,无论是劳动者与用人单位之间,还是消费者与经营者之间都需要相对平等的地位。

(二) 比例原则在储蓄合同中的运用

在深圳市中级人民法院发布的典型案例——原告覃某某与被告中国建设银行股份有限公司深圳益民支行借记卡纠纷案中,广东省深圳市中级人民法院除了考虑到利益衡量原则,还考虑到了比例原则、最轻微侵害手段或尽可能微小限制原则。[1]

该案件的核心争论点为:银行储户对于独立于储蓄合同法律关系外的付费短信通知服务是否享有自由购买的权利?对于短信通知这样的有偿服务,银行不得强迫储户付费,也不能因为储户没有如期购买而使他们承担不良结果。从本案情况来看,若单纯判定银行对储户的损失应承担赔偿责任,很容易导致储户恶意要求银行进行损害赔偿,并有可能促进其串通诈骗,使其"职业"化,反而对金融生态安全造成更不可预计的后果。但从另一个角度来看,如果要由储户对此来负责,必然是不合常理的,不能以储户没有购买额外的服务作为资金保障措施来认定储户没有尽到安全防范义务,也违反了契约精神。银行无法对储户的合法权益加以保护,反而让储户损失更多,不仅会丧失储户对银行的信任,而且会导致银行降低对加强自身安全性和提高业务品质的关注,从而影响到更多储户的权益。所以,与一般存款人的合法利益相比,被告人所主张的"金融生态安全"并不具有优势。借记卡被盗的案例比比皆是,银行对于借记卡的管理依旧存在安全漏洞,银行有义务且更有能力主动防范损失的产生,若将银行管理不善的后果由储户承担,未免太过牵强,无法服众。被告主张原告没有自费购买短信通知服务进而没有及时止损,不得就扩大的损失请求赔偿,理由不能成立。同时,也不能一味地偏袒原告,防止原告权利滥用,也应该受到一定程度的限制,禁止过度放任。如

---

[1] 参见广东省深圳市中级人民法院[2019]粤03民终15810号民事判决书。

果被告有证据能证明原告在知道自己的权益受损害的前提下，任由损失扩大，以求高额赔偿，那法院也需要根据原告过错程度来判定原告承担相应的责任。

深圳市中级人民法院的做法符合比例原则，恰当地运用三阶原理，符合适当性原则、必要性原则和均衡性原则，这才能从根本上有效防范损失发生，提高金融安全，更有利于社会的稳定和实质正义的实现。

四、结论

比例原则"在哪里得到了严格实施，哪里的自由、平等、博爱就会兴盛"。[1]很多学者对比例原则"跨部门移植"存在质疑，但比例原则在许多立法活动、司法活动中都起到了至关重要的作用。无论是行政法还是民法、刑法，都需要适用比例原则及其三阶原理。比例原则对于民法而言，不仅仅是"可适用"，在民法中的地位也是举足轻重的，承认比例原则适用于民法的重要性，就是为了更好地保护民事主体的私权，实现民法"维护人的尊严，保障个人自由平等"[2]的使命。

---

[1] 刘权："目的正当性与比例原则的重构"，载《中国法学》2014年第4期。
[2] 郑晓剑："比例原则在民法上的适用及展开"，载《中国法学》2016年第2期。

大数据时代知情同意原则的适用困境与调试之道

高 峰[*]

（中国政法大学 北京 100086）

摘　要：信息主体的知情同意是处理个人信息最主要的合法性依据。但进入大数据时代，知情同意呈现出流于形式和表面的现象更加明显，使得知情同意原则在实践中更难以被真正有效落实。因此，必须对《个人信息保护法》中的知情同意进行严格解释，一方面要构建起充分告知、形式与实质双重同意的知情同意框架；另一方面，要积极探索动态同意机制，平衡信息主体与信息处理者的权益。

关键词：个人信息保护　知情同意原则　动态同意

大数据时代，各种大数据应用场景的数字信息汇聚形成了高度发达的互联网平台的信息基础。但同时，个人信息的高曝光度使得身在其中的个体隐私很难得到较好的保护。大数据技术在生活、工作、娱乐等领域开启全新模式的背景下，"一刀切"式禁止个人信息的交互显然与时代的发展方向相悖，如何在适应时代信息技术发展的前提下使个人信息得到有效的保护就成了广为关注的问题。

2012年起，知情同意原则就开始出现在我国有关个人信息保护的法规文件中。2012年颁布的《关于加强网络信息保护的决定》、2013年新修正的《消费者权益保护法》以及2017年实施的《网络安全法》均规定了知情同意原则。《网络安全法》和《个人信息保护法》[1] 的实施，基本明确了知情同

---

[*] 作者简介：高峰（1983年~），男，汉族，江苏盐城人，中国政法大学同等学力研修班2022级学员，研究方向为知识产权法学。

[1] 参见《个人信息保护法》，第13条和第14条。

意原则在我们个人信息保护中的基础地位。

一、大数据时代知情同意原则的适用困境

（一）"同意"难以实现

大数据时代，知情同意原则的现有实践表明，自主意识所呈现的"同意"可能沦为了形式。电子版形式的隐私条款除了可阅读性相对于纸质版较弱，隐私政策条款中往往包含信息收集者设置的一些免责条款和豁免场景，同时由于隐私政策条款及用户协议条款等篇幅较长且法律术语较多不容易被读懂，即便信息收集者采取了对字体的加大或者加粗等方式处理，这些条款也容易被忽略，从而对数据主体（既被收集者）造成了实质性的不利，个人信息可能会被无限制地使用，实质上发挥着"只要数据主体同意就可以处理个人信息"的免责作用。

结果是知情同意原则由数据主体的信息防火墙、隔离带变成了信息处理者的法律保护伞，很有可能沦为其免责工具，这也违背了知情同意原则的设计初衷。

（二）征求同意成本过高

在个人信息的收集和使用方面，适用知情同意原则意味着信息收集和使用者围绕个人信息开展的活动需获得数据主体的同意。知情同意原则的高成本体现在两方面：

第一，被收集者需要花费大量的时间来理解隐私政策条款：隐私政策条款往往都是专业的法言法语，用词晦涩难懂，非法律专业人士可能也会面临着阅读和理解困难的情况，对隐私条款理解的付出可能都是超出想象的。

第二，信息收集和处理者获得被收集者同意的成本偏高：在信息收集者与被收集者的场景下，收集者大部分情况无偿向用户提供产品和服务，在难以直接通过收费获得收益的情况下，信息主体以自己的个人信息换取"无偿"服务；当个人信息收集者将个人信息转让后，实际的个人信息控制者可能需要重新寻求被收集者的同意，以确保实际控制者不超出被收集者最初的同意和使用范围。

在大数据时代背景下，无论是信息收集者还是被收集者，传统"告知同意"原则均使得交易成本逐渐升高，逐渐偏离实质性同意的轨道，为生活带来便利的同时也带来了更多的不便。

二、知情同意在大数据时代的调试之道

知情同意原则是信息自决权的前提和基础，是信息处理正当性的依据。构建敏感个人信息的特殊同意规则，加强处理同意的保护，对知情同意原则进行完善既是信息社会的时代要求，更是未来《个人信息保护法》立法工作的一项重要任务[1]。

知情同意原则在法规中被明确规定，且其规定呈进一步细化的趋势。同时合理使用情形的增加实则是对知情同意原则的调整，这些表明了现行法律对解决知情同意原则所遭遇困境的尝试，更表明了知情同意原则在大数据时代无论是在规则层面还是在实践层面都面临着如何切实落地的愿景。

（一）形式与实质双重同意模式的构建

在法律法规不断完善的同时，相对应的数据主体"同意"实践体系也需要进一步的完善，此处且以 App 个人信息保护两大重要原则为例：是否以清晰易懂的语言告知用户（数据主体）个人信息处理规则，由用户在充分知情的前提下，作出自愿、明确的表示；是否遵循了明确、合理目的最小必要原则，不得从事超出用户同意范围与服务厂家无关的个人信息处理活动。

可以看出，"同意"作为数据处理合法性、有效性的基础在法规中从充分知情同意以及最小必要原则等方面作出了明确规定，基于数据收集者（服务提供）角度可以从如下几个方面考虑隐私政策条款的实质性"同意"的完整实践体系构建和设计：

第一，应当考虑时机的恰当性，一般可以考虑从如下几种场景进行设计：应用软件在首次运行时或首次提供服务时，应告知数据主体并征得其同意后方可进行收集活动；信息收集前（非首次场景），收集个人数据的权限应告知数据主体并征得同意；收集数据后，当收集处理的内容、使用目的、保护方式、信息共享等发生变化应重新告知数据主体，征得数据主体的同意方可重新进行此项收集活动。

第二，需要提前考虑告知数据主体的内容是否一致，即所征得数据主体同意的授权范围与告知数据主体的内容需要一致方可开展此项活动，确保数

---

[1] 参见朱梦云："我国互联网企业'数据协助'义务的困境与出路"，载《求是学刊》2022年第6期。

据主体所接受的信息始终保持一致，视为同意有效，符合相关规定，否则相关同意可能是无效的。

第三，应当满足自愿、清晰明确、无不利后果的要求。隐私条款的设计形式和内容可以充分体现出数据主体的同意是否是自主选择的。首先，要符合自愿要求，有效的同意应当是在平等状态下自愿作出的，可以有拒绝的权利和机会，不得强迫数据主体同意。其次，有效的同意应当满足符合清晰明确要求，必须通过声明或者明确的肯定性行动作出明确的指示。最后，符合无不利后果要求，如数据主体不同意，仅影响对应的产品功能或者服务类型使用，无其他不利后果，不得因数据主体不同意就使其遭受其他不利后果，同时不得频繁征求同意，干扰数据主体的正常使用。

第四，同一服务商在涉及不同服务或者不同处理场景时，知情同意原则的适应性方面需要加以优化，需要考虑是否分别获得同意。如在区分需征得数据主体的场景或者服务的功能类型后，同意应当分别获取，对不同服务和场景处理分别征得同意，不得采用捆绑方式强迫数据主体一次性授权，尝试将个人信息分类适用保护可以有效地避免知情同意绝对化，体现了知情同意原则的精准适用。

（二）动态同意模式的探索

在实际的场景中，服务商提供的服务有可能是随着场景在变化的，这个时候收集处理的内容、使用目的、保护方式、信息共享等可能也会随之发生重大变更，这个时候应该及时并在有效的时间内通知数据主体。

考虑到服务的内容可能会发生变化，当数据主体对有效"同意"的认知发生变化或者有更深层次的理解后，在方式的设计上需要考虑是否能够随时撤回同意，有效的同意应该是可以随时撤回的：告知数据主体拥有随时撤回同意的权利，数据主体有权限随时撤回同意[1]；撤回同意的操作容易程度与授予同意等同。随着数据主体撤回同意，数据主体所获得的服务也随即终止。

---

[1] 万方："隐私政策中的告知同意原则及其异化"，载《法律科学（西北政法大学学报）》2019年第2期。

意定监护的实施困境与解决路径

顾 磊[*]

(中国政法大学 北京 100086)

摘 要: 意定监护制度使成年人可以根据自己的意愿选择监护人,处置安排自己的生活、财产等个人权利,是最大限度尊重公民权利的一种制度,体现了意思自治的法治精神,具有重大的进步意义,也符合我国人口老龄化的形势发展。本文首先针对意定监护制度的创设进行了阐述,并且分析了意定监护的实施困境,最后针对实施困境,讨论了意定监护的完善手段。

关键词: 意定监护 持续性代理权 监督人

一、意定监护制度的创设

我国社会人口老龄化倾向越来越显著,"十四五"时期我国将进入中度老龄化阶段,积极应对人口老龄化上升为国家战略,我国目前单一的法定监护制度已经难以满足如今的社会形势发展。此外,同性恋群体、残疾人、植物人等特殊群体设立意定监护的需求日益增长,弥补民法监护制度的缺漏,使法律能够满足不断变化和发展的社会存在,构建和完善我国的意定监护制度具有较强的现实必要性。

(一)我国意定监护制度现状

1. 构成条件

我国《民法典》第33条规定了意定监护制度的具体构成条件,该规定沿袭自《民法总则》第33条。依据该规定可知,首先,意定监护的被监护人主

---

[*] 作者简介:顾磊(1988年~),男,汉族,江苏扬州人,中国政法大学同等学力研修班2022级学员,研究方向为民商法学。

体必须是具有完全民事行为能力的成年人，监护人可以是个人或者组织。其次，被监护人确定自己的监护人，需要与该监护人协商并取得其同意。再者，要以书面形式确定意定监护人，双方需制定意定监护合同确立监护的主体和内容。

2. 发展背景

2021年3月8日国家发展改革委表示，"十四五"时期我国将进入中度老龄化阶段，积极应对人口老龄化上升为国家战略，将大力发展普惠性养老服务。[1]

（二）设置监督机制的必要性

意定监护制度的规定具有重大的进步意义，但是法律仅仅作了原则性的规定，意定监护保护了被监护人权利的实现，但对应的监督机制却处于缺失的状态。设置监督机制是保障意定监护制度能够长久发展的必要手段，对被监护人和监护人的权益也有着重要影响。

1. 被监护人

意定监护制度是成年人可以排除法定监护，让自己选择的监护人来处置自己的生活、财产等个人权利的一项制度。但是在意定监护生效后，监护人能否按照被监护人的意思或者站在对被监护人有利的立场行使被监护人的权利，仅仅靠被监护人本人进行监督是不现实的。

2. 监护人

设置意定监护监督机制在监督监护人完成其监护义务的同时，可以明确协议规定的监护范围、得到的回报薪资等，保护监护人在意定监护关系中的利益，从而维护意定监护关系的和谐、稳定、长久发展，让监护人更好地保护被监护人的权利。

二、意定监护制度的实施困境

我国法律虽然确立了意定监护制度，但只作了原则性规定，且没有确立配套的监督机制，意定监护制度作为一项较新且具有重大社会意义的制度，设置监督机制是保障意定监护的制度功能得以落实的重要环节，也是保障意定监护制度能长期稳定地发展和存续的必要环节。我国《民法典》第36条第

---

[1] 牛婷、刘春："老龄化背景下老年健康社会的实践路径探析"，载《经济师》2022年第2期。

3款规定了我国的监护人资格撤销制度，有人认为这可以替代我国意定监护制度的监督机制，笔者对此并不认同。

（一）缺乏系统的监督机制

由《民法典》第36条规定的向法院申请监护人资格撤销制度可见，目前我国的意定监护监督制度的模式主要是单一的公力监督。但是我国的公力监督只包括政府部门和法院的监督。依据《公证法》第6条和国务院办公厅《关于深化公证工作改革的方案》的有关规定，可知我国公证机关是独立行使职能和承担责任的公益性事业法人。公证机关作为承担行政职能的行政事业单位，承办意定监护的公正审查，所以公力监督在包含法院监督的同时，还应当包括对公证机构的监督。法院对于意定监护的监督主要表现在，要求监护人定期汇报监护情况和监护执行状况，以及撤除不履行监护职责的监护人的监护资格两个方面。

（二）缺乏细化的法律规范

法律规定建立意定监护关系需要进行书面约定，订立意定监护协议是创设意定监护的必要环节，所以对意定监护协议的格式形式进行规范，可以对意定监护关系起到事前监督的作用。但我国现今并没有对意定监护协议的形式内容进行法律规范，使得实践中意定监护协议可能存在不规范的问题。[1] 在意定监护协议中除了规定监护人与被监护人，还要明确双方的权利义务、监管范围、监管方式等。

三、意定监护制度的完善

（一）完善公证程序及规定

司法部在2017年公开的公证指导性案例（1号）中引用了一个发生在上海的意定监护公证典型案例，并针对该案例对意定监护公证程序提出了建议：公证员要审查当事人是否具备民事行为能力以及意思表示是否真实；公证员可以依据当事人的意思表示代为拟定意定监护合同，合同中应当明确监护职责、监护事项、监护生效要件、争议解决等方面的内容；意定监护合同进行公证后，公证机构和公证员负有保密义务，不得向双方当事人以外的第三人透露意定监护合同的内容，以维护意定监护双方合法权益；在意定监护生效

---

[1] 崔雅轩："我国意定监护焦点法律问题研究"，山东科技大学2020年硕士学位论文。

时，公证机构可以根据申请，向意定监护设立人的法定监护人公开意定监护公证文书。

（二）建立意定监护登记制度

建立统一的意定监护协议登记制度，不仅便于统计意定监护制度的实施状况，及时发现、修补、完善意定监护制度漏洞，还可以对意定监护协议进行事先审查和公示，保障交易安全和被监护人的权益。我国需要建议独立统一的意定监护协议登记制度，但是由哪一机关作为意定监护登记机关，产生了不同的观点。法院作为我国的审判机关，案件量极大、审判事务繁重，因此将意定监护协议的登记事务交由法院管理会给法院增加额外的压力。此外，法院的主要职能是审判，注重处理事后纠纷，起到事后救济监督的作用，意定监护登记属于事前登记事项，两者的性质不同。所以为了保护法院的专业性和独立性，不应将法院作为意定监护的登记机关。

（三）设立监督人

意定监护合同的生效条件实现，即被监护人处于缺失行为能力的状态，没有能力对监护人进行监督。而没有受到监督就意味着有被滥用的可能，所以为了保护被监护人的权利，应该建立监督人制度。但是学界对监督人应该由公证处、法院等机关担任还是由法官选任的自然人担任产生了不同的观点。在我国，法院作为审判机关，具有专门性和独立性，且案件量工作量繁重，由法院直接担任监督人是不妥的。

四、结论

意定监护制度在保障人权方面有重要的进步意义，所以在《老年人权益保障法》提出老年人意定监护后，《民法总则》又在此基础上，将意定监护扩大适用于具有完全民事行为能力的成年人，并在《民法典》中得到沿袭。作为一个新制度，我国目前的意定监护制度仍然较为粗略，没有形成配套的完善、系统的监督机制，存在缺少系统性、完整性，缺乏细化的监督程序规范等问题。在之后的立法中，要规范意定监护协议，完善公证的法律规范，建议统一的意定监护登记制度，设立监督人制度，同时可以倡导订立监护监督协议、支持开展社会监督机构等，做到公力与私力监督协同发展。期待在后续的相关立法中，意定监护制度及其监督机制能够得到具体的构建。

短视频著作权保护和合理使用

郭 宾[*]

（中国政法大学 北京 100088）

摘 要：随着网络技术的迅速发展，自媒体应运而生，成为人们日常工作生活中必不可少的平台。在自媒体运营发展过程中，短视频是一种常见的形势，其门槛低、受众参与度高，加之创作简单，提高了信息获取的速度，并且实现了"人人皆有麦克风"。作为一种新兴的行业，它突破了传统媒介的垄断地位，传播渠道更为广阔。在短视频"野蛮生长"的冲击下，大量的问题逐渐浮出水面，著作权保护问题也越来越多。问题就是最好的表现，想要双赢，就必须要有高质量的内容及完善的保护机制。探讨短视频著作权保护的问题，有助于建立一个健康的、规范的发展秩序，保证归属和分配清晰合理，也可以通过合理的定价、交易、流通等方式，提高视频的创新能力，保护和激励作者的创作积极性，推动短视频行业的健康发展。

关键词：新媒体 短视频著作权 合理使用

一、短视频作品的特征

在数字网络时代，短视频的发展速度可以说是突飞猛进。在5G时代到来的同时，由于"网红"的强大推动，不仅形成了自身的产业链，更是对平台的宣传和营销手段进行了不断的更新和完善。互联网传播渠道是短视频的温床，其内容可以分为"微电影""电影解说""鬼畜类""配音""用户反应"等；类别主要有教学类、生活类、口述类等。短视频作品具有以下特征：首

---

[*] 作者简介：郭宾（1981年~），男，汉族，北京人，中国政法大学同等学力研修班2021级学员，研究方向为民商法学。

先，从拍摄时间上来看，与传统的网络视频相比，短视频的拍摄时间更少。比如，在微信中，短视频的播放时间是10秒，抖音、快手等短视频平台，播放时间不到5分钟，其他平台不过20分钟的视频也被归类为短视频。其次，短视频具有一定的社会属性，可以满足人们的互动需求。在短视频制作和转发过程中，往往会借助社交平台，用户能够将观赏到的视频分享给自己的朋友，完成即时共享，提高了视频播放率。[1]伴随着流量经济的兴起，成为一种新兴的媒体，产生了巨大的商业和经济价值。最后，就拍摄手段来讲，短视频真正实现了"人人都是麦克风"，借助智能手机、平板等完成视频拍摄，并上传到自己的社交平台，完成视频的制作和分享，同时支持其他用户对该视频的转发。生产门槛低，创作简单，表现方式多样。通过对短视频作品的特征，不难发现，这其中存在很多细节问题影响着著作权的保护，在新媒体的传播、复制、改编等过程中，由于缺乏完善的保护机制，导致短视频的著作权保护被弱化，越来越多的用户变成了"搬运工"，通过抄袭、篡改其他人的作品来为自己创造收益。这样侵权的行为屡见不鲜，导致短视频平台上的作品良莠不齐，无数的原作者，都在为自己的作品被抄袭、搬运而苦恼。

二、现阶段短视频著作权保护的问题

（一）内容定性难

随着短视频的迅猛发展，著作权保护的问题也随之出现。如果短视频著作权应受到保护，那么，如何对其进行合理的界定，其保护标准是否与长视频存在不同，都有着大大小小的争议。特别是在内容争议的定义上，有些创意短片，尽管是自己的生活纪录，但经过了后期的修饰和剪裁，将其他的录音产品运用到作品中，也就是所谓的二次加工与创作，这样的作品怎样定义，是否已经造成侵权问题，是当前行业重点研究的问题。另外，大部分的短视频内容具有自己的独创性，也有模仿别人的作品，内容定性难是著作权保护中的一个主要问题。但是目前相关的标准和司法实践并不健全，这就要求司法机关进行自由裁量，以创新为基础，以独创比例为参考。

（二）平台责任、义务界定难

由于短视频的上传必须通过短视频平台，所以作为传播枢纽，短视频平

---

[1] 张伯娜：" 短视频版权保护与合理使用判断标准探究"，载《出版发行研究》2019年第3期。

台有责任对作品内容进行审查。原创视频的审查难度很大,而且很难定义。所以,对短视频平台的具体责任与义务的规定,有助于推动著作权的保护。此外,必须指出,为推动互联网企业发展,保障网络服务商的利益,《信息网络传播权保护条例》规定了"避风港原则",一些平台在获取高收益的同时,也会利用这一原则规避著作权的保护,这对原作者来说,也是一种伤害。[1] 不能光靠"公告"和"删除"来解决问题,会让创作者的积极性受到影响,对短视频产业的发展不利。所以,事前的审核,事中的处理,和事后的规范,都是必不可少的。

三、短视频著作权保护和合理使用的建议

(一) 提升大众的著作权保护意识

从源头预防和提高公众著作权意识是降低侵权行为的重要一环。当前,我国公民对知识产权的认识仍需提高,法律宣传工作仍任重道远,各方应共同努力,从源头上降低网络短视频侵权案件。

(二) 完善网络短视频著作权法律保护路径

首先,借助精确的法律概念、严谨的法律制度,对短视频作品进行界定,并对创作内容进行归类,为今后的司法实践提供完善的法律规范。《著作权法》保护的作品,是创作者在创作过程中,用自己的智慧创造的精神财富、精神产品和思想表达。互联网短视频也是创作者在创作过程中,凭借自身的能力创造的,短视频应当得到著作权保护,法律上应当对这种新型的表现形式进行法律保护。

其次,要平衡网络短视频平台和著作权所有人的利益,适度地对"避风港"规则进行约束。在借鉴其它平台经验的基础上,对短视频进行审查,对过于宽松的免责机制进行调整。

(三) 完善平台自律规范

网络短视频平台应有一定程度的注意和监管义务,利用技术手段将网络短视频分层。注意义务的采用应与技术发展水平相适应,平台利用新技术措施将网络短视频中侵权内容进行过滤。在这方面可以借鉴搜狐视频,采用基因对比技术,用数据库快速搜索到未经著作权所有人许可或同意复制受著作

---

[1] 贺涛:"短视频独创性标准的重构",载《出版发行研究》2020年第7期。

权保护的作品的行为，在未来还有望使原创作者能获得那些未经著作权所有人许可或同意复制受著作权保护的作品的收入。

（四）利用区块链技术进行短视频著作权保护

随着区块链技术日益受到人们的重视，"区块链+"正逐步进入到人们的日常生活中。由于区块链技术具有"去中心化""开放性""独立性""安全性"等特性，使得它不受传统的数据中心技术的制约，能够从源头上打击侵权行为，与短视频的知识产权保护能够很好的契合。[1]

目前，利用区块链技术进行短视频著作权保护，主要是利用第三方注册机构进行数字著作权的登记。流程是先上传身份验证，再上传作品，填写作品资料，平台将用户上传的作品在著作权区块链联盟平台进行公示，使用区块链技术对申请登记的作品进行实时标记存证。在经过审查之后，上传的作品将会得到独一无二的 DCI，也就是唯一的数字著作权标识，同时还可以连接到中国著作权保护中心的 DCI 系统，有效避免侵权问题。

基于区块链的唯一标识符，可以有效地解决传统集中式的网络短视频确权过程耗时长、成本高、取证困难等问题。在版权保护方面，区块链采用的是多个子授权中心，为用户提供密钥，各个子授权中心可以存取不同的权属性领域，从而有效地防止了单点失效的问题。通过引进区块链的数字登记技术，可以清晰地看到网上的视频源，从而达到对侵权行为的精准打击。

四、结语

综上所述，著作权既是作家创作的成果，又是对人类文化遗产的尊重与保护。在我国，著作权产业特别是互联网著作权产业正在蓬勃发展。随着网络技术的飞速发展，著作权产业已成为我国国民经济的支柱产业，在未来的国际竞争中，其综合实力的高低将直接影响到整个国家的实力。加强对网络著作权的保护，是"法律向善"的一个具体体现。只有对短视频进行规范管理，完善著作权经营秩序，优化其功能与内容布局，才能提高原创作品的品质，为用户提供更优质的短视频作品。

---

[1] 刘祖纯："短视频经济中著作权侵权问题研究"，载《广西质量监督导报》2020 年第 5 期。

论"大数据杀熟"行为的法律规制

蓝静玉[*]

(中国政法大学 北京 100088)

摘 要：现行法律对"大数据杀熟"还没有统一的定性，结合《消费者权益保护法》《价格法》《个人信息保护法》等有关针对"大数据杀熟"的规制来看，"大数据杀熟"是滥用信息进行不合理差异化定价的行为。经济法领域对"大数据杀熟"的规制存在取证困难、适用主体受限等困境。《个人信息保护法》则通过源头治理的方式，扩大责任主体，明确个人信息收集、使用知情同意原则，并通过规定保证自动化决策透明度和结果的公平公正，从程序和实质上保障消费者的知情权，以达到规制"大数据杀熟"的法律效果。

关键词：大数据杀熟 个人信息保护

随着信息科技发展，互联网平台经济火爆，大数据技术在平台经济发展中发挥着重要的作用，但也带来了新的问题。其中"大数据杀熟"成为近年来学界关注的热点。"大数据杀熟"现象是指同样的商品或服务，老客户或者平台会员看到的价格反而比新客户要贵出许多。针对这一问题，还没有法律规范进行规制，本文结合经济法领域有关对"大数据杀熟"行为的规制，从《个人信息保护法》的视角探究其对"大数据杀熟"行为的规制。

一、"大数据杀熟"行为的概念

目前，法律上关于"大数据杀熟"行为并没有统一的定性且存在较大的争议，学界对"大数据杀熟"行为的讨论主要集中在价格差异上，有学者认

---

[*] 作者简介：蓝静玉（1990年~），女，汉族，广东梅州人，中国政法大学同等学力研修班2022级学员，研究方向为民商法学。

为"大数据杀熟"依托大数据算法来计算不同消费者愿意支付的最高预期价格,从而进行差异定价,属于经济学中的一级价格歧视。[1] 有学者则认为"大数据杀熟"是经营者利用大数据算法技术使得"熟客"对商品价格陷入误解而作出购买选择,属于价格欺诈。[2]

因此,综合《反垄断法》《价格法》《消费者权益保护法》《个人信息保护法》等有关"大数据杀熟"的规制条款来看,"大数据杀熟"是指个人信息处理者或经营者利用算法技术对用户个人信息进行收集、分析和处理,根据不同用户消费习惯、兴趣爱好、消费能力等针对同一商品或服务向其提供不合理的差异化定价,从而损害用户的合法权益,谋取商业利润的行为。这一行为的实施主体是个人信息处理者或平台经营者,行为本质上是属于滥用数据信息进行不合理的差异化定价,结果是侵害用户的个人信息权益、消费者的公平交易权、选择权以及破坏市场竞争秩序。

二、经济法对"大数据杀熟"行为的适用困境

由于"大数据杀熟"法律性质比较模糊,因此还没有形成专门针对"大数据杀熟"进行规制的相关法律。目前,针对"大数据杀熟",我国经济法领域主要涉及两个类型的法律:一是从消费者权益保护角度出发的《消费者权益保护法》;二是从市场竞争保护角度出发的《反垄断法》和《反不正当竞争法》等。此外,由于"大数据杀熟"行为最重要的表现是"千人千价",其也受到《价格法》及其实施细则的规制。然而,这些法律针对"大数据杀熟"存在如下适用困境:

第一,消费者维权举证困难。《消费者权益保护法》为规制"大数据杀熟"设定了基本框架和构建了权利体系,以保护消费者权益为基本理念,为"大数据杀熟"行为提供了权利基础和价值理念支撑。但由于消费者与平台经营者之间信息不对称导致消费者举证目的难以达到,从而在一定程度上限制了《消费者权益保护法》的适用。因此,在立法层面合理分配举证责任是完善消费者权益救济手段的重要途径。

---

[1] [美]保罗·萨缪尔森、威廉·诺德豪斯:《经济学》,萧琛译,人民邮电出版社2008年版,第155~156页。

[2] 刘鹏飞、曲晓程:"大数据'杀熟':高技术诡异的微笑",载《中国报业》2018年第7期。

第二，适用的行为主体受限。《反垄断法》和《国务院反垄断委员会关于平台经济领域的反垄断指南》形成了以市场结构为中心的"大数据杀熟"规制机制，但它们将"大数据杀熟"规制的主体限定为"具有市场支配地位的经营者"，这使得不具有市场支配地位的经营者滥用大数据进行杀熟行为无法受到反垄断法的约束。而且《反垄断法》和《国务院反垄断委员会关于平台经济领域的反垄断指南》采用的是经营者责任路径，将算法的设计者或开发者排除在义务或责任主体之外。不过，可以肯定的是《国务院反垄断委员会关于平台经济领域的反垄断指南》对数字平台滥用市场支配地位开展价格歧视进行了系统规定，该指南第17条规定了构成差别待遇需要考虑的因素、条件以及实施差别待遇行为的正当理由。它为解决《个人信息保护法》第24条适用过程中可能遇到的问题，如判断合理的差别待遇提供了参考。

第三，"大数据杀熟"有别于价格歧视与价格欺诈。《价格法》第14条关于价格不当行为的规定主要有两种：一是价格歧视，其实施对象针对的是"其他经营者"，因此不适用于以广大消费者为行为对象的"大数据杀熟"行为，而且"同等交易条件"也受到比较多的限制。二是价格欺诈，即经营者存在利用虚假或引人误解的信息，诱骗消费者交易的行为，而在"大数据杀熟"行为中，平台对商品或服务虽然未将其他消费者购买的同种商品或服务的价格告知"熟客"，但形式上仍然是明码标价，因此难以将此类不合理的差异定价行为认定为价格欺诈，从而无法对"大数据杀熟"行为进行规制。

三、个人信息保护法如何规制"大数据杀熟"

从逻辑上看，实现"大数据杀熟"的基础要素是个人信息。从这个角度出发，2021年11月1日出台的《个人信息保护法》通过个人信息保护规制"大数据杀熟"属于从源头治理。《个人信息保护法》扩大了"大数据杀熟"责任主体的范围，纳入算法开发者为责任主体，采用算法技术责任与经营者责任并行的模式。该法不仅确立了个人信息处理的知情同意规则。同时，更值得讨论的是该法第24条强调了"透明度"。笔者认为，该条款内容保障了消费者的知情权，从而达到规制"大数据杀熟"的效果。

《个人信息保护法》第24条要求"保证决策的透明度和结果公平、公正"。关于透明度问题，典型案例为被媒体称为"大数据杀熟的第一案"的"携程大数据杀熟案"，法院的说理即是围绕"透明度"展开的。当然，该案法院说理部分涉及的"透明度"并不是《个人信息保护法》第 24 条所说的"决策的透明度",而仅是对"价格的透明度"即"结果的透明度"进行说理。由于大数据、算法等是科技最前沿问题,普通消费者面对"算法黑箱",是没有能力,也没有精力正确理解企业公布的自动化决策信息的。《个人信息保护法》第 24 条不仅要求"保证决策的透明度",而且要求"结果公平、公正",以及不得实施"不合理的差别待遇"。这一条款不仅在程序性上对"透明度"提出了要求,还对结果提出了"透明度"要求。然而,什么是"结果公平、公正",什么是"不合理的"差别待遇,这是一个实质性判断标准,需要在司法实践中进行综合判断。

同时,《个人信息保护法》第 24 条仅规定了通过自动化决策作出对个人权益有"重大影响"的决定时,个人才有权要求个人信息处理者予以说明,并未明确规定"重大影响"的判断标准以及要说明的范围、程度是什么。因此,这也是在司法实践中容易发生争议的地方,留给了司法、执法较大的裁量余地。

《民法典》对婚姻家庭制度的继承与发展

檀文明[*]

(中国政法大学 北京 100088)

摘 要：新中国成立后对于婚姻制度已进行多次立法修改，最近一次修改体现在《民法典》婚姻家庭编，本次修改明确树立优良家风，增加冷静期设计，加大离婚过错方民事责任，在立法上是巨大的进步。《民法典》实施缓解了实践中离婚率高、假离婚多等问题，但仍需完善离婚制度设计以解决过错方离婚成本低、调解制度不规范等问题。

关键词：民法典 冷静期 离婚条件

《民法典》经历五次编撰，终于在 2021 年实施。经过新中国 70 多年的实践之后，《民法典》吸收借鉴了西方先进法律文化思想，继承与发扬了中华优秀传统文化，正如习近平总书记评述，"民法典系统整合了新中国 70 多年来长期实践形成的民事法律规范，汲取了中华民族 5000 多年优秀法律文化"。[1]《民法典》继承了中国古代编纂成文法典、崇尚理性思维的历史传统，也彰显了法典的政治担当。[2]《民法典》婚姻家庭编也对《婚姻法》进行了重大修改，进一步完善了婚姻制度立法。

一、传统婚姻制度概况

中国古代婚姻制度源远流长，西周时期"周公制礼"，对以后历代产生了

---

[*] 作者简介：檀文明（1977 年~），男，汉族，福建永泰人，中国政法大学同等学力研修班 2022 级学员，研究方向为民商法学。

[1] 习近平："充分认识颁布实施民法典重大意义，依法更好保障人民合法权益"，载《求知》2020 年第 7 期。

[2] 蒋海松："《民法典》传统基因与民族特色的法理解析"，载《现代法学》2022 年第 1 期。

重要影响。西周在解除婚姻方面有一套完整的制度,即"七出三不去"。"七出"指不顺父母去;无子去;淫去;妒去;有恶疾去;口多方去;盗窃去。"三不去"指有所娶无所归;与更三年丧;前贫贱后富贵。后世历朝基本沿用"七出三不去"的婚姻制度,仅在此基础上做一些细化调整。礼制认为,"妻者,齐也",夫妻应为一体,不能轻易休妻。两姓联姻一堂缔约,婚姻不仅是两个人的结合,更是两个家族的联姻。古代为稳定社会关系不提倡离婚,所以在古代离婚率是很低的。《民法典》婚姻家庭编继承了这个优良传统文化,有利于树立优良家风,弘扬家庭美德。

二、新中国成立后婚姻制度的变迁

(一) 1950 年《婚姻法》

1950 年 4 月,中央人民政府委员会第七次会议讨论并通过、由毛泽东主席签发的《婚姻法》,于 1950 年 5 月 1 日实施,这是新中国成立后的第一部法律。基于当时的社会情况,这部法律废除包办强迫、男尊女卑、漠视子女利益的旧制度,男女婚姻自由、一夫一妻、男女权利平等;禁止重婚、纳妾;禁止任何人借婚姻关系问题索取财物。这部法律强调男女平等、结婚自由、离婚自由,是对几千年封建专制思想的彻底否定。

(二) 1980 年《婚姻法》

1980 年《婚姻法》规定"如感情确已破裂,调解无效,应准予离婚"。根据这一规定,"感情确已破裂"成为诉讼离婚的基本尺度,是离婚条件的最重要标准。如果夫妻感情确实已经难以弥合,离婚对于双方都是一种解脱。这次立法表明人民法院判定当事人是否离婚,并不以当事人是否违背夫妻义务为标准,而是看婚姻关系有无可能继续维持。

(三) 2001 年《婚姻法修正案》

2001 年《婚姻法修正案》修改的重点包括:将"夫妻应当互相忠实,互相尊重"写进总则,同时还增加了"禁止有配偶者与他人同居"条款;首次明确规定"禁止家庭暴力";增加离婚救济制度,要求最大限度地保护未成年子女利益,规定子女不得干涉父母的再婚自由等。

(四) 2020 年《民法典》

2020 年《民法典》婚姻家庭编有许多重大修改,比如把树立优秀家风写进民法,使家庭就像一个微小的自治共和国,有权形成自己的家规(家训)、家教、家风；[1]针对离婚诉讼中出现的久拖不判离现象，规定在法院第一次判决不准离婚后分居满1年，一方再次起诉的应判决准予离婚；进一步保护离婚纠纷中无过错方的权益；规定夫妻一方负担家庭较多义务的，离婚时有权提出离婚补偿等，从法律上保障了弱者尤其是女方的权益。婚姻家庭编中新增了离婚"冷静期"制度，在离婚登记时双方当事人有30天的考虑时间，在这段时间内有一方不愿意离婚的，可以向婚姻登记机关撤回登记申请。以上这些修改均体现了《民法典》对中国传统婚姻家庭文化的继承和发扬。

三、《民法典》实施后解决了司法实践中存在的部分问题

（一）《民法典》实施后离婚诉讼中出现的久拖不判离现象得到缓解

各地法院在处理离婚诉讼案件时对"感情确已破裂"判断的标准不一，某案中法院在明知被告吴某长期赌博、不管孩子的情况下，原告历经4年、先后三次提出离婚要求，法院三次驳回崔某的诉讼请求。之后，崔某与吴某夫妻关系仍然未见好转，直到崔某第四次起诉要求离婚，法院最终才以崔某与吴某的夫妻感情确已破裂判决崔某与吴某离婚。

"家和万事兴"，和合文化是中华人文精神的核心和精髓。[2]中华民族自古以来就强调婚姻稳定、家庭和睦，可对于已经没有感情基础的夫妻，强行劝和没有任何意义。在《民法典》实施后久拖不判离的现象可以得到解决，这为无法从不幸婚姻的泥潭中挣脱出来的人提供了一个有效的路径。

（二）协议离婚"冷静期"的设置，有效解决当下离婚率高、假离婚多等乱象

设置离婚冷静期，不仅是为了让当事人考虑清楚，也是期望时间的推移能够改变形势，降低"假离婚"率。

四、离婚制度发展的方向

传统法律文化作为民族精神的密码，是当代中国社会意识形态的精神支柱，

---

[1] 焦利："传统文化的现代光辉：中国民法典的法文化基因"，载《新视野》2020年第6期。
[2] 范忠信："家法人制的公私法基石意义与民法典的中国文化升华"，载《中国法律评论》2020年第4期。

其作为中华民族的根和灵魂，必须根植于《民法典》之中。[1]而另一方面，中国人"崇古""遵祖训"而不"泥古"，与时俱进，这从"周虽旧邦、其命维新""苟日新、日日新、又日新""穷通变久"等著名古训可见一斑。[2]《民法典》实施后解决了实践中的许多问题，但婚姻家庭生活是极其复杂的，现实中还存在离婚成本低、调解程序不统一等问题，需要在司法实践中进一步立足《民法典》的规定，进行符合优秀传统文化精神和时代精神的阐释。

（一）增加过错方离婚成本

在处理婚姻家庭案件中，提高离婚成本，包括经济成本、时间成本已形成共识，由于离婚案件取证非常难，无过错方仍然需要得到更多的法律保护，因此在制度设计上应进一步增加过错方离婚成本。

（二）完善调解制度

调解制度在离婚诉讼中的作用远高于其他民事案件，但在实践中调解制度并不规范。完善调解制度，由法院管理的特约调解委员会组织调解，可减轻法官的办案压力，同时在当事人尚未进入诉讼的对立状态之前进行调解难度相对较小。[3]法院应在调解中加强家庭伦理关系的建设，使人伦司法成为家事纠纷解决的关键途径。

---

[1] 刘经靖、高艳："论《民法典》对中华优秀传统法律文化的传承与发展"，载《成都理工大学学报（社会科学版）》2022年第2期。

[2] 宋玲："中国传统法的民族精神与现代转化"，载《中共中央党校（国家行政学院）学报》2020年第6期。

[3] 陈雷："家事审判改革的路径与发展方向"，载《哈尔滨工业大学学报（社会科学版）》2022年第3期。

《民法典》第184条见义勇为民事责任豁免适用及完善

田德珍[*]

(中国政法大学 北京 100088)

摘　要：见义勇为一直以来被视为是具有惩恶扬善、宣扬正气作用的典型行为，见义勇为相关规则的制定应追求有效维护见义勇为者合法权益、合理平衡见义勇为各方权益，兼顾法律效果与社会效果。但实际应用中，见义勇为规定过于模糊、各地方对见义勇为认定标准不统一、缺乏相应配套措施保障各方主体合法权益等问题亟待解决。需要对见义勇为规则进行完善，弘扬见义勇为精神，营造良好社会风气。

关键词：见义勇为　责任豁免　完善路径

一、见义勇为民事责任豁免的立法现状

见义勇为行为通常存在一定风险，故我国以制定法律、法规等规范性文件的形式对见义勇为的适用加以规范，将见义勇为行为法律化、制度化。笔者认为若使社会公众肯定见义勇为相关法律规则，则需以立法者的视角对见义勇为相关法律规则从无到有的历程进行解读。

《民法典》颁布实施后，规范见义勇为行为的规定主要体现在《民法典》第183和第184条中。第183条规定了见义勇为救助人的损害补偿请求权。第184条则首次赋予救助人完全的民事责任豁免权，在未做任何限制的情况下规

---

[*] 作者简介：田德珍（1989年~），女，汉族，云南省昭通人，中国政法大学同等学力研修班2022级学员，研究方向为民商法学。

定了因实施救助行为造成受益人损害的,救助人不负民事责任。在《民法典》的起草、修订过程中,民事责任豁免规则的建立经历了复杂的论证过程。在《民法典》一审稿中未明确规定救助人的赔偿责任。在三审稿(草案)中则选择见义勇为民事责任相对免责的立法思路,即救助人存在重大过失导致受益人受损的,救助人有责。在三审稿中对受益人遭受的损害范围进行解释说明,即超出正常、合理范围内的重大损失,救助人需要承担法律责任,这体现了立法者在积极找寻救助人和受益人之间权益合理分配的途径。但考虑到这样的限制可能不足以打消救助人迟疑的念头,故四审稿中增加规定了重大损失举证方为受益人,以期减少救助人的顾虑。而最终稿对前几稿内容进行精简,采用不加任何限制条件的民事责任豁免规则。笔者认为此举意在减轻救助人在紧急情况下实施见义勇为行为的心理负担,充分体现我国对于见义勇为行为的立法支持,同时也有利于社会主义核心价值观的培养与传播。[1]

二、见义勇为民事责任豁免适用存在问题

(一) 见义勇为民事责任豁免认定标准不确定

从《民法典》第184条可以看出见义勇为行为在法律上的定义为"自愿的紧急救助行为"。该表述较为宽泛,在个案中对于见义勇为行为的认定给予办案法官很大的自由裁量空间。

第一,在具体案件审判时,法官对于见义勇为行为发生时的具体情况难以仅根据救助人和受益人的表述作出情景再现,法官对于救助人和受益人在见义勇为行为发生时的内心考量及动机同样缺乏准确判断。例如见义勇为行为人在主观上存在"假想见义勇为"时,该行为是否属于救助行为,是否受见义勇为相关法律规则的保护在实践中存在争议。[2]

第二,若救助人在实施救助行为时与受益人之间约定了一定救助条件或向受益人提出要求时,该类约定是否在法律上被认定为乘人之危、显失公平,造成损失是否属于民事责任豁免范围。这在司法实践中缺乏相应的适用标准,承办法官往往通过经验进行判断。

第三,各地对于见义勇为司法实践执行不一。例如各地对于见义勇为行

---

[1] 杨扬:"论见义勇为致受助人损害民事责任的豁免",华侨大学2018年硕士学位论文。
[2] 邱夏绪:"见义勇为免责适用之困境与完善路径",载《江西警察学院学报》2022年第5期。

为认定的主体规定不同,可能导致见义勇为行为在实际认定中存在一定差异,同时存在跨地域见义勇为行为认定障碍。

笔者认为,可以司法解释方式对见义勇为行为"自愿"及"紧急救助"作出一定解读与限制,对相关法律条文进行细化,为个案认定见义勇为行为提供依据,同时也可避免损失的无故扩大。

(二)缺乏责任豁免限制性条件

见义勇为民事责任豁免规则的制定与出台,本质上是为降低救助人的心理负担,弘扬社会正气,但由此容易引发一系列问题。[1]例如见义勇为行为人因重大过失导致不合理行为时,无需承担任何责任,在司法实践中,易被滥用。这就可能导致行为人在实施救助行为时不进行合理注意而使受益人损失扩大,甚至出现以见义勇为之名行侵权之实的情况。[2]笔者认为,缺少救助人责任豁免的限制条件会造成救助人与受益人责任分配的不平衡,导致受益人遭受二次伤害,故应对见义勇为民事责任豁免的适用进行合理限制,将立法意图与社会效果良好融合。

(三)缺少责任豁免适用配套制度

近年来,诸如"彭某案""万某案"等一系列"见义勇为反被讹"的热点案件发生,使得公众对于见义勇为反被诬陷的关注度提高。值得注意的是,虽然各地对于诬陷见义勇为行为都规定了惩罚举措,但在司法实践中诬陷者的不利后果多为驳回诉讼请求,使得诬陷、造谣成本极低,从而导致不少人心态从见义勇为发展到"见义不为"。笔者认为造成这种情况的根本原因在于造谣成本低、举证责任分配不完善。

另外,缺少配套制度还体现为"适当补偿"难以落地,虽然《民法典》中赋予了救助人补偿请求权,但在司法实践中存在受益人无法确定、补偿标准无法衡量、受益人对救助人补偿支付存在经济困难等一系列问题,使得救助人实际难以获得相应补偿。

---

[1] 方姚、王怡帆:"见义勇为的权责分配与保障机制研究",载《浙江警察学院学报》2022年第3期。

[2] 张浩良:"见义勇为相对免责之提倡",载《沈阳工业大学学报(社会科学版)》2023年第2期。

三、见义勇为免责适用的完善路径

(一) 统一见义勇为行为认定标准

民事责任豁免认定标准不确定的问题,根本原因在于对见义勇为界定较为笼统,各地方对于见义勇为构成要件的规定存在一定差异,故应当细化对见义勇为行为的认定标准。笔者认为应对见义勇为的构成要件进行全国范围内的统一,由国家统一进行专项立法,明确见义勇为对象、范围、时效等。制定具体统一符合现实的标准和保障措施,可以为各地司法提供依据,更有效激励见义勇为行为。

(二) 建立相对免责的见义勇为规则

从立法意图来看,绝对免责的制度设计在一定程度上可以激励社会公众实施见义勇为行为,但也存在不少缺点。建立相对免责的见义勇为规则更有利于平衡救助人和受益人之间的权利义务。考虑到法律具有一定的稳定性,笔者认为可以以司法解释的形式对见义勇为民事责任豁免进行一定限制,根据主观动机和客观行为将见义勇为民事责任豁免情形分为民事责任绝对豁免、不予豁免、相对豁免。[1]

绝对豁免是指救助人行为存在一般过失或造成的损害后果价值不大于挽回价值时,可以完全豁免救助人民事责任;不予豁免强调救助人存在重大不当救助行为时则有可能转化成故意侵权行为;相对免责是指在一定情况下,救助人行为造成损害时需要承担部分民事责任。笔者认为相对免责情形例如受益人给予救助人一定报酬,但由于救助人未尽到合理注意义务导致受益人损害时需承担部分责任。对见义勇为行为责任豁免适用进行一定限制更有利于提倡合理见义勇为、有效见义勇为。

(三) 完善见义勇为相关配套制度

针对见义勇为反被诬陷问题,笔者认为可以从举证责任分配入手。由于见义勇为的实施存在一定紧迫性,救助人很难在施救的同时完美保存证据,故要求救助人承担完全证明责任似乎有些不现实。笔者认为可以由救助人对其救助行为已尽到合理注意义务、不存在重大过失承担证明责任,由受益人

---

[1] 杨立新、王毅纯:"我国善意救助者的立法与司法——以国外好撒马利亚人法为考察",载《求是学刊》2013年第3期。

对侵权行为承担举证责任,更能体现公平性。同时,应加大诬陷见义勇为行为的惩戒力度,例如将此类诬告行为与失信被执行人名单挂钩。[1]

针对"适当补偿"难以落地问题,由于见义勇为行为一定意义上代替了公权力维护公民权益不受侵害的职责,故其具备一定行政协助性,笔者认为可以从该法律属性入手,大力推广各地方设立见义勇为基金会,同时由见义勇为基金会为不特定的见义勇为者投保商业保险,例如意外损害责任险。商业保险具有分散风险、责任共担的特点,在见义勇为行为造成损害后果时,可以分担由见义勇为行为人负担的民事责任。[2]

四、结论

见义勇为可以为社会主义核心价值观提供价值导向。《民法典》的出台对见义勇为行为从立法上认可、保障,在具体实践中仍需通过细化规定、统一标准、制定配套措施等方式完善见义勇为相关规则,使得见义勇为的法律效果和社会效果达到最大化。[3]另外,法律规则完善的同时,更需要弘扬法治精神、提高社会公众法律素养。

---

[1] 曹舒然:"《民法典》见义勇为条款中受益人补偿义务之解释",载《行政与法》2022年第7期。

[2] 王竹:"见义勇为人受损受益人补偿责任论——以《民法总则编》第183条为中心",载《法学论坛》2018年第1期。

[3] 张宝山:"民法典给见义勇为者'撑腰'",载《中国人大》2020年第17期。

后隐私盾协议时代的欧美数据跨境传输

王 静[*]

(中国政法大学 北京 100088)

摘 要：在欧盟法院宣告隐私盾协议无效后，欧美间失去了最为广泛的数据跨境传输工具。隐私盾协议被宣告无效，根本原因在于欧盟主张的技术主权与美国推行的监控资本主义的冲突。但在信息时代，欧美乃至世界政治经济的发展离不开数据的跨境传输，因此后隐私盾协议时代，欧美仍在积极探索构建新隐私框架，通过标准合同条款、有约束力的公司规则、第三方验证机制等方式推动数据流通。

关键词：隐私盾 标准合同条款 Schrems II 案 数据跨境流通

一、安全港原则与隐私盾协议的无效

欧美之间进行数据传输的第一个框架是 2000 年 7 月建立的 "安全港原则"。棱镜门事件后，欧盟对美国的数据保护水平产生了信任危机，奥地利公民 Schrems 向爱尔兰高等法院提起诉讼，请求宣告安全港原则无效（Schrems I 案）。2015 年，作为最终上诉法院的欧盟法院作出判决，认定美国政府无法在安全港原则的框架下提供充分性保护，宣告安全港原则无效。

安全港原则被宣告无效后，欧美之间就构建新的数据传输法律工具开启了谈判。2016 年 2 月 2 日，欧洲委员会宣布，欧美双方已经达成一个新协定，即欧美隐私盾协议（EU-SU Privacy Shield）。相较于安全港原则，隐私盾协议对美国政府的网络监控施加了更多限制，明确了获取个人信息的限制；赋予

---

[*] 作者简介：王静（1989 年~），女，汉族，安徽合肥人，中国政法大学同等学力研修班 2022 级学员，研究方向为经济法学。

美国企业更多的隐私保护义务；赋予欧盟公民更多的数据权利和救济渠道；增加了年度审查机制以监督美国履行其承诺。

但以 Schrems 为代表的欧洲个人数据保护主义者和相关机构仍然对隐私盾协议表示不信任，在 2016 年就 Facebook（现 Mata）跨境传输数据的有效性提出了申诉，爱尔兰数据保护专员形成了调查报告并提起了诉讼（Schrems II 案），引发了对隐私盾协议所确保的保护是否充分的审查。2020 年 7 月 16 日，欧盟法院对 Schrems II 案作出判决，认定欧美数据跨境传输机制《隐私盾协议》无效。[1] 这一判决意味着欧美之间的第二个数据传输框架也宣告破产，跨国公司在欧美间数据传输再次受到冲击。

二、隐私盾协议被宣告无效的原因及其影响

（一）隐私盾被宣告无效的原因

欧洲法院宣布"隐私盾"协议无效，主要有两个理由：一是个人数据可能泄漏给美国情报机构等公共机构，所以"隐私盾"无法为个人隐私权提供充分保护；二是旨在处理欧盟公民投诉的"隐私盾"监察员缺乏独立性和权威性，无法约束美国情报部门。

隐私盾被宣告无效的直接原因是法律文化不同没有获得充分性保护。美国国内法律对各种国家安全机构获取个人数据的保护，没有以欧盟法律所要求的方式和程度加以限制，创造出基本相当于欧盟法律所要求的保护情况。因此，由于美国缺乏对个人数据保护的有效监督和约束，隐私盾协议失去其效力。

根本原因是技术能力差异导致的价值主张分歧。价值主张分歧是欧盟法院先后判决安全港原则和隐私盾协议无效的根本原因。具体而言，是欧盟主张的"技术主权"与美国实施的"监控资本主义"之间的冲突。谷歌、Facebook 等大型互联网科技公司的商业运营模式被称为"监控资本主义"。欧盟法院认为，虽然 Facebook 和用户签订了相应的隐私和数据保护协议，但在美国的个人信息和数据保护达到欧盟的同等水平之前，欧盟的个人信息和隐私数据机构需要暂停向美国转让个人信息数据。欧盟法院承认已签订

---

[1] 黄志雄、韦欣妤："美欧跨境数据流动规则博弈及中国因应——以《隐私盾协议》无效判决为视角"，载《同济大学学报（社会科学版）》2021 年第 2 期。

的隐私和数据保护协议条款有效，但如果美国的独立监督机制不能符合欧盟的法律要求，则个人隐私和数据从欧洲流向美国时不受欧盟的相关法律保护。

（二）隐私盾被宣告无效的影响

数据隐私权的获得可能以非常实际的经济痛苦为代价——欧洲高度依赖贸易：其进出口总额占其 GDP 的 90%，而这些进出口很大一部分需要依赖于数据的跨境流通。目前，大部分大型科技公司将数据保护法律模式从"隐私盾"和标准合同条款（SCC）两个框架并重向 SCC 转变，因此相对而言受此次裁决的影响较小。但中小企业和初创企业就没这么乐观了。由于缺乏足够的资源建立 SCC 或约束性企业规则（BCR）机制，绝大多数中小企业一直依赖"隐私盾"协议实现数据的跨境流动。数据表明，大约 65% 通过"隐私盾"认证的公司都是中小企业，41% 的认证公司年收入低于 500 万美元。"隐私盾"协议失效，对中小企业可以说是非常致命的打击。

此外，Schrems II 案进一步推动了数据的当地存储。2018 年开始，网络安全公司卡巴斯基就开始将来自欧洲和北美的数据存储在瑞士，以防止隐私问题；数字钱包服务提供商 Dashlane 自 2012 年创办以来就一直将用户数据存储在欧洲。这些做法在之前被认为是没有必要的，但是 Schrems II 案后数据的当地存储方案成为越来越多数据公司的选择。因此，将大型互联网公司"一分为二"成为一种可预见的趋势，要求 Google、Facebook 等互联网公司在欧盟设立数据中心的倡议始终存在。数据本地存储最终成了欧盟监管部门和各国的共识，那么全球的互联网和云计算必将走向碎片化，所有面向全球提供服务的互联网巨头们都需要重新设计自己的基础架构。

三、后隐私盾协议时代的数据跨境传输方案

在隐私盾协议宣告无效后，欧盟向美国进行数据传输的主要法律工具主要有标准合同条款、有约束的公司规则以及《欧盟通用数据保护条例》（GDPR）第 49 条的减损条款。另外，也有实务界的专家提出可以考虑瑞士—美国隐私盾进行数据传输，或建立第三方验证机制。

（一）标准合同条款

标准合同条款（Standard Contractual Clauses，SCC）是由欧盟委员会公布的，用于跨境数据传输的合同的总称，目前有三套标准合同条款，即 SCC

2001C、SCC 2004C 和 SCC 2010P，在欧盟委员会作出新的决定前，这三套标准合同条款均处于有效状态。在隐私盾协议无效后，越来越多的公司选择通过标准合同条款传输数据。不过欧盟法院虽然宣布隐私盾协议继续有效，但SCC 也陷入了"前途未卜的昏迷状态"，在没有针对美国政府监视的附加保护措施的情况下，它们实际上无法作为将欧盟个人数据传输到美国的一种手段，对于公司来说，"复制粘贴 SCC 模板"进行数据转移已经不够了。"如果另一国法律要求或允许访问与 GDPR 保证相反的个人数据，仅有合同保证是不够的。数据控制者必须在数据保护机构（DPA）的控制之下，需要确保实际的有效性"。继续使用 SCC 传输数据必须能够保证数据不被用作任何形式的处理［不违反《外国情报监视法》（FISA）702 节］或在运输过程中免受第三方监视［不违反 EO12333 号法案规定的监视计划］，欧盟法院要求通过"补充措施"确保足够的保护水平，因此如果美国不改革国家监视法，SCC 很可能无法使用。

（二）有约束力的公司规则

具有约束力的公司规则（BCR）被认为是国际数据传输的"黄金标准"，主要是因为它们是唯一获得监管批准的个体性数据传输机制。由于所有相关的监管机构都参与了审核和批准过程，因此监管机构似乎不太可能对以此为依据的数据传输发起执法行动。BCR 也不在"Schrems II"裁决的范围之内，欧盟法院丝毫没有触及现有 BCR 的有效性。也就是说，BCR 本质上是另一种"充分性工具"。

BCR 是现阶段唯一安全的不必在欧盟和美国各设立数据处理分支机构的数据处理方式。显然，对 BCR 的需求将越来越大，而监管机构的人员不足和负担过重已不是秘密。而且监管机构的数据跨境传输团队正在应对由英国"脱欧"引起的大量新的 BCR 批准申请。因此，获得新的 BCR 批准肯定比过去需要更多的时间。BCR 肯定不会失效，原因很简单，因为 BCR 基于 GDPR的直接规定，而不像 Privacy Shield 和 SCC 是基于欧盟委员会的决定。但是，在GDPR 于 2018 年 5 月 25 日生效之前批准的所有 BCR，绝大多数最终都需要进行修订。

（三）第三方验证机制

有信息保护专家提出了一个构建第三方验证机制以代替欧盟自我认证的新数据传输机制，类似于国防部在网络安全中采取的"信任但验证"的认证模型（CMMC）。第三方验证将为数据监管机构保证美国公司已实施控制措施，以向欧盟数据主体提供与欧洲法律提供的等效保护。而且第三方验证可以帮助确保在 SCC 下进行的转账能够经受住监管机构在不久的将来可能进行的日益严格的审查，并使公司更好地适应时代的发展。

借名申请宅基地建房的合同效力及房屋拆迁利益的归属

邬会敏[*]

(中国政法大学 北京 100088)

摘　要：非村民借村民名义申请宅基地并建房的情况屡见不鲜，因借名行为引发的诉讼日渐突出。如果借名行为涉及违反法律的强制性规定等情形，非本村村民通过借用村民的名义申请宅基地建房，侵害了农村集体经济组织以及其他村民的利益，理论上和实务中原则上予以否定评价。随着城镇化进程的加速，集体土地房屋拆迁在各地更是普遍存在，这种借名关系，很容易导致房屋在拆迁时产生纠纷。对拆迁利益究竟应归借名人还是被借名人所有，司法实践中，暂时没有统一、明确的裁判规则。

关键词：借名申请宅基地　合同效力　拆迁利益

一、借名申请宅基地建房的法律含义及性质

借名申请宅基地建房，是指行为人借用他人名义申请宅基地修建房屋并登记在该他人名下的法律行为。借名人并无使被借名人取得所有权之意思，而仅为借用名义申请宅基地修建房屋并办理登记。借名人通常不是本村集体经济组织成员，或是本村集体成员但不具备申请宅基地的条件，遂借用他人名义申请宅基地建房。

借名申请宅基地建房是一种合同行为。集体土地建设用地使用证登记的

---

[*] 作者简介：邬会敏（1991年~），女，汉族，山东青岛，中国政法大学同等学力研修班2022级学员，研究方向为民商法学。

土地使用人与实际出资建房使用人为合同双方主体，宅基地使用权是合同的标的物，登记使用人通过有偿或者无偿的方式，将合同标的物转让给实际出资建房使用人。登记使用人履行其合同义务，如以自己的名义配合实际出资建房使用人申请宅基地，实际出资建房使用人履行其义务，如给付资金。因我国农村宅基地土地资源的稀缺性，只有本村村民才有权利申请宅基地建房，且规定了"一户一宅"制度，也因此借名申请宅基地建房行为是否有效，在司法实践中通常因违反法律强制性规定给予否定性评价。但是在房屋建成后遇到拆迁时，面对巨额的拆迁利益时，宅基地登记使用人与实际出资建房使用人往往会产生纠纷，而对于借名申请宅基地遇拆迁后的拆迁利益的归属问题，在司法实践中，并未形成统一、明确的裁判规则。

二、借名申请宅基地建房合同的效力认定

具有本村集体经济组织成员资格是申请宅基地的必要条件。《民法典》第362条规定："宅基地使用权人依法对集体所有的土地享有占有和使用的权利，有权依法利用该土地建造住宅及其附属设施。"《土地管理法》第62条规定："农村村民一户只能拥有一处宅基地，其宅基地的面积不得超过省、自治区、直辖市规定的标准……农村村民出卖、出租、赠与住宅后，再申请宅基地的，不予批准。……"由此可知，宅基地使用权具有人身依附性，以权利人具有本村集体经济组织成员资格为必要条件，非本村集体组织成员不得申请宅基地使用权，且农村村民一户只能拥有一处宅基地。

如在何某诉李某所有权确认纠纷案中，法院认为，在二借名人均不符合宅基地申请条件的情况下，二人与被借名人串通，以其名义申请宅基地建房，涉及违反多项规定：其一，违反"恶意串通，损害国家、集体或第三人利益"之规定，损害了农村集体经济组织及其成员的利益；其二，违反"以合法形式掩盖非法目的"之规定，通过借名行为掩盖了借名人意图获得该宅基地使用权的目的；其三，违反"违反法律、行政法规的强制性规定"之规定，与《土地管理法》第62条背道而驰。法院认定不符合宅基地申请条件的个人借用他人名义修建房屋的，违反了国家有关宅基地管理的法律法规，借名协议无效。[1]

宅基地使用权是集体经济组织成员享有的，与特定的身份关系相联系的

---

[1] 人民法院报案例［2018］何某诉李某所有权确认纠纷案。

权利，对于集体组织成员而言具有福利和社会保障功能；同时，宅基地的特殊用途亦受国家土地管理制度调控。非同一集体经济组织成员之间的宅基地借名行为损害了集体经济组织的权益和国家土地管理制度，无论理论上还是实务中，原则上均认定为借名申请宅基地行为因违反法律的强制性规定等情形，原则上应当予以否定评价。

三、房屋拆迁利益的归属

借名申请宅基地建房后遇到拆迁，拆迁利益的归属问题，司法实践中主要分为两类，一类是拆迁利益全部归借名人，一类是借名双方分割拆迁利益。

（1）因被借名人对房屋没有任何付出，借名人是实际权利人，房屋被征收后物权已转化为拆迁款，房屋拆迁利益全部归借名人所有。

古某干、谭某兰等不当得利纠纷案及黄某克、林某清物权确认纠纷等案件，借名人非本村村民，以被借名人名义申请宅基地建房，土地及房屋实际出资人为借名人，仅是以被借名人的名义取得土地使用权证及房产证，相关证件等均由借名人保管，法院认定借名协议无效，但拆迁利益全部归借名人所有。

法院认定拆迁利益全部归借名人所有的理由主要有以下几点：其一，因存在借名申请宅基地建房的事实，依据最高人民法院《关于适用〈中华人民共和国物权法〉若干问题的解释（一）》第2条的规定："当事人有证据证明不动产登记簿的记载与真实权利状态不符、其为该不动产物权的真实权利人，请求确认其享有物权的，应予支持。"确认借名人对房屋享有物权。因房屋已被依法征收，该物权已转化为征收补偿权益，确认房屋拆迁利益归借名人享有。[1]其二，房屋所有权协议所侵害的法益，系集体经济组织权益和国家土地管理制度，但房屋拆迁产生的补偿款则属于一般的流通物，并非此类特殊的用益物权。其三，房屋已经被合法程序征收，即不存在集体土地经非法途径流出集体经济组织，损害集体利益的可能。其四，被借名人在没有任何付出的情况下就借名人的土地及房屋被征收后取得补偿、享受利益，使被借名人与借名人之间的利益失衡，不符合民法公平的基本原则，也不符合社会大众的基本认知，也有悖诚实信用原则。[2]

---

[1] 浙江省高级人民法院［2020］浙民申780号。
[2] 广东省中山市中级人民法院［2021］粤20民终630号。

（2）借名双方对借名协议无效均有过错，借名人与被借名人按 7∶3 分割房屋增值部分的拆迁利益。

孙某杰、柴某斌等确认合同无效纠纷案中，借名人非本村村民，以被借名人名义向村集体购买宅基地建房，借名人自行向村委会交纳宅基地使用费及房屋建设费。房屋拆迁时，村委会与借名人签订拆迁补偿协议，借名人领取全部补偿款，被借名人要求确认借名协议无效，并要求分割拆迁款。法院认为借名人通过借名协议享有了被借名人基于村集体经济组织成员身份属性所应享有的村民福利，实现了获取涉案房屋及宅基地利益的目的，借名协议违反法律强制性规定无效。

法院认为借名双方应当知道借名申请宅基地违反法律规定而为之，双方对协议无效均存在过错。被借名人作为村集体经济组织成员，以其村民身份为他人申购房屋，又为分割房屋拆迁补偿款请求确认合同无效，意在从合同无效中获益，有违诚信原则。根据借名双方对合同无效的过错程度以及主观意图，对拆迁利益中的房屋增值部分按照借名人 70%、被借名人 30% 的比例分割。该案中认定的房屋增值部分为拆迁利益扣除装修及附属物补偿费、临时过渡费、拆迁补助费及借名人交纳的宅基地使用费及房屋建设费用。另外需要注意的一点是，该案的借名协议中双方约定楼房及宅基地补偿及权利义务由借名人接收，与被借名人无关，法院认为该条关于房屋及宅基地补偿及权利义务归属的约定，并非结算条款，不能独立于合同本身而存在。[1]

四、结论

农村宅基地系经依法审批由农村集体经济组织分配给其内部成员用于建造住宅的集体土地，非本农村集体经济组织内部成员不得申请取得宅基地，否则将违背国家有关宅基地管理的法律法规，也会侵害农村集体经济组织及其成员的利益。虽然借名协议无效，但是并不意味着无权取得宅基地房屋的拆迁利益，且通常会因为借名人实际出资建造使用房屋，被借名人对房屋并无实际付出，基于公平原则、诚实信用原则，在拆迁利益的归属上会倾向于借名人，但在司法实践中并未形成统一的裁判规则。

---

[1] 山东省青岛市中级人民法院［2021］鲁 02 民终 11670 号。

直播带货中网络平台的责任确定

许仲达[*]

(中国政法大学 北京 100088)

摘 要：互联网时代，电商网红直播带货的模式各式各样，但是在网络电商平台带货过程中会存在刷单、假折扣和销售假货等行为，对于直播电商本身的行业会有影响，加上消费者在维权方面会存在一定的困难，本文针对电商平台中直播带货存在的法律责任进行研究。

关键词：电商直播 电商平台 法律责任

如今，互联网的兴起带动电子商务大规模发展，2016 年，蘑菇街正式上线直播入口，标志着我国电子商务行业直播平台就此启航。随着 2018 年快手抖音等短视频平台的加入，直播带货的模式更是出现新思路。随后在 2020 年初，各地便出现了政府主动地帮助当地经营者与主播网红牵线搭桥的现象，共同推进地方产业的进步，比如通过电商平台的助力，扶贫农产品的发展。与此同时，针对如此火爆的直播带货行业，我国政府也出台了较多的监管措施。

一、直播带货的概念与特点

(一) 直播带货的概念

利用网络信息的广泛性和传播成本低的特点，直播带货基于互联网和电商平台，进一步发挥了直播平台带货的优势。对此，学者从不同的维度对直播带货进行了定义，在中国广告协会发布的网络直播营销行为规范中，对网

---

[*] 作者简介：许仲达（1998 年~），男，汉族，广东广州人，中国政法大学同等学力研修班 2022 级学员，研究方向为刑法学。

络直播营销进行了概念定义，就是在互联网网页、APP应用软件和手机软件的小程序上，以精彩短视频、音频音乐、图文话剧、直播PK等多种途径进行直播带货，将产品顺利销售出去的行为。

(二) 直播带货的特点

第一，直播加营销的二元组合。第二，直播带货作为网络经济的最新业态，是一种随着产业规模扩大而递增收益的网络经济，主要表现为随着直播平台规模、直播观众人数和带货品种范围的扩大而提升经济收益。第三，直播带货属于网络社交群，互联网可以让人们随时随地接收信息，主播通过小程序、电子商务平台等，以现场直播的方式对产品进行宣传和展示，也有部分主播通过表演或讲故事的行为，让整个直播氛围有沉浸感。

二、直播带货中平台存在的法律问题

(一) 产品质量问题

网络直播宣传和营销具有便捷性和可操作性，利润颇高，为了获取更多的利益，主播在带货期间宣传"三无"产品或者对产品进行夸大其词等行为，导致消费者最终收到的产品与实际描述不符。而售后服务却被商家忽略，使得消费者在收到不满意的产品后，无法享受合理的售后服务。消费者的权益得不到保障，投诉量也会随之增加，这种情况不仅会使得商家利益受到损害，还会使整个电商平台的商品销量受到影响，久而久之消费者就会对网络直播带货产生信用危机。

(二) 产品虚假宣传问题

由于主播带货对于商品的产品信息了解甚少，在带货的过程中通常以高性价比、送赠品等，对产品夸大其词进行虚假宣传，吸引顾客前来购买，对消费者的公平交易权、鉴别权等重要权益有所损害。[1]

(三) 网络刷单行为

出现机器刷单、雇人刷单等造假数据现象，以及为了营造更高的产品销量而出现的假意付款、假意下单等行为，诱导消费者前来消费。

---

[1] 王朋、刘秀新："网红直播带货的问题与对策"，载《中国电信业》2020年第9期。

三、直播带货的责任承担

（一）网络直播平台的责任

网络直播中平台应防止主播的不作为给消费者带来损害。若出现违法宣传等情况，侵犯了消费者的利益，平台应及时制止。由于直播带货平台采用的是视频直播的方式，平台一旦发现直播间有违法行为时，应该马上采取措施制止，并暂停该主播的直播，由平台重新审核。

（二）对直播平台进行虚假销售进行处罚

若发现网络直播平台有利用虚假信息进行销售，欺骗消费者的行为，一旦核实，则对该产品进行下架并给予处罚。同时对该直播平台进行警告，及时保护消费者的权益。在直播带货的过程中，平台有义务清除非法信息与广告。一般情况下，直播平台不参与广告的经营活动。如果在网络直播带货过程中存在大量的虚假广告，扰乱市场的正常秩序，对此，广告平台应该要承担法律责任，有些商家会为了更好地吸引消费者，在直播带货的过程中对有特定广告费的产品进行夸大宣传，在这方面直播平台则承担较大的责任。对于责任的确定，要先分析直播协议，弄清付费引流以及双方权责的是如何规定的，再做后续的责任确定。

刑事诉讼"认罪认罚制度"下的罪与罚

于大海*

(中国政法大学 北京 100088)

摘 要：认罪认罚从宽制度推行以来在提高刑事司法效率方面和节约司法资源方面成果斐然，简易程序和速裁程序的适用极大缩短了案件处理周期，在迅速化解社会矛盾方面发挥了积极的作用，但同时认罪认罚从宽制度也应该在以审判为中心的框架下设计、运行和实施，不应以牺牲程序价值、个案正义、刑辩律师的监督作用及法院刑事司法裁判权为代价。在司法实践中认罪认罚从宽制度的落实以检察院为中心，简化法院审理程序，检察权过度膨胀，致使法院定罪量刑权虚化、被告人自我辩护权和获得辩护权因"协商"而丢失，法检之间职责分工不清，无法互相制约，辩护律师的监督作用丧失，终造成检察权一家独大的局面。过分重视效率价值必然弱化程序正义与实体正义，个案正义也无法保障，是对刑事诉讼法基本原则的极大挑战。

关键词：认罪认罚 控辩协商 量刑建议

一、认罪认罚制度的确立与发展

《刑事诉讼法》第 15 条规定："犯罪嫌疑人、被告人自愿如实供述自己的罪行，承认指控的犯罪事实，愿意接受处罚的，可以依法从宽处理。"认罪认罚从宽制度正式确立，纳入我国刑事诉讼法体系，体现了公正兼顾效率的新的刑事司法价值取向。

2019 年"两高三部"《关于适用认罪认罚从宽制度的指导意见》(以下简

---

* 作者简介：于大海（1983 年~），男，汉族，内蒙古赤峰人，中国政法大学同等学力研修班 2022 级学员，研究方向为刑法学。

称《指导意见》）的实施，细化规定对认罪认罚从宽制度中的"认罪"与"认罚"的概念理解及认罪认罚后"从宽"的把握。该《指导意见》第6条规定，认罪认罚从宽制度中的"认罪"，是指犯罪嫌疑人、被告人……虽然提出辩解但表示接受司法机关认定意见的，不影响"认罪"的认定。该条在《刑事诉讼法》第15条的基础上增加了必须表示接受司法机关的认定意见的条件，等同于必须接受司法机关认定罪名的意见。该《指导意见》第7条规定，认罪认罚从宽制度中的"认罚"，在审查起诉阶段表现为……认可人民检察院的量刑建议，签署认罪认罚具结书。该条细化增加了审查起诉阶段要求犯罪嫌疑人、被告人必须接受人民检察院的量刑建议（即指控的罪名和刑期），签署认罪认罚具结书才能获得所谓从宽的待遇。

由此，认罪认罚从宽制度在我国得到了法律上的确立和刑事司法实践中的广泛应用，极大的提高了司法效率，节约了司法资源。但同时也引发了新的问题，是依据《刑事诉讼法》规定的承认犯罪事实，愿意接受处罚的标准适用认罪认罚从宽制度，还是依据《指导意见》规定的犯罪嫌疑人、被告人必须接受人民检察院指控的罪名和刑期为标准适用认罪认罚从宽制度呢？被告人认罪是认可犯罪事实还是认可罪名？认罚是愿意接受惩罚还是必须接受刑期？刑事司法是以"量刑建议"为中心还是以"庭审审判"为中心？在既是运动员又是裁判员的检察官主导的控辩协商下，辩护人如何在后期的案件处理中提供有效辩护服务？

二、量刑建议与审判为中心的尴尬处境

据2022年最高人民检察院工作报告显示：2021年认罪认罚制度在我国刑事案件中的适用率已经超过85%，检察院提出的量刑建议，法院的采纳率超过97%。[1]

（一）量刑建议"一般应当采纳"越位

自2014年推进以审判为中心的刑事诉讼制度以来，对未经人民法院依法判决，对任何人都不得确定有罪的法价值理念有所巩固，审判机关地位有所提高，但同时在2018年《刑事诉讼法》第201条第1款规定"对于认罪认罚

---

[1] 张军2022年3月8日在第十三届全国人民代表大会第五次会议上《最高人民检察院工作报告》。

案件，人民法院依法作出判决时，一般应当采纳人民检察院指控的罪名和量刑建议……""一般应当采纳"又实实在在赋予了检察机关真实的定罪量刑的权利，而导致法院刑事司法审判权、定罪权虚化、审理裁判形式化，同时定罪量刑标准及证据作用被无限弱化。"有的法官认为，自己的裁判结果必须是在检察机关给出的量刑建议范围内，所作裁判只不过是转达检察机关的意志，认为审判权力部分已经转移至检察机关手中，自身权力受到了削弱；还有的法官甚至认为，认罪认罚案件中的量刑裁量权是审判机关固有的权力，不能由其他机关主导。"[1]

（二）认罪认罚后犯罪嫌疑人及辩护人的辩护权被部分剥夺

在全国85%适用认罪认罚的刑事案件中和97%量刑建议采纳率的背景下，是否还需要辩护？如何做到有效辩护？这是绝大多数刑辩律师反复思考却又找不到答案的问题。"实践中检察官更倾向于选择单独与被追诉人协商，避免律师在场时出现'讨价还价'的情形延缓诉讼进程，会出现被追诉人为尽快结束审判而盲目认罪认罚、值班律师'见证人化'、辩护律师消极辩护等问题，检察官更倾向于利用其优势地位及权力主导协商。"[2]而曾经被律师视为真正战场的庭审活动，变成了走过场的形式主义，这是检察权的过分扩张，审判权与辩护权的虚化和退位，动摇了控辩审三方在庭审现场的平衡关系和相互之间的监督作用。

刑事诉讼过程中既要肯定检察官在主导认罪认罚案件中提升了诉讼效率，大量节约了司法资源，轻罪刑事案件中速裁速决，化解社会矛盾发挥的积极作用，也要重视辩护律师作为专业法律服务提供者在刑事诉讼中保障犯罪嫌疑人、被告人基本人权，纠正司法部门在侦查、检察、审判过程中出现偏差，防范冤假错案中的积极作用，应充分保障律师在刑事诉讼过程中职业权利和充分的角色参与，发挥其平衡、制约的作用。律师代表民权，为推动法治进步、法治政府、法治国家的建设具有不可替代的作用。在保障律师职业权利的同时鼓励律师群体积极有效辩护，放手、放心履行法律职责，减少不必要的限制，给予更多的制度保障，允许律师充分使用其依法享有的执业权利，

---

[1] 刘少军："问题及矫正：认罪认罚案件中量刑建议制度完善研究——兼评最高人民检察院印发的《量刑建议指导意见》"，载《辽宁师范大学学报（社会科学版）》2022年第6期。

[2] 李贵扬、王梓俨："认罪认罚案件控辩协商的形式化问题研究"，载《山东科技大学学报（社会科学版）》2022年第5期。

能够保护自己，才能有能力、有信心去保护社会弱势群体，履行法律赋予律师职业的权利与义务。检察官应客观履行监督检察、公诉职能，发挥好法律监督作用、公平正义守护作用及公共利益代表作用，避免陷入被害人及被害人家属角色和刑事司法裁判员角色。

三、认罪认罚制度完善建议

《指导意见》第 33 条规定："……认罪认罚的……人民检察院提出量刑建议前，应当充分听取犯罪嫌疑人、辩护人或者值班律师的意见……"第 31 条第 1 款："……应当在辩护人或者值班律师在场的情况下签署认罪认罚具结书……由犯罪嫌疑人、辩护人或者值班律师签名……"程序上仅规定了听取犯罪嫌疑人、辩护人意见和律师在场签字等要求，并未规定辩护律师对"量刑建议"中的罪名及刑期问题有异议如何处理，也未赋予辩护律师与控方平等地位，辩护律师、值班律师的意见对最终"量刑建议"的出具毫无制约，完全变成了控方主导下的签字仪式。其变相地剥夺了犯罪嫌疑人"未经人民法院依法裁判，对任何人都不能确定有罪"的受司法裁判权和自我辩护的权利。

程序改善路径：其一，设置控辩协商前置程序，作为起诉前的必经程序，细化控辩协商机制，明确控辩双方权利事项；允许辩护律师或值班律师会见和阅卷后在进行协商。其二，"量刑建议"应当分意见一致量刑建议、意见部分一致量刑建议，控辩一致部分法院可直接采纳，不一致部分尤其是与定罪、量刑、证据等重要事项控辩不能达成一致的，审判法院不能直接采纳控方的量刑意见，而应该对争议部分进行实质审理，最终依法作出裁决。其三，启动控辩协商程序后应限制或禁止检察官单独提审、会见犯罪嫌疑人、被告人，协商认罪认罚事项必须有值班律师或辩护律师在场，并将律师意见一同记录到协商笔录中，并由在场人员签字。其四，对于争议较大或涉及专业知识，允许值班律师或辩护律师申请专家辅助人参与协商过程，就专业知识进行解答，必要时出具专家论证意见。其五，控辩协商未达成一致的，《协商笔录》中有关犯罪嫌疑人、被告人在与控方协商过程中为争取宽大而作出的不利于自己的妥协供述内容不能作为法院裁判的依据或有罪证据使用。

浅析行政处罚权下放的必要性

张文斌[*]

（中国政法大学 北京 100088）

摘 要：2021年，第十三届全国人大常委会对1996年颁布的《行政处罚法》进行了全面修订，其中最引人关注的焦点之一是新增了将行政处罚权下放至乡镇人民政府、街道办事处的第24条。众所周知，行政处罚制度作为国家行政机关进行行政执法的重要方式之一，行政处罚权利的上提及下放都是国家对行政执法工作的一种反馈。《行政处罚法》颁布至今一直需县级以上地方人民政府作为行政处罚的执法主体，如今行政处罚权下放这一举措，如何在适应法治建设发展浪潮的前提下，既保障行政执法的合法性、合理性又能更好的发挥行政法的高效便民原则就成了学界关注的问题。

关键词：行政处罚法　行政处罚权　行政授权

一、我国行政处罚制度的重要意义

1996年3月，第八届全国人民代表大会第四次会议审议通过了《行政处罚法》。《行政处罚法》实施至今已27年，历经两次修正，一次修订，共8章节86条，主要内容规定了行政处罚的种类和设定、行政处罚的实施机关、行政处罚的管辖和适用、行政处罚的决定、行政处罚的执行和行政机关的法律责任。之所以说《行政处罚法》在我国法治建设进程中具有里程碑式的意义，主要原因有以下几点：

---

[*] 作者简介：张文斌（1992年~），男，汉族，贵州贵阳人，中国政法大学同等学力研修班2022级学员，研究方向为民商法学。

1. 保证了宪法有效的贯彻和实施

宪法是我国根本大法，坚持依法执政首先要依宪执政。《行政处罚法》作为保护公民合法权益的法律同时也在调整行政机关执法。其起着承上启下的作用，既要以宪法为核心，完善社会主义法律体系的同时，也要保护宪法中对公民基本权益的保护。

2. 推进我国民主法治建设进程

民意是立法之本，法律必须符合我国人民群众的根本利益。《行政处罚法》对处罚主体、处罚对象、处罚程序等方面进行了全面规定，延续了行政法律制度体系合法、合理、程序正当、高效便民、诚实守信、权责统一六个重要原则。特别是其中对听证程序的严格规定，反映了国家对人民民主的重视。

3. 健全我们法律责任制度体系

国家机关如何在行使国家公权力的同时保护群众的合法权益尤为重要。《行政处罚法》第 7 章法律责任中严格规定了对行政执法人员及机关的管理、处分措施。该章强调在赋予机关行使公权力的同时，也限制了对公权力的滥用，公权力的行使必须有法可依，有章可循，有责必究。

二、行政处罚权下放的根源

基层治理是国家治理的基石，依法治国的关键和核心必然是在基层治理。截至 2022 年 9 月，我国共有 21 335 个镇、8269 个乡、8980 个街道和 2 个区公所，合计 38 586 个乡镇行政区划单位[1]。在如此庞大基层数量的基础下，如何把顶层制定的法律，合法合规地贯穿执行到基层中去，2021 年修订的《行政处罚法》第 24 条第 1 款明确规定："省、自治区、直辖市根据当地实际情况，可以决定将基层管理迫切需要的县级人民政府部门的行政处罚权交由能够有效承接的乡镇人民政府、街道办事处行使……"，行政处罚权下放条文的颁布意味着国家赋予了基层政府拥有了行使行政处罚的权利，处罚权不再是县级以上地方人民政府的专属。"看得见的管不着，管得着的看不见"一直以来是我国行政处罚制度面临的重大难题。行政处罚权的下放是国家解决基层

---

[1] "2022 年 3 季度民政统计数据"，载 https://www.mca.gov.cn/article/sj/tjjb/2022/202203qgsj.html，最后访问日期：2023 年 1 月 11 日。

政府"管不了"难题的手段之一,将"看得见的"和"管得着的"有机结合,将改善县级以上地方人民政府难以深入基层解决问题的尴尬局面,也将基层政府在行政处罚方面从"发现者"转变为实实在在的"管理者"。

三、行政处罚权下放的适用

（一）下放行政处罚权的前提

在《行政处罚法》修订审议过程中,草案一审稿将赋权对象设定为"符合条件的乡镇政府、街道办事处",二审稿设定为"基层迫切需要;有效承接;符合条件的乡镇政府、街道办事处",最终修订稿设定为"基层管理迫切需要;有效承接"。从三份审议稿中我们不难发现,国家对于行政处罚权下放是从一开始的相对限制到最终的严格限制过度的,也反映出国家对于基层政府能否严格行使处罚权问题的考量。

（二）如何下放行政处罚权

1. 依法赋权[1]

依法治国的前提是有法可依,依法赋权的前提同样是有法可依。合法性原则是行政法中的重要原则之一,其强调的就是"行政法定原则",与刑法上的罪刑法定原则殊途同归。国家下放行政处罚权的前提必然是首先制定严格规范的法律,《行政处罚法》解决了有法可依的问题。执法权配置的合法性原则是对基层政府赋权的最基础要求,合法性原则绝不可被突破。

2. 合理赋权

合理原则同样是行政法的重要原则之一。合理原则又细分为公平公正原则、考虑相关因素原则、比例原则。在行政法定前提下,控制的是执法权限,但在执法过程中固然存在执法者自由活动的空间,也称自由裁量权。自由裁量权的存在保证了执法者有效实施行政管理和提高行政执法效率。反之,如果对行政处罚权不加以限制,则极易发生权利滥用,损害人民群众的合法权益。所以在基层政府赋权过程中,合理赋权与否则影响了赋权之后的结果。

（三）行政处罚权下放后的路径

虽说处罚权下放在部分地区已做试点试验,但是行政处罚对大多数基层

---

[1] 杨丹:"赋予乡镇政府行政处罚权的价值分析与法治路径",载《四川师范大学学报（社会科学版）》2021年第6期。

政府来说仍然是全新的职能，在一定程度上可能会完全改变基层政府的内部构架，基层政府对此仍然需要时间适应。国家在下放行政处罚权的同时，也需要加强基层行政处罚权配套机制的建设。例如机构编制、组织构架、经费支持、执法培训与监督等。同时省、自治区、直辖市人民政府也应当建立对基层政府的管理指导体系；制定并完善基层政府定期汇报执法记录、疑难复杂案件及时上报、多方职能部门联动执法机制，穿透管理层面，深入了解基层行政执法全过程；定期对基层政府执法进行评估，从执法规范性、执法效率、执法结果上对发现的问题进行总结和改进，逐步将行政处罚权顺利过渡到基层政府。

四、结论

结合我国国情，行政处罚权的下沉是大势所趋，虽然基层政府并未完全具备全面接纳行政处罚权的条件，但国家已经走出了第一步。改革注定是漫长的过程，如今从行政处罚权下放到最后基层政府作为行政处罚主体的常态化，注定是一个历史进程。行政处罚权在基层政府的完全过度并非一朝一夕，需要不断实践与总结，一步一个脚印前进，才能为推进我国法治政府建设作强劲助力。

短视频独创性的认定

赵 迪[*]

(中国政法大学 北京 100088)

摘 要： 短视频时代的到来，使得短视频著作权纠纷数量激增。短视频是否属于视听作品，能否作为著作权客体被保护，是理论与实践领域广为关注和讨论的问题。独创性的认定标准则是解决该问题的核心要件。结合国际两大独创性认定体系和国内典型案例，构建统一、细化的短视频独创性的认定标准。

关键词： 短视频 独创性 认定标准 视听作品

一、问题的提出

随着互联网的快速发展，视频网站从无到有，再到自媒体的加入，平台从常态影视作品的框架跳出，实现了跨越式转型。短视频作为新兴传播形式，短小精悍，表达内容多元，传播速度快，拍摄方式多样，创作门槛低，既契合当代公众碎片化的阅读习惯，又顺应大众创业，成为深受大众喜爱的消遣方式。伴随着短视频助力文化市场繁荣，相应的司法诉讼也随之大幅增加。解决短视频侵权纠纷的起点在于准确认定短视频的独创性，若具有独创性，短视频则属于视听作品，受到《著作权法》的保护。但在理论和实践中，对于短视频独创性的认定存在很大争议我国立法上并未对独创性的概念及标准作出详细规定。为了保护著作权人的合法权益，推动短视频行业持续发展升级，一个统一、细化的短视频独创性认定标准亟待形成。

---

[*] 作者简介：赵迪（1992 年~），女，汉族，河北保定人，中国政法大学同等学力研修班 2022 级学员，研究方向为知识产权法学。

二、作品独创性认定的一般标准

（一）作品独创性认定标准之域外考量

关于独创性认定标准，主要分为两大体系，大陆法系国家的作者权体系和英美法系国家的版权体系，二者都将独创性作为判断作品能否受版权保护的核心要件，但在认定独创性标准时表现出了明显差异。在作者权体系中称之为"智力创作"，在版权体系中则被称为"劳动、技巧"。

大陆法系国家采用的作者权体系，对作品独创性要求更高，在"独"和"创"的基础上增加了"人格"要素，强调作者个人的权利，从理论上把作者的精神权利放在首要的位置，将作品更多地视为作者人格的延伸和精神的反映[1]，并非普通的财产。作者在作者权体系下的创作不是普通劳动，也不是基于技能进行的一般的智力活动，而必须是作者充分发挥自身才华的智力创造活动。主要表现在作品必须体现作者个性、有辨识度且具备创作高度要求，具体到短视频的独创性认定。如果借鉴此标准，则应当认为只有将作者的创作意图、创造力和艺术观点充分、有美感地呈现出来的短视频才是"智力创作"。但基于短视频的特性，制作者大部分为普通人，创作随机性强，对创作高度和艺术性缺少认知，在作者权体系的标准下，短视频难以作为作品而被保护。

英美法系国家采用的版权体系，对独创性的认定标准更低，认为作品和其他劳动成果一样，可以成为财产权的对象，重在激发创作积极性和追求经济利益。英美最早以"额头出汗原则"作为判断标准，强调只要作者投入一定的劳动，[2]完成某一作品，且并非抄袭时，该作品即具有独创性。直到美国联邦最高法院在菲斯特出版公司一案质疑了传统的汗水理论，独创性也终于在1911年修订的版权法中得到了正式确认，要求作品除独立创作外，还应有最低限度的创造性。[3]

（二）作品独创性认定标准之本国现状

我国《著作权法》及《著作权法实施条例》将作品定义为具有独创性、

---

[1] 刘溪："著作权司法实践中独创性之认定"，载《昆明冶金高等专科学校学报》2017年第6期。

[2] 杨华权："论舞蹈作品独创性的法律认定"，载《北京舞蹈学院学报》2019年第4期。

[3] 刘文慧："短视频独创性认定标准刍议"，载《山西省政法管理干部学院学报》2021年第1期。

以有形形式复制的智力成果,作品的独创性强调独立完成和创造性。但此认定标准抽象,指导性不强,因此笔者将通过梳理现有典型案例,试图厘清司法实践中对短视频独创性的认定规则,并进行归纳总结。

在央视国际网络有限公司诉上海聚力传媒技术有限公司著作权侵权及不正当竞争纠纷案中,足球赛事直播节目作为连续画面的一种是否构成视听作品,法院认为,其判断标准系独创性的有无而非独创性的高低。《著作权法》对于作品独创性的要求应当是最低限度的。作品只要体现了创作者的个性就满足了此要求。判断作品独创性的高度具有主观性,若以此为标准由法官裁判,因法官对艺术创作的个人造诣不同,极有可能会出现"同案不同判"的现象,权利保护也由此存在较大不确定性。

在深圳市脸萌科技有限公司、北京微播视界科技有限公司与杭州看影科技有限公司、杭州小影创新科技股份有限公司侵害著作权纠纷案中,被告辩称涉案短视频模板使用的是公开元素且时长短,不具有独创性,不构成作品。法院认为,短视频作为新型视频形式,制作过程简化、时长短是其特点,在判断其是否有独创性时,应采取不宜过宽的判断标准,对其创作高度不能太过苛刻。如果短视频模板系独立完成,不存在复制剽窃,能较为完整地表达制作者的思想情感内容,即具备著作权法的独创性要求,属于著作权法意义上的视听作品。[1]

在杨某与陈某坡等侵害作品信息网络传播权纠纷案中,法院认为,视听作品应在画面、声音的衔接等方面反映拍摄者的构思,表达出作者的精神内容,具有一定程度的独创性。基于鼓励创作和文化繁荣的价值取向,对于短视频独创性程度要求不宜过高,只要能体现出一定的个性化表达和选取,即可认定其具备独创性。[2]本案明确了带货视频作为视听作品保护的认定标准,将具备脚本设计、场景选取、运镜剪辑等制作过程,具有个性化表达的内容认定为视听作品。

通过分析上述判决书的内容可以发现,司法实践对于短视频独创性认定标准较为宽松,只要能体现作者的个性化表达,有"一点火花"存在,与现

---

[1] 贺涛:"短视频独创性标准的重构",载《出版发行研究》2020年第7期。
[2] 孔未名:"短视频平台著作权侵权的认定困境与破解路径",载《山东法官培训学院学报》2022年第4期。

有表达相比存在可识别的差异，就可以认定短视频具有独创性，背后体现的其实是法律政策的选择和价值的衡量。

三、短视频独创性认定的细化标准

首先，应当明确以"最低限度"的标准作为短视频独创性的认定标准更具有普适性和可操作性；其次，基于短视频类型的多元性，应尽快构建短视频作品的审查认定体系，坚持个案判断的原则，以兼顾个案的差异性及对具体创作的保护和尊重。

结合司法实践，对不同类型短视频独创性认定的具体标准列举如下：

（1）用户自行选材、拍摄、剪辑创作的视频。此类短视频的特点是素材的选择、编排、拍摄、剪辑均体现了创作者独特构思的体现，完整的表达了创作者的思想情感。实践中往往认定该类型作品具有独创性，构成视听作品。

（2）根据平台提供固定的剧本模式表演形成的视频。此类短视频的台词、配乐等均由平台提供，且由于视频的重点在于对固定台词的表达，虽然对用户自身发挥创作有很大的限制，但用户通过自身的表演，表达方式和视频风格千差万别，也能够体现制作者对创作元素的取舍、安排和设计，实践中往往认定其达到了最低限度的独创性标准，可作为视听作品进行保护。[1]

（3）利用既有视频素材剪辑的视频。此类短视频是指创作者利用剪辑技巧和创意，对既有的视频进行选择性剪辑，增加其他元素，组合排列、设计、评论形成了具备自己特有风格的新视频，在表达思想和内容上与原作品存在实质性差别，体现了创作者的个性化表达，具有独创性，应作为汇编作品或视听作品受《著作权法》保护。

（4）影视剧片段类短视频。此类短视频是指用户将影视剧或体育赛事中的某些经典片段剪辑上传至短视频平台。此类视频用户只是将既有视频进行简单的节选、剪辑工作，并没有体现出其创造性的智力成果，没有达到创造性需具备的最低程度，[2]不具有独创性。此外，该类短视频还涉及侵害原影视剧权利人著作权的问题。

（5）机械地拍摄形成的录像制品，无独创性可言，难以成为作品。

---

[1] 吴一南："短视频独创性标准研究"，载《法制与社会》2020年第35期。

[2] 吴一南："短视频独创性标准研究"，载《法制与社会》2020年第35期。

四、结论

通过对国内外的独创性认定标准立法和案例的研究，本文得出以下结论：对于短视频独创性的认定，应当采用"最低限度"标准，给予法官较为弹性的裁判空间。同时鉴于短视频内容的多元化与表现形式的多样性，应当对短视频予以类型化区分，结合个案分析涉案短视频是否体现了作者的个性化选择或安排，以推动短视频市场的环境优化与行业升级。

提升防止资本无序扩张效度：
依托反垄断法进行针对性规制

赵浩宇*

（中国政法大学 北京 100088）

摘　要：面对以扼杀性并购和恶意操纵平台为主要形态的资本无序扩张，新修订的《反垄断法》通过对扼杀性收购的主动审查、增加不依规申报的罚款上限等方式加以应对。但在实践中仍然存在启动主动调查程序的标准不统一、调查时间过长、执法资源不足等问题，还应依托《反垄断法》作进一步针对性规制。

关键词：防止资本无序扩张　经营者集中　超级平台

一、资本无序扩张的主要形态

随着互联网经济崛起，垄断表现出了新的形态，中央经济工作会议将其依照主要特征称为资本无序扩张，不同于以往实体经济时以利用支配地位操纵市场价格等为主要表现形式的垄断，资本无序扩张主要包括扼杀性并购和对平台的恶意过度操纵。[1]

（一）扼杀性并购

扼杀性并购可通俗称为"掐尖"，即具有独创性和成长力的初创企业若在某一领域发展壮大，将冲击垄断企业在该领域的垄断地位，即便是垄断企业不曾触及的领域，也会吃掉其在该领域可能的蛋糕。故垄断企业为了维持现

---

* 作者简介：赵浩宇（1999年~），男，汉族，山东威海人，中国政法大学同等学力研修班2021级学员，研究方向为民商法学。

〔1〕万江：《中国反垄断法：理论、实践与国际比较》，中国法制出版社2017年版，第126页。

有地位和未来扩张可能性，以"除后患"的方式，将初创企业并购，不仅可以阻止其壮大，而且能直接占有其创新技术、复制其独创模式，成为进入未涉足领域的捷径。

（二）恶意操纵平台

新兴垄断企业的垄断地位是在其自有平台的基础上塑造起来的，这种平台是基础设施性质的，如腾讯的"腾讯系"、阿里巴巴的"阿里系"，囊括支付、通讯、娱乐等方面，按照《互联网平台分类分级指南》可称为"超级平台"，超级平台的触角深入遍及市场和生活。依托此平台对市场主体和用户生活的双重不可回避性，垄断企业可以恶意操纵平台发动双面剥削，具体如下[1]：

对市场主体：①封禁，拒绝其他平台经营者正常使用其平台。②霸凌，基于平台优势地位强迫经营者签订"不平等条约"。③垄断下沉，胁迫平台内经营者参与垄断。

对用户：①"全家桶"，将自家软件捆绑销售，增大平台束缚力和逃离难度。②数据霸权，对数据搞独家买断制，剥夺用户跨平台择优的选择性。③大数据杀熟，过度利用用户黏性数据，黏性越高"被宰越狠"。

二、国家对资本无序扩张的应对

面对以上两种资本无序扩张的突出表现形式，中国反垄断依托的主要规制"经营者集中制度"难以奏效，国家为此颁布了修正的《反垄断法》并于2022年8月1日起正式实施，对资本无序扩张采取了规制的针对性调整，并开出了几例罚单。

（一）经营者集中制度失灵

经营者集中制度的主要特点是"达到标准，主动申报"，即要求开展经营者集中的企业若"上一会计年度在中国境内的营业额度超过4亿元人民币"，则"应当事先向国务院商务主管部门申报，未申报的不得实施集中"[2]。因此在面对涉及扼杀性并购的事件时，成为被并购目标的初创企业往往因为年营业额不足4亿元而令整起并购免于申报，垄断企业便一举逃脱了申报规制，

---

[1] 郭传凯：" 超级平台企业滥用市场力量行为的法律规制——一种专门性规制的路径"，载《法商研究》2022年第6期。

[2] 《国务院关于经营者集中申报标准的规定》第3条。

使"大鱼吃小鱼"变得畅行无阻。

虽然有"按照规定程序收集的事实和证据表明该经营者集中具有或者可能具有排除、限制竞争效果的，国务院商务主管部门应当依法进行调查"[1]这一条款作为补充，但反垄断法颁行的十几年来，该条款一直保持着缄默，而主管部门把不申报的主要惩罚措施仅自限为上限50万元的事后罚款；据统计，主管部门对阿里巴巴和腾讯上千起并购仅开出过数十个50万元罚单[2]，这对垄断企业来说无异于九牛一毛，可见经营者集中制度到此形同虚设，几无实效可言。

另外，因《反垄断法》制定时超级平台垄断企业尚未出现，对于恶意操纵平台的行为没有相应规制，导致该行为一直游弋于法外之地。

（二）《反垄断法》的针对性调整

新修订的《反垄断法》对扼杀性并购和恶意操纵平台进行了针对性规制，具体如下：

对扼杀性并购：①将原本见于规定中的主动审查直接写入法律条文，并进一步规定，经营者未依照规定进行申报的，国务院反垄断执法机构应当依法进行调查。[3]明确了执法机构的调查权力和义务。②不依规申报的罚款上限由50万元提升至300万元，并把企业主要负责人写入违法责任，"负有个人责任的，可以处一百万元以下的罚款"。

对恶意操纵平台：明确规定"经营者不得利用数据和算法、技术、资本优势以及平台规则等从事本法禁止的垄断行为"。

而在《反垄断法》修订前夕，市场监管总局曾先后对阿里巴巴和美团开出罚单。2021年4月10日，市场监管总局公布对阿里巴巴的处罚决定，判定其用平台规则数据、算法等技术手段保障"二选一"开展，构成滥用市场支配地位，处以182.28亿元罚款。2021年10月8日，公布对美团的处罚决定，亦将利用"算法等技术手段"写入判定中。

由此可见，国家对超级平台垄断企业的规制已有践于行，防止资本无序扩张初见成效。

---

[1]《国务院关于经营者集中申报标准的规定》第4条。

[2] 曾雄："防止平台资本无序扩张的反垄断规制模式：行为主义还是结构主义？"，载《现代经济探讨》2022年第10期。

[3]《反垄断法》第26条第3款。

三、提升防止资本无序扩张效度

新《反垄断法》虽已将"执法机构的主动调查"和"禁止利用算法和平台从事垄断"写入,但其实际操作和落实效率都值得考虑。为提升防止资本无序扩张效度,应适当调整主动申报标准,便于更好规制扼杀性并购,在此基础上,将新《反垄断法》提出的"建立健全公平竞争审查制度"和"健全经营者集中分类分级审查制度"进行充分诠释。

(一)现有规制之短

首先,在主动申报标准不作调整的情况下,启动主动调查程序的标准无统一界定,主动调查难以及时适用。其次,就前文所举判罚案例,每一例处罚决定作出前,市场监管局都进行了为期近半年的调查工作,并且在作出对阿里巴巴的判罚后,同月就投入了对美团的调查。可见,执法部门开展超级平台个例调查尚且需要投入几乎全部执法资源,事必躬亲地打持久战,遑论成百上千起的并购事件。最后,即便开展,大量的调查也将导致防止资本无序扩张工作趋于重复和低效。

(二)调整申报标准

鉴于初创企业营业额较低,难以达到主动申报的营业额门槛,可将其以下数据纳入申报标准:①企业预估市值,结合超级平台企业开展并购金额的一般水平进行划线,例如:收购方中国境内年营业额超过1000亿元、合并方估值超过8亿元的,应主动申报。②企业日均月均活跃用户数量,参考后来成长为超级平台的企业初创期的活跃用户数量进行确定。

据此让具备成长力的初创企业能迈过门槛,戴上需主动申报的保护帽子,不仅能一定程度威慑垄断企业,令其对并购目标的选择更为审慎,也可以较大程度减轻主动调查的压力,从而从源头上抑制扼杀性并购的泛滥势头。

(三)建立健全经营者集中分类分级审查制度

对于调整标准后增大的审查工作量,依新《反垄断法》规定,建立一套分类分级审查制度加以分流,具体如下:

(1)分级:根据并购事件所涉及企业的营业额对并购进行分级,未达一定营业额标准的,委托省级执法机构开展审查,审查结果向上报批。

(2)分类:根据企业主要经营领域对并购加以分类,跨领域并购以合并方经营领域为主进行确定,对涉及金融、传媒、科技、民生等领域和涉及初创企业、新业态、劳动密集型行业的并购[1]，加强审查。利用分级释放出的执法资源，成立主动调查工作小组，对上述重点领域重点关注，对社会影响力大的企业、反响广的并购事件，积极适用要求申报和主动调查程序。

　　将审查纵向分级向下分流可以提高审查质量和效率，横向分类加强审查重点领域能密切关注超级平台动向，及时有效发现扼杀性并购，从而给资本无序扩张的新题以新解。

---

〔1〕《中共中央、国务院关于加快建设全国统一大市场的意见》第22条。

企业数据转让过程中个人信息匿名化研究

邓 雪*

(中国政法大学 北京 100088)

摘 要:随着数字经济的发展,数据交互成为现代企业不可避免的商业行为。在企业数据转让场景下,个人信息保护问题日益复杂。具体而言,如何规范个人信息匿名化处理以及如何降低匿名信息被数据受让方再识别的风险,成为企业面临的新挑战。对此,应当明确数据转让过程中转让方与受让人对个人信息匿名化的义务,以及企业的具体应对举措。

关键词:匿名化 再识别风险 匿名信息 可识别性

在信息社会,个人信息被喻为"新石油"。[1] 对于企业而言,其所要承担的合规责任与其拥有的个人信息的量级呈正相关。随着数据处理量级的不断提升,企业不得不借助公司外部力量进行数据处理。在最大化利用个人信息价值的同时,如何尽可能控制因转让个人信息或匿名信息所带来的法律责任风险成为当前时代企业主体所亟须解决的重要命题。

一、企业数据转让中个人信息匿名化的意义探寻

(一)个人信息的可识别性特征与个人信息匿名化

虽然不同国家和地区对个人信息的界定有所区别,[2] 但都赞成"可识别

---

* 作者简介:邓雪(1996 年~),女,汉族,上海人,中国政法大学同等学力研修班 2022 级学员,研究方向为知识产权法学。

〔1〕 参见张里安、韩旭至:"大数据时代下个人信息权的私法属性",载《法学论坛》2016 年第 3 期。

〔2〕 参见欧盟《一般数据保护条例》(GDPR)第 4 条;经济合作与发展组织(OECD)《OECD 隐私保护与个人数据跨界流通指南》(OECD Guidelines on the Protection of Privacy and Transborder Flows of Personal Data)第 1 条;亚洲太平洋经济合作组织(APEC)《APEC 隐私框架》第 9 条;《网络安全

性"是其本质特征与内核属性。随着数字科技的发展,"可识别性"逐渐发展出两种含义:一是指通过特定的信息指向特定的人;二是蕴含"相关性"的意思,即通过综合大量看似没有联系的信息,使某个业已确定的主体更立体丰满,或者将模糊主体特定化的过程。当数据中包含个人信息且无法取得个人信息主体同意时,企业唯一合法的处理方式就是将个人信息匿名化。[1]此种方式既可以实现对个人信息的保护,也可以确保社会主体获取一定的经济效益。从表面来看,该种举措似乎不失为一举两得的良法,但在数字经济爆炸式发展的今天,经匿名化处理后的个人信息极有可能被复原,甚至无需复原也可达到"可识别"的程度。由此可知,简单的匿名措施已经无法达到个人信息保护的理想效果。

(二)企业数据转让中个人信息匿名化的重要意义

根据相关法律规定,个人信息处理者共同处理个人信息的,双方应当依法承担连带责任;个人信息处理者委托处理个人信息的,应当对受托人个人信息处理活动进行监督;个人信息处理者转移个人信息的,应当向个人告知接收方的名称或姓名和联系方式。[2]由此可知,企业在转让关于个人信息数据时,若未对个人信息匿名化处理,将承担通知、监督等一系列法律义务;若发生侵权,数据转让方需与数据受让方承担连带责任。简言之,企业一旦将未匿名化的涉个人信息的数据转让给他人,将面临巨大的法律风险。企业规避风险的方案之一就是将个人信息处理成为匿名信息。企业将匿名信息加以流通利用,在一般情况下不会伤害到个人信息主体,且能够满足数据处理的需求,同时也能促进经济社会的发展。

二、企业数据转让中个人信息匿名化的义务分配

(一)数据转让方的义务:匿名化处理与再识别风险防范

个人信息经匿名化处理后,能否再被识别或被关联至特定个人具有极大的场景依附性。换言之,匿名化处理是否有效具有一定的相对性,与数据处理的特定场景密切相关。因此,不存在"放之四海皆准"的匿名化处理标

(接上页)法》第76条第5款;《个人信息保护法》第4条。

[1] 参见《网络安全法》第42条。

[2] 参见《个人信息保护法》第20条~第24条。

准。[1]

企业将个人信息匿名化处理并转让后，匿名信息在受让者，也即新的数据处理环境下，通过新的技术条件与其他信息结合后，极有可能被再识别，甚至能够识别到特定的人而重新成为个人信息。特别是随着数据技术的发展以及企业获取数据的渠道增多，匿名信息被再识别的可能性更会不断提高。由此，数据转让企业作为个人信息控制者，还应承担防范再识别风险的法律义务。具体而言，其应通过相应的技术及管理措施，结合转让场景对匿名信息的再识别风险进行充分评估；不断提升个人信息匿名化技术水平及风险管控措施。

（二）数据受让方的义务：使用、交易个人信息的限制

数据受让者获得经过匿名化处理的数据后，在一定程度上来说该数据仍然具有"识别残留"的可能性。[2]从企业合规角度来说，数据受让者应尽可能避免再识别风险的发生。对此，可以采取如下措施：其一，应当对匿名化处理结果进行风险评估。这符合公司内部匿名化处理标准的数据，方可进行下一步的处理措施。其二，对风险评估后的数据的使用场景范围进行限定。场景范围限定的依据包括：法律法规、公司内部规定、与数据转让方的合同约定。据此，应明确数据可披露范围，包括公司内部可披露范围及社会面可披露范围。鉴于信息一旦公开，便不可撤销，故企业应严肃对待信息披露决策。其三，数据受让者对受让的数据进行加工处理后，仍应综合采取的匿名化处理技术、信息所处的具体场景等因素，定期对再识别风险进行评估。其四，一旦发生再识别风险，应积极主动采取补救措施，弥补个人信息主体所遭受的损失，并对数据转让方承担相应的违约责任或侵权责任。

三、企业数据转让中个人信息匿名化的应对举措

（一）企业间转让涉个人信息数据的合同规制

如前论述，匿名处理的有效性是相对的，与数据使用场景具有直接依附性。随着匿名信息应用场景的变化，可能出现被再识别的风险。故企业应当

---

[1] 参见张建文、程海玲："'破碎的隐私承诺'之防范：匿名化处理再识别风险法律规则研究"，载《西北民族大学学报（哲学社会科学版）》2020年第3期。

[2] 参见张建文、程海玲："'破碎的隐私承诺'之防范：匿名化处理再识别风险法律规则研究"，载《西北民族大学学报（哲学社会科学版）》2020年第3期。

随着应用场景的动态变化，通过一定的技术手段去除个人信息的可识别性。但企业无法完全预料到所有使用场景。因此，在转让涉个人信息的数据时，企业可以通过签订合同的方式限定数据使用场景，即规制数据受让方处理数据的目的、期限、方式、信息种类及保护措施，[1]并在转让前结合所限定的使用场景进行特定的匿名化处理。

（二）个人信息匿名化再识别风险的防范措施

除合同规制方法外，数据转让方还应采取多种组合控制的方式防范再识别风险，例如：在不同阶段采取多重技术防控措施、定期发布不同的数据管理控制模型以及加强企业对再识别风险的持续防范。在此，笔者重点介绍NIST报告所提出的数据共享模型："数据使用协议模型"和"区域模型"。[2]两种模型都可适用于企业间数据转让的再识别风险防范。

首先，数据使用协议模型，是指数据转让者通过签署协议的方式对外提供匿名信息，协议明确了数据受让方数据处理的权限范围，一般情况下，协议会限制数据受让方再识别或连接其他数据的行为。但此种模型的适用基础仍应是将数据匿名处理，并且明确匿名信息的使用场景。其次，区域模型，是指匿名信息被保存在某些隔离的区域中，该区域限制匿名信息的导出，例如沙箱技术，但该模型接受特定权限人员的访问以及处理。此类模型的物理环境及技术要求较高，对数据转让方及数据受让方的交易成本和便捷度有所限制。

随着数据处理技术的发展和可用场景数据的不断增加，再识别风险敞口不断扩大。无论是数据转让方还是数据受让方都应采取持续的防范措施，且应当持续调查匿名信息的处理场景及可接触的其他数据，定期审查与匿名化相关的政策等。若匿名信息面临的再识别风险增加，受让方应采取进一步的补救措施并对匿名化的相关政策进行修改。数据转让方如发现前述情形，应立即通知受让方采取相关措施；若受让方拒绝采取的，数据转让方可依据法律规定或合同约定请求数据受让方承担侵权责任或违约责任。

---

[1] 参见《个人信息保护法》第21条。

[2] See O'Keefe C. M. and Chipperfield J. O., "A Summary of Attack Methods and Confidentiality Protection Measures for Fully Automated Remote Analysis Systems", *Internationaly Statistical Review*, 81, 2013, pp. 426~455.

四、结语

在数据转让过程中，企业不得不正视对个人信息进行匿名化处理以及对匿名信息被再识别的风险评估与防范。仅靠合同约定来规制合同双方的权利义务或仅靠简单的数据匿名化处理，都无法应对数据应用场景愈发复杂的现状，否则，将导致匿名信息被再识别的风险不断扩大。对此，企业首先可以通过签署合同，在合同中明确数据受让方使用受让数据的特定场景，并在转让前根据限定的使用场景采取相应的匿名化措施。其次，数据转让企业还应采取多种组合控制的方式以防范匿名信息被再识别的风险，将该风险控制在较低的范围内，从而建立企业数据合规中个人信息匿名化的多重结构。

浅议职务发明的认定和职务发明奖酬的支付

杜 丹[*]

(中国政法大学 北京 100088)

摘 要：我国实行职务发明创造制度，规定对职务发明人给予奖励和报酬。但在实践中，出现了众多因职务发明认定或奖酬金额支付产生的争议。本文通过考察两起职务发明纠纷案例，就实践中争议焦点提出如下建议：一是通过劳动支配权让渡标准认定职务发明构成中的劳动关系；二是通过评估企业经营收益情况与职务发明人主张等综合因素确定职务发明奖酬支付金额；三是通过约定优先以降低后续纠纷风险。

关键词：职务发明 劳动关系 奖酬支付

一、问题的提出：从两起案件说起

在司法实践中，因职务发明创造的认定及奖酬支付等问题发生过诸多争议。其中，最富争议的问题在于：一是劳动关系、临时工作关系的认定；二是奖酬的支付主体与数额计算。

案例一：A公司与C大学签署了技术开发委托合同，在C大学任职的教师B是联系人。B与A公司还单独签署了提供技术培训服务、技术合作和项目申请的中介服务的协议。B在2011年至2012年间以自己名义申请了一项专利（涉案专利），之后将申请人变更为D公司并获得授权。A公司认为涉案专利是B在A公司任职期间所做职务发明，专利权应归A公司所有。最高人民法院二审认为A公司与B没有形成劳动关系或临时工作关系，理由是：判断

---

[*] 作者简介：杜丹（1983年~），女，汉族，吉林长春，中国政法大学同等学力研修班2022级学员，研究方向为知识产权法学。

职务发明条款涉及的发明人与单位之间是否存在劳动关系或者临时工作关系，首先在于产生职务发明的创造性劳动的支配权是否属于单位；其次在于发明人与单位之间的工作关系是否有约定。没有约定，则根据双方实际行为和结果判断。[1]

案例二：中国内地居民A在中国公司B任职期间完成了一项职务发明创造，后由B公司的香港关联公司C在美国申请了发明专利并获得授权。C公司委托B公司在中国内地使用该专利制造产品后出口至美国。A以职务发明人有权获得报酬为由起诉B公司和C公司，请求判令B公司和C公司支付报酬43万美元。广州知识产权法院一审认为，A在我国境内完成发明创造，后C公司委托B公司在国内生产专利产品并出口美国的行为与将该专利在我国提交并获授权后实施获利的效果相同；若以该专利属于美国专利而不适用我国法律关于职务发明的认定则显失公平，也纵容用人单位以此手段实际获利规避支付给发明人奖酬的义务。由此，其结合涉案发明专利的有效期，A主张一次性报酬等实际情况，判令B公司向A支付职务发明报酬30万元人民币。广东省高级人民法院二审判决驳回上诉，维持原判。[2]

二、职务发明中劳动关系或临时工作关系的认定

（一）认定标准：劳动支配权让渡说

最高人民法院就劳动者与单位存在技术开发委托协议和咨询中介服务协议，是否形成了劳动关系或临时性工作关系，提出了劳动支配权让渡标准，但并未就此作进一步解释。笔者认为，应理解该支配权是劳动者主观意愿上接受用人单位管理，服从企业劳动安排，即从属性。至于单位为劳动者缴纳社保、发放住房补贴等行为，若无双方一致的意思表示，不一定会被视作双方具有雇佣关系的证明。

（二）企业对策：先行约定相关权属

实务中，企业与劳动者间的雇佣关系复杂多样，包括多种形式，如劳动合同、劳务合同、顾问协议、外派合同、实习合同，退休返聘人员甚至参与经营管理的公司股东和董事，都有可能成为职务发明创造的发明人，这也需

---

[1] 参见最高人民法院［2020］最高法知民终1258号民事判决书。
[2] 参见广东省高级人民法院［2018］粤民终1824号民事判决书。

要企业对此类雇佣关系有较明确的认知和判断。建议企业与劳动者签署劳动合同或其他雇佣合同时，在合同中先行约定劳动者在任职期间及退休、调离、离职一年内做出的发明创造以及由此申请专利的权利和专利权的归属，或者以单独的知识产权或职务发明创造条款或合同方式约定，以避免因雇佣关系不明导致发明创造无法被认定为职务发明创造。

（三）劳动者对策：保存发明创造构思来源证据

若劳动者不想自己的发明创造被认定为职务发明创造，则应保管好做出发明的构思来源和记录等证据，以及完成发明创造所利用的物质材料、设备、技术的来源或购买发票等证据。若劳动者从原单位离职，且后续从事同原单位工作内容相同领域的工作，则应避免在离职一年内提交相同领域的专利申请，以避免被认定为原单位的职务发明。但也要注意，在离职一年后提交的专利申请，若原单位能够提供可信证据证明该发明创造是在离职一年内完成的，那么考虑员工明显恶意或不诚信的意图时，仍可能被认为是原单位职务发明。[1]

三、职务发明奖酬制度中的支付主体及数额计算

（一）支付主体的明确

"被授予专利权的单位应当对发明人给予奖励"的现行规定以及一般在专利实施后支付奖励、报酬的实践惯例，会造成职务发明报酬、奖励支付主体的混乱。理由在于，作为无形资产的专利具有多种利用形态，包括但不限于以下情形：完成后即被转让给他人申请专利、公司合并或分立发生的职务发明创造转让（奖酬支付义务作为债务发生移转）、集团内部不同子公司间相互转让、职务发明创造的许可实施、委托开发的职务发明创造等。[2]

在上述情形下，如无事先约定，专利奖酬支付主体一般是发明人完成发明创造时所在单位（或承继该债务的单位）。[3]该单位要么已经获得转让或许可的相应对价，要么已经承继了公司合并或分立前的债务支付义务，要么获得了委托开发方的对价。因此，由发明人或设计人完成职务发明创造时所

---

[1] 参见湖北省高级人民法院［2018］鄂民终714号民事判决书。

[2] 参见范相玉："浅谈职务发明报酬奖励的支付义务人的确定"，载《中国发明与专利》2016年第11期。

[3] 参见最高人民法院［2019］最高法民申171号民事判决书。另见上海市高级人民法院［2014］沪高民三（知）终字第120号民事判决书。

在的单位进行给付是合理的。

另外，只要是在中国境内完成的职务发明创造获得了专利权，而无论是否在国外获得了专利权，都应依照属地原则，同时参考公平原则，按照中国专利法对行为发生地或结果发生地的职务发明创造发放奖酬。但如果发明创造是在中国境外完成的并在中国获得了专利，则可能根据属地管辖原则，被认为不属于中国专利法意义上的职务发明创造，由此也不涉及按照中国专利法进行职务发明创造给予奖酬。[1]

（二）奖酬数额的计算和确定

司法实践中如何计算专利奖酬更倾向于个案处理。在案例二中，广东省高级人民法院根据涉案产品销售利润、专利保护的有效期和职务发明人主张等多重因素来判断专利奖酬数额。在最高人民法院终审的另一起案件中，法院认为企业财报数据无法区分涉案专利相关产品产生的利润比例，而以涉案专利的类型、发明人数量、涉案企业在以往针对涉案专利纠纷中判定的侵权损害赔偿数额、专利实施年限、涉案专利对于企业的影响和价值等方面综合判断予以确定数额。[2]

笔者认为，对于奖酬数额的确定，应充分尊重意思自治原则，理由在于：这更能够达到保护企业发展利益和鼓励发明人创新的目的。若无事先约定，则可能造成：或者企业损失巨大，抑制了企业对发明创造转化的热情；或者职务发明人需付出巨大的时间精力通过司法程序诉求报酬，但由于其估值与实际估值定价有落差，法院最终判决给付的奖酬金额与职务发明人要求的金额也许相去甚远，也达不到鼓励创新的目的。

此外，在实践中，由于单位与员工未事先约定奖酬数额比例，并且单位在工资发放时也未明示哪些款项是属于职务发明报酬，可能会造成后续纠纷中当事人举证不能，法院也无法认定是否已支付或支付的奖酬数额。对此，企业应与员工积极沟通，设立企业内部奖酬机制，并在发放职务发明奖酬时，建议企业与员工签署注明款项来源的收款证明，或签署职务发明奖酬合同，标明奖酬数额以留存奖酬的给付证据。

---

[1] 参见罗玮、高琛颢、何怀燕："浅析企业实践中职务发明创造的发明人或设计人的奖励和报酬制度"，载《中国发明与专利》2012年第12期。

[2] 参见最高人民法院[2019]最高法知民终230号民事判决书。

浅析专利间接侵权问题

侯淑红[*]

(中国政法大学 北京 100088)

摘 要：近年来，我国专利侵权案件越来越多，专利间接侵权案件数量大幅度上升。专利间接侵权案件与传统侵权案件相比更为复杂，更具隐蔽性，加之我国在专利间接侵权方面的立法不健全，不仅使法官在处理案件时比较为难，也使当事人在维权时比较困惑。在此形势下，本文结合国内立法和司法实践现状对专利间接侵权进行了梳理，提出一些粗浅的看法。

关键词：专利间接侵权 专利直接侵权 共同侵权

一、专利间接侵权的概念

专利间接侵权在中国没有确切概念，通过研究其起源以及国外的规定，可以认为专利间接侵权是不属于直接侵权的范畴、但又有必要被认定为侵权的行为。张初霞等人认为，"专利间接侵权的基本界定应当包括两点：一是行为人所提供的相关产品满足专利的部分技术特征，但尚不满足全面覆盖原则而未构成专利直接侵权；二是行为人所实行的行为实质性促使了他人实施专利的结果的发生"。[2]

---

[*] 作者简介：侯淑红（1981年~），女，汉族，山西临汾人，中国政法大学同等学力研修班2022级学员，研究方向为知识产权法学。

[2] 张初霞、王东："对专利间接侵权制度理论构建的再思考"，载《中国科学院研究生院学报》2020年第5期。

二、专利间接侵权中两个重要关系

（一）专利间接侵权与直接侵权

专利直接侵权指侵权行为需满足全面覆盖原则。专利间接侵权不需要满足全面覆盖原则，只需要满足权利要求记载的部分技术特征。从这个意义上看，专利间接侵权与专利直接侵权是相对的，二者没有交集。

然而，专利间接侵权与专利直接侵权还可能是依附关系。目前有"独立说""从属说"和"折中说"三种学说。[1]"独立说"认为专利间接侵权并不依附于直接侵权，而是一项独立的特殊侵权形式。目前多数国家采用了该学说。"从属说"认为专利间接侵权应依附于直接侵权，即若直接侵权不存在，则间接侵权不存在。2001年北京市高级人民法院《关于专利侵权判定若干问题的意见（试行）》第78条体现了该观点。"折中说"以"从属说"为原则，"独立说"为例外。

（二）专利间接侵权与共同侵权

专利侵权处理的是平等主体之间的纠纷，属于民法保护的范畴。如以专利直接侵权为前提，则可以涵盖在《民法典》的共同侵权中。

《民法典》的共同侵权可以分为主观共同侵权和客观共同侵权。在最高人民法院《关于审理侵犯专利权纠纷案件应用法律若干问题的解释（二）》（以下简称《解释（二）》）没有正式出台之前，法院针对专利间接侵权案件主要依赖《民法典》中的共同侵权思路。

三、中国专利间接侵权的现状及问题

（一）立法层面

我国《专利法》对是否要规定专利间接侵权的争论由来已久。1984年《专利法》采用"全面覆盖原则"，不涉及专利间接侵权，法院在审理类似案件时一般是参考民事法律中的共同侵权处理。随着专利侵权案件的增多，许多学者认为共同侵权已经无法涵盖专利间接侵权的所有行为。[2]因此，在

---

[1] 李照东："专利间接侵权制度的多维度解读"，载《山东社会科学》2022年第8期。

[2] 张晓阳："多主体实施方法专利侵权案件的裁判思路与规则——以敦骏公司诉腾达公司案为例"，载《人民司法》2020年第7期。

《专利法》2000年第二次修改和2008年第三次修改时，均考虑添加间接侵权的条款，但是由于各种原因，未被接受。第四次修法的《专利法修订草案（送审稿）》第62条涉及了专利间接侵权，但是，最终仍然未被接受。2016年最高人民法院《解释（二）》第21条涉及了诱导侵权和帮助侵权。在立法方面存在如下问题：是否需要建立专利间接侵权制度？如何建立专利间接侵权制度？

（二）实践层面

由于《专利法》并未对专利间接侵权进行明确规定，一些专门人士在设计权利要求的保护范围时未过多考虑该问题，而且认为未包含在权利要求范围内的技术方案均得不到保护，导致一部分专利权人白白丧失了维权的机会。

四、针对中国专利间接侵权的问题的建议

（一）尽快建立专利间接侵权制度

要不要建立专门的专利间接侵权制度，笔者认为答案是肯定的。首先，目前世界上许多国家都设置有专门的专利间接侵权制度，虽然不能完全照搬其他国家的经验，但是其他国家相继设立专利间接侵权制度，也从一定程度上反映出该制度设立的必要性。其次，在威科先行法律信息库网站上以"《解释（二）》第二十一条"为关键词进行了检索，得到65个裁判文书，这些案例中，最近5年的有49项，占比75%，这说明近5年专利间接侵权的案件呈突飞猛进的趋势，需要一种制度对其进行规制。再次，目前《专利法》中没有明确的规定，但是已经有相关的司法解释，实践中也主要依据司法解释以及《民法典》中的共同侵权进行审判。此外，在已经有司法解释的基础上，专利上没有相应的立法，也显得法律不够严谨。最后，专利间接侵权制度并不会扩大专利保护范围。根据目前的司法实践来看，判定为专利间接侵权的产品一般是专用产品，且对专利技术方案有实质性作用，将其纳入专利保护范围，并不会实质扩大专利保护范围。

（二）专利间接侵权制度要点

如何建立专利间接侵权制度，是目前被讨论得最多的主题，以下仅就比较有争议的几点展开来说。其一，世界上许多建立专利间接侵权制度的国家大多未以直接侵权为基础，而国内司法实践大多是以直接侵权为基础的。笔者认为，就目前中国的国情来看，依赖于直接侵权更为合适。一方面，中国

是典型"仿制大国"和"世界工厂",担负着许多产品零部件的生产大任,如果不依赖于直接侵权,则可能有大批国内公司存在侵权风险。另一方面,如果不依赖于直接侵权,那么就是说在尚无直接侵权的情况下,就发生了专利间接侵权,对于直接侵权都没有保护,那么对于间接侵权就没有保护的必要。

其二,已经有观点认为应该把前药、代谢物、中间体的"药物侵权"也纳入专利间接侵权。对此,笔者有不同的观点。首先,将前药、代谢物纳入专利间接侵权,是对于专利权人的利益的扩展。对于药物而言,其活性成分有效,但是可能在用于人体时会出现一些问题,例如吸收性不好、生物利用度低等问题,这个时候就需要将其制备成前药,而且对于前药来说种类有很多,具体哪种前药比较好,还需要付出创造性的劳动才可以实现。而且,前药是在进入人体之后才发生变化,并不是在人体之外就发生变化,不同于传统的帮助侵权、诱导侵权。如果将这些方案认定为侵权会导致侵权有太多的不确定。对于代谢物的情形与前药类似。其次,中间体适用专利间接侵权时应该给予更严格的要求。作为中间体,没有对其进行保护,说明专利权人希望贡献给公众,或者有一定的失误,那么其应该为自己的行为承担后果。而对于首次提出的中间体而言,专利权对其重要性尚不清楚,而且也可以鼓励专利权人进行发明创造。

(三)专利间接侵权的实践建议

从实践层面来看,首先,在撰写过程中,建议尽可能将可以实施的核心技术、零件或中间体等进行单独保护。其次,如果有竞争者使用专利的核心技术,但是未落入权利要求的保护范围,要大胆考虑采用专利间接侵权来维权。最后,在采用专利间接侵权来维权时,要满足最高人民法院《解释(二)》和《民法典》第1169条的要求,同时强调维权不会损害公众利益。

论 NFT 数字藏品的法律属性

刘志杰*

（中国政法大学 北京 100088）

摘　要：NFT 数字藏品是通过 NFT 把多种形态的信息，如图片、声音、视频等存储在区块链上而形成的藏品，而 NFT 是指非同质化代币，本质上是基于区块链技术的代码表达。相比于作为债权客体的传统虚拟数字资产，NFT 数字藏品作为区块链数字资产，借由独有的交易账本与共识机制而具有唯一性，既实质解决了"对物支配"与"效力排他"的问题，又实现了物权公示的可能性。因此，NFT 数字藏品可以作为物权的客体保护。进言之，可以比照动产相关法律制度，明确 NFT 数字藏品的所有权规则、担保物权规则以及在此基础上的交易规则。

关键词：NFT 数字藏品　区块链数字资产　物权　动产

随着近 80 年的发展，web3.0 完美地解决传统 web2.0 的弊端，如传播端过剩、渠道过载、用户注意力短缺、无法满足用户价值需求等。web3.0 及其所衍生出的区块链、元宇宙、数字货币、NFT 等概念逐渐广为人知。作为 web3.0 的核心技术载体，区块链技术在设计之初凭借着其独有的共识机制，极大程度强化交易的可靠性。可以说，web3.0 的核心便在于可靠地交易与执行。而 NFT 本质上是基于区块链技术的代码表达，通过 NFT 可以把多种形态的信息存储在区块链上，包括图片、声音、视频、纯文本等。也就是说，讨论 NFT 数字藏品就是在讨论区块链数字资产。但是，在 web3.0 去中心化的底层逻辑下，对 NFT 数字藏品的法律属性存在众多争议。在 NFT 数字藏品的市场交易

---

* 作者简介：刘志杰（1992 年~），男，汉族，广东人，中国政法大学同等学力研修班 2021 级学员，研究方向为民商法学。

过程中，不同的交易所、不同的项目发起人对其所涉及的法律合规问题并无统一认识。因此，有必要厘清 web3.0 语境下 NFT 数字藏品的相关法律问题。

一、NFT 技术相关概念辨析

NFT 是 Non-Fungible Token 的缩写。Token 是计算机领域的术语，Token 本质上是一种客户端认证机制，由一系列经过加密的字符串组成，主要用于在客户端与服务器的通信过程中进行身份验证。一般情况下，当客户端对服务器进行请求时，会将用户信息（用户名、密码）发送至服务器，服务器会使用某些加密算法（比如 HS256）及密钥进行签名，然后再将这个签名和数据作为 Token 一起返回给客户端。在这个过程中，服务器并不保存 Token，Token 由客户端保存（比如存储在 Cookie 或者 Local Storage 中）。当客户端第二次发送请求时，会在请求信息中将 Token 一起发送给服务器，服务器此时采用同样的加密算法及密钥对数据再次签名，并且和客户端返回的 Token 的签名进行比较，如果验证成功，就会向客户端返回所请求的数据。

在 web3.0 语境下，token 一般分为"fungible"和"non-fungible"两种。传统意义上的 Fungible Token 主要是指同质化的通证，例如比特币、以太坊（Ethereum）等。这种同质化通证本质上是一种"代币"，具备货币属性，并不具备唯一性。例如，一张 50 元的人民币可以买一本《人类简史》，任何一张 50 元的人民币都可以买到这本书。故一般而言，不同的 50 元人民币之间，在交易过程中并没有实质意义上的区别。可见人民币即是一种同质化货币。Non-Fungible 通常被理解为"非同质化"，即 Non-Fungible Token 具有唯一性。不同的 Non-Fungible Token 意味着不同的通证。换言之，即使是相同的一幅作品，分别经过 NFT 认证之后，由于其分别具备不同的区块链查证信息，因此它们会被视为是不同的 token。

二、传统虚拟数字资产的法律属性：债权客体说

根据《民法典》第 127 条规定，[1] 网络虚拟财产可作为民事权利的客体而受法律保护。但《民法典》及其他法律没有明确虚拟数字资产属于哪种民事权利的客体。目前，学界对于虚拟数字资产的性质主要有以下观点：物权

---

[1]《民法典》第 127 条规定："法律对数据、网络虚拟财产的保护有规定的，依照其规定。"

或准物权客体说、债权客体说、知识产权客体说、其他新型财产权利说等。

首先，针对传统的虚拟数字资产，例如游戏道具、账号、电子积分等，目前的法律体系难以在其上建立物权或者准物权。因为这些所谓的虚拟数字资产可以被任意复制，缺乏验证其权属的公示凭证。此外，中心化运营的网络主体，比如游戏公司、运营商等，对这些虚拟数字资产的流通进行了严格的限制，用户高度依赖这些主体对自身虚拟资产进行持有。换言之，这种语境下的持有仅是名义上的，用户并不在法律意义上对这些虚拟资产享有直接支配和排他的权利。其次，传统虚拟数字资产不应当作为知识产权客体保护。理由在于，《民法典》在第 123 条明确规定了知识产权的类型，同时第 127 条规定了数据、网络虚拟财产的保护。从体系解释的角度而言，不应将其纳入知识产权的客体范畴。

综上所述，本文赞成主流观点将传统的虚拟数字资产视为债权客体，即传统的虚拟数字资产应当被视为用户借以向网络运营主体主张其权利的凭证，而对这种形态的资产的保护通过《民法典》的合同编、侵权责任编等予以规制，借以平衡用户与网络服务商之间的冲突。[1]

三、区块链数字资产的超越与突破：物权动产说

（一）虚拟数字财产之区分

在讨论 NFT 数字藏品之前，需要对虚拟数字财产进行区分，这是明确讨论 NFT 数字藏品法律属性的对象前提。有学者认为，对虚拟数字财产的厘清需要区分数据、网络虚拟财产、区块链数字资产三个概念之间的关系。[2]具体来说，数据作为网络信息的集合，难以一刀切地设立类似物权的绝对性权利。事实上，网络平台之间的纠纷大部分情况下引用反不正当竞争法就可以进行规制。网络虚拟财产实质上应当被理解为数据中需要用法律特定保护的部分数据，即如上文所述的传统的虚拟数字资产与区块链数字资产。传统的虚拟数字资产本质上是用户特定于网络服务商的债权请求权，是主张这些资产背后所映射的权利以及享受对应服务的请求权基础。[3]而区块链资产虽然

---

〔1〕 参见司晓："区块链数字资产物权论"，载《探索与争鸣》2021 年第 12 期。

〔2〕 参见陈兵："网络虚拟财产的法律属性及保护进路"，载《人民论坛》2020 年第 27 期。

〔3〕 参见吴汉东：《无形财产权基本问题研究》，中国人民大学出版社 2013 年版，第 18~20 页。另见梅夏英："虚拟财产的范畴界定和民法保护模式"，载《华东政法大学学报》2017 年第 5 期。

本质上也是资产的数字投影，但区块链技术事实上克服了传统的虚拟数字资产成为所有权客体的偏见。

（二）区块链数字资产可作为物权的客体保护

"物"的概念在不断扩张，区块链数字资产具有此种扩张理念下"物"的实质内涵。《民法典》第115条[1]虽未使用"有体物"的表述，但是采用完全列举法来限定物的外延。在该语境下，物仅指有体物。然而，随着科学技术的发展，《民法典》依然有限地将"海域""无线电频谱"等纳入了物的范围之内。[2]对此，梁慧星指出，物之概念已不限于有体、有形，凡具有法律上排他的支配可能性或管理可能性者，皆得为物。[3]区块链数字资产虽无体、无形，但是由于其独有的交易账本与共识机制的存在，链中的所有节点都能够验证并且知晓交易的发生，从而在技术上实质解决了"对物支配"与"效力排他"的问题，满足了"物"的实质内涵。具体而言，在区块链技术下，区块链数字资产的所有人可以实现对其数字资产的排他性支配。此外，共识机制的存在又帮助区块链数字资产在技术上实现了物权的公示效力。依赖独有的交易账本与共识机制，区块链数字资产并不受控于网络运营商。一旦生成区块链资产，在整个链中任何一个节点通过对其公钥的认证均可知晓该资产背后的 ID 标志（哈希值）、价值、权属信息等，足以起到物权的公示效力。

随着区块链数字资产的大规模交易行为的发生，尽快明确其作为物权客体的属性迫在眉睫。如果法律面对技术发展突破传统观念的事实不作回应，面对数字经济时代越来越多的债权被物权化的现象而失声，便无法给予区块链数字资产适合的保护，这无疑会阻碍围绕数字经济的创新和发展。总之，将区块链数字资产定性为物权客体具有重大意义。只有如此，围绕 NFT 数字藏品的所有权转让、抵押质押等市场交易中的现实问题，以及交易有关的税收、财务问题才有进一步讨论的基础。

---

[1]《民法典》第115条规定："物包括不动产和动产。法律规定权利作为物权客体的，依照其规定。"

[2] 例如，《民法典》第252条规定："无线电频谱资源属于国家所有。"该法条实质上明确了国家对"无线电频谱"的所有权。

[3] 梁慧星："民法典物权编若干条文的理解与适用（上）"，载 https://new.qq.com/rain/a/20220304A08I0H00，最后访问日期：2023年1月16日。

（三）对区块链数字资产可以比照动产来保护

笔者认为，可以将区块链数字资产比照动产进行保护，从而比照现有关于动产的法律制度，明确 NFT 数字藏品之上的所有权与担保物权，并在此基础上构建 NFT 数字藏品的交易与保护规则。理由在于，在数字环境下，NFT 数字藏品在性质上并非不能自由流动。相反，其正是在自由流动之中体现其市场价值。其所具有的唯一性仅是将其流动的轨迹予以记载以便追踪确定其所在。

四、结语

缺乏监管的数字货币与数字资产市场，在各国央行加息缩表的背景之下，仅凭极小众群体的信心无法应对恐慌之下的挤兑。即便是虚拟资产市场一夜之间价值归零，但是它的出现仍然提出了许多有意义的问题。理想主义乌托邦式的去中心化，还是物权与债权之间边界的模糊，这些不仅是对法律的挑战，更是对人类观念的重塑。本质上，探索人类认知边界的意义正是尽可能地维护人们内心的秩序，法律更应该在剧烈的变革之中锚定人们的内心。

论胎儿民事利益的法律保护

孙金波*

摘　要：胎儿作为于母体之中的生命体，应享有部分的人身权益和财产权益，例如生命权、健康权以及遗产继承、接受赠与、获得抚养费以及其他纯获利益的财产权益。胎儿利益受到侵害原因包括：一是来自父母；二是来自社会。鉴于此，应当以父母保护为基础，积极发挥人大代表、法律专家、新闻媒体的作用，实现对胎儿利益的充分保护。

关键词：胎儿利益　保护范围　侵害原因　保护机制

随着侵害胎儿权益案件的逐年增多，怎样保护胎儿权益已经成为一个迫在眉睫的问题。《民法典》第16条[1]以及最高人民法院《关于适用〈中华人民共和国民法典〉总则编若干问题的解释》（以下简称《解释》）第4条[2]对胎儿利益保护作了原则性的规定，但难以完全应对实践中的复杂情形。鉴于此，本文从对胎儿的界定、利益范围、受害原因、完善建议等方面对胎儿利益法律保护建言献策。

一、胎儿的界定及胎儿民事利益的范围

从医学的角度上说，胎儿是指受孕后8~12周内，手足四肢已显现，并能

---

* 作者简介：孙金波（1995年~），女，汉族，北京人，中国政法大学同等学力研修班2022级学员，研究方向为民商法学。
[1]《民法典》第16条规定："涉及遗产继承、接受赠与等胎儿利益保护的，胎儿视为具有民事权利能力。但是，胎儿娩出时为死体的，其民事权利能力自始不存在。"
[2]　最高人民法院《关于适用〈中华人民共和国民法典〉总则编若干问题的解释》第4条规定："涉及遗产继承、接受赠与等胎儿利益保护，父母在胎儿娩出前作为法定代理人主张相应权利的，人民法院依法予以支持。"

用相关仪器检测到的生命体。而从生物学角度看胎儿是指一切脊椎动物未出生的幼儿。但是在法律上，对于胎儿的界定，我国法律并没有明确规定。通常认为，"胎儿是处于母体之胎盘之中的生命体，是生命体发育的一个阶段，即出生的最后一个阶段的存在形态"。[1]

胎儿应享有部分的人身权益和财产权益。首先，胎儿应享有最基本的生命权与健康权。我国宪法没有对胎儿作出明确的规定，部分学者也认为，胎儿没有生命权和健康权。但笔者认为，生命权和健康权毋庸置疑属于天赋人权的范围，是自然权利、应然权利。胎儿作为人最初的生命形态，也不例外。其次，胎儿应享有的财产性权益。《民法典》列举了遗产继承权进而接受赠与，再以等字兜底。笔者认为，还应包括基于抚养关系而产生的财产权益，如夫妻离婚，正怀孕母亲有权请求胎儿生父支付抚养费。理论上而言，只要是纯获利的财产权益，胎儿均应享有。

三、胎儿民事利益受到侵害的原因

第一，胎儿利益可能受父母侵害。因此，如果只是因为基因等生理原因，侵害到自己子女出生前权利的，父母则不需要负侵权责任。但是父母如果对胎儿权益的侵害，具有故意或重大过失的，父母也要对子女承担侵权责任。[2]

第二，胎儿利益可能受社会中各种因素的影响。因社会因素造成胎儿利益受损的现象越来越受到人们的重视。例如，生活或施工噪声、环境污染、各种辐射、第三人侵害、医疗事故、食品安全、药品安全等。这些社会问题都会给胎儿的成长带来不利的影响。[3]

四、胎儿民事利益保护的完善建议

(一) 父母保护

父母作为胎儿的第一保护人，具有不可推卸的责任。首先，应当注意对

---

[1] 郭明瑞、房绍坤、唐广良：《民商法原理（一）：民商法总论，人身权法》，中国人民大学出版社1999年版，第382页。

[2] The Law Commission No. 60. 转引自王泽鉴：《民法学说与判例研究》（第4册），中国政法大学出版社2005年版，第235页。

[3] 尹田："论胎儿利益的民法保护"，载《云南大学学报（法学版）》2002年第1期。

自身的要求。父母双方均要重视对胎儿的保护，为胎儿的生长发育奠定良好的基础。尤其是对于母亲来说，胎儿生长所需要的营养都是有母体通过羊水提供，一旦母体受到侵害，势必会对胎儿的成长带来或多或少的影响。因此，母亲要时刻注意自己的行为，让胎儿在孕育期间能够有一个"舒适的环境"。作为父亲一方，我国应当确立丈夫具有一定的陪护假期。

（二）人大代表

人民代表大会制度，是我国人民主权原则的基本体现。人大代表作为人民利益的传送者，在对胎儿侵害事件发生之后要进行详细的调研，积极关注。通过对胎儿侵害事件的搜索和查证，搜集相关的案例，对其进行跟踪访问，了解被侵害胎儿的成长困境。最终，其应提出相关的议案，在社会上引起对胎儿利益保护更为广泛的关注，促进相关方面立法的形成和不断完善。

（三）法律专家

针对法律法规以及司法解释对胎儿利益保护不周之处，法律专家应该施以更多关注，努力促进学说更新，推动法律体系的完备。笔者认为，可以从以下几个方面进行完善：

（1）胎儿民事主体地位的承认。我国《民法典》第13条规定，自然人的权利能力从出生时起到死亡时止。[1]根据《民法典》第16条规定，胎儿仅是被视为具有民事权利能力。并且该条并未明确当胎儿受到侵害时，对于停止侵害、损害赔偿等事宜，胎儿是否也被视为具有民事权利能力。故在实践中，被告通常以胎儿未出生为由拒绝赔偿。因此，有必要在法律上承认胎儿的身份地位。

（2）胎儿财产利益的诉讼时效。首先，诉讼时效的类型。笔者认为，胎儿财产利益保护的诉讼时效适用3年的一般诉讼时效。其次，诉讼时效的起算。鉴于侵害胎儿利益的侵权行为与损害结果之间显现间隔的时间较长。所以，笔者认为，关于胎儿财产利益保护的诉讼时效应从知道或应当知道损害事实之日起开始计算。

（3）完善胎儿利益的法律规定。首先，将保护胎儿利益明确写入我国的《民法典》中，这一点具有统领性的宣示意义，建议加在"自然人"一章，紧接着民事权利能力的规定之后。其次，应当在宣示性规定后，明确规定胎

---

[1] 参见《民法典》第13条第1款。

儿享有的民事利益范围，可以采取"例示+兜底"的立法模式。最后，在规定完胎儿利益范围后，针对某些典型的胎儿利益进行细化规定。其一，关于损害赔偿。明确胎儿生存在母体中时遭受外界的非法侵害，对胎儿的利益造成影响的，如果胎儿出生后仍有生命体征的，胎儿出生后就能够以自己名义向侵权行为人提出损害赔偿的请求；若先有生命体征后不救身亡的，父母可以代为主张。其二，关于遗产继承。我国《民法典》第16条已有相关法律规定，父亲死亡时，要为正在孕期中的胎儿保留相应的份额。

第四，借鉴国外胎儿利益保护机制，完善我国的胎儿利益保护机制。国外有关胎儿利益保护的法律法规不一定适合我国的国情，但是它可以在更大程度启发我们去设立更为优异的法律制度来更好地保护胎儿的利益。

（四）新闻媒体

笔者认为，应该注重新闻媒体在宣传法律中所起到的作用。将新闻媒体与法律相结合，让更多的人了解法律法规，尤其要增加对胎儿利益保护的报道。作为新闻与法律的结合，更应该加大对胎儿利益保护的宣传，积极寻找可用的资源，帮助受侵害胎儿维护其利益。让更多人能够意识到这个问题，进而引起更多人的关注，让更多受侵害胎儿以及他们的家庭能够在法律的帮助下得到应有的赔偿。让法律能够贴近于民，为人民服务，也让法律能够搭上新媒体的快车，宣传对胎儿利益的保护。

四、结语

胎儿利益保护，首先就要明确法律上对胎儿的界定，其次要明确胎儿在法律上的地位，再次就是要明确胎儿应当享有的民事利益范围，最后就是就如何切实保护胎儿利益在实体法与程序法上进行细化规定。笔者认为，在法律上应将胎儿认为是一种特殊的人的存在，具有独立的民事主体资格，但应当由父母作为其法定代理人代为行使权利；在民事利益范围，胎儿享有部分的人身权益与财产权益，最基本的生命权和健康权毋庸置疑，除遗产继承、接受赠与外，还应当获得接受抚养费、获得损害赔偿等权益；在保护机制上，应当构建父母、法律专家、人大代表、新闻媒体的协同保护机制。

试论知识产权标准化体系与创新活动标准化管理

王 旭[*]

（中国政法大学 北京 100088）

摘 要：本文从当下全球经济及知识产权发展状况出发，分析知识产权标准化体系与创新活动标准化管理之间的关系，以及二者对国内外各类组织发展的重要意义。结合具体案例分析我国知识产权现状，剖析创新管理的风险点，介绍知识产权与创新管理的密切关系，并介绍国内外各类知识产权标准化体系及创新管理方法。

关键词：知识产权 标准化管理 创新管理

随着全球经济的深入发展，经济资源与市场竞争的不断加剧，科学技术的不断进步，知识经济时代也随之到来，各类经济体的核心竞争力随之产生了巨大的改变。知识产权作为重要战略资源，在维护国家利益、经济安全以及国家提高竞争力方面均发挥着极为重要的作用，同时也作为各国双边和多边谈判的焦点，成为了创新合作的桥梁。知识产权处于如此重要的战略地位，知识产权标准化体系管理也开始成为创新活动管理过程中的重要组成部分。

一、创新活动与知识产权管理

创新是一种多学科、跨职能的复杂活动，一般以技术为中心，涉及战略、组织、文化、市场、资源等要素，共同构成创新系统。科学技术的迅猛发展、生产生活方式的转变、思想价值观念的更新，为创新提供了富饶的土壤。然而创新是一个高风险和高不确定性的复杂过程。业界曾流传一句话，"不创新

---

[*] 作者简介：王旭（1991年~），女，汉族，河北廊坊人，中国政法大学同等学力研修班2022级学员，研究方向为知识产权法学。

等于等死，创新等于找死"，道尽了创新的必要性和风险。而管理水平跟不上创新活动的脚步就是常见的创新风险源。创新作为一个多环节的过程，从创新战略规划、创意及新技术研发、产品生产和商业化，到创新绩效和知识产权的评估，都充满了风险和不确定性，各环节要在这一过程中相互配合和协作，才能共同实现创新的价值。完善组织标准化管理机制，将创新管理与知识产权进行系统的、科学的、有效的融合，形成标准化管理，才能驱动创新活动的可持续发展，紧跟知识经济时代发展的步伐。

二、标准化的内涵界定

日本学者松浦四郎在他的著作《工业标准化原理》中开创性地用热力学中"熵"的观点来解释标准化的定义。他提出：从热力学的观点来看，宇宙中的"熵"必然始终在增加。换句话说，从有秩序状态转变到无秩序状态是一种自然趋势。虽然"熵"是一个热力学概念，但是我们会发现社会生活中的知识或事物的增加趋势同宇宙中熵的增加的自然趋势极为相似。标准化活动就是我们从无秩序状态恢复到有秩序状态而作出的努力，为从"丰富"简化为少数而作出的努力，为反对我们社会生活中熵的增加而作出的努力。[1]

经过了半个世纪的研究，当下我国对于标准化的定义：为了在既定范围内获得最佳秩序，促进共同效益，对现实问题或潜在问题确立共同使用和重复使用的条款以及编制、发布和应用文件的活动。[2]简单地说，标准化就是一个过程活动。它囊括了达到最佳秩序前所需要的步骤、程序、保障、人员、财物、科学支持等。虽然定义中以标准的制定颁布实施为主，但其他任意列项都不可或缺。[3]

三、知识产权标准化体系与创新管理标准化体系

创新过程的管理，即为了实现创新目标，运用管理职能（计划、组织、领导和控制）对创新过程的管理。管理职能源于管理学过程理论之父法约尔，

---

〔1〕参见［日］松浦四郎：《工业标准化原理》，熊国凤、薄国华译，技术标准出版社1981年版，第3页。

〔2〕参见《标准化工作指南第1部分：标准化和相关活动的通用术语》（GB/T 20000.1-2014）3.1条款。

〔3〕参见李春田：《标准化概论》，中国人民大学出版社2014年版，第4~6页。

按过程来组织管理体系已成为业界的一种共识。[1]实践中，有人认为标准是一种路径依赖，会对创新活动产生约束。事实上我们认为标准化是一种科学的理论方法，并且目前在创新管理方面已有不少标准化的成果。

（一）国际创新管理体系标准

国际上很多经济体将知识产权管理作为创新活动管理的一部分，同时知识产权管理的相关要求也被纳入已有的创新管理体系当中。2013年，ISO成立了TC279创新管理技术委员会，并开始规划ISO 56000系列的9项创新管理国际标准，涉及创新管理以及知识产权管理的相关内容。其中ISO 56002：2019中对于创新的主要成果——知识产权，有专门的一节"知识产权管理"，给出了知识产权的范围和作用，规定了应该管控的具体内容，全面地列举了知识产权管理要点。

很多美国企业在科技创新层面已经拥有了巨大的优势，且拥有成熟的创新活动的动态管理过程：从R&D投资到知识产权管理再到通过许可收入控制竞争对手的成本最终回到R&D。这种知识产权许可战略模式以利润创造为核心，将人力资源管理、研发流程管理、知识产权生命周期管理、许可合同管理、侵权风险处理与诉讼等多个环节都纳入工作规范当中，形成了较为完整的创新活动管理体系。

再来看欧盟，早在2008年以前其成员国当中就已经发布了15项和创新管理相关的标准。且为了形成一套可以在成员国内通用的创新管理标准体系，欧洲标准化委员会（CEN）成立了创新管理标准工作小组CEN/TC 389。UNE-CEN/TS 16555 lnnovation Management系列标准在2013年开始陆续发布，其中的第四部分知识产权管理被作为创新管理的一项支撑工具，且明确指出知识产权是创新管理的输出，有效的知识产权管理有助于组织竞争力的获取、加强和保护。

（二）国内知识产权标准化体系

我国一些较早进行知识产权布局的企业、高校以及研究院所，已经开始将知识产权作为市场竞争的重要武器，同时也开始享受知识产权资产给他们带来的红利并面对相应的风险：

---

[1] 参见韦影、盛亚主编：《创新管理：计划、组织、领导与控制》，浙江大学出版社2016年版，第57~72页。

2018年，欧菲光电收购富士天津的股权交易当中，包含了985件专利，专利的转让费及许可费就高达1600美元，占据交易总额的57%。山河智能公司在2020年初申请生产疫情防控应急产品，由于其上市公司的特殊身份，深交所迅速关注其相关核心技术及知识产权情况，后续该公司回应其拥有相关自主知识产权，并顺利开展生产。"插座一哥"公牛集团在2019年因高达10亿元的诉讼标的刷新了中国专利诉讼索赔金额的纪录。身为"国家队"的故宫文创也发生过知识产权管理方面的问题：故宫文创"俏格格娃娃"，曾经因为身体部分与某品牌相似而下架停售。无论是企业、高校甚至是科研院所都面临着在诸多知识产权管理层面的问题。

我国的知识产权管理呈现新的态势，提升创新过程与知识产权资产的管理能力，促进获得更大的知识产权优势，成为大势所趋。《企业知识产权管理规范》（试行）作为中国乃至全球第一部纳入国家标准的企业知识产权管理规范于2013年3月1日起实施。此后，科研院所、高校和代理机构也先后颁布了相关标准，如表1所示。[1]

表1 中国知识产权管理/服务相关标准

时间	标准名称	标准号
2013年3月	企业知识产权管理规范	GB/T 29490-2013
2017年1月	高等学校知识产权管理规范	GB/T 33251-2016
2017年1月	科研组织知识产权管理规范	GB/T 33250-2016
2018年1月	专利代理机构服务规范	GB/T 34833-2017

以上标准均从不同层面具体规定了知识产权管理的方针目标、体系构建要求、资源管理、运行环节控制等，推动各类组织搭建一套适合自己的知识产权体系化管理制度。为满足对于知识产权管理能力不断发展和提升的需求，近年来，我国知识产权相关体系认证机构由2家迅速发展至20余家。

四、结论

从当下的国际经济贸易环境来看，科技创新发展以及知识产权作为核心

---

[1] 参见王旭、马一然、魏娟："国内外知识产权标准化体系发展及现状"，载《质量与认证》2020年第9期。

竞争要素地位已空前高涨，掌握更多关键核心技术的知识产权将会更加容易获取经济、贸易、科技、外交合作甚至国家安全的主动权。习近平总书记指出："标准助推创新发展，标准引领时代进步。"[1]制定并实施相应的规范，促进知识产权运用和保护能力大幅提升。

  结合现有的创新主体相关的管理制度、标准、法规或方法，来完善组织科技项目管理机制，将创新管理与知识产权管理进行系统的、科学的、有效的融合，形成体系化、标准化管理，才能驱动创新活动的可持续发展，紧跟科技和时代的发展。利用"标准化"这块他山之石，更好地实施我国知识产权和创新战略。

---

[1] "习近平致第39届国际标准化组织大会的贺信"，载 www.xinhuanet.com/politics/2016-09/12/c_1119554153.htm，最后访问日期：2023年2月5日。

算法推荐技术下著作权间接侵权的惩罚性赔偿责任研究

吴江峰[*]

(中国政法大学 北京 100088)

摘 要：算法推荐基于网络用户的历史使用行为或者相关信息，通过有价值取向的数据模型，定向地给用户推荐信息。算法推荐技术本身难谓一定是中立的。网络平台实施算法推荐行为是有目的性、针对性的。网络服务平台是算法推荐技术背后的控制方以及相关应用的实施方。侵权视频被网络用户上传至短视频网络平台，再由短视频网络平台实施算法推荐从而分享给网络用户群体，短视频平台方可能构成间接侵权。若短视频平台主观明知，则应适用"红旗原则"；若造成权利人损失巨大，构成情节严重的，应适用惩罚性赔偿责任。

关键词：算法推荐 著作权间接侵权 红旗原则 惩罚性赔偿

随着人工智能技术飞速发展，算法推荐技术已经广泛应用于社会生活各个领域，但也带来了诸多社会问题，如用户隐私安全、算法偏见、虚假新闻与低俗内容、算法黑盒、信息茧房等。[1] 其中，算法推荐技术在短视频领域的应用给著作权法的适用提出了新的挑战：一是短视频平台针对侵权视频提供算法推荐服务的行为定性问题；二是就侵权视频实施算法推荐行为的短视频平台的责任承担问题。本文拟从算法推荐技术出发，具体分析算法推荐行

---

[*] 作者简介：吴江峰（1983 年~），男，汉族，江苏张家港人，中国政法大学同等学力研修班 2022 级学员，研究方向为知识产权。

[1] 参见中国人民大学高瓴人工智能学院："'推荐算法'究竟是什么？这篇科普报告帮你快速了解"，载 https://ai.ruc.edu.cn/newslist/newdetail/20220107001.html，最后访问日期：2022 年 12 月 9 日。

为在著作权法上的性质，再探讨对侵权网络平台适用惩罚性赔偿责任的必要性与可行性。

一、算法推荐技术概述

（一）推荐算法的技术原理

推荐算法从海量的数据中挖掘特征来训练模型，不断为用户呈现推荐的个性化结果。推荐算法是一个信息决策过程的系统，即基于历史用户数据，以及特定的数据算法模型和用户交互记录来推测出用户的喜爱偏好，包括三个要素：其一，获取海量的用户行为历史数据通过移动端、网页、社交网络等途径，再进一步筛选有效的用户日志数据；其二，利用有效的用户日志数据我们对用户的兴趣爱好进行建模，预测用户对商品、服务以及内容的喜好程度；其三，再次针对用户喜好的商品、服务以及内容进行排序，将排名靠前的商品、服务以及内容推荐给用户。用户会对推荐的商品、服务以及内容进行购买、点击或者浏览等行为，生成新的用户交互记录，来更新用户的喜爱偏好。

（二）推荐算法的社会应用

推荐算法目前来看也是学术界和工业界研究的热门话题。就学术界而言，理论层面的分析以及模型性能的提升会显得尤为重要。工业界更侧重于实践层面的发展以及用户体验的提升，特别是社会具体的应用场景设计。推荐算法的应用领域广泛，如资讯、视频、电商和社交等场景。本文以推荐算法应用的视频领域为例。如今的算法推荐已经成为各大视频分享平台的流量入口，是做到比用户更懂用户的关键。[1]推荐算法技术下的社会应用，特别是市场化的规模使用，其市场主体往往具有明显的目的性，或者说有明确的利益诉求和价值取舍。

二、平台对侵权视频实施算法推荐的行为定性

（一）直接侵权与间接侵权之对比

在著作权法上，直接侵权是指被诉侵权行为直接属于著作权的权利内容

---

[1] 参见杨德嘉："算法推荐和平台责任"，载微信公众号"知产财经"，最后访问日期：2021年10月27日。

控制的行为。在主观上,直接侵权之成立无需行为人具有过错。间接侵权,属于英美法系的产物。我国立法上偏向于大陆法系传统,使用的是教唆、帮助侵权的概念。对于网络服务平台来说,依据被侵权人所提供的证据能够证明网络服务平台基于"故意"教唆或者帮助网络用户实施侵权行为;或者有证据证明网络平台知道或者应当知道网络用户实施侵权行为,但网络服务平台未采取必要措施的,网络服务平台成立间接侵权。[1] 间接侵权,需要考虑主客观一致,行为人在客观上有帮助他人直接侵权的,但在主观上没有过错,也不能认为其行为间接侵权。

(二) 平台原则上应构成间接侵权

笔者认为,短视频平台针对侵权视频实施的算法推荐行为原则上构成对信息网络传播权的间接侵权。理由在于:首先,网络用户上传侵权视频,以数字化格式的信息内容上传并储存于信息网络服务器硬盘中供公众在其选定的时间和地点在线浏览或下载,此行为成立直接侵权。而网络服务平台则为涉嫌侵权的视频提供了必要的网络技术支持或其他帮助。如为私自传播的视频提供网络分享平台,提供链接或者网络存储等技术支持,构成帮助传播行为,此行为成立间接侵权。其次,推荐算法技术本身就并非完全中立的,而是带有一定的价值取向。并且,如前所述,推荐算法应用是一个信息决策的过程,短视频平台所推荐的每个视频可以认为是平台方筛选并自动推荐给用户方的。因此,平台在主观上是有其特殊的意思表示的,即主观上构成故意。

三、平台对侵权视频实施算法推荐的责任适用

(一) 损害赔偿与惩罚性赔偿之对比

普通著作权侵权案件以损害赔偿为原则。损害赔偿秉承有多少损害,赔偿多少的原则,既要让侵权人填平损失,又不能让被侵权人由此获利。但是如果侵权人主观上属于故意,客观上构成情节严重,经著作权人请求,法院可适用惩罚性赔偿。惩罚性赔偿的功能主要有二:事前威慑与事后惩罚,对于制止侵权行为具有重要意义。

(二) 对平台判处惩罚性赔偿的必要性

在短视频领域,针对就侵权视频实施算法推荐行为的平台而言,有条件

---

[1] 参见王迁:"视频分享网站著作权侵权问题研究",载《法商研究》2008年第4期。

地适用惩罚性赔偿制度具有重大意义。首先，现阶段，国内主流的视频分享平台实施算法推荐行为导致侵权视频泛滥，甚至将侵权视频置于搜索结果前列，呈现完整的归类和整理。其之所以如此无所畏惧，是因为在对侵权视频实施算法推荐扩大侵权视频传播范围时，具有从中赚取巨大商业利益的动机。其在主观上不仅为故意，更具有恶意。其次，网络服务平台的行为客观上属于帮助侵权，但往往由于其在于网络空间的传播优势及其地位，具有侵权效果的放大作用，传播效果也会难以估量地放大，其侵权的危害性不亚于网络内容用户的提供者。最后，侵权泛滥导致的结果是权利人得不到法律保护，我国处于经济转型升级的关键期，文化内容产业也是极具重要的一环，对违法侵权的平台在法律法规框架内判处惩罚性赔偿有利于权利人保护，有利于国家社会的文化事业健康稳定发展。

（三）对平台判处惩罚性赔偿的可行性

以上分析表明，短视频平台是否具有过错的特殊认定标准，即"避风港制度"，在算法推荐场景下是需要谨慎适用的。理由在于：平台运用算法推荐技术，不仅是提供信息存储服务，还是在提供信息流推荐服务，其应当承担更高的注意义务。[1]在司法实践中，很多案件中的侵权视频都是正处于热播期间或者具有高知名度、影响力大的。作为一个理性谨慎人，不管是人工审核也好，或者算法审核也好，可以注意到相关侵权视频并作出初步的判断，不能简单放任未合法授权的视频上传。[2]如果网络服务平台明知却不顾不问，予以放任，主观上具有过错，可直接适用"红旗规则"。此外，针对热播剧实施侵权，权利人由此遭受的损失是巨大的。网络用户未经许可上传侵权视频导致权利人受损是最初意义上的，但短视频平台就侵权视频实施的算法推荐行为会扩大损害的范围，基于其本身的行业地位以及其固有的传播优势会让侵权视频如野草一般野蛮生长，进一步让权利人的损失加大，极有可能构成情节严重。由此我们可以认为网络平台其行为适用惩罚性赔偿的规定。

四、结语

法院对于平台方算法推荐行为判处惩罚性赔偿是有利于保护著作权人的

---

[1] 参见北京市海淀区人民法院［2018］京0108民初49421号民事判决书。
[2] 参见王迁："视频分享网站著作权侵权问题再研究"，载《法商研究》2010年第1期。

权利，有利于互联网行业的有序健康发展，也是与国家的政策导向相一致的。近日，中央宣传部、文化和旅游部等五部门联合印发了《关于加强新时代文艺评论工作的指导意见》。该文件指出，加强文艺评论阵地管理，健全完善基于大数据的评价方式，加强网络算法研究和引导，开展网络算法推荐综合治理，不给错误内容提供传播渠道。我们相信，严格的法律措施并不是限制、妨碍互联网及其技术的发展，而是为了整个互联网生态的可持续发展，取其精华，弃其糟粕，这不是技术的倒退，是发展需要的必然趋势。

论羁押期间完成发明专利能否认定为重大立功

尹洪波[*]

(中国政法大学 北京 100088)

摘 要: 犯罪嫌疑人在服刑之前的羁押阶段完成发明专利能否被认定为重大立功,目前的法律和相关司法解释没有给出明确的规定,在审判实践中,审判人员一般倾向于不认定为重大立功。相比之下,在刑罚执行期间完成的发明创造和重大技术革新才能认定为重大立功。这将导致犯罪嫌疑人羁押阶段完成的发明创造在量刑时和服刑时都难以得到公平的评价,不利于犯罪嫌疑人在羁押期间发挥聪明才智,也不符合宽严相济的刑事政策,难以最大限度地发挥刑罚功能,实现刑罚目的。因此,应明确犯罪嫌疑人羁押阶段完成的发明专利为重大立功,在审判量刑时予以减轻处罚,或者在刑罚执行期间予以减刑。

关键词: 羁押期间 发明专利 重大立功

一、问题的提出

《刑法》和相关司法解释明确规定,被判处管制、拘役、有期徒刑、无期徒刑的犯罪分子,在执行期间,如果有发明创造或重大技术革新的,应当减刑;其中发明创造或者重大技术革新应当是罪犯在刑罚执行期间独立或者为主完成并经国家主管部门确认的发明专利,且不包括实用新型专利和外观设计专利。[1]

---

[*] 作者简介:尹洪波(1979年~),男,土家族,北京人,中国政法大学同等学力研修班2021级学员,研究方向为知识产权法学。

[1] 参见《刑法》第78条;另见最高人民法院《关于办理减刑、假释案件具体应用法律的规定》第5条。

一些学者对该项政策做了较为系统的分析。[1]但是，对于服刑之前的羁押阶段获得发明专利能否被认定为重大立功，相关法律却没有规定。一般来说，羁押期间并不能等同刑罚执行期间，这就造成了羁押期间的发明专利既不能被认定为审判时的重大立功，也难以被认定为刑罚执行期间的重大立功。

随着近年来专业技术人员涉嫌职务犯罪的情况不断出现，并且由于职务犯罪的调查、审查起诉和审判的时间经常长达数年，在此期间，涉嫌犯罪的专业技术人员可能申请了发明专利并获得了授权。对此，在实践中，一些案例认为羁押期间完成发明专利不能认定为重大立功，而应该在服刑期间减刑时予以考虑。笔者曾为一名专业技术人员涉嫌职务犯罪进行过辩护。犯罪嫌疑人是知名学者，因案情复杂，该案件从立案到二审宣判，经历了近六年的时间。在此期间，犯罪嫌疑人独立完成了两项发明专利，且专利内容都涉及国防领域新型材料或结构，具有很强的军事效益。但是，一审和二审法院都没有将这几项专利作为立功的依据。这显然并不利于具有科技创新潜力的犯罪嫌疑人发挥自己的一技之长，为国家和社会做贡献，也不利于减少犯罪嫌疑人接受调查审判过程中的抵触情绪，心服口服地接受审判。鉴于此，本文拟围绕羁押期间犯罪嫌疑人完成发明创造并获得专利授权能否被认定为重大立功以及认定途径进行深入研究。

二、犯罪嫌疑人在羁押期间有权开展发明创造

公民开展发明创造活动是宪法给予公民的基本权利，犯罪嫌疑人在羁押期间虽然人身自由受到限制，甚至被剥夺政治权利，但是其开展发明创造权利并没有受到限制。鼓励犯罪嫌疑人在羁押期间发挥聪明才智，完成发明创造并取得专利授权，符合《专利法》"鼓励发明创造，推动发明创造的应用，提高创新能力，促进科学技术进步和经济社会发展"的立法目的，也符合宽严相济的刑事政策，能够最大限度地发挥刑罚的功能，实现刑罚的目的。

---

[1] 参见王辉："认定罪犯专利为立功表现之问题研究"，载《中国监狱学刊》2009年第2期。另见陈兴良："形式与实质的关系：刑法学的反思性检讨"，载《法学研究》2008年第6期；封韬："我国减刑制度的立法完善与司法化恢复"，载《中共南宁市委党校学报》2018年第2期。

三、犯罪嫌疑人在羁押期间获得发明专利应被认定为重大立功

最高人民法院《关于处理自首和立功具体应用法律若干问题的解释》（以下简称《解释》）第 7 条规定，对国家和社会有其他重大贡献等表现的，应当认定为有重大立功表现。何为"对国家和社会有其他重大贡献等表现"，相关司法解释并无具体规定。"实践中一般由人民法院根据案件的实际情况并综合参照立法精神、社会评价等因素进行裁量。"[1]目前，将"其他有利于国家和社会的突出表现"认定为"立功"的情形主要包括：救助同监人员、规劝他人投案、配合政府化解围堵事件等。但笔者认为，应将"其他重大贡献等表现"应该是指一切对国家和社会有重大贡献的行为，包括对国家有贡献的发明创造和重大技术革新。若仅将其局限为检举揭发、协助抓捕等行为，属于曲解立法本意。

发明专利能否算作对国家有贡献的发明创造和重大技术革新呢？如上文所述，发明专利属于发明创造或者重大技术革新，并且能够认定为重大立功。只不过该规定是应用于犯罪分子在服刑期间完成的发明专利，从字面上来说，不能适用于羁押阶段。但是，发明专利是否算重大立功表现，作为一种价值判断，其评价标准在整个刑事诉讼及执行过程中应该是一致的。相反，如果在不同阶段采用不同的立功评价标准，反而会给犯罪嫌疑人操作空间，在最有利于自己的阶段立功，从而达到部分操控刑罚的目的。

总之，一方面，犯罪嫌疑人在羁押阶段对国家和社会有重大贡献的，应当认定为立功；另一方面，刑罚执行期间，发明专利应当被认定为重大立功表现。如果认为重大立功的评判标准应当一致，那么，犯罪嫌疑人在羁押期间完成的发明专利也应当被认定为重大立功，由此可以减轻或免除处罚。[2]即使在量刑的时候不予考虑，也应该明确，羁押期间完成的发明专利可以作为刑罚执行期间减刑及假释的依据，由此作为应当减刑的依据。[3]

---

[1] 参见中华人民共和国最高人民法院刑事审判第一、二、三、四、五庭主办：《刑事审判参考》（总第 113 集），法律出版社 2019 年版。

[2] 参见《刑法》第 68 条。

[3] 参见《刑法》第 68 条。

四、法院对羁押期间取得发明专利构成重大立功的核实与认定

（一）专利价值的评估

专利价值是否重大是评价发明人能否被认定重大立功的重要依据之一。实务中，一些服刑人员与不法代理机构相互勾结，通过编写一些根本不具有实际价值的专利而获得减刑，造成非常不好的社会影响。[1]因此，对于通过发明专利获得减刑必须严格审查服刑人员是否是真正发明人，并对发明专利的价值进行评估。对此，有学者进行了初步探索。[2]对专利价值的评估涉及到技术价值、法律价值和经济价值（军事价值）等，其中，专利技术价值主要涉及专利技术的新颖性、创造性等；专利的法律价值主要涉及权利稳定性、侵权可判断性等；专利的经济价值主要涉及市场前景、占有率等。有关国防科技的专利还需考虑军事价值。因此，专利价值评估是一项专业性很强的工作，必须由专业机构进行。

（二）重大立功的认定

羁押期间取得发明专利能否认定为重大立功的问题，涉及对《解释》第5条中"其他有利于国家和社会的突出表现"的准确认定。鉴于此种情况的极端特殊性，如果地方人民法院对此存有疑惑，可函请最高人民法院作出批复，由最高人民法院进行解释。最高人民法院《关于司法解释工作的规定》第6条第5款规定，"对高级人民法院、解放军军事法院就审判工作中具体应用法律问题的请示制定的司法解释，采用'批复'的形式"。该解释第13条规定，"最高人民法院各审判业务部门拟对高级人民法院、解放军军事法院的请示制定批复的，应当及时提出立项建议，送研究室审查立项"。因此，羁押期间的发明创造可否作为"立功""重大立功"这一应用法律问题，应及时请示最高人民法院，由其作出权威解释。

五、结论

综上所述，进行发明创造是《宪法》赋予公民的基本权利，鼓励发明创

---

[1] 参见姜瀛："服刑人员发明创造减刑之'实践乱象'及其法律对策"，载《行政与法》2016年第4期。

[2] 参见赵蓉、吴思思："我国立功减刑制度中发明创造与技术革新的认定研究"，载《知识产权》2014年第12期。

造也是《专利法》的立法宗旨。因此，犯罪嫌疑人在羁押期间有权开展发明创造活动，其取得的专利成果应该得到国家的承认。犯罪嫌疑人在羁押期间取得发明专利难以认定为重大立功的现状应该引起各级审判机关的注意。最高人民法院应适时出台相关司法解释或政策，解决这一问题。这有利于化解相关犯罪嫌疑人接受调查审判过程中的抵触情绪，心服口服地接受审判，符合宽严相济的刑事政策，也有利于最大限度地发挥刑罚的功能，实现刑罚的目的。

个人信息告知同意困境及出路

白佳佳*

(中国政法大学 北京 100088)

摘 要：随着大数据时代的来临和互联网行业的发展，信息流通速度不断加快，对个人信息的保护也提出了新的要求。告知同意规则在个人信息保护领域一直占据着重要地位，对促进社会生活中信息的流通以及合理使用起到关键性作用，但在司法实践中，个人信息告知同意制度的落实还面临着诸多障碍，相关部门应重视个人信息告知同意制度存在的问题并在传统规则之上对其进行完善，使其更好地发挥保护作用。

关键词：大数据 个人信息保护 告知同意

大数据时代的到来给个人信息保护带来了新的挑战。《民法典》和《个人信息保护法》都明确了告知同意制度在个人信息保护中的地位，后者也对告知同意规则进行了更为细化的规定，但在具体适用过程中仍存在诸多问题。本文对目前个人信息告知同意制度存在的问题进行了探讨，并结合司法实践对我国个人信息保护告知同意制度的完善策略进行了分析。

一、个人信息告知同意制度存在的问题

(一) 默示同意规则存在适用争议

目前，各国在个人信息保护相关立法中对信息主体的同意进行了规定，但是基于不同的价值取向，在同意的具体方式上则不尽相同，主要形成了"选择进入"和"选择退出"两种方式，前者将"取得信息主体的明确同意"

---

* 作者简介：白佳佳（1993年~），女，汉族，浙江温州人，中国政法大学同等学力研修班2021级学员，研究方向为民商法学。

作为个人信息收集和处理的正当化前提，后者则是可以根据信息主体的不作为推定信息主体同意。在"选择退出"机制中，用户的事前同意是被推定的"默示同意"，用户实质拥有的权利只是信息被收集后拒绝信息控制者继续处理其信息的权利。[1]"选择进入"和"选择退出"两种方式带来的同意质量截然不同，对信息主体的权益造成的影响也不同。在"择入"机制中，只要信息主体未明确作出同意的意思表示，信息处理行为是被禁止的；而在"择出"机制中，无需信息主体作出具体的、明确的表示，只要信息主体接受了服务并且未对信息处理行为提出反对或拒绝，就推定该信息处理行为获得了用户的同意。默示同意的方式很大程度上减轻了信息处理者的处理成本，提高了信息利用的效率，因此在实践中，商家基于信息商业利用的目的，经常以此种方式来收集和利用消费者的个人信息。

（二）个人信息二次利用中同意的有效性不足

分析目前各大平台的个人信息保护政策，其中大多要求信息主体通过单次同意，对未来无数次的信息处理行为进行一键许可，除非信息主体主动撤回同意。个人信息保护中的同意与单次交易中的许可并不等同，在信息流动中，信息主体与当下和潜在的信息处理者的联系更加隐形。实践中，大量信息主体即使已经对个人信息保护政策进行了同意，但由于信息不对称、专业水平相差过大等问题，信息主体几乎没有能力察觉自己的个人信息经历了哪些流通环节，被哪些信息处理者处理。个人信息保护政策获取信息主体授权后越界爬取信息，并进行跨平台交易流动，侵犯信息主体权益的事件常有发生。考虑到信息主体与数据处理者在专业水平、认识能力、处理能力等方面的差异，将信息主体在几秒钟内的单次同意认定为覆盖个人信息收集和处理全流程的全面同意，将导致双方在事实上处于权利义务不对等的地位。因此，目前的立法模式虽然表面上给予信息主体在源头上的控制权利，但实际上随着信息的不断流转、交易，信息主体对个人信息的控制力已逐渐减弱甚至消失。司法实践中，法院已经注意到了这一问题，并在个案中提出了"三重授权"原则，要求第三方信息处理者获取信息主体信息时，应当取得"用户授权——平台授权——用户授权"的三重同意。虽然我国不是判例法国家，该判决并不能对数据处理者形成强制约束力，并且该原则由于过于严格，遭受

---

[1] 郑佳宁："知情同意原则在信息采集中的适用与规则构建"，载《东方法学》2020年第2期。

到了学术界和实务界的批评。但是，本案件也恰恰反映出，目前的以单次同意对抗无数次信息交易行为的立法模式，在实践中实际上剥夺了信息主体对未来交易的知情权和发言权，并不利于信息权益的持续性保护。

二、国内个人信息告知同意制度研究现状

我国立法将告知同意规则作为保护个人信息的核心规则，且规定其应当适用于信息处理的整个阶段。然而，在实际应用过程中，网络服务运营商往往会使用冗长的隐私条款和专业性强的条款来获得信息主体的同意。因此，为了打破目前告知同意规则适用的僵局，学者们对于如何解决这种困境进行了热烈的探讨。韩旭至在《个人信息保护中告知同意的困境与出路》一文中提出，在数据信息时代，告知同意规则难以适应当前信息处理的发展，不能发挥对个人信息的实质保护作用。因此，需要深入研究告知同意规则的理论基础及其适用困境，处理好告知同意规则与信息合法处理之间的平衡，以此为基础，构建与当前社会发展相适应的个人信息保障体系。[1]郭旨龙和李文慧在《数字化时代知情同意原则的适用困境与破局思路》一文中对这一观点予以肯定。[2]同时，范海潮和顾理平在《探寻平衡之道：隐私保护中知情同意原则的实践困境与修正》一文中提出在完善告知同意规则时，可以建立"选择退出+选择进入"相结合的可协商式同意机制。[3]

三、个人信息告知同意制度完善路径

（一）根据具体场景设置不同的同意标准

《个人信息保护法》第14条规定，当信息处理的目的、方式、种类发生变化时，应当重新获取信息主体的同意。此外，根据不同场景设置不同的同意标准，也是企业遵守最小必要原则的体现。在网络时代，要求数据处理者与信息主体经过协议成立合同的传统缔约模式已经无法实现，并且随着告知

---

[1] 韩旭至："个人信息保护中告知同意的困境与出路——兼论《个人信息保护法（草案）》相关条款"，载《经贸法律评论》2021年第1期。

[2] 郭旨龙、李文慧："数字化时代知情同意原则的适用困境与破局思路"，载《法治社会》2021年第1期。

[3] 范海潮、顾理平："探寻平衡之道：隐私保护中知情同意原则的实践困境与修正"，载《新闻与传播研究》2021年第2期。

义务的提高，信息主体使用服务的前置步骤和需耗费的时间精力也越多。为了避免信息主体因丧失耐心拒绝同意，或者因丧失耐心不阅读个人信息保护政策等负面影响，企业可以参照目前各大手机 APP 收集敏感个人信息时，针对具体信息进行弹窗提醒和明示同意的方法，在收集场景发生变化时，通过特定程序仅向信息主体告知个人信息保护政策修改或强调的部分即可。根据不同场景的实际需求，以及收集的个人信息的具体性质，设置不同的同意规则，有利于将个人信息保护法从平面化、一刀切式的规则，转变为具备体系性和层次性、能够满足不同程度需求的规则。一方面有助于信息主体知晓不同情境下个人信息的收集和处理情况，更好地保护自身的信息权益，同时也有利于信息处理者根据不同情景，设置更加匹配的信息保护技术和合规技术，促进行业的信息安全。

（二）完善个人信息二次利用中的授权机制

1. 对目的限制原则进行扩张解释适用

按照传统的目的限制原则，信息的二次利用需要受到初始收集时信息主体与信息收集者约定的目的限制，超出初始收集时确定的授权范围，就需要再次征求信息主体的明确同意，但是这种做法会给加重商业主体的负担，阻碍数据的流通，降低信息利用的效率，而且频繁地征集同意也会给用户带来较差的服务体验。为了保障个人信息二次利用中信息主体对信息的控制权，仍然应当坚持目的限制原则，但是出于对减少信息自由流通阻碍的考虑，可以对目的限制原则进行扩张解释，实现该原则的灵活化适用。

2. 构建持续披露机制

要保障信息主体在个人信息二次利用中的自决权利，实现动态的同意，首先需要构建持续的披露机制，使信息主体对能够对信息的多阶段利用进行全程性的追踪，补强信息主体的知情同意的能力，以更好地应对个人信息利用的新风险，动态披露机制要求信息处理者的告知义务的履行要贯穿信息的后续利用中，随着信息处理场景的变化，信息处理行为对于个人权益的侵害风险也会发生改变，信息处理者应当尊重信息主体在不同场景下的合理期待，为信息主体提供选择退出的机会。网络运营商应当自主进行隐私条款的更新，以实现动态的告知，具体可以通过主动弹窗的方式提醒用户隐私条款有更新，并提供新旧变化对比，以保障用户对其个人信息的二次利用有更深刻的了解。

高空抛物罪"情节严重"之界定

马江成[*]

(中国政法大学 北京 100088)

摘 要：在高空抛物罪设立之前，被定罪的高空抛物行为大多被认定为以危险方法危害公共安全罪，并且在《刑法修正案（十一）》（草案第一次审议稿）中，仍将"危及公共安全"作为高空抛物罪的入罪条件。而正式颁布的《刑法修正案（十一）》则用"情节严重"代替"危及公共安全"作为高空抛物罪的入罪条件，且该罪也放置在刑法分则第六章第一节"扰乱公共秩序罪"之下，说明高空抛物罪所保护的法益内涵主旨不再是公共安全而是公共秩序。因此，"情节严重"的界定直接影响高空抛物罪所保护法益——"公共秩序"的范围。

关键词：高空抛物 公共安全 公共秩序

近年来，被称作"悬在城市上方的痛"的高空抛物现象引起了社会广泛关注。为守护中国公民"头顶的安全"，2020 年《刑法修正案（十一）》在《刑法》第 291 条后增加了第 291 条之二："从建筑物或者其他高空抛掷物品，情节严重的，处一年以下有期徒刑、拘役或者管制，并处或者单处罚金。有前款行为，同时构成其他犯罪的，依照处罚较重的规定定罪处罚。"[1] 就该法条表述而言，并非所有高空抛物行为均在刑法规制的范畴之内，只有"情节严重"的高空抛物行为才能予以刑事处罚。可见，"情节严重"这一要件是

---

[*] 作者简介：马江成（1996 年~），男，汉族，浙江杭州人，中国政法大学同等学力研修班 2022 级学员，研究方向为刑法学。

[1] 赵香如："论高空抛物犯罪的罪刑规范构造——以《刑法修正案（十一）（草案）》为背景"，载《法治研究》2020 年第 6 期。

认定行为能否构成高空抛物罪的关键。然而,对于"情节严重"如何认定,《刑法》并未提供一个明确的标准,这也使得实务界和理论界对高空抛物罪中"情节严重"的认定存在多种见解。

一、高空抛物罪情节严重的含义

情节严重从语义上来理解是一个表达程度的词语,以刑法规范的视角来看就是行为造成法益侵害的危害性程度。在立法模式上,本罪着重考虑情节,在实施了高空抛物行为的基础之上,还需行为的危害性程度达到一定标准方能构罪。

(一) 情节严重为入罪条件

从我国《刑法》第 13 条设定的情节显著轻微出发,我国《刑法》依次存在情节轻微、情节较轻、情节较重、情节严重、情节特别严重五档区分。情节严重为第四档次,可见以情节严重作为高空抛物罪的入罪条件,需要行为的危害性程度较高。

据统计,《刑法》分则 351 个条文中有 103 个条文的表述中含有"情节严重",主要分布在分则第二章危害公共安全犯罪与第六章妨害社会管理秩序犯罪中。但并非所有条文中"情节严重"的含义都是一样的,不同罪名中的"情节严重"根据体系解释所解释出来的含义也存在一定差异。当情节严重与人身健康并列使用时,需要对人体造成严重危害,如《刑法》第 142 条;当情节严重与数额同时使用时,需要达到数额巨大,如《刑法》第 264 条;当情节严重与危害后果一起使用时,需要造成重大损失,如《刑法》第 278 条。上述条文情节严重为加重量刑适用的要求,入罪并没有情节要求,而高空抛物罪中的情节严重为入罪要素,并非加重刑罚要素。如果认为高空抛物罪需要造成财产损失数额巨大或者对人体造成严重危害,判处 1 年以下有期徒刑,则会造成罪刑失衡,违背刑法罪刑均衡原则。

(二) 情节严重不涉及公共安全

公共安全是指不特定或者多数人的生命、财产安全。据《刑法》规定,构成公共安全犯罪,需要对不特定或者多数人的生命或者财产安全造成危害。《刑法》分则的章节分类是以所保护的法益类别进行分类,《刑法》分则第二章所规范的是危害公共安全类犯罪,刑法分则第六章所规范的是妨害社会管理秩序类犯罪,二者在所保护的法益上存在明显的差异。通常认为高空抛物行为，不同于危害公共安全的行为，对其不应评价为危害公共安全行为，就危害公共安全行为而言，危险会不断扩大，危及多数人或者不特定对象的安全，但高空抛物罪中的抛物行为仅危害特定的对象且危险不会扩大，二者的危险性完全不能等价，所侵害的法益类型也有所区别。高空抛物罪适用危害性较轻的高空危险抛物投掷行为，对于以高空危险抛掷的具有扩散性的危及公共安全之坠物者则应当直接认定为实施以其他危险方法危害公共安全罪，不存在两个罪名竞合的问题。[1]

二、高空抛物罪情节严重的认定现状

自高空抛物罪设立后，全国各地出现了多例高空抛物案。高空抛物入刑第一案为"徐某某高空抛物案"，徐某因与他人发生争执，先后将两把菜刀抛至楼下。从具体案情来看，徐某并没有造成实害后果，但他的行为有造成危害后果的危险，法院认为他从楼上扔菜刀的行为已经构成情节严重。[2]但是，在"于某高空抛物案"中，于某从高空扔装有陶瓷杯碎片的垃圾，砸到蒋某致其轻微伤。法院认为于某高空抛物，致被害人轻微伤，情节严重。这个案件造成了被害人轻微伤，存在具体的危害后果。[3]对比以上两个判例，一个未造成实体损害，一个造成实体损害，可见只要高空抛物行为只要存在危险性就可以构成本罪。举个例子：在半夜无人的小区楼道扔一个空酒瓶，没有砸到人和物，构成犯罪吗？显然是不够罪的。因此，认定"情节严重"的真正标准在于是否损害公共秩序这个法益。

三、高空抛物罪情节严重的认定要素

生活中大部分的高空抛物行为来源于人们的懒惰，窗口扔东西图个方便，但是法律特别是《刑法》，是否要完全满足公众的需求，则需要谨慎衡量。面对上述质疑，适用该罪名需要更慎重。笔者认为，对情节严重的认定需要进行目的性限缩，坚持综合判断标准，即围绕该罪所侵犯的公共秩序法益，分别从行为人的主观认知以及行为时的客观要素进行整体性、综合性、实质性判

---

[1] 张明楷：《刑法学》，法律出版社 2016 年版，第 687 页。
[2] 江苏省溧阳市人民法院 [2021] 苏 0481 刑初 121 号刑事判决书。
[3] 上海市杨浦区人民法院 [2021] 沪 0110 刑初 235 号刑事判决书。

断。[1]

（一）从所抛之物来看

从 18 楼扔下一张白纸或者羽毛是否存在造成严重的可能性？从正常人认知思维来看这显然不具有任何威胁，不会对社会公共秩序法益产生伤害。刑法范围内的犯罪是指该行为构成对个人或集体法益的侵害，具有危害性，入刑门槛是够罪的根本准则。对情节严重的判断要结合所抛之物的杀伤力来看，一般认为从高处坠落的物品，若存在对人身和财产造成伤害的可能，则认为情节严重。

（二）从抛物地点来看

一个人在荒无人烟的峡谷中抛物，和一个人在人头攒动的商场里抛物，哪个更应该被法律谴责？当然是后者，在没有人烟的地方，都不存在社会关系，更别谈社会公共秩序，因为秩序是在社会关系的基础上产生的。但是在小区、商场的等人流量较为密集的场所进行抛物，就等于对不确定法益进行伤害，会引起社会惊慌，严重扰乱公共秩序，实属情节严重。

（三）从抛物高度来看

刑法条文并没有对"高空"作出解释，可以参照国家标准《高处作业分级》（GB 3608-83）"凡在坠落高度基准面 2 米以上（含 2 米）有可能坠落的高处进行作业，都称为高处作业"的规定。因此，低于 2 米的一般不宜认定成立高空。另外，"高空"是指"距地面较高的空间"。高低都是相对而言的，在低层或多层建筑附近、在因地形等原因形成高层落差的陡坡、人行天桥等地方都可能实施高空抛掷物品犯罪行为，所以，"高空"应理解为是物品从高处掉落低处的位置差异。

（四）只需存在抽象危险性

高空抛物罪的入刑极具生活色彩，实际是对抱有侥幸心理的人们进行的规制，在道德谴责起不了作用时，只能采用法律作为最后一道防线。若要高空抛物行为引发具体危险才构成情节严重达到够罪门槛，那么很多抛物者会钻法律漏洞，促使人们逆反心理的增长，与修订刑法目的相违背，高空抛物入刑第一案"徐某某高空抛物案"便体现了这一立法目的；从另一面讲，这也使得高空抛物罪与以危险方式危害公共安全罪在法益上有了区分，不至于

---

[1] 于同志、王硕："高空抛物刑事案件司法认定的若干问题"，载《法律适用》2022 年第 4 期。

重复评价。而且，高空抛物罪属于典型的轻刑罪名，若提高入罪门槛，有可能会使法条适用率降低。故，高空抛物行为无需造成具体危险，仅存在造成危险的可能性即属于情节严重。

论我国刑事初查活动的法治化

李首乾*

(中国政法大学 北京 100088)

摘　要：我国《刑事诉讼法》并未对初查程序作出明确规定，侦查机关在初查阶段经常将初查活动"侦查化"，导致当事人的权利被侵犯，非法证据排除规则也难以落实，且侦查权力的运行得不到有效监督。为解决前述弊端，应当明确初查程序的法律定位，对其进行严格控制并有效落实对初查程序的执法监督。

关键词：侦查化　程序控制　程序正义

一、我国刑事初查活动的"侦查化"现象

所谓初查活动的"侦查化"是指为规避立案侦查，《刑事诉讼法》中存在的的诸多规范使侦查机关以"初查"之名行"侦查"之实，以此规避侦查阶段的法律约束。其最极端的表现形式为"不破不立"，即侦查机关在案件彻底侦破后再进行形式上的立案，以应付法律的监督。

之所以会出现前述现象，其根本原因在于：公安机关肩负着维护社会治安和惩治犯罪的双重任务，其"二元一体"权力结构的特殊性导致了当公安作为侦查机关时，容易利用行政权力将初查程序"侦查化"。而司法实践中，初查活动"侦查化"的实现方式也是以行政手段取代侦查措施为主。

---

*　作者简介：李首乾（1995年~），男，汉族，山东青州人，中国政法大学同等学力研修班2022级学员，研究方向为刑法学。

二、刑事初查活动"侦查化"的弊端与缺陷

（一）造成对当事人权利的不当侵犯

我国公民的正当合法权益受到法律保护，非经法定程序、依照法律之规定，任何人（包括公权力机关）不得随意侵犯公民的人身、财产权利。因此《刑事诉讼法》对侦查机关强制措施以及各种侦查手段的适用进行了诸多限制性规定。如《刑事诉讼法》第119条就具体规定了讯问的审批、形式、时间、地点，第150条和第151条具体规定了技术侦查的条件、审批、期限等。但这些限制性规定都以立案为时间节点，立案之前公安机关采取的各类措施都不受《刑事诉讼法》约束。而公安机关往往会在初查活动中使用许多类似强制性措施，如以留置盘问、治安传唤等行政性措施取代传唤、拘传等刑事强制措施，也有没有合法名目就限制人身自由并询问等没有法律依据的变通措施。

（二）导致非法证据排除规则难以落实

初查程序的侦查化还有可能"架空"非法证据排除规则，其中有两方面原因：第一，在法律层面，现行非法证据排除规则仅规定侦查违法要排除，而对初查的任何违法行为均无法直接适用，这样侦查机关通过初查的"侦查化"就能有效规避非法证据排除规则。第二，在实践层面，立案是刑事诉讼的起始程序和必经程序。但由于立案程序的封闭性特征，初查取证往往不载入侦查卷宗，侦查违法的行为难以被得知，这样等于变相地规避了非法证据排除规则的适用。

（三）导致权力运行得不到有效监督

为了避免违法取证的行为，我国规定了由检察机关专门对侦查活动进行监督。检察机关虽然身负侦查监督职能，但初查活动既不属于立案程序也不属于侦查程序，所以初查行为的"侦查化"反而可以理解为将侦查程序"初查化"，这实际上是钻了《刑事诉讼法》侦查程序的漏洞，规避了相对严格的侦查程序及检察机关的监督。此外，虽然公安机关经常会在初查中使用行政手段，但是由于公安机关的初查在法律上并没有明确法律定位，因此检察机关也很难进行有效的行政执法监督。

（四）导致刑事立案程序出现种种乱象

非法的初查行为给侦查机关"当立案不立案"及"不当立案而立案"都

提供了极好的借口。为了降低立案标准、保障人民诉权、加强司法的人权保障、减少信访案件数量，《刑事诉讼法》已经从原有的"立案审核制"变更为"立案登记制"，但是在公安机关的实际工作中，上级部门对下级部门的考评大多是以破案率来划定考核标准，下级办案单位为了考核排名就会以减小"分母"的方式进行"内卷"，从而也加剧了"破案才立案"的情形。

三、如何将我国的刑事初查活动纳入法治轨道

（一）明确刑事初查活动的法律定位

由于《刑事诉讼法》中并未对初查程序进行有效规制，而《公安机关办理刑事案件程序规定》属于其它规范性文件，其规定的刑事初查权是自己所赋予的，并没有法律对其进行约束。这就会造成对刑事初查行为的权力滥用现象，进而影响初查行为所获取的证据的合法性。因此，只有在法律上明确了初查程序的法律定位，才能将其正式纳入法治框架。

可以从行为的目的对该类行为进行定性，到底是初查、侦查、还是行政调查行为。如果是为了确认是否达到刑事立案标准，则为初查行为；如果是为了收集固定证据、查明犯罪事实、查获犯罪嫌疑人的刑事追诉目的，则为侦查行为；如果是为了实现维护社会治安的行政目的，则为行政调查行为。[1]

（二）对刑事初查进行更严格的程序控制

无论是刑事侦查还是行政调查，只要是可能侵犯公民合法权益的举措，都必须受到严格的程序控制。对公民权益侵害越大的行为，受到的程序控制也应当更严格。所以，依靠法定程序对刑事初查进行控制显得尤为必要。

刑事案件的复杂性和特殊性决定了不能对所有案件都规定一个统一的立案程序。[2]笔者认为，要充分地考虑到某些现行犯案件的特殊性和复杂性，将立案前可以采取的刑事侦查和调查行为进行明确规定，对个别的现行犯和非现行犯案件进行区分，诸如赋予公安机关在"醉驾"等现行犯案件的初查阶段紧急采取强制性措施的权力，并且对该类强制性措施的条件、流程、手

---

[1] 参见周长军、芮秀秀："'醉驾'案件中强制提取血样行为的性质与规制——以行刑衔接为视角"，载《法学论坛》2022年第3期。

[2] 参见周长军："现行犯案件的初查措施：反思性研究——以新《刑事诉讼法》第117条对传唤、拘传的修改为切入"，载《法学论坛》2012年第3期。

段、时间等进行严格的规定，同时承认这样所获的证据也可作为审判依据，否则就会导致任何带有强制性色彩的初查措施都是违法的。

(三) 强化检察机关对刑事初查的监督职能

其实近年来，强化检察院对行政执法活动的监督，已经是深化检察制度改革的重点内容之一。[1] 检察机关可以设置专人负责监督各地建立起的各种"行刑衔接"网络平台，提前介入一些在案件受理之初就难以定性或者可能构成刑事犯罪的案件；加强对行政执法中一些行政强制手段的全过程监督，这样可以为后续的侦查、起诉和审判阶段审查取证的合法性时提供有力的支撑。

四、结论

初查行为的"侦查化"导致在没有法律明确规定初查行为的性质时，即使其调查的证据在司法实践中常常也能被作为证据使用，但实际上是违背了程序正义。"离开了程序，人靠着狂热和激情所追求的正义，也许是一种更大的不正义。"程序正义体现的是对法律的适用和尊重，是事前对法律执行力的一种保证，也是防止公权力滥用的一种限制，因为审判不公正所造成的危害远大于一般犯罪。程序正义是保证审判公正的制度保障，但是要在效率的基础上实现实体正义和程序正义之间的平衡，也是需要我们长久探索的。为此，只有立足于我国现有的国情和司法实践，并着眼于新时代的主题和潮流来进行司法改革，用改革初查行为侦查化等一个个"点"来带动全面依法治国这个"面"。

---

[1] 参见张泽涛："初查的行政执法化改革及其配套机制——以公安机关'行刑衔接'为视角"，载《法学研究》2021年第2期。

个人破产立法的制度障碍与改进

马佳钰*

(中国政法大学 北京 100088)

摘　要：近年来，随着市场经济的快速发展，个人债务人的增多及相关配套法律法规的不完善，中国个人破产立法亟待开展。在保障债权人公平受偿的前提下，应给予商事活动中"善意而不幸"的债务人一个有序、高效的再生机会，有利于保障债务人的基本权利，提高商事效率。

关键词：个人破产　免责考察　和解

一、个人破产制度之必要性与我国实践

(一) 个人破产制度的理论价值与比较法域实践

在司法实践中，长期存在"自然人担保链""自然人案件执行难"等问题，在自然人财产较少而债权人众多的情况下，债权人为实现自身债权而恶意争抢债务人财产，因此产生了执行司法程序，滋生了实施惨无人道手段追债的催债公司。在高压追债下，轻则导致债务人完全丧失债务清理能力，财务困境加剧，甚至"家破人亡"。重则导致债务人无法正常生活，最后寻死。

此时，债务人的对外债权债务关系的清理已然超过了执行法律制度的调整范围，造成恶劣的社会效果，亟须破产法律制度体系的完善，故个人破产制度对于我国而言十分必要。个人破产制度旨在"善意而不幸的自然债务人"因各种原因不能清偿到期债务时，通过司法介入，对其债权债务进行清算分配或重整，从而实现债权债务清理，退出市场或重获新生。

---

* 作者简介：马佳钰（1997年~），女，汉族，宁夏中宁人，中国政法大学同等学力研修班2021级学员，研究方向为经济法学。

个人破产制度的优势在于全面保障自然债务人的基本权利，而基本权利可解读为包含"不受索债干扰的权利""东山再起的权利"等。

1. 个人破产制度的理论价值

在商事活动中，自然人与法人同样具有法律拟制的人格，以其自有的财产作为自然人财产，对外承担民事责任，具有商事主体资格，其法律人格已被法律承认。如想提高商事效率，就要构建全面的商事主体破产制度，平等对待一切商事主体，扩张现有破产程序的债务人主体类型，全面构建自然人破产法律制度规范。

2. 个人破产制度的比较法域实践

《德国破产法》第 11 条第 1 款明确规定："破产程序可以对所有自然人和所有法人的财产开始。"《美国破产法》第 7 章与第 11 章分别是适用于企业法人和自然人的一般破产清算程序和一般重整程序，而第 13 章则适用于有稳定收入的自然人的特别重整程序。因此德国、美国都适用于"善意而不幸的债务人"且都将个人破产法条放置于一般破产法律的章节中，没有单行立法，但不同之处在于德国设置了免责考察期。

依照《德国破产法》第 287 条第 2 款的规定，债务人原则上只有在破产程序开始后 6 年的免责考察期内，以自己的收入继续对债权人提供清偿，才可以在免责考察期结束后获得免责。而《美国破产法》第 727 条（a）款的规定，免责将免除债务人在破产清算程序开始前的一切债务。因此，债权人是否从破产程序中获得清偿与免责无关，其倾向于维护信赖利益。[1]

(二) 深圳个人破产条例的试行成果

1. 个人破产条例的立法特点

《深圳经济特区个人破产条例》（以下简称《个人破产条例》）第 2 条规定："在深圳经济特区居住，且参加深圳社会保险连续满三年的自然人，因生产经营、生活消费导致丧失清偿债务能力或者资产不足以清偿全部债务的，可以依照本条例进行破产清算、重整或者和解。"故基于《个人破产条例》的效力位阶，其采用分离主义的立法模式。

---

[1] 朱腾飞："我国个人破产立法的实践与思考——以'深圳个人破产重整第一案'为切入"，载《法律适用》2023 年第 9 期，141~142 页。

2. 个人破产条例的禁止适用情形

《个人破产条例》第 98 条规定，因奢侈消费、赌博等行为承担重大债务或者引起财产显著减少的情形不适用个人破产，上述规定能够有效阻碍过度消费后通过个人破产制度讨债的恶意做法，回归个人破产本旨，即救助"善意而不幸的债务人"。

3. 个人破产条例的免责考察期

《个人破产条例》第 95 条规定："自人民法院宣告债务人破产之日起三年，为免除债务人未清偿债务的考察期限。"第 100 条第 1 款规定："考察期届满，债务人可以依照本条例相关规定向人民法院申请免除其未清偿的债务。"第 101 条第 2 款规定："人民法院根据债务人申请和管理人报告，裁定是否免除债务人未清偿债务，同时作出解除对债务人行为限制的决定。"故债务人提出免责的时点是在考察期届满后，这表明条例意在强调只有在免责的考察期届满，即债务人以其在破产清算程序开始后的新得财产清偿了一定的剩余债务后，才有免责的资格。[1]

4. 个人破产条例的实践意义

深圳试行《个人破产条例》后，已成功办结个人破产清算、个人破产重整、个人破产和解等案件，证明了个人破产制度能够对善意而不幸的债务人形成保护，同时也有利于优化营商环境，激发市场经济的活力。

二、个人破产之制度障碍

（一）个人浮动财产与隐蔽财产的搜寻

企业财产多为可体现的不动产登记簿与账本、账户，但个人不同。首先个人的财产往往被认定为隐私，保密性较高；其次，在我国，个人财产常与家庭财产关联度较高、区分难度大，且个人使用现金问题突出，存在财产分散、流动性高，财产难以追溯，个人收入征税制度存在灰色地带等挑战。最后，个人财产收支一般没有明细记录。我国动产登记制度、个人信用制度不够健全，导致个人财产的识别与查明极为困难，债权人与法院搜集破产债务人资产信息的成本非常高。

---

[1] 朱腾飞："我国个人破产立法的实践与思考——以'深圳个人破产重整第一案'为切入"，载《法律适用》2023 年第 9 期，143 页。

(二) 生活保障财产的界分尺度

个人破产制度中债务人自有财产范围的主流观点为保障生存权,即满足可维持生命的最低限度生活标准。但这样既不利于社会稳定,也不利于破产程序的推进,债务人抗拒抵触进入破产,个人破产制度的立法目的难以实现。

正如联合国国际贸易法委员会颁布的《贸易法委员会破产法立法指南》提出的"自由财产的种类和价值应满足允许债务人仍然能够积极生活所必需的最低限度"。"积极生活"即要求个人破产制度要考虑、满足自然人债务人能够在破产后依然有尊严的享有基本需求,如可以获得有精神价值的宠物及物品,可以读书、接受教育,拥有再次劳动、投资经营的一般经济实力等。

自由财产制度的立法目标,应当为保障债务人及其所扶养家属的维持生命生存权和人格尊严。实行自有财产制度可以保证自然人破产后仍有必要的生活保障,甚至重回商事领域,提高债务人申请破产的积极性,有利于实现社会价值和司法效益的统一。

(三) 个人破产、重整与和解的选择关系

"重整制度很大程度上是一个国家的危机对策法或者经济振兴法,立法的宗旨和出发点在于防止经济的崩溃与解体,带有浓厚的'促进法'的味道。"[1]故市场环境的变化、重大灾害或社会事件的发生会对债权人,债务人的清偿预期与经营预期产生影响,均有可能引发破产重整程序的调整。

"深圳个人破产第一案"中体现了破产程序与重整程序的互相转化,且我国有着"能调即不诉"的传统,对于三种程序的转化应最大程度遵循当事人意愿。但目前条例中尚无明确规定,增加了债权人与债务人的谈判成本。

三、个人破产之配套制度改进探析

(一) 建立动产及权利质押登记系统

我国《企业破产法》要求债务人进入破产程序后,需其债务人财产状况进行主动、充分的信息披露,即向法院或债权人主动展示财产信息与资产线索,从而达到债权人有效表决投票的目的,但这种信息披露有赖于债务人的

---

[1] 张世君:"我国破产重整立法的理念调适与核心制度改进",载《法学杂志》2020年第7期,第14页。

自觉与信息披露不充分的惩罚制度。

但如前所述，个人财产的识别与查明较困难，故需要在个人破产制度中建立起被动、高效、完善的个人财产登记制度。目前不动产登记制度较为明确，便需要建立起完善的动产与权利质押登记系统。如此有利于追查个人财产线索、明确个人财产状况，避免债务人在丧失债务清偿能力之后，恶意隐瞒、转移、藏匿财产，使法院和债权人可以在债务人不主动披露的前提下获取财产信息与资产线索，避免了债务人的道德风险，降低了个人破产程序的审判、执行成本。

对于信息披露惩罚制度，针对公司的惩罚一般以"资格罚"与"人格穿透财产罚"（对实控人或股东罚款）为主，这对个人破产不适用。个人破产中的信息披露惩罚制度可以与个人信用评价制度相结合，形成个人在社会经济活动中的重要评价指标，也可以与免责制度相衔接，在债务人信息披露不到位时，通过免责制度予以惩罚。

（二）落实就业帮扶与强制参保制度

商法本质上属于私法，但在社会实践中，商人基于私利极有可能作出侵害他人利益及社会公共利益的行为，故国家需要采取一定措施对商事活动进行调整，从而产生"私法公法化"的倾向。同样，破产法作为私法的同时，也具有一定的公法属性。[1]

现代破产法应当区别于传统破产法以债权人为本位，而以社会为本位维护社会整体利益。因为社会对于个人破产存在就业限制及潜在的就业歧视，比起非破产的求职者，个人破产债务人在就业方面存在较大困难。而个人破产制度作为社会保障体系的重要组成部分和建立有序市场退出机制的立法初衷，应当针对债务人申请个人破产后的生活水平建立完善的社会保障体系，强制债务人参保，从而平衡好其自由财产的保有和社会的基本保障。

（三）充分发挥和解和意思自治的能动作用

个人破产的立法目标是让个人东山再起，重获营运价值。只要有重生希望，就可以通过破产重整或和解再生，通过充分发挥意思自治的能动作用，破产重整、和解能实现经济效益和司法效用的最大化。

---

[1]《商法学》编写组：《商法学》，高等教育出版社2019年，第538页。

债权债务的产生多数是因为熟人关系，因此在债权债务清理中，债权人也往往容易考虑到与债务人之间的情感因素而作出利益让渡。且破产和解程序可以通过庭外和解制度、债权人和解座谈制度等方式简化程序，一旦双方达成协商，就能快速终结破产程序。

对赌协议的法律效力认定

黄铭铭[*]

(中国政法大学 北京 100088)

摘 要：对赌协议，作为我国市场经济融资的重要部分，对我国的融资市场起到了重要推动作用，尤其是对上市公司股权交易和收购等作用明显。本文将对对赌协议的基本内涵和分类进行概述，探讨对赌协议的法律效力和协议履行可行性，分析对赌协议未来的发展趋势与方向。

关键词：对赌协议 合同履行 法律效力

一、对赌协议的类型

随着我国市场经济的深入改革与发展，市场主体的融资与投资收购等商业活动越来越频繁。这也直接带动了对赌协议的应用与发展，使得对赌协议成功进入到各行各业。最初的对赌协议，只是对交易股权价格的风险因素进行调整，以保障投资并购人的利益。[1]随着对赌协议的不断发展，如今对赌协议已经成为多风险因素融合调整的内容，发展成为具有我国特色的对赌协议。

（一）以协议各方主体为分类依据

按照对赌协议交易各方的主体不同，可以将对赌协议分成三种类别，分别是目标公司对赌型、国有企业对赌型和公司股东对赌型。在市场经济融资中，最为常见的是与公司股东的对赌协议和与目标公司的对赌协议。

---

[*] 作者简介：黄铭铭（1976年~），女，汉族，广东湛江人，中国政法大学同等学力研修班2021级学员，研究方向为经济法学。

[1] 沈丹瑞："对赌协议的效力认定"，载《北京工业职业技术学院学报》2017年第1期。

(二) 以对赌协议标的物为分类依据

依照对赌协议标的物不同可以分成股权对赌型和现金对赌型。股权对赌型是指如果卖出股权一方的承诺目标未能实现,也就是对赌失败,那么卖出股权一方需要额外补偿或对原来卖出股权进行回购。股权对赌型还可以进一步分成股权回购型和股权调整型。现金对赌型是指当对赌协议承诺标准未兑现,对赌失败时,卖出股权一方需要向投资买入方支付现金,以补偿投资买入方的损失。现金对赌型仅涉及现金补偿,不会对股权产生影响。

(三) 以对赌协议本身责任为分类依据

以对赌协议本身责任不同可以分成单向对赌协议和双向对赌协议。单向对赌协议是指当对赌协议目标未兑现时,仅由当事一方向另一方承担给付补偿责任。在对赌协议的实务中,通常是由卖出股权一方,向投资收购方承担给付责任。双向对赌协议,是指双方均承担给付补偿责任,具体要看对赌承诺目标实现与否。

二、对赌协议效力法律认定的阶段

在我国,对赌协议的认定经历了以下两个阶段。

(一) 对赌协议第一案——海富案

2007年底,海富投资以现金2000万元作价,获得香港迪亚持有的全资子公司甘肃世恒3.85%的股权。甘肃世恒承诺2008年公司经审计净利润达到3000万元。如果承诺业绩未达成,甘肃世恒需要向海富投资支付业绩补偿款,香港迪亚承担连带补偿责任。2008年,甘肃世恒仅实现净利润2.7万元,且拒绝向海富投资支付补偿价款。海富投资提起诉讼。此案经兰州中级法院、甘肃高级法院和最高法院三级审理。[1]

"海富投资案"的司法实践,确定了投资股权交易中业绩补偿协议等具有对赌性质内容司法判定的基本原则,即"与公司对赌无效,与股东对赌有效",为我国法院审理该性质案件提供了重要的参考依据。对我国后来的市场投融资活动影响深远,因此被称为"对赌第一案"。兰州中级法院和甘肃高

---

[1] 兰州中级法院认定业绩补偿协议约定无效,驳回海富投资请求。甘肃高级法院审理业绩补偿协议约定,属于明股实债,违背投资风险共担基本原则。海富投资投资,除计入注册资本外的金额,应按照借贷规定处理。最高人民法院审理认定海富投资与甘肃世恒之间的业绩补偿条款约定无效,但是海富投资与香港迪亚约定的业绩补偿条款约定有效,由香港迪亚向海富投资支付补偿价款。

级法院是依照法律规定推导出认定结果。然而，该案中的业绩补偿协议是市场投融资活动中的一种创新模式，在当时法律制度中未对该金融实践进行规定。最高人民法院在认定时，没有定义业绩补偿协议约定的性质，而是以资本维持原则是否受到损害为出发点，认定业绩补偿协议约定的法律效力。最终认定如果海富投资的投资收益固定，不对甘肃世恒的经营业绩下滑承担任何风险，侵害甘肃世恒其他股东和债权人的合法利益。由甘肃世恒承担业绩补偿责任的约定无效。但是，香港迪亚作为受益方，对甘肃世恒未能实现承诺目标的损失，须向海富投资承担连带补偿责任。最终认定由香港迪亚向海富投资支付业绩补偿价款。

（二）法院判决投资人与目标公司对赌有效第一案——华工案

2016年9月，江苏华工向潘云虎全资持有的扬州锻压公司增资2200万元，其中200万元属于注册资本。协议约定，如果未能按照约定时间完成上市目标，则扬州锻压需要履行回购股权义务，原股东潘云虎承担连带担保责任。最终，扬州锻压未能在规定时间在完成IPO上市，但扬州锻压及原股东潘云虎拒绝履行回购责任。江苏化工提起诉讼。

此案经三级审理。终审法院认为，补充协议中关于回购条款的约定属于合同当事人真实意思表示，合同相对方也包括扬州锻压的其他股东。根据《公司法》的相关规定，在全体股东知情且同意的情况下，依照法定程序达成协议，在未能完成IPO上市后应当履行协议中约定的回购义务。

三、对赌协议法律效力认定的辨析

"海富投资案"的判决结果存在诸多值得商榷的地方，特别是对民间契约自由原则的破坏，违背行业惯例影响投资人利益，不利于市场公平。判决认定的理由缺乏对该类冲突以及冲突如何演变致使合同约定无效的逻辑推理，判决理由较为单薄，难以令人服众。[1]比如，援引《公司法》第20条第1款，认为股东不能侵害公司和其他债权人利益，进而依据《合同法》第52条认定业绩补偿协议无效。在这种推理逻辑中，《公司法》第20条被界定为效力强制性规定。然而，有学者认为《公司法》第20条属于管理强制性规定，

---

[1] 廖炜冕："对赌协议纠纷解决的历史变迁及完善——兼评《全国法院民商事审判工作会议纪要》第5条"，载《湖北经济学院学报》2020年第6期。

仅对股东对公司的管理行为规范进行约束，与股东之间的股权交易效力无关。[1] 业绩补偿协议本身，也是为了投融资各方都能获得利益，是有利于维护公司及其债权人利益的。最高人民法院不能否定业绩补偿协议本身的效力，其认定判决结果明显混淆协议效力和协议履行，违背合同效力独立性的基本原则。[2]

"华工案"的判决，被视为是对"海富案"判决思路和结果的纠偏，其将对赌协议的法律有效性和履行义务的可行性进行了明确的区分。终审法院认为扬州锻压及其股东对《补充协议》中有关回购义务的内容是知情且清楚的，是公司及其股东的真实意思表示，公司在未完成IPO上市后履行股权回购义务，不违反《公司法》强制性规定，不符合《合同法》第52条有关合同无效的认定标准。在履行可行条件上，也符合法律和事实情况。扬州锻压获得江苏华工投资后，连续多年经营状况表现较高且对股东多次进行分红，债务履行能力较高。履行对江苏华工股权回购义务，不会影响扬州锻压的偿债能力和经营能力，不会侵害股东及债权人利益。扬州锻压须履行对江苏华工的股权回购义务。

四、结论

对赌协议在我国的发展经历了漫长的过程，在这个过程中投资方、被投资方及其原股东、法院等各方相互角逐。早期的法院判决认定对赌协议有违资本维持原则，损害其他股东及债权方利益，因而判定对赌协议无效，仅按照借贷协议进行处理。随着经济社会发展，对对赌协议的认定发生变化。在所有股东知情且同意的情况下，对赌协议可以解决目标公司发展中的资金问题，对股东及债权人是有益的，因而是有效的。法律效力认定的转变，推动了对赌协议的发展，也促进融资市场发展，发挥市场对企业的定价估值功能。

---

[1] 侯国跃："在事实与规范之间：合同效力裁判规则的体系解释"，载《上海法学研究》2019年第24卷。

[2] 陈晨："对赌协议效力判定之于目标公司：价值衡平与逻辑修正——以最高法再审案例'世恒案'与'瀚霖案'为切入点"，载《中南财经政法大学研究生学报》2019年第2期。

浅论过失犯罪

马怡沁*

（中国政法大学 北京 100088）

摘　要：预见可能性和结果避免可能性严格来说都无法被意志责任论所包容，应将它们归于客观层面而非主观层面。对于过失犯罪，只要肯定了行为人的客观不法，就可以对行为人追究刑事责任。而对客观不法的认定可按照客观归责理论进行，即如果行为人制造了法所不允许的风险且实现了该风险（风险制造与风险实现之间存在规范上的关联），因果进程在构成要件效力范围内，则可将结果归责于行为人。

关键词：预见可能性　结果避免可能性　过失犯罪　客观归责理论

大多数国家都以处罚故意犯罪为原则，处罚过失犯为例外。我国刑法第14条第2款与第15条第2款亦是如此。过失犯罪并不少见，不过为何要追究缺乏故意的过失行为人的刑事责任，过失犯罪的因果关系如何认定以及过失犯罪的可谴责性或者非难性是什么，这都值得探究的问题。

一、因果关系说

（一）条件说

条件关系通常用"如果没有A就没有B"的公式（条件公式）来表示，一般认为条件说属于事实上的因果关系。对事实上的因果关系加以规范评价形成法律上因果关系，所以条件说为法律上的因果关系的判定奠定了基础。如果单纯采用条件说，一方面可能会导致条件的无限追溯，扩大处罚范围；

---

* 作者介绍：马怡沁（1994年~），女，汉族，上海人，中国政法大学同等学力研修班2022级学员，研究方向为民商法学。

另一方面，可能会否定某些行为的现实因果关系，成为开罪的借口，这就是条件说的不足所在。

（二）合法则的条件说

合法则的条件说认为，因果关系并不是"没有该行为就不会发生该结果"的关系。只有根据科学知识，确定了前后现象之间是否存在一般的合法则的关联后，才能进行个别的、具体的判断。条件说和合法则的条件说在大部分情况下可以得出一致的结论，但是，在一些特殊案件中，二者得出的结论可能不一样。

（三）相当因果关系说

相当因果关系认为条件说容易引起条件的无限追溯，需要通过相当性对条件加以限制。所谓相当性，是指如果某个举动引起的结果时日常经验上通常的事情，则该行为与结果之间具有相当性。有学者认为，"相当性"包括两层含义：广义的相当性和狭义的相当性。前者指该行为本来可以达到该犯罪的"实行行为"的程度，具有惹起该种犯罪结果的一般的危险性。后者指是现实地引起结果发生的因果经过并不异常，易言之，可以看作是这种一般的危险性的一种实现。[1]

（四）客观归责理论

客观归责论分为三个层次：第一层次，制造法所不允许的风险属于行为不法，其中制造法所容许的风险的行为和降低风险的行为都不属于不法行为，另外，虽然行为制造了法所禁止的风险，但其他可选择的行为仍具有同样风险的，所以该行为并未制造风险。过失行为中，虽然行为人违反注意义务造成了损害结果，但是如果行为人履行了注意义务仍无法避免结果的发生，不能把结果归责于行为行为人。第二层次，风险实现属于结果不法，制造风险与实现风险之间的关联之间应是常态的关联，异常的关联不属于风险实现。第三层次，因果过程要在构成要件效力范围内。被害人自我答责、危险行为所引起的危害结果不在构成要件的规范保护目的内、属于专业人员独立负责的领域的，这三种情形，都不能把结果算在行为人头上。[2]客观归责将归责重心由结果归责提前到行为归责，对行为不法进行事前判断，有利于避免唯结果论。

---

［1］［日］松宫孝明：《刑法总论讲义》，钱叶六译，中国人民大学出版社2013年版，第57页。
［2］周光权："行为无价值论与客观归责理论"，载《清华法学》2015年第1期。

二、过失论的展开

（一）旧过失论

旧过失论认为既然结果已经发生，行为肯定是危险的，重要的是从事后的角度考察当时是否存在预见可能性。如果本可以预见却因为不注意而未预见，则构成过失犯罪。本可预见而未预见成为过失犯罪的可谴责性。在旧过失论看来，故意和过失都属于责任范畴，故意犯罪和过失犯罪在构成要件和违法性上相同，二者仅在责任领域才有区别。

（二）新过失论

随着风险社会的到来，许多社会活动本身都带有一定的风险性。一旦这些行为本身造成了某种损害后果，行为人难以否定在行为时不存在结果的预见可能性，结果是行为人往往构成犯罪。如此一来，人人自危，社会秩序难以维持。为了限制过失犯的处罚范围，新过失论将过失的本体由旧过失论的结果预见可能性转变为结果回避可能性。该说认为，所谓过失，是指对于社会生活中一般要求的结果回避行为即基准行为的懈怠。只要行为人采取了就一般人而言具有合理性的结果回避义务即基准行为，即便具有预见可能性，由此所出现的结果也属于被允许的危险，并不具有违法性。[1]

（三）新新过失说（畏惧感说）

新新过失说主张，在公害事件、药害事件中，只要存在也许会发生某种危险这种抽象性预见可能性即危惧感，就得以要求行为人实施足以除去这种畏惧感的回避行为。但危惧感说的危惧感过于抽象模糊，扩大了过失犯处罚的范围，容易违法责任主义。况且且结果回避义务以预见可能性为前提，结果回避措施则是具体的，以存在模糊的不安感为根据，要求行为人采取具体的结果回避措施，有自相矛盾之嫌。

（四）由主观归责到客观归责

刑法是一种通过事先预告刑罚而作用于行为人的心理，以抑制犯罪的控制系统。在对犯罪事实、结果存在认识、预见的故意犯上，其能发挥作用，可在仅对结果存在预见可能性而实际上并无认识的过失犯，其能起到作用吗？

---

[1] 西田典之：《日本刑法总论》，刘明祥、王昭武译，中国人民大学出版社2007年版，第208~209页。

过失责任可以成为意思责任吗？我国把过失分为"疏忽大意的过失"和"过于自信的过失"，这两种过失分别对应"无认识的过失"和"有认识的过失"，可后者对于结果是否可能发生最终做出的是否定性判断，最终意义上行为人还是没有预见到结果。所以，这两种情形其实都属于"无认识的过失"，对这两种情形加以谴责，不是从意思责任角度，而是出于一般预防的考虑，希望通过处罚能够作用于行为人的不注意的心理状态，而让其产生回避结果的动机。过失犯中，重要的不是行为人的意志指向，而是行为本身偏离法规范所期待的理性人标准，从而在客观上给法益带来不容许的风险。过失并非是一种存在意义上的内心态度，而代表的是一种违反规范期待的不谨慎的行为方式。可见，过失犯对应的是归责论中另一种理想类型，即规范归责。与作为意志归责的故意犯相比，作为规范归责类型的过失犯更容易受到政治、经济、社会等外部因素的影响。

三、结语

对于过失犯罪，在客观不法层面上，采用客观归责论的观点，通过行为人是否制造了法所不允许的风险，风险是否实现（风险制造与风险实现之间要有规范上的关联）以及因果过程是否在构成要件效力范围内来判断行为人是否属于行为不法以及结果不法。在责任层面，摒弃故意犯罪的意志责任论，转而采用规范责任论。无论是旧过失论中的预见可能性还是新过失论中的结果回避可能性都不是行为人的主观心理状态。"因为疏忽大意而没有预见"和"轻信能够避免"不是对行为人进行非难的因素。试想，如果这是表明行为人具有可谴责性的因素，那么故意犯罪中，行为人已经预见到了，其罪责岂不是更轻。因此，有学者认为故意责任的本质是认识到了构成要件事实，但仍希望或放任结果发生的心理状态实施行为，过失责任的本质是具有认识构成要件事实的可能性，原本可以不实施行为却实施了行为。可是，对过失责任"原本可以不实施行为却实施了行为"的表述却也有客观归责的意味。当人们认知到自己的行为具有导致结果发生的禁止风险时，其应该被要求产生行为抑制动机以回归理性人的行为基准，即使其对所蕴含的不容许风险缺乏现实的认知。再则，在风险社会背景下，为了有效管控社会，让制造风险的人原则上对风险的实现负责且通过预告刑罚让人们产生行为抑制动机或许是比较好的选择。

论刑事诉讼中事故调查报告的使用

么 钥[*]

（中国政法大学 北京 100088）

摘 要：事故调查报告涉及专门性问题的意见引入刑事诉讼证据是有一定的必要性，也大量节省了司法资源。但是在证据能力方面，在使用过程中应当对各部分内容加以区分，作出合法性判断。同时在庭审运用中应注意举证、质证的环节和审查的重点。

关键词：事故调查报告　专门性问题　证据能力　庭审运用

一、问题的提出

2021年新颁布的《最高人民法院关于适用〈中华人民共和国刑事诉讼法〉的解释》（以下简称《刑诉法解释》）第101条"有关部门对事故进行调查形成的报告，在刑事诉讼中可以作为证据使用；报告中涉及专门性问题的意见，经法庭查证属实，且调查程序符合法律、有关规定的，可以作为定案的根据。"事故调查报告正式通过法律规范进入了刑事诉讼的证据资格，但是事故调查报告的内容较复杂，各部分内容之间的证据能力是否有差异存在争议。同时事故调查报告也涉及专业性知识，如何在庭审中进行举证、质证都是亟需解决的问题。

---

[*] 作者简介：么钥（1992年~），女，汉族，北京人，中国政法大学同等学力研修班2021级学员，研究方向为刑法学。

二、刑事诉讼事故调查报告之内涵与必要性

（一）刑事诉讼事故调查报告内涵

事故调查报告通常是指专门负责事故调查处理的行政部门对事故进行调查之后形成的具有专业性意见的报告材料，包括调查机关所查明的事故经过、发生事故的原因、造成的人员伤亡或财产损失、相关人员的责任认定以及综合性处理意见，并附具所收集到的物证、书证、言辞证据、鉴定意见、勘验、检查笔录、电子数据、视听资料等材料，具有一定的专业性和不可替代性。

（二）事故调查报告引入刑事诉讼的必要性

1. 专业性保障

事故调查报告一般是由具有专业水平的行政执法人员或者委托有关专家人员组成调查组，甚至对于有些专业性的问题还可以委托司法鉴定机构进行鉴定。可谓是集专业领域的人员作出的承载着集体智慧的评价，其本身对所调查的事故中涉及的专门性问题已经作出了一定权威性的判断，就没有必要再次委托专家或专门组织进行重复鉴定评价。

2. 易于接近案件事实

事故发生后，一般是相关行政部门第一时间到达事故现场，对现场情况的掌握是最清晰最真实，对现场证据的收集最及时最全面。[1]如果等到刑事立案之后再来获取相关证据，就错过了证据收集的最佳时间。

三、刑事诉讼事故调查报告之证据理论探讨

（一）事故调查报告证据种类

就目前来说，事故调查报告与现有的刑事诉讼八大证据种类存在一定差异。其外观表现类似于一种书证与鉴定意见的结合材料，它通过报告文书的形式将调查所得到的事故经过、原因分析、过错规责等情况综合性的评价出来，不仅能够反映出事故发生的客观真实情况，同时又针对该类事故的专门性问题作出了判断结论。所以既不能将它单独归属于一种书证，也不能单独归属于鉴定意见，因此笔者认为应该将事故调查报告的各部分内容加以区分

---

[1] 参见胡佳：" 《刑事诉讼法解释》第101条事故调查报告的理解与反思"，载《大连海事大学学报（社会科学版）》2021年第6期。

归类，厘清各部分内容性质，如事故发生经过的认定和原因分析的判断。[1]

(二) 事故调查报告证据能力

1. 证据能力主要争议焦点分析

事故调查报告中的经调查得到的基本内容与其中的专业性意见结论，以及附具的相关证据材料应该加以区分，对报告的基本内容是否可以参照书证、对专业性意见结论是否可以参照鉴定意见、对按照行政执法办案程序收集到的证明案件事实证据材料是否可以转化为刑事诉讼证据存在争议。其主要争论焦点集中在三个方面：

首先，事故调查主体的刑事诉讼调查主体资格存在疑问，[2] 事故调查组成员一般不具有刑事侦查取证主体资格，根据《刑事诉讼法》的相关规定，[3] 在刑事诉讼过程中，只有司法机关有权向有关单位和个人收集、调取证据。而行政机关只有在执法和办案过程中收集的证据材料可以作为证据使用。

其次，事故调查程序相较于刑事诉讼程序的规范化不足。除少数重大事故一经发生后司法机关就立即介入的情况外，一般的事故调查过程形成于非刑事诉讼程序中，对各类证据收集规范，例如取证的回避制度、鉴定聘请的程序、物证扣押的程序、言辞证据的收集等，都不可能严格按照刑事调查取证的程序规范收集。[4] 所以此类证据就不能直接适用于刑事诉讼活动中去。

最后，事故调查报告的结论是根据调查组所掌握的情况，经过推理论证，所总结出来的结论，相当于"传闻证据"，在刑事诉讼中的使用应当加以严格审查和限制，美国学者指出，"之所以禁止使用事实性认定来反对刑事被告人，是担忧这种报告中多重的、具有潜在不可采信的传闻来源，会与宪法第六修正案保护刑事被告人同证人进行对质和对证人进行反询问的权利的对质

---

[1] 参见纵博："事故调查报告在刑事诉讼中的运用"，载《法律科学 (西北政法大学学报)》2022年第4期。

[2] 参见冯俊伟、王玉荣："论事故调查报告证据能力问题——以新《刑诉法解释》第101条为中心"，载《上海政法学院学报》2022年第1期。

[3] 参见《刑事诉讼法》(2018) 第54条第1款、第2款。

[4] 参见胡佳："《刑事诉讼法解释》第101条事故调查报告的理解与反思"，载《大连海事大学学报 (社会科学版)》2021年第6期。

条款相冲突"[1]。

2. 合法性判断

为了有效解决事故调查报告作为刑事诉讼证据使用面临的理论争议,《刑诉法解释》第 101 条作出了明确规定:首先,肯定了事故调查报告在刑事诉讼中可以作为证据使用的合法地位。其次,这其中能够直接作为定案根据的,是符合法律、有关规定调查程序且经过法庭查证属实的涉及专门性问题的意见。对于所附具的物证、书证、视听资料、电子数据等证据材料,不仅可以作为事故调查报告的支撑材料,在符合刑事诉讼法的相关规定时,还具有独立的证明价值。

四、事故调查报告的刑事庭审运用规则

(一) 举证、质证环节

1. 举证

一般为控方进行举证。首先在举证对象上,应全面举证,让辩方充分了解。控方在庭审中应当将事故调查报告连同所附具的证据一并举证;其次,举证过程中应该采取辩方及合议庭易于理解的方式,充分讲述事故调查情况。具体而言应采取整体介绍方式,但如果合议庭或者辩方针对性提出部分质疑,可以就局部进行单独、重点举证。

2. 质证

一般由辩方进行质证。首先在质证对象上,应该聚焦于案件争议的相关内容,重点放在事故调查报告中可作为刑事诉讼证据的部分进行质证。其次,因涉及到专业性方面问题,应允许申请有专业知识的人出庭协助质证。

(二) 庭审审查重点

1. 事故调查主体

因行政机关主导与法定侦查主体之差异,其专业性及资质等需要重点审查。"专业性是事故调查报告发挥证明作用的前提,也正是事故调查中专家依据专业知识对专门性问题进行的判断,才使得事故调查报告可以作为刑事诉

---

[1] [美] 罗纳德·J. 艾伦、理查德·B. 库恩斯等:《证据法:文本、问题和案例》,张保生等译,高等教育出版社 2006 年版,第 603 页。

讼证据使用。"[1]

2. 事故调查方式

调查方式是否全面、科学、合理，调查中掌握的证据是否能有效支撑对特定事实问题作出的结论，是体现事故调查报告证明能力的前提，只有通过对在案证据的分析，对发现事故调查报告中存疑或者并不能证明事故调查报告中的结论的证据材料予以合理排除，才能充分体现出事故调查报告的证明能力。

3. 事故调查程序

程序是否合法，是否具备程序正当性是保障事故调查报告结果的客观、公正的前提，因各行政部门的事故调查程序规定不统一，庭审时应该注意对事故调查程序的正当性进行审查，是否符合行政法规的规定，[2]对于严重违反程序规定侵犯了当事人合法权益而收集的证据，不得作为定案根据。

总之，《刑诉法解释》新增第 101 条的规定赋予了事故调查报告的证据资格，但其在实践运用中仍存在一定风险，需要各部门在操作中根据实际情况来正确把握。

---

[1] 参见胡佳："《刑事诉讼法解释》第 101 条事故调查报告的理解与反思"，载《大连海事大学学报（社会科学版）》2021 年第 6 期。第 157 页。

[2] 参见元明、薛慧："事故调查报告在刑事案件办理中的运用"，载《人民检察》2021 第 12 期。

我国影子银行的风险分析与法律规制路径

任培俭*

(中国政法大学 北京 100088)

摘 要：我国影子银行实际都在实施信用中介功能，但信用中介转化功能时极易出现错配，加之我国采用的分业监管的模式，容易使影子银行处于监管漏洞之中。我国应通过设立影子金融监管协作委员会、完善影子银行监管制度、健全金融立法等途径，对影子银行的风险问题加以规制。

关键词：影子银行 信用中介 金融监管

影子银行一般是指由各类非银行金融机构提供的中介业务，相关业务游离于传统银行信贷体系和监管制度而向资金需求者提供更具市场吸引力的金融产品，在信用、流动性和期限等方面更具优势。影子银行所涉产品结构复杂，抬高宏观杠杆水平，信息披露有限，面临极大的集中兑付压力且难以监管，严重威胁金融体系安全稳定。党的十八大以来，习近平总书记强调要高度重视和切实防范化解各种重大风险，特别要更加重视防范和化解金融风险。影子银行的规范发展，是维护金融稳定和支持经济发展的重要力量。

一、我国影子银行的特征与成因分析

根据《中国影子银行报告》，我国影子银行的高速发展期起源于 2008 年，其后基本保持着每年 20% 以上的增长速度。[1] 2017 年初，我国广义上的影子

---

* 作者简介：任培俭（1990 年~），男，汉族，甘肃酒泉人，中国政法大学同等学力研修班 2022 级学员，研究方向为经济法学。

[1] 中国银保监会政策研究局统计信息与风险监测部课题组："中国影子银行报告"，载《金融监管研究》2020 年第 11 期。

银行的总体规模达到最高峰值 100.4 万亿元。经过三年专项治理，2019 年广义影子银行规模降至 84.80 万亿元。

典型的影子银行的重要特征是脱媒性，[1]即可以通过直接融资而非间接融资获取金融资本，节省信用中介在其中形成的交易成本。信用中介功能的发挥依赖的是整个影子银行系统（涵盖包括但不限于：商业银行、保险公司、证券、货币市场资金、基金、结构性投资工具、关联性工具等），当影子银行系统形成并开始作用时，期限错配的结构性缺陷便会对金融市场产生影响，一旦短期融资难以为继，便会导致整个金融市场崩盘。其次，典型的影子银行还具有表外性，影子银行的业务由银行传统的表内业务转为表外业务，也从传统的以商业银行为融资中心的模式转变为多元化的融资组合安排。影子银行的表外性虽然为资金需求者提供了多种融资方式，为存款人提供了多元的投资方式，但也极大地增加了监管机构识别和管理金融风险的难度，可能进一步衍生系统性风险。

我国金融体系结构、发展程度与金融监管方式等与欧美国家有所不同，因此我国的影子银行也呈现出自身独有的一些特点：①因资产结构依附于银行导致独立性丧失。我国的金融体系是以银行为主导的间接融资体系，影子银行看似是独立的融资工具，但其资产与负债往往与银行紧密相关，实质为银行的通道业务。②因产品功能主要为替代银行贷款导致信用风险显著。我国影子银行的本质是商业银行开展的一种"类贷款"业务。[2]因其表外性，授信标准显著低于传统银行监管体系下的贷款客户，很难保证其融资来源和资金投向的风险可控性。③以监管套利为主要目的导致违法违规普遍。我国影子银行具有跨行业、跨机构、多业务联动、交叉影响等特点，各类机构利用监管制度缺陷和监管标准不一的情况，从事大量监管套利行为，导致违法违规成为常态。④刚性兑付承诺或刚性兑付预期导致金融市场作用受限。在以银行为主导的融资体系下，影子银行要想吸引存款，必然会做出刚性兑付承诺或给存款人较高的刚性兑付预期。各类错综复杂的产品导致底层资产不清、真实风险被掩盖，产品信息披露不完整，投资人和市场无法准确掌握产品风险趋势，难以发挥金融市场本身的调节作用。当产品可能出现风险征兆

---

〔1〕 刘庄："影子银行的第三类风险"，载《中外法学》2018 年第 1 期。
〔2〕 江振龙："影子银行、资本监管与双支柱调控"，载《南开经济研究》2023 年第 2 期。

时，投资人依据刚性兑付承诺强行兑付，极易造成挤兑冲击，冲垮整个金融体系。

二、我国影子银行现象的典型表现与风险分析

我国的银子银行以其规模大小可分为：①大资管行业业务，即受客户委托，由专业管理人对其财产进行运营已实现收益，典型表现为资产管理业务、信托业务等。②非正式金融机构业务，即规模较小的非正式金融机构，典型表现为小额贷款公司、融资担保公司、P2P 等。[1]

在大资管行业业务模式下，可依靠影子银行向公众筹集资金，因此其在公众内心中认可度较高的有利条件，发行各类大多为满足资金需求方的融资需求而设的理财产品。银行筹集资金后，为摆脱行业监管的限制，与证券、信托和保险公司开展各类通道业务，银行交易的模式也从简单的直接放贷发展为过桥贷款、回购协议等。为平衡融资者对长期资金的需要与投资人对持续投资的风险厌恶，资管机构一般要建立资金池以实现两端供应。而一旦资金池的两端供应平衡被打破，无法支应投资者到期赎回的要求，产品的信用链就会出现断裂，引发影子银行的流动性危机。金融机构间联系紧密，存在一定的传染性和共性效应，极易发展成为系统性风险。

在非正式金融机构业务模式下，很多融资担保公司或小贷公司在实际运作过程中，业务范围远超为个人或中小企业提供信用担保的基本业务目的，还存在这向公众吸纳资金用于放贷或担保撞期利差。依托互联网发展的 P2P 网贷，也逐渐从为借款人和投资人搭建借贷的信息平台，延伸至用理财产品的形势吸收资金，实际完成了信用转换或期限转换。上述模式一旦资金链断裂，便会产生金融风险，且容易借助互联网传播而迅速蔓延。

可见，影子银行的本质是商业银行为规避监管而将资金提供给无法直接从商业银行处进行贷款的融资主体。[2]影子银行信用中介转化功能时极易出现信用错配、期限错配和流动性错配，加之金融活动不断更新，监管难以同步到位，因此其发展与金融风险往往相伴相随。

---

〔1〕 郭雳：“中国式影子银行的风险溯源与监管创新”，载《中国法学》2018 年第 3 期。

〔2〕 林鹭：“我国影子银行的发展模式及风险防范分析——基于宏观审慎监管视角”，载《国际商务财会》2023 年第 7 期。

三、法律规制影子银行的路径分析

影子银行是金融发展创新的产物，也对平衡资金供需起到有利作用，所以在对其进行监管的过程中不可一味的压制或将其纳入到现有的监管体系之中，应当疏管结合，建立一套即可降低风险又能促进我国金融市场创新发展的模式。

现阶段，国家已经采取了一系列行之有效的措施管理和整治影子银行的乱象，如银行业"三三四十"专项整治行动，清理整治网贷机构和借助互联网平台从事非法金融的违法违规活动，推动"类信贷"表外业务回表调整，规范非信贷资产统一分类，压降结构复杂、层层嵌套、脱实向虚的高风险业务活动等，严厉打击非法金融集团，制定资管新规，制定各类业务实施细则，加强对银子银行的政策指导与风险把控。金融市场发展过程中，影子银行不会消失，也将与传统金融体系长期共存，因此必须建立和完善持续的影子银行的监管体系。

第一，设立专门监管机构，避免监管空白。可设立"影子金融监管协作委员会"，由银监会、证监会和保监会共同委任专家组成，成立风险监测、信用控制、产品统计、机构统计、违规惩处等功能部门，以"功能监管"模式从宏观和微观角度监管影子银行，避免监管漏洞。

第二，搭建影子银行及交叉性业务运营管理框架体系，加强流程管理。[1]制定影子银行金融产品标准，要求所有银子银行发布的产品信息必须符合标准要求。加强信息披露，可以使投资者能够充分了解产品风险，做出理性的投资判断。

第三，建立"民间金融体系"负面清单，除负面清单涉及的内容外，民间资本可以合理、正规地进入金融市场。在既往对民间借贷的约束政策中，国家实施严格控制的原因更多在于维持金融秩序，以国有企业和国有银行为中介实现金融资本的拆借流通，从而尽量避免民间资本介入形成的潜在风险。[2]但这种管理模式显然无法有效回应市场对金融资本的需求量，反倒造成影子银行泛滥问题。对此，民间资本的进入能充分缓解资金供求压力，减少影子

---

[1] 李永军："影子银行业务风险与治理对策分析"，载《现代金融导刊》2023年第2期。
[2] 沈伟："地下借贷市场去影子化：法与金融的视角"，载《政法论丛》2020年第4期。

银行违法违规行为存在的土壤。相应地，也应针对小额贷款、信用担保等新型的小型金融，加强立法约束和管理，对合法行为进行引导监督，对非法行为进行打击监管。

四、结论

我国影子基数大，存量风险高，刚性兑付和隐形担保常见，尚未真正建立"卖者尽责，买者自负"的投资理念和投资环境，不当的金融创新也可能导致高风险影子银行卷土重来。但影子银行与传统金融体系相伴相生，只有不断完善监管制度，增强监管水平，构建更加健康开放的金融市场和更加平衡发达的金融体系，才能有效降低影子银行引发系统性风险的几率，并充分发挥其对市场经济发展的积极作用。

我国地理标志的保护模式探究

常丹丹[*]

（中国政法大学 北京 100088）

摘　要：我国长期以来采用专门法和商标保护多元立法形式对地理标志加以保护，在地理标志这一特殊知识产权的发展中起到了一定积极作用，同时也凸显了诸多冲突和矛盾，尤其随着 RCEP 协议的加快落地实施与《中欧地理标志保护与合作协定》的签署，地理标志不仅是乡村振兴的重要举措，更有助于加强本国农产品和特色商品在国际贸易中的竞争优势，地理标志已经成为国际知识产权谈判、双边或多边贸易谈判中的焦点，这需要我们对地理标志实施更高水平的保护，建立统一完善的地理标志保护体系。

关键词：地理标志　冲突和矛盾　保护体系

地理标志是重要的知识产权类型，我国自加入世界贸易组织以来，不断摸索地理标志保护路径，形成了地理标志集体或证明商标、地理标志保护产品以及农产品地理标志（农产品地理标志现已取消评定，本文不作过多阐述）三种保护模式，地理标志商标的注册和地理标志保护产品的认定目前均由国家知识产权局统一管理，但二者存在着一定的制度差异，实务中人们容易对不同模式及与之相关的法律效果产生误解和混淆，国家知识产权局以"急用先行"为原则，正在修订《地理标志产品保护规定》。本文基于现行的法律制度及相关配套文件，对国内外地理标志保护模式进行深入研究，对于地理标志统一立法及提高公众认识具有理论和现实意义。

---

[*] 作者简介：常丹丹（1989~），女，汉族，山西高平人，中国政法大学同等学力研修班 2020 级学员，研究方向为知识产权法学。

一、我国地理标志保护模式的现状

（一）地理标志的由来及定义

地理标志的概念是在产地标记、原产地名称的基础上发展起来的，1995年《与贸易有关的知识产权协定》（TRIPS 协议）首次提出了地理标志（Geographical Indications）的概念并对其作了专门规定，视为与商标、专利、著作权等相并列的一项知识产权，将其界定为：用以识别某一商品来源于成员国领土或其领土内的某一区域或地方，且其特定质量、声誉或其他特性主要归因于该商品地理来源的标识。

2001 年，我国加入世界贸易组织后开始真正意义上的地理标志保护，但对地理标志的定义不尽相同，《商标法》第 16 条第 2 款规定"地理标志是指标示某商品来源于某地区，该商品的特定质量、信誉或者其他特征，主要由该地区的自然因素或者人文因素所决定的标志"，而《地理标志产品保护规定》第 2 条规定"地理标志产品是指产自特定地域，所具有的质量、声誉或其他特性本质上取决于该产地的自然因素和人文因素，经审核批准以地理名称进行命名的产品"。可以看出，《商标法》和《地理标志产品保护规定》中关于地理标志决定因素的文字描述略有区别，但目前审查实践中的基本观点更倾向于后者，换言之，"仅由纯自然因素或纯人文因素决定其品质的商品均不属于地理标志保护范围"[1]。

（二）比较地理标志商标和地理标志保护产品两种保护模式

2020 年国家知识产权局发布的《地理标志专用标志使用管理办法（试行）》公告中，统一和规范了地理标志矢量图和使用要求，但除地理标志专用标志以外的其他事项仍依照之前的两套体系运行，这两种保护模式存在很大差异。

（1）二者的法律依据及效力截然不同。保护地理标志商标权利的首要法律依据是《商标法》，由我国最高权力机关制定、修改，其效力高于行政机关制定的法规、规章。而地理标志保护产品主要的法律依据是《地理标志产品保护规定》，由原国家质检总局制定，属于国务院部门规章。

---

[1] 李峥："地理标志和集体商标、证明商标的申请要求和审查标准介绍"，载《中华商标》，2018 年第 6 期，第 25~29 页。

（2）二者的认定条件和要求不一致。首先，在适格申请人主体方面，申请地理标志证明或集体商标的申请人是与所监督使用的地理标志产品相关的团体、协会或者其他组织，企业不能成为地理标志商标注册的适格主体。对比而言，《地理标志产品保护规定》第 8 条规定的申请人为当地县级以上人民政府指定的地理标志产品保护申请机构或人民政府认定的协会和企业，也就是说，企业能够作为地理标志保护产品的适格申请人。正在修订的《地理标志产品保护规定》中对本条进行了大幅修改，但修改后二者的适格申请主体仍然不同。其次，从要求申请人提交的资料来看，二者都要求证明地理标志与当地自然因素和人文因素之间的关系，但地理标志保护产品更注重产品的品质，要求制定技术标准，提交产品检测报告，地理标志商标在实务中倾向于原产地证明和监督管理，要求提供证明该地理标志产品客观存在及信誉情况的文献材料、管理规则，反观正在修订的《地理标志产品保护规定》中则删除了对"产品的知名度，产品生产、销售情况及历史渊源的说明"的要求，保留了提交技术标准、产品检测报告等要求，二者侧重点仍然不同。最后，在审查和核准制度设置上各有千秋，地理标志商标的审查和核准由商标局按照《商标法》相关规定进行，程序完整清晰，但在申请环节缺失对地理标志的专家审查和论证环节，《地理标志产品保护规定》中规定了设立专家审查委员会对地理标志产品保护申请进行技术审查，体现了地理标志产品的高品质特色，但缺失必要的变更、撤销等程序设置。

（3）二者的侵权行为及法律责任不同。因我国对地理标志权的保护采用的是分散制立法模式，地理标志侵权行为法律后果的设置也呈分散状态[1]。如果发生擅自使用地理标志集体或证明商标的情形，当事人可能涉及到民事责任、行政责任或者刑事责任，而对地理标志保护产品而言，侵权承担的主要为行政责任。

二、国外地理标志保护模式及对我国的影响

各国保护地理标志的法律形式存在较大差异，主要有专门立法、商标法和反不正当竞争法保护三种类型。

---

[1] 王锋主编：《知识产权法学》，郑州大学出版社 2010 年版，第 335 页。

（一）专门法保护

以"terroir"理念为基础的"欧盟模式"认为产地的环境造就了产品的特定质量或特征，采用专门立法方式对葡萄酒地理标志和烈性酒地理标志予以强保护，对酒类以外的农产品、食品地理标志施以一般保护，法规之间高度一致、相互配合。[1]法国是对地理标志探索保护最早的国家，立法较为完备，于1919年5月6日颁布了《原产地标志保护法》，这种立法模式充分考虑原产地名称权作为一项特殊工业产权的特点，并赋予了产地范围内特定经营者对原产地名称的专属使用权和禁止权，保护力度较强。

（二）商标法保护

英、美等国家将地理标志注册为集体商标或证明商标而纳入商标法以工业产权进行保护，"英美模式"以消费者的认知为准判断特定产品与产地所关联的声誉，注册人可以根据商标权对假冒等行为追究侵权责任。美国烟酒税收及贸易管理局也专门颁布了为葡萄酒和烈性酒提供地理标志保护的规章，但是却与欧盟的原产地名称和地理标志不同，美国的葡萄酒和烈性酒原产地名称仅单纯表明其地理来源，并未涉及产品的质量、声誉或其他特征与产地之间的关系的评判。

（三）反不正当竞争法保护

此种保护是利用反不正当竞争法，对市场上使用的地理标志行为进行规范的一种保护方式，如《日本不正当竞争防止法》将假冒商品的行为和使用让人误认为商品出处的标志的行为，作为不正当竞争行为而加以禁止。这种立法模式侧重于从维护市场秩序和消费者利益的角度保护地理标志。

（四）国外地理标志保护模式对我国的影响

我国《地理标志产品保护规定》中对地理标志产品的保护类似"欧盟模式"，借鉴了法国对地理标志的保护形式，采用专门法规保护地理标志，而《商标法》《商标法实施条例》以及《集体商标、证明商标志册管理办法》中对地理标志集体或证明商标的保护又与"英美模式"相通，将地理标志在商标法体系内获得法律保护，但在实务运作中又不完全与两种模式相符，我国无论是地理标志商标还是地理标志保护产品，都强调产品的质量或特征与当地自然和人文环境的关联性。相较之下，我国对地理标志保护产品的审查和

---

[1] 油妍利："地理标志商标保护中的问题和出路"，载《江苏知产视野》2023年第2期。

保护力度没有"欧盟模式"严格和完善，对是否原产地、日常监管方面的规定相对宽松，地理标志商标的审查和保护较"英美模式"更加严苛，强调历史渊源、保护监管，但不太看重当前的产业规模、产品质量和经济效益，寻求得到认定后的扶植发展和壮大。

三、我国地理标志保护中存在的问题及原因分析

随着地理标志的价值和影响力越来越大，我国目前实行的地理标志多重保护制度也凸显出了诸多问题。

（一）地理标志定义和术语称谓的不一致易造成公众混淆

单从我国对地理标志的叫法来看，有地理标志保护产品、地理标志集体商标、地理标志证明商标、农产品地理标志保护产品四种，名称相近容易造成混淆记忆，对从事知识产权工作的人员尚需学习领会其内涵，更何况是普通民众和消费者，无法准确辨识地理标志产品的真实性和类型，不利于维护自身的合法权益。

（二）不同行政审批规定和程序致使地理标志所有人权利冲突

由于不同保护模式彼此独立、缺乏有效配合，导致我国的地理标志保护产品、地理标志商标、农产品地理标志的认定产品存在交叉重叠，出现申请人重复申请情况，递交材料和程序的不一致又增加了申请和维护成本，甚者如贵州茅台酒、绍兴黄酒等，形成了同一产品同一标志但所有人却不一致的局面[1]，并行且没有对产品加以分类的三套保护体系造成的这些问题不解决成为了保护地理标志的羁绊。

（三）保护制度设计不同导致行政机关审查标准多样、保护效力不一

机构改革后，地理标志商标、地理标志保护产品相关职权均由国家知识产权局负责，但内在保护制度尚未改变，相应的审查标准、保护和监管方式存在很大差别，导致同一行政部门对地理标志的解释、管理和保护不好统筹的情况，并且农产品地理标志不再评定后，原农业部认定的农产品地理标志如何得到有效保护和发展也是目前面临的现实问题。

（四）统一立法存在障碍

当前保护地理标志的专门法规和《商标法》不能相互替代，缺乏合并的

---

[1] 朱晓雪："地理标志保护体制存在的问题及对策"，陕西融德律师事务所法治圈微博。

法理基础，地理标志商标、地理标志保护产品如何协调发展，架构适合我国国情的地理标志保护框架，走出具有中国特色的地理标志保护路径值得研究。

四、地理标志保护的政策建议

我国地大物博，孕育了各地丰富的名优特产，具备发展地理标志的先天优势，从国际范围来看，地理标志有可能成为我国知识产权的"长项"，基于我国国情和地理标志发展现状及问题，建议建立以TRIPS协议为核心，以专门法为主体，附以地方立法保护的具有中国特色的地理标志保护法律体系。

（一）出台地理标志并行保护期协调发展相关规定

当前，我国地理标志保护产品和地理标志商标的管理已合并到知识产权部门，虽然国家知识产权局近些年开展了地理标志专用标志的规范使用、修订现行部门规章等一系列工作，但均未明确地理标志在现有并行制度下，如何统筹协调运行，地理标志工作整体上推进不太顺畅，涉及地理标志保护产品的用标企业变更、撤销申请等工作进展缓慢，还出现了地理标志商标因未制定标准无法取得地理标志专用标志矢量图等实际问题。建议知识产权部门结合当前情况，在现有地理标志并行保护制度的基础上，协调相关部门，制定出台地理标志并行保护期工作方案，细化不同地理标志的申请要求、专用标志规范使用、管理规则、全链条保护等相关事项，解决当前困境和棘手问题。

（二）选择专门立法方式保护地理标志

鉴于地理标志巨大的经济价值和地理标志作为我国知识产权的优势，我国可以考虑选择专门立法模式保护地理标志，在现有法律法规对地理标志保护的基础上，譬如可制定《地理标志保护法》，对地理标志实施全方位的保护。

（三）成立保护地理标志的专门机构

国家知识产权局现有组织机构中，负责地理标志保护产品和地理标志商标的部门不一致，为加强地理标志的统筹管理，我国可参照法国、西班牙等国经验，成立专门的地理标志保护机构，如"地理标志局"，直接负责地理标志的审核、注册、使用管理和监督工作，并具有解决诸如各种纠纷、协助司法机关人员制止和制裁对地理标志的盗用和滥用现象，直接对不正当使用的外国生产经营者提讼等职能。

（四）加强地理标志的动态监管

地理标志是特殊的知识产权，是将公共资源权属化的一种集体性权利，一旦管理不善，不仅损害消费者的合法权益，更是滥用公共资源，所造成的不良社会影响，后果严重，难以弥补，建议加强地理标志全流程的动态监管，强化地理标志申请人和行政主管部门的法律责任，对地理标志产品的产地范围、原材料、生产技术工艺、质量、包装等进行全过程的严格监控，确保地理标志的品质和声誉。正在修订的《地理标志产品保护规定》规定了"地理标志产品获得保护后，申请人应当采取措施对地理标志产品名称和专用标志的使用、产品特色质量等进行管理"，但并未明确相关的法律责任，对消费者权益的保护力度不够，建议对于地理标志申请人的不正当竞争行为、垄断行为以及行政主管机关的违法失职行为，应当予以严厉规制，加重相应的法律责任。

（五）制定保护地理标志的地方立法

在不违背国内法基本原则的基础上，各地可根据实际情况，制定地方法规，加大对地理标志的保护力度，内容可涉及到申报、产地文化和自然因素的保护、政策倾斜、资金扶持、授权使用、保护措施等。如近期，深圳市市场监督管理局南山监管局依据《广东省地理标志条例》，针对一家擅自使用"南山荔枝"地理标志产品名称的企业发出全国首张针对地理标志的知识产权行政禁令，并作出行政处罚，处以罚款并没收违法所得，高效维护了地理标志权利人和消费者权益。地方立法的出台，将更加有力推动地理标志的保护工作。